CUESTIONES VIVAS DE DERECHO MATRIMONIAL, PROCESAL Y PENAL CANÓNICO. INSTITUCIONES CANÓNICAS EN EL MARCO DE LA LIBERTAD RELIGIOSA

XXV Jornadas de la Asociación Española de Canonistas

Madrid, 30-31 de marzo y 1 de abril de 2005

RAFAEL RODRÍGUEZ CHACÓN
LOURDES RUANO ESPINA (Eds.)

ASOCIACIÓN ESPAÑOLA DE CANONISTAS

CUESTIONES VIVAS DE DERECHO MATRIMONIAL, PROCESAL Y PENAL CANÓNICO. INSTITUCIONES CANÓNICAS EN EL MARCO DE LA LIBERTAD RELIGIOSA

XXV Jornadas de la Asociación Española de Canonistas

Madrid, 30-31 de marzo y 1 de abril de 2005

RAFAEL RODRÍGUEZ CHACÓN
LOURDES RUANO ESPINA (Eds.)

SALAMANCA
UNIVERSIDAD PONTIFICIA
2006

Universidad Pontificia de Salamanca
Compañía, 5 • Teléf. 923 27 71 28 - Fax 923 27 71 29

I.S.B.N.: 84-7299-681-6
Depósito Legal: S. 1.683-2005

Imprenta KADMOS
Salamanca 2006

PRESENTACIÓN

En el volumen que el lector tiene en sus manos se contienen las actas de las Vigésimo quintas Jornadas de Actualidad Canónica organizadas por la Asociación Española de Canonistas, que me honro en presidir.

Las Ponencias defendidas se refieren a cuestiones variadas, como es tradicional en nuestras convocatorias. Los autores son también de distinta procedencia intelectual y geográfica: hemos contado como ponentes con profesores de las tres Facultades de Derecho Canónico de las Universidades de la Iglesia en España (Comillas, Salamanca y Navarra), con profesores de las Universidades del Estado y con Vicarios Judiciales. A todos ellos y a D. Luis López Guerra, Secretario de Estado de Justicia, que amablemente aceptó intervenir en la clausura con bastante más que unas palabras de cortesía, mostramos nuestro sincero agradecimiento.

El Derecho matrimonial, sector de incuestionable importancia en el ordenamiento canónico, estuvo presente en nuestras Jornadas.

D. Rufino Callejo de Paz nos ofrece reflexiones y sugerencias sobre algunos aspectos de la siempre compleja y no del todo pacífica relación que hay entre forma canónica matrimonial y carácter sacramental de la unión conyugal entre cristianos. Por su parte, D. Antonio Pérez Ramos, que ya ha asumido varias veces la exposición de temas jurisprudenciales concretos y siempre está *a la page* en tan fundamental aspecto, aporta aquí un monográfico sobre decisiones judiciales relativas a la patología del consentimiento.

En esta ocasión contamos con un bloque de temas procesales. Los miembros de la Junta directiva entendimos que las cuestiones de esta clase son de una importancia excepcional, por mucho que en determinados círculos se hable de ellas como si se tratara de temas menores. Es frecuente oír denominaciones tales como *problemas de trâmite* o de *Derecho adjetivo*, a veces expresadas incluso con cierto matiz despectivo, que más bien ponen de manifiesto que algunos de los que usan esos términos quizá no sean del todo conscientes de cómo en muchas oportunidades lo que se denomina "sustantivo" puede depender por completo de esos otros aspectos supuestamente secundarios.

Dentro de esta perspectiva, D. José Luis López Zubillaga trata de ciertos problemas que se presentan en la segunda instancia, momento del proceso del que es un conocido estudioso. Por su parte, D. Daniel Lorenzo Santos nos ofrece reflexiones sobre aspectos tan cruciales y delicados de la demostración de la nulidad del matrimonio por simulación como son la prueba presuntiva y la indiciaria de estos capítulos. Se incluye en este apartado la comunicación que presentó Doña Aurora López Medina con sus consideraciones sobre el Decreto que concluye el procedimiento abreviado de confirmación de sentencia de nulidad.

Pero también hemos querido profundizar en otra facetas procesales distintas a aquellas que son propias de las causas matrimoniales. Y así, cuando todavía resuenan los ecos que en la prensa han tenido las lamentables situaciones derivadas de inaceptables comportamientos de ciertos sacerdotes, D. José Bernal Pascual aborda en su ponencia una cuestión de indudable interés como es el estudio de los mecanismos procesales canónicamente previstos para delitos ciertamente detestables.

Conscientes de que una de las finalidades de nuestras Jornadas es la actualización, no faltaron en ellas nuestras secciones ya consolidadas en anteriores ediciones en las que se pretende hacer un elenco de las principales novedades de Derecho canónico y de Derecho eclesiástico en el año anterior. Pero ocurrió que, entrado 2005 y cuando ya estaba circulando nuestro programa (elaborado, como es lógico, meses antes) apareció un texto de singular importancia: la Instrucción *Dignitas connubii*. Puestos al habla con el profesor D. Jesús Bogarín Díaz, que se había hecho cargo de la exposición de las Novedades de Derecho Canónico, entendimos que un acontecimiento así justificaba no circunscribir la reseña de las novedades en el Derecho de la Iglesia Católica al año 2004, siendo conveniente añadir a modo de apéndice una referencia, aunque fuera breve, a tan complejo documento. Don Jesús tuvo la generosidad de aceptar este suplemento de última hora e hizo el esfuerzo de facilitar a los asistentes la exposición de algo que, a la postre, fue mucho más que una reseña de esta norma. Desde luego también incluimos en este volumen ese anexo.

Desde hace años viene ya siendo tradicional incluir en nuestras Jornadas temas que, siendo propios del llamado Derecho eclesiástico del Estado, tienen relación con el Derecho canónico. Hoy como ayer sigue siendo válido el adagio que recuerda que *legistas* (su versión actual serían los eclesiasticistas) y canonistas no pueden darse la espalda. De hecho, como antes señalé, junto a la exposición de las novedades de Derecho Canónico, se ha convertido en una sección fija la dedicada a las novedades de Derecho español sobre el factor religioso en el año precedente, que en esta oportunidad corrió a cargo de Doña María Elena Olmos Ortega.

Pero hemos tratado en nuestras Jornadas también otras cuestiones específicas de Derecho eclesiástico.

En concreto, D. Javier Martínez Torrón, abrió las Jornadas con un tema poco estudiado cual es el de las objeciones de conciencia de los católicos. No dejaré de recordar que, apenas concluyeron las jornadas, una de las posibles manifestaciones concretas de las objeciones en las que pueden incidir especialmente las personas católicas –la objeción a intervenir en la celebración de matrimonio de personas del mismo sexo– saltó a la prensa en tonos singularmente polémicos.

En otro orden de ideas, la reciente adhesión a la Unión europea de diez nuevos países hizo que la Junta Directiva considerara de interés obtener una perspectiva de la situación que en ellos se reconoce al matrimonio religioso. D. José Luis Santos, que ya en anteriores publicaciones se ha ocupado de este tema en lo que fue la Europa de los quince, aceptó el encargo de ilustrarnos sobre la realidad caleidoscópica que supone ampliar ese campo de estudio a los países que completan la que hoy es la Europa de los veinticinco.

En fin, de indudable interés resultaba la orientación que en nuestro país fuera a darse al tratamiento del factor religioso por impulso del Gobierno nacido de las urnas en marzo del pasado año. Sobre este tema contamos con una ponencia de cierre a cargo de autoridad de primer nivel cual es el Sr. Secretario de Estado de Justicia, que aceptó amablemente asumir la exposición de tan candente tema.

Tras el texto de las ponencias publicamos las otras dos comunicaciones recibidas que se refieren a este sector, de Doña Sara Acuña Guirola y Doña Rocío Domínguez Bartolomé.

Al ver ahora la luz este libro, con motivo de conmemorar la efemérides de especial significado que constituye el evento de haber alcanzado la vigesimoquinta edición de nuestras Jornadas, no quiero dejar de mencionar el ilusionado empeño con que, año tras año, la Asociación Española de Canonistas, a través de sus publicaciones, viene ofreciendo a la comunidad científica y a los operadores del Derecho el resultado de nuestros trabajos. Intentamos así que el esfuerzo realizado signifique una contribución teórica y práctica susceptible de proyectarse al exterior y también de enriquecerse con otras perspectivas. El depósito acumulado a lo largo de estos años, es hoy una nada desdeñable aportación que ya se integra por millares de páginas y alcanza con éste veintidós volúmenes de actas, en los que se encuentran, según creo, muy valiosos trabajos jurídicos.

Esperamos seguir en este empeño.

RAFAEL RODRÍGUEZ CHACÓN
Presidente de la Asociación Española de Canonistas

I.

DERECHO MATRIMONIAL CANÓNICO

INTERROGANTES Y SUGERENCIAS EN TORNO A LA RELACIÓN DE LA SACRAMENTALIDAD CON EL MATRIMONIO CIVIL DE LOS CATÓLICOS

1. Un tema del que se habla poco

El tema de la inseparabilidad contrato-sacramento en los bautizados, recogido en el c. 1055§2 del Código, sabemos todos que ha sido y sigue siendo una cuestión controvertida, abierta a ulteriores discusiones, a pesar de la opción clara hecha por el legislador del 83. Recoge el *Codex* del 83 la doctrina magisterial de la Iglesia según la cual se da un cierto automatismo entre contrato matrimonial válido de dos bautizados y sacramento, de modo que se suele entender que para que se de el sacramento basta de suyo el que, además del bautismo válido entre los dos contrayentes, se de todo lo que se requiere y es suficiente para que el contrato matrimonial sea válido, sin mayores matices en principio. Aún así quedan planteados en torno a este precepto y a sus múltiples consecuencias cuestionamientos teológicos, pastorales y teológicos de amplio calado[1].

Sin entrar en el debate sobre el problema de la inseparabilidad, si nos sorprende lo poco que trata y lo poco que se habla de un tema que directamente tiene que ver con el de la inseparabilidad y que en nuestro contexto social cobra mayor actualidad. Se trata de la relación entre la sacramentalidad del matrimonio y los requisitos jurídico-positivos necesarios para la validez del matrimonio, en especial la forma canónica. Si dos bautizados contraen válidamente, contraen sacramentalmente, pero ¿si contraen inválidamente necesariamente lo hacen no sacramentalmente? ¿Es indiferente la causa de la invalidez a estos efectos?

Una parte importante de los matrimonios inválidos de los bautizados en la Iglesia Católica, sabemos que lo es por defecto de forma; sería el caso de aquellos cónyuges que sin impedimento no se atienen a la forma jurídico-canónica establecida por la Iglesia para ellos, o que, en términos coloquiales, pudiendo "casarse por la Iglesia" se casan "por lo civil". La pregunta que surge de estas situaciones es: ¿condiciona absolutamente la sacramentalidad el requisito de la forma positiva en la Iglesia?

Si a esto se une la especial singularidad de la Iglesia latina sobre los ministros del sacramento, los cónyuges bautizados, el interrogante anterior se agranda.

Todos estos cuestionamientos y otros similares adquieren mucha más relevancia desde la actual opción jurídico-doctrinal de la inseparabilidad contrato-sacramento en los bautizados. Si se reconociese por parte de la Iglesia una unión legítima para los bautizados que no fuese necesariamente sacramental estos interrogantes perderían mucha fuerza. En ese supuesto el respeto a la legitimidad del matrimonio civil de los bautizados no implicaría

1 Cf, R. C. Finn, "Faith and the Sacrament of Marriage: General Conclusions from and Historical Study",en Th. P. Doyle (ed.) *Marriage Studies*, III, Washington, 1985, p. 109.

necesariamente el reconocimiento formal de dicho matrimonio por parte de la Iglesia. Significaría el respeto a una decisión tomada en conciencia y amparada por la ley, que deja la puerta abierta a la posibilidad de que un día esa unión legítima se convirtiera en un verdadero sacramento[2].

Pero si desde los actuales postulados doctrinales de la Iglesia católica otros requisitos externos o subjetivos al bautismo de los cónyuges, como puede ser la fe de los contrayentes, no condicionan sustancial o directamente la sacramentalidad, ¿si lo hace la forma canónica-positiva en el caso de los católicos? Una respuesta rotundamente afirmativa a esta pregunta, pensamos, no entroncaría del todo con la tradición de la Iglesia y, a nuestro parecer, a costa de afianzar la seguridad jurídica, podría resultar empobrecedora o simplificadora del misterio que encierra el matrimonio para la Iglesia.

Es este un camino para la reflexión donde confluyen múltiples aspectos: teológicos, jurídicos, pastorales, y donde la meta que seguramente se alcance sea un campo abierto a la reflexión y de apenas resultados firmes. A pesar de los innegables riesgos que la profundización en esta cuestión supone, pensamos que merece la pena, en especial en un contexto socio-eclesial matrimonial y familiar tan cambiante y plural como el nuestro, al menos perfilar planteamientos que abran nuevas perspectivas desde el ámbito teológico-canónico y que puedan repercutir en posibles posicionamientos pastorales.

Presentados estos interrogantes, pasamos a exponer algunos de los puntos en los que nos basamos para fundamentarlos.

2 Cf, G. Flórez, *Matrimonio y Familia*, Madrid, 1995, pp. 182 y ss.

2. La formulación del c. 1055§2

La plasmación positiva de la inseparabilidad en este párrafo del canon 1055 viene a establecer que todo matrimonio válido entre bautizados es sacramento. La legislación canónica parece que muestra una marcada tendencia a hacer depender la validez del sacramento de la validez del contrato, por eso para muchos una de las múltiples consecuencias de esta formulación sería que el matrimonio inválido entre bautizados no sería sacramento, pero pensemos que la Iglesia no lo declara así, al menos desde este canon. El 1055§2, en si mismo, no va más allá, no postula que el matrimonio sacramento sea sólo el matrimonio válido entre bautizados, no cierra la puerta a la posibilidad de matrimonios inválidos que pudieran ser sacramentales.

3. Los Ministros del Sacramento

Prescindimos del debate histórico que marcó siempre este punto, y cuyos máximos representantes en la tradición católica fueron Melchor Cano y Tomás Sánchez. Lo que está claro es que en la Iglesia católica latina se rechaza pronto la propensión a hacer del rito, identificado con la forma sacramental, o de la forma jurídico-canónica, un factor constitutivo de la sacramentalidad. Los ministros del sacramento del matrimonio son los mismos contrayentes, el sacerdote no es ministro del sacramento del matrimonio, sino testigo oficial de la Iglesia, ante el cual los esposos expresan el consentimiento. En el matrimonio los contrayentes son, al mismo tiempo, ministros y quienes aportan, en el ámbito de su íntima inmanencia, la materia y la forma sacramentales.

Dada la importancia que se otorga actualmente a la dignidad de los laicos, esta enseñanza tradicional parece merecer renovada atención. La Iglesia sigue subrayando la dignidad de los esposos en el hecho de que son ellos los portadores originarios del *ius connubii* que les lleva a poder hacer su matrimonio, por lo que la intervención de la Iglesia no sería *per se* necesaria para que el matrimonio válidamente celebrado entre bautizados fuera sacramental, no es un don el de la sacramentalidad que la Iglesia conceda a los contrayentes. Pude decirse que desde siempre, la fe y la reflexión eclesial han mantenido que el sacramento del matrimonio consistía fundamentalmente en el consentimiento de los esposos.

Es importante tener esto en cuenta en relación con la cuestión que nos ocupa, pues parece que desde esta doctrina no hay duda de que ni el rito litúrgico ni los elementos que constituyen la forma jurídica, en especial la presencia ni la bendición del sacerdote, añaden nada substancial a la sacramentalidad del vínculo[3].

Desde este punto de partida se explica que pueda darse o celebrarse el matrimonio sacramento sin la mediación sacerdotal, como pueden ser en los casos de la delegación a laicos por parte del Obispo diocesano, recogida en el c. 1112, o de la forma extraordinaria, recogida en el c. 1116. Esto sólo puede ocurrir en base a que la peculiaridad de este sacramento reside, y así lo admite el magisterio y el común de la doctrina de la Iglesia, en el hecho de que es el mismo pacto conyugal del principio celebrado entre bautizados el elevado a sacramento, cualquiera que sea la forma requerida *ad validitatem*. La intervención del sacerdote no va dirigida a que el matrimonio sea sacramental, sino que su razón de ser es que esa unión ya es sacramental antes de que esa intervención se produzca.

3 La tradición ortodoxa otorga especial valor a la bendición del sacerdote en orden a la celebración del sacramento. En la tradición latina, dicha bendición tiene un valor complementario.

4. La forma canónica

Vamos a prescindir de consideraciones históricas acerca de la aparición de la forma jurídico-positiva matrimonial, para centrarnos principalmente en el carácter que asume desde su aparición como requisito *ad validitatem* en la Iglesia a partir del decreto *Tametsi.*

Es bien sabido que en los primeros siglos, la Iglesia no disponía de un ordenamiento jurídico propio sino que se adaptaba a las leyes y costumbres establecidas al efecto. A lo largo de la Edad Media, época en que la Iglesia asume algunas funciones sociales juntamente con las religiosas, el matrimonio se rige en general por el derecho eclesiástico. Antes del concilio de Trento, eran frecuentes entre cristianos los matrimonios clandestinos reconocidos como válidos por la legislación eclesiástica. Trento se replantea esta cuestión muy seriamente y adopta una solución que considera más prudente para evitar males mayores: imponer en lo sucesivo la forma canónica como condición de validez para los matrimonios cristianos[4].

Durante Trento ya algunos padres conciliares temieron que el establecimiento de una forma *ad validitatem* borrase la idea de que el matrimonio nace del consentimiento para crear la impresión de que nace de la forma[5]. Por eso Trento sitúa forma y consentimiento en diversos planos. La forma requerida para el reconocimiento público del ejercicio del *ius connubii*, quedaría enclavada en el plano social del reconocimiento jurídico de los actos humanos. De esta forma se quiso dejar claro que, en la teo-

4 Al respecto puede verse, A. Duval, "Contrat et sacrement de mariage au Concile de Trente", *Maison Dieu* 127 (1976) 34-64 ; A. Mostaza, *La competencia de la Iglesia y del Estado sobre el matrimonio hasta el concilio de Trento*, Roma, 1972.

5 Cf, S. Acuña, *La forma del matrimonio hasta el Decreto Ne temere*, IC 13 (1973) 167.

logía católica, el sacramento del matrimonio nace del consentimiento entre partes capaces y hábiles.

En todo este proceso hay que tener en cuenta un hecho esencial, a saber, en la tradición cristiana el matrimonio forma parte del proyecto divino de la creación. Responde a la realidad antropológica y teológica del ser humano, que se compone de dos formas distintas y complementarias de "ser", de existir, de pensar y sentir, de manifestarse y de comportarse como varón y mujer, de crear y de animar la vida humana y la realidad divina que hay en cada ser. La presencia y la gracia de Dios podemos decir que ya se manifiesta en este primer núcleo matrimonial, aunque luego esa realidad y bendición divina originaria adquiera toda su plenitud en Cristo.

El matrimonio cristiano, realidad primigenia, no necesita ningún factor superpuesto o sobreañadido para, en sí misma, en cuanto realidad natural, ser elevado a sacramento por voluntad de Cristo, distintamente a lo que sucede con el pan en la Eucaristía o con la ablución en el bautismo.

En la tradición patrística y medieval, los sacramentos tenían un fin medicinal o sanante, remedio para el pecado, pero el del matrimonio se diferenciaba de los demás en cuanto estaba ordenado a devolver al matrimonio la primitiva pureza que tenía en el plan creacional. El matrimonio era una realidad derivada de la naturaleza humana e inserta en el orden de la Creación en función de unos bienes trascendentales para la convivencia humana.

En cuanto sacramento, el matrimonio tiene un significado que deriva de la alianza establecida por Dios con su pueblo y viene a iluminar y elevar esta realidad al orden de la salvación y de la gracia. Por eso, aunque la sacramentalidad del matrimonio no se deduzca simplemente de esta relación del matrimonio con el autor de la creación, encuentra en ella su primer fundamento. En cuanto el matrimonio está ordenado a proporcionar al hombre bienes que son necesarios tanto para la pareja como para la humanidad, está regido por unas normas universales y cae también bajo la acción de la gracia en la historia de la salvación. En este sentido, la sacramentalidad del matrimonio arranca de la misma realidad humana y natural del matrimonio.

Según la tesis de los primeros escolásticos, el matrimonio, a diferencia de los demás sacramentos, fue institutito en el paraíso. Pedro de Poitiers dice que el matrimonio es el más antiguo de los sacramentos[6]. La unión conyugal aparece ya en el matrimonio de los primeros padres como un misterio en el que el hombre percibe la grandeza del amor humano y al mismo tiempo la bondad del Creador. En la unión conyugal se colma una aspiración que Dios mismo ha puesto en la naturaleza humana.

A pesar de que la institución o el origen de los sacramentos estén directamente relacionados con la obra de Jesús, los escolásticos nunca dudaron en poner el origen del sacramento del matrimonio en el momento de la Creación. A partir de aquí distinguen, al menos, dos instituciones, en especial, la primera, anterior al pecado, que mira simplemente a cumplir las funciones naturales del matrimonio y a su significado sacramental, y la que va relacionada con la persona, la voluntad y la gracia de Jesús. En este sentido, los escolásticos conectan con la línea de reflexión agustiniana que, por encima de los aspectos morales del matrimonio, trata de descubrir su significado en la obra de la creación y de la redención[7].

La institución originaria matrimonial no debe confundirse con los institutos positivos matrimoniales: matrimonio civil, canónico, etc; estos institutos positivos son estructuras jurídicas externas, que tratan de regular y lograr una mayor determinación en cuanto al núcleo esencial de esa institución matrimonial origina-

6 Fue éste un discípulo de Pedro Lombardo, que vivió entre 1130 y 1205. En su obra *Libri quinque Sententiarum* trata también del sacramento del matrimonio (PL 211, 789-1280). La referencia citada en 1257.

7 Cf, G. Flórez, o.c., pp. 157 y ss.

ria[8]. La forma de reconocer y amparar la libertad de los contrayentes admite muchas modalidades, aunque para la Iglesia no se considera verdadera unión matrimonial aquella en la que ambos contrayentes no expresen de algún modo su acuerdo o conformidad, su consentimiento, para vivir durante toda su vida una unión única e indisoluble. Dada la trascendencia que el matrimonio tiene en la sociedad por los efectos que de él se derivan en relación con los derechos y deberes de la pareja y con los requisitos de la familia, se ha considerado siempre en todas culturas de suma importancia la determinación jurídica del acto a partir del cual queda constituida formalmente una pareja como matrimonio.

Cuando la Iglesia Católica exige como condición para la validez del matrimonio católico que se celebre según la forma canónicamente establecida, la finalidad fundamental de este requisito será, ante todo, garantizar la constancia de la celebración, por encima de otras finalidades como pudiera ser la de acreditar su sacramentalidad.

Por todo ello, el núcleo esencial del matrimonio no estaría en ningún elemento exterior, sino que nacería de la mutua entrega de los esposos. En palabras de Juan Pablo II, el signo del matrimonio como sacramento de la Iglesia "se forma cabalmente por esos significados de los que los autores son los esposos. Todos estos significados dan comienzo y, en cierto sentido, quedan "programados" de modo sintético en el consentimiento matrimonial"[9].

8 En 1988 fue defendida en la Facultad de Derecho Canónico de la Universidad Pontificia Comillas una tesis doctoral no publicada hasta el momento, cuyo autor es Luis Mª Arroyo Gómez, y que lleva por título *Relaciones entre esencia y validez en el sacramento del matrimonio.* Una de los puntos fundamentales de dicho estudio es la relación a la que estamos aludiendo entre matrimonio como institución natural, o creacional, u originaria, y su regulación positiva concreta en el ordenamiento canónico.

9 *Matrimonio, amor y fecundidad. Catequesis sobre la redención del cuerpo y la sacramentalidad del matrimonio*, Madrid 1998, 60.

La actual legislación eclesial establece que la forma canónica sigue siendo exigible para todos los bautizados en la Iglesia católica que no se hayan apartado de ella por acto formal (c. 1117), salvo las excepciones recogidas en el c. 1127§2. También se prevé la posibilidad de una forma jurídica extraordinaria, la recogida en el c. 1116. Este hecho de la obligatoriedad de la forma jurídica viene motivado por la conveniencia de que esa realidad intrínsecamente sacramental se manifieste social y comunitariamente mediante una forma establecida y en el marco de una celebración litúrgica, aspectos que sin duda enriquecen el cauce eclesiológico y social por el que discurre el sacramental. Además, la forma sigue manifestándose como un firme apoyo a la hora de conservar la Iglesia su jurisdicción sobre el matrimonio de los bautizados. Pero esto no oscurece el hecho de que el principio positivo-formal y cualquiera de sus concreciones se sitúen en un plano distinto y posterior a la elaboración del matrimonio-sacramento entre bautizados.

No existe un rito matrimonial externo que sea exclusivamente sacramental; el rito consiste sencillamente en el válido intercambio del consentimiento entre los cónyuges. Se puede decir al respecto que la presencia del sacerdote o del diácono en el matrimonio no es para que éste sea sacramento, sino porque es sacramento.

El matrimonio canónico es, ciertamente, acto jurídico solemne, pero de manera distinta a como lo es el matrimonio en los ordenamientos civiles. Pensamos que el peligro para la institución que nos ocupa es caer en el formalismo que forma parte de la estructura conyugal civil.

Después de todas estas consideraciones, basadas en la dogmática sacramental de la Iglesia no podemos por menos que preguntarnos: ¿El compromiso en un pacto de amor indisoluble y de fidelidad incondicional entre bautizados ha de encauzarse necesariamente a través de la forma canónica en el caso de los obligados a ella para que sea sacramento? ¿La forma canónica, cuando es necesaria para la validez, también lo es para la sacramentalidad?

5. La intención de contraer

Uno de los puntos más debatidos en torno a la sacramentalidad del matrimonio se ha centrado en la intención de los cónyuges. En la doctrina sacramentaria que la Iglesia Católica sostiene parece que ni siquiera de la misma intención sacramental de los contrayentes, en sí misma, dependería la elevación del matrimonio a ser signo de unión de Cristo y la Iglesia.

El punto de partida de la sacramentalidad del matrimonio está en la misma realidad del matrimonio. Las nociones que muy pronto nos dan ya los escritores cristianos y teólogos acerca del matrimonio, tengan o no en cuenta de forma explícita su condición de sacramento, parten del supuesto de que el matrimonio constituye una realidad natural, que es anterior a los efectos que se derivan del matrimonio en cuanto sacramento. La sacramentalidad del matrimonio se inserta en la realidad humana y social del matrimonio[10].

La presencia de la gracia de Dios se manifiesta, ante todo, en la grandeza de un amor humano entre un varón y una mujer que desean unir sus vidas para siempre en una entrega plena. Cuando esa unión y esa intención se da entre bautizados la gracia de Cristo, en sí misma, aparecería en toda su plenitud sino se la excluye.

El hecho de ser el sacramento una realidad que ya existe, que no se crea de nuevo ni se transustancia, sino que se asume y se eleva, determina también que la intención de hacer lo que hace la Iglesia tenga peculiaridades propias en el matrimonio, puesto que no se trataría de una intención sacramental en el mismo sentido que cuando un sacerdote consagra el pan y el

10 Según San Isidoro de Sevilla, los sacramentos reciben este nombre , "porque bajo su envoltura de cosas materiales, la virtud divina lleva a cabo en secreto su poder salvador", *Etim..* 6, 39 (nn. 40 y 41); ed. Latino-castellana de J. Oroz Reta, Madrid, 1982, 1, 615.

vino o derrama el agua sobre el bautizado, sino que bastaría la pura y simple intención de contraer matrimonio, según el designio de Dios tal y como es presentado por la Iglesia. En la voluntad de los bautizados de celebrar matrimonio se incluiría la "intención de hacer lo que hace la Iglesia" en cuanto al sacramento. No se les pide a los contrayentes intención alguna dirigida directamente al sacramento, porque en la recta intención de aceptar el verdadero matrimonio está implícitamente contenida la *intentio faciendi quod facit ecclesia*[11].

No se deben, pues, aplicar unívocamente al matrimonio sacramento todas las categorías de otros sacramentos y, en concreto, la categoría de la intención sacramental ya que la única intención requerida en este caso es la intención de contraer el matrimonio, pues identificándose el contrato matrimonial con el sacramento matrimonial, la intencionalidad contractual es, por institución divina, intencionalidad también sacramental.

Cuando el pacto matrimonial es entre bautizados el vínculo creado parece que será necesariamente sacramental, a no ser que sea excluida la sacramentalidad u otro elemento esencial el matrimonio, o que su eficacia esté bloqueada por algún obstáculo personal de carácter natural o divino-positivo de los contrayentes. La gracia del sacramento del matrimonio va directamente ligada a la gracia del bautismo, por la que los creyentes cristianos se incorporan a la Iglesia, cuerpo de Cristo. Esa gracia bautismal es la que sitúa a los contrayentes cristianos, antes de que se unan en matrimonio, en el misterio del amor de Cristo a la Iglesia.

Con todas las matizaciones que se crean convenientes, la dogmática católica sigue fundamentando la sacramentalidad del matrimonio en el hecho del bautismo, por encima de otras consideraciones más personalistas o subjetivas, como pudiera ser la fe personal. La relación conyugal sacramental tiene su fundamento en el sacramento del bautismo, por el que se realiza la incorpora-

11 Cf, Sentencia C. Stankiewic, 29 de abril de 1982, vol. 74, p. 248.

ción a la Iglesia. La sacramentalidad del matrimonio va referida a la propia realidad humana del matrimonio y a la condición de bautizados de los contrayentes. Los bautizados celebran el sacramento al mismo tiempo que contraen el matrimonio. El signo sacramental del matrimonio se identifica con la forma mediante la cual los contrayentes expresan su voluntad de ser esposos.

La Iglesia no requiere para la validez del sacramento en general y del sacramento matrimonial en particular la fe ni del ministro ni del receptor[12], ya que la opción por la sacramentalidad no sería principalmente decisión de los contrayentes. La intención requerida para contraer parece que basta y es suficiente para administrarse y recibir el sacramento los bautizados. La doctrina teológica católica exige en el ministro del sacramento del matrimonio, una intención mínima que muchas veces puede coexistir con la falta de fe porque es intención de "hacer lo que la Iglesia quiere que se haga, *v. gr.* cuando se celebra el matrimonio e incluso intención de hacer lo que los fieles quieren hacer cuando se casan"[13]. Por eso nos preguntamos: ¿no bastaría, por el contrario, esa intención en un caso de falta de forma jurídica?

Cuando pudiendo y debiendo casarse según la forma canónica los cónyuges no lo hacen, puede pensarse, en muchos casos, que no aceptan el matrimonio tal como la Iglesia lo propone o que excluyen la sacramentalidad. Sin embargo, no creemos que ese hecho, y menos en nuestro contexto social, sea prueba irrefutable ni de una cosa ni de otra. Aparece clara la no sacramentalidad en los casos en que el matrimonio se celebra con una actitud de oposición formal, abierta y frontal a la significación religiosa o cristiana. Pero la exclusión de la forma no en todos los casos lleva consigo la exclusión de casarse según el proyecto divino, esto es, de comprometerse en su respectivo con-

12 H. Lennerz, *De sacramentis novae legis in genere*, Roma, 1950, pp. 107 ss. y 152 ss.

13 L. Lercher, *Instituciones theologicae dogmaticae*, vol. IV/2 Pars altera, Oeniponte, 1949, p. 353

sentimiento conyugal toda su vida en un amor indisoluble y en una fidelidad incondicional.

Planteo el caso de unos jóvenes que en circunstancias familiares y personales difíciles se casan civilmente, estando obligados a la forma canónica, pensando en un futuro cercano, cuando se estabilice su situación, y en unas condiciones según ellos dignas y apropiadas para una auténtica celebración familiar y religiosa, casarse "por la Iglesia", como siempre desearon; ¿puede tajantemente afirmarse que en este caso hasta que no se produzca la celebración religiosa, y dentro de ella la forma canónica, ese matrimonio no será sacramental?

En todo caso, el problema será adentrarse en las actitudes subjetivas de cada persona y valorar su posición ante el sacramento: rechazo, indiferencia, beneplácito, etc. Habrá que examinar la intención o voluntad prevalente del contrayente bautizado que prescinde en su matrimonio de la forma canónica.

6. Invalidez e inexistencia del matrimonio. Distinción de niveles

Se puede argüir que para la Iglesia el único matrimonio que puede tener la consideración de tal y, por tanto, la única unión que puede ser elevada a sacramento es la que cumple los requisitos de validez que la Iglesia establece para que el vínculo sea válido, entre ellos la forma canónica. Un matrimonio nulo, desde este punto de vista, no podría dar lugar a un sacramento.

Pero el hecho de que la normativa y la doctrina eclesial no reconozcan ese matrimonio civil como canónicamente válido, no significa que no siga existiendo en esos matrimonios algo de tan extraordinario valor como el consentimiento matrimonial naturalmente válido, raíz de todo matrimonio y causa formal del sacramento. Que esa unión sea ilegítima no tienen porqué suponer necesariamente que no contraigan "objetivamente", tanto desde el plano jurídico natural, como, incluso, desde el teológico. Piensese además en los múltiples efectos que supone para el derecho de la Iglesia contraer matrimonio civil, aunque sea inválido, diferentes de los que conlleva una mera unión de hecho, por ejemplo, en relación con el orden sagrado o con la vida consagrada. Desde este punto de vista parece claro que, aunque inválida, se considera esa unión como existente.

Los contrayentes que recurren al matrimonio civil normalmente están guiados por un consentimiento serio de entregarse/aceptarse de un modo recíproco e irrevocable como cónyuges en un estado de vida que es válido para el Estado y que crea entre ellos y entre ellos y otras personas verdaderos derechos/deberes basados muchos de ellos en el derecho natural[14]. Pensemos que también para el Derecho Canónico (canon 1057) el consentimiento libremente expresado de los contrayentes es el acto decisivo del que dimanan los derechos y deberes matrimoniales.

Un interrogante muy vinculado a esta polémica será si han de ser consideradas en el mismo nivel las diferentes causas de nulidad, las derivadas del derecho natural, como pueden se la incapacidad para consentir o los impedimentos de derecho natural, y las derivadas simplemente del derecho positivo, como lo es la forma canónica. Nos parece claro que las primeras originan no sólo la invalidez, sino también la inexistencia del matrimonio, ya que privan a los contrayentes de dar surgimiento a un auténtico vínculo conyugal. Pero pensamos que no sería exacto afirmar lo mismo de un matrimonio inválido por causa fundada en normativa que tiene su base en el mero derecho positivo.

Cuando existe voluntad sincera y firme de vincularse conyugalmente ante el Estado y la sociedad y el consentimiento matrimonial es sincero y entre personas capaces para ello ¿esa unión

14 Cf, J.J. García Faílde, *La nulidad matrimonial, hoy,* 2ª ed., Barcelona, 1999, p. 67

no tiene ninguna relevancia existencial para la Iglesia porque no se da una forma jurídica eficaz? No se trata de cuestionar la invalidez canónica de esa unión, que es clara, sino de distinguirla de la existencia de ese matrimonio, que es un concepto mucho más profundo, personal y que entronca con un nivel profundamente más jurídico que el meramente positivo. La identificación, sin más matices, entre invalidez e inexistencia, pensamos que empobrece una realidad tan profundamente rica, desde el punto de vista jurídico-teológico, como el matrimonio.

El mismo Papa Juan Pablo II reconoce en su magisterio que la situación de los católicos que contraen matrimonio civil, debiendo y pudiéndolo contraer canónico, "no puede compararse a los que viven sin vínculo alguno", ya que "hay en ellos al menos un cierto compromiso a un estado de vida concreto y quizás estable" y, al buscar "el reconocimiento público del vínculo por parte del Estado, tales parejas demuestran una disposición a asumir, junto con las ventajas, también las obligaciones"[15].

Pronto se advierte en la Iglesia que la sacramentalidad del matrimonio afecta a la propia realidad del matrimonio y se produce en virtud del acto por el que los contrayentes se hacen esposos[16]. Siendo así, y después de todas estas consideraciones no podemos por menos que preguntarnos sí han de ser considerados esposos, o casados, solamente aquellos bautizados que estando obligados a la forma canónica se atienen a ella.

15 *Exhortación Apostólica Familiaris Consortio*, n. 82.

16 Según Pedro Lombardo, *Sent. IV*, d. 28, c. 2; Alberto Magno, *In IV Sent.*, d. 27, a. 6; Tomás de Aquino, *Supp.*, q. 32, a.1 ad 1, el sacramento es el contrato mismo elevado a la dignidad de rito eficaz de gracia.

7. La elevación a sacramento del matrimonio sin necesidad de forma canónica válida

En cuanto que la forma canónica no es una limitación que reste vigor al consentimiento sino un medio que hace posible su protección, se comprende que el derecho de la Iglesia admita casos en los que la realidad del vínculo matrimonial y del sacramento se concretan por obra del mero consentimiento, sin necesidad de la forma canónica o sirviéndose de otras formas jurídicas de celebración. Veamos los supuestos más relevantes en este sentido.

7.1. La elevación a sacramento del matrimonio de los no bautizados que reciben el bautismo

Un ejemplo que refrenda la no necesidad de forma positiva para que el consentimiento válido sea elevado a sacramento, es el caso de dos no bautizados casados válidamente y cuyo matrimonio, tanto desde el punto de vista jurídico como teológico, se convierte en sacramento desde la misma recepción del bautismo por parte de ambos, sin necesidad de ninguna forma jurídica matrimonial añadida. No es necesario en este caso renovar el consentimiento ya que es el consentimiento matrimonial el que perdura y el que, sin necesidad de forma canónica, sólo a través del bautismo e *ipso facto*, es elevado a unión sacramental.

Lo mismo sucede cuando se bautiza el cónyuge no bautizado estándolo el otro.

Hay que tener en cuenta que de estas situaciones cabe deducir que no se requiere para que el contrato sea sacramento que nazcan simultáneamente ambas realidades, ya que en estos casos nace primeramente el contrato válido y con posterioridad, por la sola acción del bautismo, esa realidad se convierte en sacramento. La inseparabilidad no requiere necesariamente la simultaneidad. Contrato y sacramento mantienen estrecha relación en los bautizados, pero, a la vez, son realidades nítidamente distinguibles.

7.2. El Instituto Jurídico de la Sanación en raíz

La relevancia y existencia jurídica del matrimonio civil, del consentimiento emitido inválidamente ante la Iglesia por motivos positivos, se pone de manifiesto especialmente en la figura de la sanación en raíz, contenida en el actual derecho de la Iglesia en los cánones 1161 a 1165.

Cuando en el matrimonio civil celebrado existe un verdadero consentimiento matrimonial, naturalmente válido, un acto de voluntad sincero por el cual los que lo contraen se entregan y reciben mutuamente como marido y mujer en un proyecto permanente de vida, en determinados casos el Obispo les puede dispensar de la forma canónica y convertir el matrimonio meramente civil en canónicamente válido y sacramental, sin necesidad de volver a celebrarlo. Esto sería jurídica y teológicamente imposible si el matrimonio civil de los católicos fuese inexistente, porque lo que no existe no puede ser sanado.

La pregunta es ¿de donde procede la sacramentalidad? Es imposible que proceda de la forma canónica, ya que no ha existido. ¿Empieza acaso la sacramentalidad, cuando dispensado o sanado el impedimento de derecho eclesiástico, en este caso la falta de forma canónica, comienza a ser positivamente válido el matrimonio? Pensemos que estamos ante un sacramento donde los ministros son los contrayentes, no ningún otra autoridad externa; dicha autoridad, aunque tenga potestad para dispensar o sanar, no la tiene para hacer nacer el sacramento. Para nosotros parece claro que es en el mismo consentimiento primero, aunque sea desde una juridicidad positiva ineficaz ante la Iglesia, donde está la raíz de la sacramentalidad.

Este instituto jurídico más que ningún otro nos lleva a diferenciar claramente la existencia y la eficacia en el ámbito matrimonial. Sin existencia ningún matrimonio puede ser subsanado en raíz, ya que la sanación nos habla de una realidad esencial que se encuentra impedida en su eficacia o reconocimiento jurídico-positivo por causas externas a esa realidad primera. Pero, pese a ese impedimento positivo-formal, hay, o puede haber, esencialmente matrimonio, y, entre bautizados hay, o puede haber, sacramento, y pensemos especialmente, en los casos donde de buena fe se ignora la irregularidad legal o, sabiéndola, se quiere subsanar en un futuro próximo. Aunque en este caso el matrimonio sea nulo, ¿se puede afirmar que hasta esa subsanación no existe sacramento ni verdadero matrimonio?

Si la sacramentalidad pertenece al sustrato esencial del matrimonio de los fieles y no está condicionada irremediablemente por la eficacia positiva, pensamos que puede sostenerse desde lo estrictamente dogmático y doctrinal, que cuando la legislación eclesial no reconoce la validez del matrimonio por la falta de la debida forma, en un nivel anterior y, si se quiere, ontológicamente superior, no está cerrada la posibilidad de que exista auténtico matrimonio y auténtico sacramento.

7.3. El caso de los bautizados acatólicos

Dentro del matrimonio sacramento, el derecho de la Iglesia Católica reconoce la existencia de matrimonios sacramentales fuera de la Iglesia Católica, siempre que se den dos bautismos válidos y que se contraiga un verdadero matrimonio, es decir, según el designio divino tal y como aparece inscrito en la naturaleza del hombre y de la mujer. En este caso sabemos que cualquier forma matrimonial positiva legítima, no canónica, basta para hacer nacer el sacramento, ya que los contrayentes no deciden tanto realizar un sacramento, cuanto sencillamente contraer un verdadero matrimonio tal y como éste ha sido pensado y querido por Dios, esto es, único e indisoluble.

No se requiere, pues, en este caso, que el matrimonio sea canónico, es decir, que sea celebrado "por la iglesia" católica; cabe pues la posibilidad de que sea sacramento el matrimonio civil de dos bautizados, incluso en confesiones que no reconocen la sacramentalidad del matrimonio.

7.4. El caso de abandono de la Iglesia por acto formal

El matrimonio de los católicos, en virtud del canon 1055-2, puede dar lugar a matrimonio sacramental cuando existe dispensa de forma, y se cumplen los otros requisitos procedentes del derecho natural y/o divino.

Entre los matrimonios sacramentales de católicos no sujetos a forma canónica, el más significativo es el de dos católicos que en el momento de la celebración se han apartado de la Iglesia por acto formal. Según el canon 1117 en este caso no se necesita la sujeción a la forma canónica para que surja un matrimonio meramente civil válido también canónicamente. Como entre bautizados no puede haber contrato matrimonial válido que no sea por eso mismo sacramento (c. 1055§2) habrá que afirmar necesariamente que, de por si, este matrimonio es sacramental.

Resulta cuando menos extraño establecer que no puede ser sacramental el matrimonio de dos católicos que debiendo sujetarse a la forma canónica no lo hacen, y que en las misma condiciones, y sino excluyen la sacramentalidad, si lo es el de dos fieles que apostatan, abandonado la Iglesia por acto formal. Una solución totalmente absurda para los católicos es que si no quieren sujetarse a la forma canónica pero pretenden que su matrimonio civil sea reconocido como válido y sacramental por la Iglesia, abandonen ésta.

Las motivaciones por las que los cónyuges incurren en invalidez ante la Iglesia por falta de forma jurídica en su matrimonio pueden ser muy variadas, algunas directamente relacionadas con no querer dar un sentido religioso a su matrimonio, pero otras quizás no. Si embargo, el abandonar la Iglesia formalmente, lo cual normalmente tendrá más que ver con el rechazo de la sacramentalidad, posibilita que ese matrimonio sea válido para la Iglesia y, por tanto, sacramental. Que en el primer caso no pueda surgir radicalmente sacramento y en el segundo si pueda, resulta, cuando menos, paradójico, e incluso desconcertante.

Incidiendo en las consecuencias absurdas que se dan a partir de esta situación, lo que queremos señalar es que no parece estar totalmente claro que un matrimonio inválido para la Iglesia, por defecto o falta de forma, haya de ser necesariamente no-sacramental.

8. Teología y Derecho Canónico

Pensamos que en todos estos planteamientos y cuestionamientos habrá que tener muy en cuenta la naturaleza y peculiaridades del derecho canónico, sobre todo en relación con los derechos seculares. Resulta claro que el derecho canónico según la concepción católica no puede ser interpretado y gestionado como un sistema de reglas positivas exclusivamente humanas, ni siquiera en beneficio de la claridad metodológica o de la seguridad jurídica. El canonista, y todos los aplicadores del derecho canónico necesitan tener en cuenta otras perspectivas: históricas, filosóficas y sobre todo la teológica, para examinar la realidad jurídica desde un punto de vista distinto, suprajurídico, que supera el puro juridicismo positivo y que limita las instituciones canónicas a un referente teológico superior que no siempre es posible delimitar jurídicamente en todos sus aspectos.

La necesaria organización jurídico-eclesial que lleva a cabo el derecho canónico, habrá de tener en cuenta un principio superior en cuanto a la definición de los distintos conceptos e instituciones: la realidad que en la Iglesia se conoce por la vía del método teológico[17]. Así los cultivadores del derecho canónico positivo, deben trabajar sobre la base de que en la Iglesia el último principio normativo es la verdad revelada. "Esta última –subraya la Congregación para la doctrina de la fe- debe brindar los criterios para juzgar los elementos conceptuales y los medios de los otros, y no al revés"[18].

Dentro del universo jurídico el derecho canónico pertenece al círculo de los ordenamientos jurídicos sacros, es decir, su obligatoriedad y el contenido de una parte importante de sus prescripciones han de amoldarse a la realidad sagrada, superior a la humana, de la que, por otra parte, vienen deducidas. En el ordenamiento jurídico canónico se precisa necesariamente tener en cuenta puntos teológicos de referencia. La mayoría de los puntos de vista e instituciones canónicas son metajurídicos, superiores a las meras consideraciones institucionalistas de otros ordenamientos, pues se constituyen bajo bases de verdades teológicas específicas de la fe católica, en nuestro caso aquella que define que la alianza matrimonial entre bautizados fue elevada por Cristo a sacramento.

Aunque el derecho canónico sea un sistema jurídico y como tal pueda ser cultivado con un método jurídico, este método no puede reducirse a las referencias meramente positivistas de algunos derechos modernos racionalizados; su aplicación exigirá normalmente una reflexión de tipo teológico. Solamente cuando se considera el derecho de la Iglesia en base a una concepción cristiana, el derecho de la Iglesia católica es derecho en el sentido

17 Cf, P. Erdo, *Teología del derecho canónico*, trad. Por María Gerse, Budapest, 2002, 199 y ss.

18 C. Doct. Fid., Instr. *Donum veritatis*, AAS 82 (1990) 1554.

verdadero del término. Las conclusiones cerradamente positivistas pueden dar lugar en ocasiones a resultados que difícilmente encajen con el carácter teológico que el derecho canónico tiene, e incluso con la sustancia particular de la Iglesia misma. ¿No puede ocurrir esto si se concluye categóricamente que de la forma, importante institución jurídica, pero histórica y meramente positiva en su naturaleza, depende inexorablemente el carácter sacramental del vínculo? Si se da un rango categórico a normas meramente eclesiásticas, se acaba estrechando la realidad teológica a la que pretenden servir.

En el centro del ordenamiento canónico está el hombre redimido por Cristo, por el bautismo convertido en persona dentro de la Iglesia. Así las sociedades civiles son invitadas por el ejemplo de la Iglesia a poner a la persona humana en el centro de sus ordenamientos jurídicos, para evitar de esta manera el peligro de la arbitrariedad y de la alienación provocada por un sistema de reglas meramente positivas. ¿No sería fuente de alienación para el cristiano el hecho de hacer depender el nivel de la gracia totalmente de requisitos formales?

Simplificar en este terreno es quedarse en un nivel de realidad meramente perceptible juridicistamente y obviar otra realidad invisible, la de la gracia, que se entronca en lo más profundo del ser humano. La diferencia del fuero externo e interno expresa el hecho de que el plano público de las realidades socio-jurídicas y el de conciencia que superan nuestra percepción, coexisten en la vida de toda sociedad[19], y mucho más que en ninguna otra en la eclesial. Y en el fuero interno o de conciencia cada individuo está ante Dios, por encima de valoraciones que por muy precisas y justas que sean quedan limitadas en sus resultados por otro nivel superior, profundamente teológico y profundamente jurídico.

19 Cf, Urrutia, F.J., *Il criterio di distinzione tra foro interno e esterno*, in Latourelle, R.(edi.) *Vaticano II:Bilancio e prospettive venticinque anni dopo (1962-1987)*, Roma-Assisi, 1987, 544-570.

9. Conclusiones

1. El matrimonio sacramental tiene su fundamento en el matrimonio creacional. Dicha realidad preexistente fue elevada por Cristo a sacramento entre bautizados, siendo los contrayentes los únicos ministros del sacramento. Las peculiaridades del sacramento del matrimonio ayudan a ver la riqueza teológica de este sacramento, pues en él se produce una especial interacción entre el signo y lo que el signo significa, dado que se trata de dos realidades que se asumen y subsisten sin que dejen de ser lo que son.

2. La forma canónica no es un elemento esencial del matrimonio, sino que aparece en un momento histórico determinado, y se sitúa en un plano de juridicidad positiva. Sin quitarle valor y sin cuestionar su obligatoriedad, ha de tenerse en cuenta que no puede convertirse en un elemento constitutivo ni del matrimonio ni del sacramento, teniendo una función fundamentalmente declarativa.

3. Aunque no cualquier unión con carácter de permanencia pueda ser considerada verdadero matrimonio, la Iglesia percibe como existente el matrimonio civil de los católicos inválido por causa positiva, no equiparable a una mera unión de hecho. Dicha unión civil puede ser sacramento en los dispensados de dicha forma.

Es el consentimiento, no la forma de celebración, el que constituye al matrimonio y el que se puede sanar y hacer que ese matrimonio sea sacramento sin necesidad de volver a celebrar bajo forma alguna.

4. Puede pensarse que, si según el canon 1117, dos católicos que abandonan la Iglesia por acto formal contraen válidamente sin someterse a la forma canónica y por ello contraen sacramentalmente si no excluyen el matrimonio tal y como la Iglesia lo presenta, más obstáculo debiera haber en que fuese sacramento ese matrimonio que el de alguien que, simplemente, no se atiene

a la forma canónica que la Iglesia ha dispuesto, pero no por ello abandona la Iglesia.

5. Esencialmente el matrimonio, sobre todo el cristiano, es una realidad interpersonal, de un varón y una mujer, para su mutuo perfeccionamiento personal, formado como una realidad indisoluble, de naturaleza personal encaminada inmanentemente hacia sí misma y abierta por su propia índole natural a la procreación y a la educación de nuevos seres. Sobre esa realidad actúa la gracia de Dios en los bautizados sino se cierra esa unión a dicha gracia.

6. Esa realidad ontológica viene condicionada por requisitos jurídico-positivos que la Iglesia legítimamente establece. Pero lo jurídico legal, en este caso, no es lo primario, lo que da el ser al matrimonio ni lo que puede acabar convirtiéndose en prioritario a la hora de establecer las relaciones entre Dios y el hombre. En el caso del matrimonio, la forma y los demás requisitos jurídico-legales, lo que hacen es añadir ciertos condicionamientos en el orden público a una realidad que le es anterior.

7. Todo esto nos lleva a concluir que más que nunca en un contexto socio-religioso como el nuestro, es evidente la dificultad de emitir juicios valorativos, sobre todo de carácter religioso, que puedan aplicarse a todos los matrimonios meramente civiles de los católicos. Dichos juicios, si hay que emitirlos, dependerán de las razones y motivos en los que se fundamentase la decisión de ir al matrimonio civil y no al canónico, teniendo en cuenta que una de las realidades donde más claramente puede manifestarse la presencia redentora de Cristo es en la relación interpersonal matrimonial fundamentada en el proyecto de Dios.

8. Somos conscientes de que estos planteamientos pueden crear una mayor inseguridad jurídica y un cierto desasosiego pastoral, pero, en este terreno, pensamos que simplificar es empobrecer. Ante el misterio de la gracia y de su administración, del encuentro de Dios con el hombre y de la respuesta de éste, los esquemas y proposiciones jurídico-legales se evidencian limita-

dos. En el caso del matrimonio sacramento las leyes positivas no pueden quitar valor a la realidad natural de fondo ni a la actuación de la gracia de Dios que en ciertos momentos y realidades rebasa los esquemas puramente legales.

RUFINO CALLEJO DE PAZ, O.P.
Universidad Pontificia Comillas

NOVEDADES EN JURISPRUDENCIA CANONICA
Monográfico sobre patología del consentimiento matrimonial

Breve explicación del subtítulo

Trataré de las novedades más importantes, a mi juicio, en la Jurisprudencia matrimonial canónica emanada de la Rota Romana, "cuya función específica –en frase de Juan Pablo II– es la de ser creadora de una sabia y unívoca jurisprudencia a la que, como autorizado ejemplo, los demás tribunales eclesiásticos deben adecuarse"[1].

Jurisprudencia rotal que he acotado a partir de los años noventa y circunscrito al ámbito de la patología jurídica del consentimiento, en sentido estricto, es decir, me referiré a la comprendida entre los cánones 1095 a 1103. Monográfico donde prestaré especial atención a las cuestiones que conciernen al

1 Discurso en la apertura del año judicial, febrero 1998, in: Ecclesia n. 2881, 21 febrero, p. 31.

derecho sustantivo puro, e indirectamente al probatorio, tan vinculado a aquél.

Primera Parte

Jurisprudencia sobre simulación / exclusión

1. *La modalidad del matrimonio instrumentalizado para conseguir fines incompatibles con los institucionales*: Requiere una exclusión de dichos fines con voluntad positiva. De esto trata la c. Funghini de 14 de octubre de 1992. Se falla pro vinculo porque falta una causa simulandi gravemente proporcionada[2].

2. *Otra modalidad de simulación consiste en el rechazo de valores institucionales.* Así la c. De Lanversin de 15 de octubre de 1995 declara la nulidad en el supuesto de jóvenes del mayo francés de 1968 o sessantonini[3]. Igualmente la c. Giannecchini de 3 de marzo de 1998, en el caso de un contrayente ateo y materialista, por entender que tal mentalidad conforma una auténtica causa simulandi implícita[4].

3. *Derivación a simulación total o parcial del error determinans voluntatem acerca de la dignidad sacramental del matrimonio (can. 1099)*:

– La c. Ragni de 30 de mayo de 1996 enseña que la exclusión de la dignidad sacramental del matrimonio realizada por un acto positivo de la voluntad es una exclusión del matrimonio y del sacramento al mismo tiempo. Tal acto, al igual que ocurre con la exclusión de los bienes de la fidelidad, de la prole o de la indi-

2 Ius Ecclesiae (IE) 5, n.2, 1993, pp. 576-593; Il Diritto Eclesiástico (DE) 1. 1993/II, pp. 10-20.

3 Monitor Ecclesiasticus (ME) 121, 1993, pp. 63-64.

4 ME 124, 1999, pp. 670-690.

solubilidad, invalida el matrimonio en su totalidad. Si no hay contrato válido, no hay sacrameno, y si no hay sacramento tampoco hay contrato[5].

– La c. Giannecchini de 18 de diciembre de 1996 desestima por falta de pruebas la pretensión de nulidad de parte del actor, educado en el materialismo ateo y militante del partido comunista. La nulidad se había pedido tanto por simulación total, al amparo del can. 1099; como por exclusión de los bienes de la prole y del sacramento[6].

– La c. Defilippi de 25 de julio de 2002 falla pro vinculo por falta absoluta de pruebas en un supuesto que había sido planteado en primer grado por exclusión del matrimonio mismo o al menos por exclusión de su dignidad sacramental; y que en segundo grado se había vuelto a pedir por exclusión total y, como en primera instancia, por exclusión de la indisolubilidad[7].

– La c. Faltin de 16 de abril de 1997 se ocupa colateralmente del tema de la dignidad sacramental, pronunciándose a favor de nulidad por el capítulo de simulación total, puesto que en la sociedad actual ya no se puede mantener la presunción general de que todo aquel que contrae matrimonio lo pretende tal como lo instituyó el Creador[8].

4. *Jurisprudencia sobre exclusión del bien de la prole*

En torno a *la paternidad responsable*:

– La c. Bruno de 22 de marzo de 1991 puntualiza que no procede distinguir entre derecho y ejercicio del derecho, ya que lo importante es averiguar si se dio o no la ordenación racional a la procreación. Se falla pro vinculo[9].

5 Romanae Rotae Decisiones (RRDec.) 88, pp. 407- 423.
6 ME 123, 1998, pp. 560-590.
7 IE 16, 1. 2004, pp. 135-163.
8 ME 123, 1998, pp. 248-270.
9 DE 102, 2-3, 1991 / II, pp. 175-182.

– La c. Burke de 19 de octubre de 1995, en caso de procrastinación unilateral de prole, pondera la injusticia que comete quien simula respecto a su consorte, ya que éste tiene derecho a que aquél esté abierto a la posibilidad de procrear. Sent. pro nullitate[10].

– Mas, si el aplazamiento de tener hijos hubiera sido de mutuo acuerdo, la c. Giannecchini de 28 de marzo de 1995 defiende que tal intención no afectaría a la validez del consentimiento matrimonial[11].

– La c. Sciacca de 6 de abril de 2000 falla pro vinculo basándose en que la intención – en este caso, de la mujer – de excluir el ejercicio del derecho a la prole no incide sobre el derecho a la misma prole. Esto es perfectamente compatible con el principio de la procreación responsable mediante el recurso a los períodos de infecundidad y con el pleno respeto a la conexión entre el significado unitivo y procreativo del acto conyugal[12].

Discernimiento entre la *exclusión temporal* y la *absoluta*

– La c. De Lanversin de 5 de abril de 1995 entiende que hay exclusión de prole decididamente absoluta si consta que la procreación se vinculó a un acontecimiento futuro cuya verificación implica un tiempo determinado o indeterminado; se dio el uso constante de anticonceptivos; y, en caso de embarazo fortuito, se provocó o exigió el aborto[13].

– La c. Stankiewicz de 24 de julio de 1997 afirma, a su vez, que la exclusión temporal puede entrar en el consentimiento matrimonial y limitarlo, en el caso de haberse puesto como verdadera condición[14].

10 ME 123, 1998, pp. 592-618.
11 RRDec. 87, 1998, pp. 240-251.
12 ME 126, 2001, pp. 343-353.
13 RRDec. 87, 1998, pp. 252-259.
14 ME 124, 1999, pp. 614-628.

– En la c. De Lanversin de 26 de enero de 1994 se lee que cuantas veces conste de manera cierta el propósito del contrayente de excluir la prole de forma absoluta y por tiempo indefinido, el consentimiento coartado o viciado por este propósito o condición no es apto para hacer válido el matrimonio[15].

– La c. Funghini de 15 de abril de 1997 estima que la práctica habitual del coitus interruptus es prueba de una palmaria voluntad contra la procreación[16].

– La c. De Lanversin de 15 de junio de 1994 ventila un singular caso de exclusión de prole: Varón que deposita semen en banco y después se hace practicar vasectomía doble, a fin de que su futura esposa pueda en su día acceder a fecundación artificial con dicho semen. Tal propósito, empero, no se pudo llevar a cabo porque el semen fue retirado por su causante. Se falló pro nullitate porque el derecho a la cópula conlleva el derecho-obligación de no procrear a no ser del semen del cónyuge, y ello mediante cópula hecha de modo natural; y porque nada que sea moralmente ilícito, peligroso o extraordinario puede ser entre partes objeto de un convenio creador de derechos y obligaciones[17].

5. *Exclusión del bien de la fidelidad*

Aspectos sustantivos:

– La c. Burke de 8 de febrero de 1990 enseña básicamente que el contenido jurídico del darse y aceptarse (can. 1057, 2) no es la totalidad de la persona, sino su conyugalidad o donación del derecho exclusivo y permanente a la propia sexualidad procreativa; que la obligación de no copular con tercera persona, si bien es la primera obligación grave de la fidelidad matrimonial, no es la única; y que identificar bonum fidei con fidelidad moral

15 RRDec. 86, 1997, pp. 47- 55.
16 RRDec. 89, 2002, pp. 279-302.
17 RRDec. 86, 1997, pp. 313-323.

da pie a considerar el caso del mujeriego como incapaz para ser fiel a su mujer[18].

– La c. Funghini de 23 de octubre de 1991, haciéndose eco del común sentir de la jurisprudencia, replicaría a Burke: El bien de los cónyuges, cual se desprende de los cc. 1055,1 y 1056, lo que abarca es el mutuum adiutorium del CIC-17 y la obligación de guardar el bien de la fidelidad, piedra angular del matrimonio en el que convergen bienes y valores; para viciar el consentimiento basta la intención positiva de no asumir la obligación de guardar la fe conyugal; el argumentum princeps para probar la exclusión del bonum fidei es el hecho del adulterio cometido antes y después de las nupcias[19].

– Enseñanza que completaba el propio Funghini en sentencia de 21 de julio de 1993: No es necesario que el contrayente se proponga entregar a tercera persona el derecho a su cuerpo. Es suficiente la reserva del derecho a adulterar[20].

Matizaciones probatorias:

– La c. Giannecchini de 28 de marzo de 1995 se pronuncia pro vinculo, pues para que el consentimiento sea nulo por exclusión del bonum fidei se ha de haber rechazado la donación íntegra al cónyuge, no bastando la implicación intencional del uso pecaminoso de la facultad sexual[21].

– También la c. Civili de 20 de noviembre de 1996 se pronuncia pro vinculo porque la exclusión del bien de la fidelidad se deduce del can. 1101, 1 y del can. 1055, 1, es decir, se trata de un elemento esencial cuya exclusión se ha de probar por un acto positivo de la voluntad, actual o virtual, explícito o implícito. Esta última modalidad habría lugar cuando el contrayente antes de las

18 RRDec. 82, 1994, pp. 90-107.
19 ME 117, 1992, pp. 430-455.
20 ME 118, 1993, pp. 543-566.
21 IE 12, n. 3. 2000, pp. 727-743.

nupcias se hubiera propuesto continuar después de casado las relaciones íntimas que mantenía con tercera persona[22].

– La c. Turnaturi de 18 de abril de 1996 remarca que la fidelidad implica, más que la sola abstención de relaciones extramatrimoniales, un total compromiso hacia la persona del cónyuge; y que el derecho a la fidelidad y la correspondiente obligación se han de incluir en la definición que el can. 1061 da del verdadero acto conyugal[23].

– La c. Defilippi de 13 de febrero de 1998 establece que la exclusión positiva de las propiedades esenciales puede producirse tanto si el contrayente las rechaza directamente (can. 1101, 2), como indirectamente (can. 1099), dándose posiblemente en este segundo supuesto exclusión virtual del bonum fidei; el cual, más que a la unidad se refiere a los elementos esenciales del matrimonio, cual se desprende concordando los cc. 1055, 1 y 1101, 2[24].

6. *Exclusión del bien del sacramento*

Derecho probatorio

– La c. De Lanversin de 5 de octubre de 1995 –en una expresa alusión a la generación contestataria de 1968 y a las sucesivas que conforman la llamada cultura social– se ocupa del error pertinaz de quienes se casan imbuidos por los nuevos valores de la actual cultura secularizada. Los tales denotan una voluntad implícita contra el matrimonio y sus bienes, especialmente contra la perpetuidad del vínculo, a causa del temporalismo, relativismo y problematicismo que encierra la mentada cultura[25].

– La c. Sciacca de 9 de mayo de 2003 defiende que el aplazar la fecha de la boda en espera de la entrada en vigor de la ley

22 IE 12, n.3. 2000, pp. 744-755.
23 RRDec. 88, 2001, pp. 334-348.
24 ME 126, 2001, pp. 102-130.
25 ME 121, 1996, pp. 59-71.

del divorcio es causa simulandi remota de naturaleza ideológica; que la pasión amorosa es compatible con los propósitos simulatorios y no contradice, de por sí, el que se den eventuales dudas sobre el éxito del matrimonio; y que el haber tenido hijos no es elemento concluyente contra la exclusión de la indisolubilidad, sino que tal hecho lo que realmente explica es la dilación de la separación o alargamiento de la convivencia conyugal[26].

– La c. Monier de 21 de junio de 1996 –refiriéndose a supuestos en que una de las partes no es católica– advierte que, en el seno de la Rota unos jueces presumen la no validez del matrimonio cuando consta que el justiciable yerra acerca de la sacramentalidad y/o de la indisolubilidad; mientras que otros están, en principio, por la validez presumiendo que en el contrayente se dio intención de hacer lo que hace la Iglesia. En el presente caso, concreto y circunstanciado, de matrimonio entre católico y luterana, se falla contra vinculum por constar probado el error sufrido por la esposa[27].

7. *La intención contra la comunión de vida y amor en el matrimonio*:

La c. Stankiewicz de 26 de febrero de 1999 propone que se incluya esta clase de intención dentro de la exclusión de algún bien o elemento esencial, como podría ser el de la fidelidad –en una aproximación a la c. Funghini de 23 de octubre de 1991, que hemos mencionado anteriormente–; o, alternativamente, que se reconduzca al ámbito del bonum coniugum. Con todo, se falla negativamente por falta de pruebas[28].

26 DE 115, 1. 2004 / II, pp. 16-42.
27 RRDec. 88, 1999, pp. 480-485.
28 ME 126, 2002, pp. 1-23.

Jurisprudencia sobre incapacidad psíquica matrimonial

1. Lectura restrictiva del can. 1095, 1º

En el caso de un contrayente ebrio en el acto mismo de la boda con embriaguez total, a la que al abuso del alcohol se unió el del fármaco conocido como optalidón, la c.Faltin de 14 de diciembre de 1994 no falló precisamente por carencia del suficiente uso de razón, sino por grave defecto de discreción de juicio, argumentando que el sujeto, a la hora de las nupcias, no padecía ninguna incapacidad habitual, sino eventual y transitoria: El, en efecto, quería casarse y acudió a la ceremonia nupcial con intención virtual de matrimoniar[29].

2. Requisitos para la tipificación de incapacidad discretiva:

– La c. Stankiewicz de 23 de julio de 1991 sienta que esta causal para ser relevante ha de lesionar no solamente la facultad cognoscitiva, sino también la estimativa, la electiva y la crítica[30].

– La c. Colagiovanni de 28 de mayo de 1994 señala que la única medida del consentimiento es la proporcionalidad[31].

– La c. Stankiewicz de 21 de julio de 1994 establece que para medir la gravedad de la incapacidad se ha de recurrir a la analogía con los cc. 1103 y 1098[32].

– Y lac. Boccafola de 27 de febrero de 1992, refiriéndose al punto específico del conocer, hace hincapié en que la mencionada gravedad discretiva viene dada por la conjunción de los cc. 1095 y 1096[33].

29 ME 122,1995, pp. 380-398.
30 DE 3. 1992, pp. 221-231.
31 ME 123, 1998, pp. 272-294.
32 ME 121, 1996, pp.15-32.
33 IE 5, 1.1993, pp. 207-222.

3. Cómo entender las incapacidades para las obligaciones esenciales (can. 1095, 2º y 3º)

– La c. Bruno de 14 de junio de 1994 menciona, entre las que conforman nulidad in cognoscendo et decernendo, las que obstan a las relaciones interpersonales; las que impiden la asunción de las responsabilidades mínimas para el bien de los cónyuges en toda su amplitud; y las que son óbice para la instauración de una tolerable vida conyugal[34].

– La c. Faltin de 29 de noviembre de 1995 incluye, entre las cargas esenciales del matrimonio, la del bien de los cónyuges y la del bien de la prole[35].

– La c. Burke de 17 de abril de 1997 discrepa de la línea personalista, al sentenciar que en los números 2º y 3º la relatividad está concebida de cara a las obligaciones esenciales del connubio en sí mismo, de tal manera que la capacidad consensual no es de persona a persona, sino de persona ad nuptias[36].

4. Diferentes formas de incapacidad electiva

– La c. Burke de 25 de noviembre de 1995, a propósito de la falta de libertad interna, enseña que para que esta falta de libertad invalide el consentimiento ha de tratarse de una carencia total de la misma, ya que una la libertad disminuida aún es libertad y, por ende, no hace nulo el matrimonio[37].

– El mismo Burke en sent. de 6 de abril de 1995 había afirmado que es inaceptable hablar de libertas imminuta como causal de nulidad, puesto que el matrimonio solamente es nulo si la lesión de la libertad es tan grave que haga perder al contrayente la capacidad natural de autodeterminarse: esta capacidad es, cabalmente, aquello en lo que consiste la libertad[38].

34 DE 3. 1995 /II, pp. 207-214.
35 ME 121, 1996, pp. 72-83.
36 ME 123, 1998, pp. 52-83.
37 DE 2. 1993/ II, pp.118-131.
38 ME 121, 1996, pp. 384-396.

– La c. Faltin de 24 de febrero de 1999 – apoyándose en los cc. 1057, 2 y 1055, 1 – remarca que el consentimiento matrimonial ha de ser un acto humano y que, por tanto, no puede quedarse en la facultad meramente cognoscitiva del nubente; sino que se ha de proyectar a la elección de su destino conyugal en libertad[39].

5. La no autonomía capitular de la falta de libertad interna

– La c. Jarawan de 15 de marzo de 1994 asegura que la falta de libertad ab intrinseco sólo es causa clínica o material del grave defecto de discreción de juicio[40].

– Para la c. Sciacca de 13 de junio de 2003 dicha falta de libertad no es sino una factispecie del defecto de discreción de juicio, pues la libertad de elección no depende sólo de la voluntad, sino de la valoración crítica[41].

6. Elementos configuradores del can. 1095, 3º

Sobre la gravedad de la incapacidad

La c. Stankiewicz de 9 de marzo de 1995 defiende que, después de las alocuciones de Juan Pablo II a la Rota, de los años 1987 y 1988, no cabe duda de que para declarar la nulidad de un matrimonio por incapacitas assumendi se precisa en el nubente una psicopatología grave o severa y que afectare sustancialmente a su capacidad de entender o querer[42].

Sobre la perpetuidad de la incapacidad

Desde los años noventa la no exigencia de este requisito es opinión generalizada en la Rota. Cabe citar como emblemáticas las sentencias c.Pompedda de 1 de junio de 1992[43] y c. Faltin de 20 de junio de 1995[44]; c. Defilippi de 1 de diciembre de 1995[45]; y

39 ME 125, 2000, pp. 226-252.
40 ME 120, 1995, pp. 198-206.
41 DE 115, 1.2004, pp. 3-16.
42 RRDec. 87, 1998, pp. 174-189.
43 RRDec. 84, 1995, 322-330.
44 RRDec. 87, 1998, pp.389-402.
45 RRDec. 87, 1998, pp. 641-665,

c. Monier de 6 de junio de 1997[46]. Por más que algunos Jurisprudentes todavía se pronunciaran por la necesidad del requisito de la incurabilidad siquiera en forma implícita.

Otra corriente, minoritaria, se pronuncia por la perpetuidad de la incapacidad en función de determinar mejor la gravedad de la misma y constatar que se trata de una verdadera incapacidad para el matrimonio. Merece destacar, una pro omnibus, la c. Palestro de 6 de junio de 1990[47].

Añádese que la c. Doran de 21 de marzo de 1991 parece exigir una cierta duración temporal de la incapacidad antecedente y grave, y ello también de cara a reforzar la prueba de la incapacitas[48]. Y en la misma dirección, la c.Ragni de 16 de julio de 1991[49].

7. La cuestión de la incapacidad relativa

– La c. Serrano de 13 de diciembre de 1991, ante el silencio de ley aplicó a un caso de incapacitas assumendi el concepto de impotencia relativa, normada en el can. 1084,1[50].

– En cambio, la c. Colagiovanni de 15 de marzo de ese mismo año 1991 había fallado pro vinculo en un supuesto de incompatibilidad radical de caracteres, considerando la causal como un escolión de la incapacidad relativa, asegurando tajante que tal capítulo no se encuentra ni en el Código, ni en la doctrina ni en la jurisprudencia[51].

– Igualmente la c. Civili de 2 de marzo de 1993 discrepó totalmente de la c. Serrano, Ponente que fuera en el anterior Turno Rotal in casu, por entender que la sentencia apelada se había basado, en su pronunciamiento pro nullitate, en un informe

46 RRDec. 89, 2002, 484-494.
47 RRDec. 82, 1994, pp. 476-487.
48 ME 116, 1991, pp. 549-550.
49 DE 3. 1992 /II, pp. 243-255.
50 RRDec. 83, 1991, pp. 756-775.
51 RRDec. 83, 1991, pp. 138 y 143.

pericial que dictara la incapacidad de ambos esposos para crear una verdadera unidad de pareja conyugal[52].

– La c. Funghini de 23 de junio de 1993 defiende que en supuestos de cónyuges psíquicamente sanos no se puede esgrimir, de cara a la nulidad matrimonial, la causal de incompatibilidad esencial de un consorte para con otro[53].

– La c. Colagiovanni de 31 de mayo de 1994 reza textualmente: "Ser una carne no implica la aniquilación de dos personalidades para que surja una tercera nueva y distinta, ni que la personalidad de uno se resuelva en la del otro"[54].

– Y la c. Burke de 27 de octubre de 1994 hace ver que la incapacidad relativa, a nivel de principios, no tiene en cuenta el requisito de la gravedad; apenas se distingue de la mera incompatibilidad de caracteres; es una puerta abierta al divorcio; pugna con los fundamentos de la antropología cristiana; y está en desacuerdo con los términos del can. 1095[55].

8. La incapacidad para el matrimonio por inmadurez afectiva

Al empezar la década de los noventa la Jurisprudencia Rotal no era suficientemente unívoca[56]. Hacia la mitad de dicha década se destaca en esta materia:

– La c. Stankiewicz de 21 de julio de 1994, quien observa, entre otros particulares: 1º- En el foro es muy socorrida la inmadurez afectiva como causa subyacente del grave defecto de discreción de juicio, lo cual sucede principalmente por el influjo negativo de dicha inmadurez en la libertad interna, entendida propiamente la inmadurez como fijación o como regreso de la evolución psicológica; o en sentido amplio, o sea en razón de la

52 RRDec. 85, 1993, pp. 75-83.
53 RRDec. 85, 1993, pp. 468-485.
54 RRDec. 86, 1994, p. 270.
55 ME 121, 1996, pp. 494-512.
56 Cf. P.A. Bonnet e C. Gullo, *L'immaturità psico-affettiva nella giurisprudenza della Rota Romana, Presentazione, IX*, LEV, 1990.

conexión de la misma con la debilidad de la mente o con el cuadro patológico dominante. 2º- Según los psicólogos, las manifestaciones de la inmadurez afectiva son innumerables, de un extraordinario espectro cuantitativo; y en el aspecto cualitativo, articuladas, complejas. 3º- Las conclusiones de los peritos no pueden aceptarse acríticamente, pues a veces aquéllos enjuician la madurez psíquica ciñiéndose sólo al feliz resultado de la convivencia. Aténganse los jueces a lo prescrito en el can. 1579 valorando las circunstancias concurrentes a la luz de los principios generales del derecho y del común sentir de la jurisprudencia[57].

– La c. Boccafola de 26 de noviembre de 1998 se pronuncia en términos parecidos, fallando pro vinculo[58].

9. La incapacidad para el bien de los cónyuges

La c. Stankiewicz de 25 de noviembre de 1999 resulta paradigmática, al afirmar: A las obligaciones esenciales enunciadas en el can. 1095 se suma la que se refiere al bien de los cónyuges, un bien que dimana de la capacidad de asumir y cumplir todas las obligaciones del conyugio, con las que se instauran relaciones interpersonales en orden a conseguir los fines propios del matrimonio[59].

Tercera Parte

Jurisprudencia sobre error, condición y dolo

1. Sobre el error en la persona (can. 1097, 1º)

A partir de los años noventa se destaca la superación de la corriente maximalista del concepto de persona que introdujera la

57 ME 121, 1996, pp. 15-32.
58 ME 125, 2000, pp. 80-98.
59 ME 126, 2002, pp. 48-75.

célebre c. Canals de 21 de abril de 1970, es decir, la tertia notio del error en cualidad redundante en error de la persona.

En efecto, la tesis dominante hoy en la materia es que, al amparo del can. 1097, 1º, únicamente invalida el matrimonio el error en la persona física. Véase como emblemáticas las siguientes sentencias:

– La c. Pompedda de 6 de febrero de 1992[60]; la c. Stankiewicz de 22 de julio de 1993[61]; y la de 27 de enero de 1994[62]; la c. Bruno de 17 de junio de 1994[63]; la c. Funghini de 15 de abril de 1997[64]; la c. Carbeletti de 25 de octubre de 2002 . De este último he aquí una síntesis de su fundamentación jurídica: 1º- El objeto material del consentimiento matrimonial son los nupturientes. Ellos mismos son lo que se entrega y se acepta. 2º- El concepto de persona en el can. 1097, 1º no tiene un sentido distinto al que se le da en otros lugares del CIC. 3º- En ambos Códigos (el de 1917 y el de 1983) sólo tiene valor irritante el error si versa sobre lo que constituye la sustancia del acto, o si la intencionalidad o voluntad del sujeto reúne fuerza y eficacia de condición sine qua non, o si iure caveatur[65].

Constituyen excepción a esta corriente fisicista acerca del error personal, a guisa de sentencias testimoniales:

– La c. Giannecchini de 4 de marzo de 1994, que falló afirmativamente en un caso de error sufrido por el actor acerca de la persona de su consorte o al menos en cualidad de ésta, esto es, de su capacidad procreativa. El ponente invoca la famosa c. Canals, reforzándola con textos del Magisterio y de la Iglesia en Africa entonces recientes[66].

60 DE 106, 1995/II, pp.223-234.
61 IE 6, 1994, pp.609-623.
62 RRDec. 86, 1997, pp. 56-76
63 DE 106, 1995 / II, pp. 207-214.
64 RRDec. 89, 2002, pp. 279-302.
65 Periodica, vol. 93, 3. 2004, pp. 505-532.
66 DE 106, 1995 /II, pp. 3-11.

– La c. Defilippi de 6 de marzo de 1998 defiende que existen cualidades que objetivamente consideradas adquieren relevancia para identificar al otro contrayente, siempre que sean cualidades esenciales y que además, desde la estimativa de la víctima del error, o sea subjetivamente, identifiquen al futuro consorte. Cualidades que se pueden enmarcar en el contexto étnico o social o en el profesional (en este caso se buscaba que el consorte fuera médico), o muy importantes en el orden espiritual o religioso (como ser bautizado o no, laico o clérigo, afectado de censura canónica o no). El ponente aduce en su apoyo las sentencias c. Serrano de 14 de julio de 1978 y la 28 de mayo de 1982 por cuanto se dice que en el CIC-17 el can. 1081 da una visión mejor del consentimiento que el can. 1083 sobre el error redundante[67].

2. *Sobre el error en cualidad personal directa y principalmente intentada (can. 1097, 2º)*

– La c. Palestro de 22 de mayo de 1991 refiere por qué el Coetus Consultorum propuso, a la hora de redactar el Novissimum Schema del CIC, que se hiciera una nueva formulación del can. 1051, 2º- que se convirtió en el actual 1097, 2º - a saber, a fin de que se correspondiera mejor con la doctrina de San Alfonso y con la actual jurisprudencia de la Rota Romana; y así evitar interpretaciones laxas o tan amplias que vinieran a confundirse con casos de simple error[68].

– La c. Colagiovanni de 12 de julio de 1994 exige que para contraer matrimonio válido la cualidad pretendida sea grave y que influya en la determinación de la persona. Prioritariamente se ha de prestar atención a la intención del contrayente y cómo reaccionó éste al darse cuenta de su error[69].

67 ME 125, 2000, pp. 470-521.
68 RRDec. 83, 1994, pp. 314-330.
69 ME 121, 1996, pp. 214-222.

– La c. Erlebach de 27 de enero de 2000 falla afirmativamente por error sufrido por la esposa respecto de la capacidad procreativa de su marido, que padecía azoospermia. Error que se califica de implícito, asimilable a condición sine qua non. Concurren entre otros elementos de prueba, el vehemente deseo de la contrayente por ser madre, los bien estructurados argumentos de estima y de reacción, así como los testimonios de credibilidad[70].

– Y otra c. Erlebach de 14 de diciembre de 2001, en el caso de una mujer que intentara, amparándose en el can. 1097, 2º, la cualidad de la fidelidad en su futuro esposo. La pretensión no prosperó porque el juzgador exigió que, además de los argumentos probatorios de estima y de reacción, se tenía que haber demostrado la existencia en la actora de una voluntad prevalente acerca de mentada cualidad[71].

3. *Sobre condiciones impropias*

El hecho de que el Legislador de 1983 haya mantenido esta clase de condiciones ha suscitado bastante perplejidad en doctrina y jurisprudencia, por cuanto que no dejan de ser casos anómalos de condición: Así la c. Boccafola de 25 de junio de 1990[72] y la c. Giannecchini de 24 de enero de 1992[73].

4. *Sobre la condición potestativa*

– La c. Palestro de 18 de julio de 1990 subraya que en este tipo de condición el nubente confía la validez del propio matrimonio al cumplimiento por la otra parte de un determinado comportamiento y a la voluntad de mantener la promesa hecha[74].

70 Periodica , vol. 90, 2001, pp. 497-547.

71 DE 115, 1.2004 /II, pp. 42-51.

72 Vide Il consenso matrimoniale condizionato. Doctrina e giurisprudenza rotale recente, LEV, 1993, pp. 87-94.

73 Vide Il consenso matrimoniale condizionato, cit., pp. 129-144.

74 Vide Il consenso matrimoniale condizionato, cit., pp. 95-117.

– La c. Corso de 30 de mayo de 1990 señala respecto del derecho probatorio que, al ser la condición un acto positivo de la voluntad, este acto se ha de probar aplicando los mismos criterios que se utilizan en la prueba de la simulación[75].

5. *Sobre la retroactividad / irretroactividad de la condición*

– La Stankiewicz de 30 de enero de 1992, en el supuesto de un matrimonio celebrado durante la vigencia del CIC-17 en que se había puesto una condición de futuro, aplicó la irretroactividad del can. 1102, par.1 del CIC-83, puesto que se trata de una prescripción de ley que invalida el matrimonio sólo por derecho positivo y por tanto no se puede extender al matrimonio in casu[76].

6. *Sobre el error doloso (can. 1098)*

La *retroactividad* es admitida por la c. Serrano de 1 de junio de 1990, por entender que esta clase de error es de derecho natural[77]. La c. Pompedda de 6 de febrero de 1992 se muestra vacilante al respecto[78]. En la c. Faltin de 30 de octubre de 1996 se ventila un supuesto de dolo causam dans seu determinans o eficaz sobre la voluntad del agente hasta el punto que sin ese dolo no se habría celebrado el matrimonio en cuestión. Tipo de dolo distinto del llamado incidens, es decir que no determinó la voluntad del engañado a matrimoniar. Otra cosa es el dolo implícito que se operó in casu, a saber, quedó probado que el actor pretendió directa y principalmente la cualidad del embarazo y menos principalmente la persona de su comparte[79].

Por la *irretroactividad* se inclina la mayor parte de las decisiones rotales, al opinar que el can. 1098 es una norma de derecho positivo eclesiástico y por ende que sólo se puede aplicar a los matrimonios de católicos celebrados con posterioridad a la

75 Vide Il consenso matrimoniale condizionato,cit., pp. 75-86.
76 ME 118, 1993, pp. 529-537.
77 RRDec. 82, 1994, pp. 464-475.
78 RRDec. 84, 1995, pp. 49-62.
79 ME 122, 1997, pp. 176-187.

entrada en vigor del CIC-83. Así las c. Bruno de 19 de noviembre de 1993[80]; y la 25 de marzo de 1994[81]; la c. Ragni de 19 de diciembre de 1995[82]; la c. De Lanversin de 15 de mayo de 1997[83].

CUARTA PARTE

Jurisprudencia sobre el miedo

1. Sentencias emblemáticas en torno al miedo, como defecto del consentimiento matrimonial desde la perspectiva de la libertad

– La c. Serrano de 19 de julio de 1991 enseña, fundándose en los cc. 1103, 1057 y 1095, que el miedo conforma un defecto del consentimiento; al tiempo que destaca que la libertad es el bien jurídico que la ley pretende tutelar[84].

– La c. Burke de 20 de enero de 1994 sostiene que el miedo es un ataque a la libertad de la persona, signo excepcional de la imagen de Dios en el hombre, signo que actúa especialmente en la elección del estado de vida matrimonial[85].

– La c. Faltin de 6 de julio de 1994 afirma que el miedo reverencial está fundado en el derecho natural, así como en el constitucional proclamado en los cc. 219 y 221. Del can. 1103 en su conjunto hace el Rotal una lectura en clave personalista, iluminada por significativos textos clásicos y del magisterio de Juan

80 RRDec. 85, 1996, pp. 673-682.
81 DE 106, 1995 /II, pp. 214-223.
82 RRDec. 87, 1998, pp. 714-723.
83 ME 124, 1999, pp. 458-489.
84 DE 4. 1991/ II, pp. 503-514.
85 DE 107, 1996 / II, pp.109-114.

Pablo II donde el miedo es considerado como un ataque a la libertad[86].

– La c. Turnaturi de 15 de noviembre de 1994, a propósito de la respuesta de la PCI de 15 de noviembre de 1986 sobre la aplicación del can. 1103 al matrimonio de los acatólicos, declaraba la nulidad en el caso del miedo sufrido por la esposa, presbiterana, no directamente a causa del hecho de haber quedado embarazada en soltería, sino por el riesgo a perder la estima en que era tenida en el ambiente familiar, social y religioso en que se movía. Todo ello, según dice la sentencia, le causó un miedo combinado de ab extrinseco y ab intrinseco, dentro del marco del can. 219[87].

– En cambio, la c. Carbeletti de 26 de julio de 2001 - en un proceso donde se fijó el dubio de oficio por miedo grave y ab extrinseco causado al varón, así como por falta de libertad sufrida por el mismo ad mentem del can. 125, par. 1 en relación con el can. 219 - falló pro nullitate sólo por fuerza y miedo inferido al actor, advirtiendo de la improcedencia de invocar el otro capítulo[88].

2. Sobre el derecho probatorio del miedo

En la citada c. Faltin de 6 de julio de 1994 se lee –en referencia al miedo reverencial y delimitando las diferencias con el común– que en la prueba se ha de dar gran importancia a la normativa de los cc. 1573 y 1679. Al tiempo que se precisa textualmente:"Unánimes y constantes decisiones rotales han enseñado y subrayado que el juez debe atender al máximo a las circunstancias de las personas y del lugar, especialmente a la educación, mentalidad, ambiente familiar y social, así como a las costumbres,

86 ME 120, 1995, pp. 207-222.
87 ME 120, 1995, pp. 232-248.
88 DE 115, 1. 2004 / II, pp. 51-81.

a las tradiciones, condiciones sociales y prejuicios que pueden haber propiciado el evento objeto del juicio que se ventila"[89].

ANTONIO PÉREZ RAMOS
Universidad Islas Baleares,
Vicario Judicial de Palma de Mallorca

89 ME 120, 1995, pp. 207-222.

LA SEGUNDA INSTANCIA EN LAS CAUSAS MATRIMONIALES

La apelación de oficio del Canon 1682

El c. 1682 establece lo siguiente:

> ***∫ 1. Sententia, quae matrimonii nullitatem primum declaravit, una cum appellationibus, si quae sint, et ceteris iudicii actis, intra viginti dies a sententiae publicatione ad tribunal appellationis ex officio transmittatur.***
>
> ***∫ 2. Si sententia pro matrimonii nullitate prolata sit in primo iudicii gradu, tribunal apellationis, perpensis animadversionibus defensoris vinculi et, si quae sint, etiam partium, suo decreto vel decisionem continenter confirmet vel ad ordinarium examen novi gradus causam admittat***[1].

1 CIC 83 c. 1682.

Y el artículo 265 de la Instrucción *Dignita Connubii* afirma:

> ***§ 1. Si sententia pro matrimonii nullitate prolata sit in primo iudicii gradu, tribunal appellationis, perpensis animadversionibus defensoris vinculi eiusdem fori appellationis et, si quae sint, etiam partium, suo decreto vel decisionem continenter confirmet vel ad ordinarium examen novi gradus causam admittat (cf. can. 1682, § 2)***[2].

El texto de ambas normas es prácticamente idéntico. Esta figura que introdujo dicho canon es la llamada "apelación de oficio"[3], por la que el mismo tribunal que emitió la primera decisión eleva ésta al superior con el fin, no tanto de que el tribunal superior reforme la decisión precedente, como ocurre normalmente en cualquier apelación, aunque esto es también posible, sino más bien para que confirme la decisión precedente como una forma concreta de garantía de búsqueda de esa verdad objetiva que se impone en el proceso canónico.

En el sistema procesal canónico la certeza del derecho cede siempre ante el principio del *favor veritatis* cuando se demuestra que la verdad objetiva contradice manifiestamente la verdad procesal[4]. Si esto es un principio general, lo es mucho más aún en las causas del estado de las personas en las que la ley quiere, en virtud de la valoración práctica del *favor veritatis*, que a pesar de una doble conformidad cualquier causa de este tipo pueda ser reabierta si se prueba el posible error en el proceso anterior que

2 Instructio *Dignitas Connubii*, 25 ianuarii 2005, Pontificium Consilium de Legum Textibus, art. 265.

3 Cf. Acebal, J. L., Comentario al c. 1682, in: Código de Derecho Canónico, 9 ed., Madrid 1989, 815.

4 *Non si potrà mai avere una sentenza giusta se non ci si basa sulla verità dei fatti; esigendo la giustizia che si realizzi la carità, questa come quella mai potranno essere disgiunte dalla verità.* Pompedda, M. F., Il processo canonico di nullità del matrimonio: legalismo o legge di carità?, in: Quaderni studio rotale 3, Città del Vaticano 1989, 29.

ponga en *periculum peccati* a las partes, y en definitiva redunde negativamente en la *salus animarum*[5].

La amplia aplicación de este principio esencial del proceso canónico, el *favor veritatis*, es lo único que puede explicar ciertas normas procesales que se salen, en cierta forma, de los márgenes estrictos de las figuras procesales en ellas representadas. Así, el c. 1682 introduce una figura bastante peculiar procesalmente, pero que sólo puede justificarse en virtud de ese omnipresente *favor veritatis* que busca que las decisiones, en este caso de nulidad matrimonial, sean justas y veraces.

En materia matrimonial el principio de la doble sentencia conforme tiene una relación directa con otros tres principios esenciales: el *favor veritatis*, el *favor matrimonii* y el de la certeza del derecho. Estos tres principios proceden del Derecho natural y no son reconducibles simplemente al mero Derecho positivo[6]. Sin embargo, el principio de la doble sentencia conforme en las causas matrimoniales procede meramente del Derecho positivo y está destinado a alcanzar aquella verdad objetiva que suponga verdadera certeza jurídica acerca de la validez del consorcio matrimonial de que se trate.

En este sentido la doble sentencia conforme sería un requisito de la cosa juzgada formal, sin embargo si nos fijamos en el hecho de que sólo tras dos sentencias conformes puede ejecutarse la decisión que anula el matrimonio, nos encontraríamos con que la doble conformidad sería, en este sentido, un requisito de la cosa juzgada material que posibilitaría la ejecutividad. De

5 Cf. Llobell, J., Verità e giudicato. La riformulazione del concetto di appello canonico, in: Verità e definitività della sentenza canonica, (Studi Giuridici 46), Città del Vaticano 1997, 29-31; Turnaturi, E., Verità ed esecutività della sentenza dopo una duplice decisione conforme, in: Verità e definitività della sentenza canonica, (Studi Giuridici 46), Città del Vaticano 1997, 91.

6 Cf. Arroba Conde, M. J., Verità e principio della doppia sentenza conforme, in: Verità e definitività della sentenza canonica, (Studi Giuridici 46), Città del Vaticano 1997, 61.

esta forma si en el aspecto formal la doble conformidad une la certeza del derecho y la verdad objetiva, en el aspecto material primaría la unión de la certeza del derecho con el principio del *favor matrimonii*, ya que la doble conformidad sería garantía de que se ha intentado salvar convenientemente la indisolubilidad del vínculo sin éxito[7].

Juntamente con esto, el hecho de que sean dos tribunales colegiales los que deben declarar la nulidad, aunque sea bajo la fórmula del c. 1682, supone una garantía añadida en pro de ese ideal procesal de veracidad que es irrenunciable en el proceso canónico. La reiteración del juicio, aunque revista meramente la forma de revisión de las actas, supone no tanto una fiscalización por parte del tribunal superior de lo decidido por el inferior, sino más bien una reafirmación de la justicia del juicio anterior basada en la objetividad de la certeza moral adquirida en primera instancia[8].

Justicia que se presume conforme a la verdad por el mero hecho del doble análisis de la causa en diverso grado de jurisdicción, y que proporciona a las partes la posibilidad de nuevas nupcias bajo la presunción de veracidad y justicia de la doble conformidad. Presunción que, en toda causa de estado personal, como las de nulidad matrimonial, cede siempre ante la evidencia de nuevas pruebas en forma de nuevos y graves argumentos que permiten el nuevo examen de la causa para adecuar la verdad real con la procesal eliminando el posible error precedente.

El c. 1682 § 1 ha introducido en la legislación codicial una novedad que no existía en el Código anterior. Se trata de lo que

7 Cf. Della Rocca, F., I gravamini, in: Appunti sul processo canonico, Milano 1960, 144; Arroba Conde, M. J., Verità e principio della doppia sentenza conforme, in: Verità e definitività della sentenza canonica, (Studi Giuridici 46), Città del Vaticano 1997, 63, 65.

8 Cf. Arroba Conde, M. J., Verità e principio della doppia sentenza conforme, in: Verità e definitività della sentenza canonica, (Studi Giuridici 46), Città del Vaticano 1997, 71.

ha venido en llamarse “apelación de oficio”[9]. En virtud de dicha apelación cuando se declara por vez primera la nulidad de un matrimonio, las actas junto con las apelaciones de las partes, si existen, deben enviarse al tribunal de apelación[10].

El principal problema que se plantea en el c. 1682 § 1 es la naturaleza jurídica de esa transmisión de oficio de las actas al tribunal superior[11].

Esta forma peculiar de apelación, ha sustituido en el Código actual a la fórmula del c. 1986* del Código anterior, complementada con el art. 212 § 2 de la Instrucción *Provida Mater*[12]. En estas normas se obligaba al defensor del vínculo a apelar de la primera sentencia que concediese la nulidad del matrimonio, al igual que en el Motu Proprio *Causas matrimoniales*[13].

9 Cf. García Failde, J. J., Nuevo Derecho Procesal Canónico, 3 ed., Salamanca 1995, 264; Vito Pinto, P., I processi nel Codice di Diritto Canonico, Città del Vaticano 1993, 517; Panizo, S., Temas procesales y nulidad matrimonial, Madrid 1999, 857.

10 *Sententia, quae matrimonii nullitatem primum declaraverit, una cum appellationibus, si quae sint, et ceteris iudicii actis,... ad tribunal appellationis ex officio transmittatur.* CIC 83 c. 1682 § 1.

11 Cf. Hilbert, M., I provvedimenti del giudice, in: La procedura matrimoniale abbreviata, (Studi Giuridici 49), Città del Vaticano 1998, 24; Mendonça, A., Aspetti struturali e funzionali del Tribunale di appello nelle cause di nullità di matrimonio, in: Monitor Ecclesiasticus 124, 1999, 192; García Failde, J. J., Nuevo Derecho Procesal Canónico, 3 ed., Salamanca 1995, 264-265.

12 *A prima sententia, quae matrimonii nullitatem declaraverit, vinculi defensor,... ad superius tribunal provocare debet;...* CIC 17 c. 1986.

Defensor autem vinculi a prima sententia, matrimonii nullitatem declarante, ad superius tribunal provocare tenetur... Art. 212 § 2 de la Instrucción de la Sagrada Congregación de Sacramentos “Provida Mater Ecclesia”, 15 agosto 1936, in: Acta Apostolicae Sedis 28, 1936, 313-361.

13 *A prima sententia matrimonii nullitatem declarante, vinculi defensor ad superius Tribunal provocare tenetur intra legitimum tempus;...* Norma VIII § 1 del Motu Proprio “Causas matrimoniales” de 28 de marzo de 1971, in: Acta Apostolicae Sedis 63, 1971, 441-446.

La naturaleza jurídica de aquel recurso del defensor del vínculo era realmente la de una apelación y no planteaba problema alguno, ya que el defensor del vínculo era parte en el proceso, tanto en la legislación anterior como en la actual[14]. En este sentido, el defensor del vínculo podía apelar la decisión, máxime si ésta era contraria a su interés en la causa, que no es otro que la defensa del vínculo matrimonial en cuestión[15].

No en balde, esta reforma que introducía el c. 1682 fue objeto de controversia en la Comisión de codificación, y el Cardenal Hume la calificó de "absurdo jurídico"[16]. Frente a esta solución el Cardenal Hume proponía que si la causa fuese juzgada por un juez único, el defensor del vínculo debía apelar de la primera sentencia de nulidad, y en caso de que no lo hiciese las actas se pasarían *ex officio* a segunda instancia. El defensor del vínculo del tribunal de apelación, oído el vicario judicial o el juez designado por éste, podría renunciar a la apelación en el plazo de un mes. Si fuese un tribunal colegial el que declarase la nulidad, el defensor del vínculo tendría el derecho (no el deber) de apelar al tribunal superior[17].

En el mismo sentido, el Cardenal O'Fiaich, Arzobispo de Armagh, vuelve a sugerir la misma propuesta que hizo la Conferencia Episcopal de Irlanda en 1977. En las causas que hubiesen sido decididas por un tribunal colegial la apelación de la primera sentencia de nulidad se haría por el defensor del vínculo *pro sua conscientia* y no de forma obligatoria. Sin embargo, si la causa

14 Cf. CIC 17 c. 1587, 1874 § 2; CIC 83 c. 1433, 1434, 1612 § 1.

15 Cf. CIC 17 c. 1879; CIC 83 c. 1628.

16 *Is a juridical absurd and contradicts all sound reason.* Pontificium Consilium de Legum Textibus Interpretandis, Acta et Documenta Pontificiae Comissionis Codici Iuris Canonici Recognoscendo. Congregatio plenaria diebus 20-29 octobris 1981 habita, Città del Vaticano 1991, 100.

17 Cf. Pontificium Consilium de Legum Textibus Interpretandis, Acta et Documenta Pontificiae Comissionis Codici Iuris Canonici Recognoscendo. Congregatio plenaria diebus 20-29 octobris 1981 habita, Città del Vaticano 1991, 101.

hubiese sido juzgada por un juez único la apelación del defensor del vínculo sería obligatoria, pero con la posibilidad de que el defensor del vínculo del tribunal superior pudiese renunciar a ella[18].

En la Comisión de codificación hubo, en este tema, dos votos contrastados; los de A. Sabbattani y el del P. Gordon. El primero proponía que toda primera sentencia de nulidad de matrimonio debía ser revisada, negando que la cuestión de la apelación se dejase a la decisión *pro sua conscientia* del defensor del vínculo[19]. El P. Gordon por el contrario afirmaba que era oportuno remover al defensor del vínculo de la obligación de apelar contra toda sentencia dada a favor de la nulidad en primera instancia, pero eso no significaría que se trasladase esa obligación a los jueces. En este sentido, la opinión del P. Gordon era que el tribunal no apela *ex officio*, sino que simplemente transmite las actas al tribunal superior[20].

El c. 1628 y el art. 279 § 1 de la Instrucción *Dignitas Connubii*, al hablar de la apelación dicen que ésta es un derecho de la parte que se sienta perjudicada por la sentencia[21]. Dos son, por tanto, los requisitos para la apelación: la existencia de un gravamen o perjuicio inferido por la sentencia, y haber tenido en la

18 Cf. Pontificium Consilium de Legum Textibus Interpretandis, Acta et Documenta Pontificiae Comissionis Codici Iuris Canonici Recognoscendo. Congregatio plenaria diebus 20-29 octobris 1981 habita, Città del Vaticano 1991, 105.

19 Cf. Pontificium Consilium de Legum Textibus Interpretandis, Acta et Documenta Pontificiae Comissionis Codici Iuris Canonici Recognoscendo. Congregatio plenaria diebus 20-29 octobris 1981 habita, Città del Vaticano 1991, 106-110.

20 Cf. Pontificium Consilium de Legum Textibus Interpretandis, Acta et Documenta Pontificiae Comissionis Codici Iuris Canonici Recognoscendo. Congregatio plenaria diebus 20-29 octobris 1981 habita, Città del Vaticano 1991, 127.

21 Cf. Grocholewski, Z., L'appello nelle cause di nullità matrimoniale, in: Forum 4.2, 1993, 24-25; Mendonça, A., Aspetti struturali e funzionali del Tribunale di appello nelle cause di nullità di matrimonio, in: Monitor Ecclesiasticus 124, 1999, 172.

causa, cuya decisión se apela, la condición de parte[22]. Sin embargo, la remisión de las actas que prescribe el c. 1682 § 1 ¿es una verdadera apelación? A nuestro juicio no puede serlo ya que la apelación supone una disconformidad, en alguna de las partes que intervinieron en el proceso, con la decisión considerada subjetivamente por la parte que apela como injusta. La intención esencial del apelante es la reforma de la decisión, para defenderse de la injusticia inferida por la sentencia que se apela[23]. La necesidad de sentirse gravado por la sentencia es condición indispensable para la apelación[24]. Es por eso por lo que el c. 1628 hace referencia al derecho que asiste a la parte que se siente perjudicada por la sentencia, para apelar la decisión ante el juez superior. Por tanto, la necesidad del gravamen inferido por la sentencia es parte esencial del mismo derecho de apelación.

En el caso del defensor del vínculo el derecho de apelación reconocido a las partes se le reconoce también expresamente a él, aunque no sería necesario hacer expresa mención de dicho ministro público ya que ostenta la condición de parte[25], o al menos está equiparado a las partes, ya que su intervención pro-

22 ***Pars*** *quae aliqua sententia* ***se gravatam putat****, itemquae... defensor vinculi... ius habent a sententia appellandi ad iudicem superiorem...* CIC 83 c. 1628.

23 Cf. García Failde, J. J., Nuevo Derecho Procesal Canónico, 3 ed., Salamanca 1995, 262; Arroba Conde, M. J., Diritto Processuale Canonico, Roma 1993, 446; Vito Pinto, P., I processi nel Codice di Diritto Canonico, Città del Vaticano 1993, 410; Goti Ordeñana, J., Tratado de Derecho Procesal Canónico, Madrid 2001, 399; Panizo, S., Temas procesales y nulidad matrimonial, Madrid 1999, 833.

24 Cf. De Diego-Lora, C., Comentario al c. 1682, in: Comentario exegético al Código de Derecho canónico 4/2, 3 ed., Pamplona 2002, 1913.

25 Cf. Vito Pinto, P., I processi nel Codice di Diritto Canonico, Città del Vaticano 1993, 120; Goti Ordeñana, J., Tratado de Derecho Procesal Canónico, Madrid 2001, 229; Iglesias Altuna J. M., Procesos matrimoniales canónicos, Madrid 1991, 134-135.

cesal no es a título privado sino público[26]. No obstante, el c. 1628 ha querido dejar muy claro el derecho que asiste al defensor del vínculo para poder apelar cualquier decisión que considere gravosa de su interés.

En la "apelación" que instaura el c. 1682 § 1 no se dan ninguna de las dos condiciones esenciales que, como veíamos, son necesarias para que se produzca una verdadera apelación.

No existe ninguna injusticia o gravamen por cuanto la remisión de la sentencia y de las actas al tribunal superior por parte del inferior no puede entenderse que se haga en virtud de que la sentencia es injusta. Esto supondría una minusvaloración de la actividad judicial del tribunal inferior que no tiene, con toda seguridad, la intención de dictar una sentencia objetivamente injusta y además supondría un verdadero ataque a la propia decisión pidiendo su reforma[27]. Así lo consideraba la propia Comisión Pontificia para la redacción del canon que entendía esa remisión de las actas al tribunal superior no como una verdadera apelación, sino como mera transmisión de las actas a efecto de su revisión en pro de la doble conformidad[28].

Por otra parte, el apelante es el propio tribunal inferior quien *motu proprio* somete su decisión al tribunal de apelación con la posibilidad de que éste la confirme o bien la revoque. Resulta bastante irregular, desde el punto de vista procesal, que sea no

26 Cf. García Failde, J. J., Nuevo Derecho Procesal Canónico, 3 ed., Salamanca 1995, 42.

27 Cf. Grocholewski, Z., Révision du proces canonique, in: Studia Canonica 17, 1983, 379.

28 Cf. Pontificia Commissio Codici Iuris Canonici Recognoscendo, Relatio complectens synthesim animadversionum..., Città del Vaticano 1981, 331; Communicationes 15, 1984, 74-75; Cox, C., Procedural changes in forma marriage nullity cases from the 1917 to the 1983 Code: Analysis, critique and possible alternatives (Canon Law Studies 528), Washington 1989, 104-105; Morhard, A., L'appello nel diritto processuale canonico, Roma 1994, 125; Grocholewski, Z., L'appello nelle cause di nullità matrimoniale, in: Forum 4.2, 1993, 47-48.

una parte, sea ésta pública o privada, sino el propio tribunal quien envíe la causa al tribunal de apelación con la posibilidad de que éste reforme la decisión.

No se puede comprender procesalmente que el tribunal que ha dictado una sentencia definitiva pueda pedir al tribunal de apelación su posible reforma. ¿Es que acaso no está seguro de la justicia de su decisión? Y si es así, ¿por qué no ha intentado dictar una sentencia más justa? Creemos que hubiese sido mucho más correcto procesalmente haber continuado con el sistema anterior, obligando al defensor del vínculo a apelar de la primera decisión *contra vinculo*. En la etapa de aplicación de este sistema se alegaba contra él que obligaba al defensor del vínculo, a veces, a actuar contra su propia conciencia[29]. Esa deficiencia fue subsanada por el Motu Proprio *Causas matrimoniales* que establecía en la norma VIII § 2 que, una vez apelada la primera decisión contra el vínculo, en el tribunal de segunda instancia el defensor del vínculo debía manifestar en sus observaciones si tenía que oponer algo o no a la decisión de primera instancia[30].

En esta norma existía una pequeña deficiencia. Si bien en el apartado primero de la norma octava se recordaba nuevamente lo que ya se decía en el Código y en la Instrucción *Provida Mater*, es decir, la obligación pertinente al defensor del vínculo de apelar la primera decisión que declarase la nulidad del matrimonio, incluso debiendo ser compelido a ello por el tribunal en caso de negligencia, sin embargo, en el apartado segundo de la misma

29 Cf. Chiappetta, L., Il matrimonio nella nuova legislazione canonica e concordataria: Manuale giuridico-pastorale, Roma 1990, 579; Jordán, M. L., La doble conformidad de la sentencia canónica de nulidad matrimonial en la reforma del C.I.C., in: Revista jurídica de Cataluña 82, 1983, 88; García Failde, J. J., Nuevo Derecho Procesal Canónico, 3 ed., Salamanca 1995, 263-264; Panizo, S., Temas procesales y nulidad matrimonial, Madrid 1999, 842-843.

30 *Apud tribunal secundae instantiae vinculi defensor suas animadversiones exhibeat ut dicat utrum contra decisionem latam in primo grado aliquid* ***opponendum habeat necne***. ... Norma VIII § 2 del Motu Proprio "Causas matrimoniales", 28 marzo 1971, in: Acta Apostolicae Sedis 63, 1971, 441-446.

norma se daba por supuesto que esa nulidad se iba a producir en primera instancia, con lo que se excluía la aplicación de aquel proceso breve a aquellos casos en que la nulidad se obtuviese, por vez primera, en instancias superiores. Con lo que en la práctica se reducía la aplicación del proceso abreviado, a solos los casos en que no se hubiese producido ninguna sentencia a favor del vínculo[31].

Salvada esa pequeña dificultad, parecía clara la intención de la norma VIII § 2 del Motu Proprio *Causas matrimoniales* de evitar que el defensor del vínculo se viese obligado a presentar unas alegaciones imposibles en aquellos casos en que la nulidad fuese bastante evidente.

A nuestro juicio, este sistema sería mucho mejor pues por una parte establecería una verdadera apelación, ya que el defensor del vínculo es verdaderamente parte en la causa[32], y por otra le liberaría de tener que presentar alegaciones a ultranza intentando defender lo indefendible en algún caso. Esto sería siempre mucho mejor que el sistema articulado por el actual c. 1682 § 1 que constituye a nuestro juicio una verdadera desviación procesal manifestada en el hecho de que el tribunal que emitió una sen-

31 Cf. Miguélez, L., Comentario al Motu proprio "Causas matrimoniales", in: Derecho Canónico Posconciliar, 5 ed., Madrid 1976, 559.

32 Cf. Palomar Gordo, M., El Defensor del Vínculo en el nuevo CIC, in: Curso de Derecho matrimonial y procesal para profesionales del foro 7, Salamanca 1986, 417-419. También puede verse: De Diego-Lora, C., La tutela jurídico-formal del vínculo sagrado del matrimonio, in: Ius Canonicum 17, 1977, 15-74; Flatten, H., Der Eheprozess in Entwurf zum Künftigen Codex iuris Canonici, in: Gesammelte Schriften, Paderborn 1987; Llobell, J., Processo canonico ordinario, in: Digesto delle Discipline Privatistiche 15, Torino 1997, 15-37; Miele, M., Il Promotore di giustizia nelle cause de nullità del matrimonio, in: Studi sul processo matrimoniale canonico, Padova 1991, 133-178; Morán, C. M., El derecho de impugnar el matrimonio, Salamanca 1998, 240-241; Pomppeda, M., Studi di Diritto processuale canonico, Milano 1995, 45-85; Rodríguez-Ocaña, R., La función del defensor del vínculo (referencia a las causas matrimoniales por incapacidad), in: Incapacidad consensual para las obligaciones matrimoniales, Pamplona 1991, 319-361.

tencia, que se supone justa en principio, impugne su propia decisión de alguna forma. La justificación de esta medida procesal no es otra que garantizar la justicia de la causa sobre el interés particular[33]. Pero dicha garantía de la justicia podría alcanzarse de otras formas más acordes con el espíritu del sistema procesal, y no mediante la introducción de esta forma apelatoria, cuando menos extraña al espíritu del Ordenamiento Procesal Canónico, que sin duda reviste la forma de apelación ya que produce el efecto devolutivo de la causa al tribunal superior, que ciertamente vuelve a juzgar sobre el mismo punto ya decidido en la instancia anterior.

La razón que justificaría esta apelación "de oficio" sería la institución de la doble decisión conforme. Como para que pueda ser ejecutada la decisión que conceda la nulidad de un matrimonio necesita que se haya producido una doble conformidad, tal como establece el c. 1684 § 1 y el art. 301 § 1 de la Instrucción *Dignitas Connubii*, entonces es necesaria la apelación de la primera decisión *contra vinculo*.

Ciertamente eso es así, pero el hecho de que sea necesaria una doble conformidad que garantice que en dicha causa se ha intentado; por una parte defender el vínculo sin éxito, y por otra que la decisión ha sido refrendada por dos tribunales colegiales, con lo que dentro de lo humanamente posible se ha garantizado suficientemente la búsqueda de la verdad para alcanzar la justicia en esa causa, no justifica la introducción de una forma procesal cuando menos extraña a toda la tradición procesal, tanto canónica como civil.

La doble decisión conforme, como instrumento válido para garantizar una justicia veraz, no justifica ni implica necesariamente en modo alguno la introducción de esa apelación peculiar

33 Cf. De Diego-Lora, C., Comentario al c. 1682, in: Comentario exegético al Código de Derecho canónico 4/2, 3 ed., Pamplona 2002, 1913.

y extraña. Una cosa es la doble conformidad y otra la apelación[34]. Lo que está claro es que el legislador ha querido mantener el principio de la doble conformidad[35].

La doble decisión conforme podría sobrevivir de la mano de una verdadera apelación, cual sería la del defensor del vínculo del tribunal en que se dictó la primera sentencia de nulidad matrimonial, que obligado a interponer por ley la apelación no condicionaría necesariamente al defensor del vínculo del tribunal de apelación a proseguirla contra su conciencia. Ya que, como afirmaba el Papa Pio XII, las observaciones del defensor del vínculo deben ser ante todo *pro rei veritate* antes que *pro validitate matrimonii*[36]. Pero se facilitaría de una forma más coherente con la tradición y el espíritu del Ordenamiento Procesal Canónico la consecución de la doble conformidad, necesaria para garantizar la veracidad de la nulidad matrimonial de una causa concreta de forma acorde con la verdad objetiva. Cuestión que siempre está en el corazón de la Iglesia preocupada por salvaguardar la justicia del caso concreto en forma lo más acorde posible con la verdad, para garantizar la santidad y el bien público implicados en el sacramento del matrimonio.

Por tanto, aun en el caso de que el defensor del tribunal de apelación no prosiguiese la misma, el tribunal debiera estar obligado a revisar al menos las actas del proceso a fin de confirmar o no la decisión precedente. En definitiva, la única diferencia con el sistema del c. 1682 estaría en que las actas llegarían al tribunal

34 Cf. Jordán, M. L., La doble conformidad de la sentencia canónica de nulidad matrimonial en la reforma del C.I.C., in: Revista jurídica de Cataluña 82, 1983, 87.

35 Cf. Communicationes 8, 1976, 194-195; 11, 1979, 265.

36 Cf. Pio XII, Allocutio ad Praelatos Auditores ceterosque Officiales et Administros Tribunalis Sacrae Romanae Rotae necno eiusdem Tribunalis Advocatos et Procuratores, 2 octobris 1944, in: Acta Apostolicae Sedis 36, 1944, 284; cf. De Diego Lora, C., Comentario al c. 1682, in: Comentario exegético al Código de Derecho Canónico IV/2, 3 ed., Pamplona 2002, 1914.

superior, no remitidas por el inferior sino en virtud de la interposición de una verdadera apelación del defensor del vínculo de primera instancia.

No compartimos la opinión de algún autor que afirma que la institución de la doble conformidad creada juntamente con la del defensor del vínculo por Benedicto XIV en la Constitución apostólica *Dei miseratione*[37], estaban íntimamente unidas de forma que no podría sobrevivir una sin la otra. A juicio de este autor, desaparecida la apelación obligatoria del defensor del vínculo debiera desaparecer también la doble conformidad ya que ésta no era considerada en sí misma sino sólo a través del defensor del vínculo[38]. A este respecto es necesario afirmar que la viabilidad de alguna institución procesal, como la doble conformidad, no encuentra su justificación en la mera práctica y en su utilidad, sino que responde a principios morales más elevados que permiten algún pequeño inconveniente en pro de valores religiosos superiores, como son la santidad del matrimonio y la verdad como único argumento válido contra dicha santidad. De manera que siempre será injusto tanto mantener unido lo que ante Dios no existe, como romper lo que es uno ante Dios.

Otro problema que se plantea en la disposición del c. 1682 es el de la diferencia de plazos en relación a la apelación ordinaria del c. 1630 y del art. 281 § 1 de la Instrucción *Dignitas Connubii.* En efecto, en dicho canon se establece que la parte disconforme con la sentencia tiene un plazo perentorio de quince días para interponer la apelación, mientras el c. 1682 habla de un plazo de veinte días para transmitir las actas al tribunal superior. La pregunta que puede surgir es ¿dicho plazo de veinte días apro-

37 Cf. Benedicto XIV, Constitución Apostólica "Dei miseratione", 3 noviembre 1741, in: Gasparri, P., Codicis Iuris Canonici Fontes 1, Romae 1923, n.318, 695-699.

38 Cf. Jordán, M. L., La doble conformidad de la sentencia canónica de nulidad matrimonial en la reforma del C.I.C., in: Revista jurídica de Cataluña 82, 1983, 90-92.

vecha también a la parte que pretende apelar?[39] A nuestro juicio se trata de plazos diferentes en virtud de que la llamada apelación de oficio no debe impedir cualquier apelación de parte. Es por eso que el plazo establecido en el c. 1682 es mayor que el que se determina para la apelación de cualquier parte. La finalidad de esta diferenciación no es otra que permitir incluir en las actas que se remiten al tribunal superior las posibles apelaciones de las partes, si las hay.

Juntamente con esto, el c. 1682 establece en su párrafo segundo la posibilidad de que si la decisión a favor de la nulidad del matrimonio se produce en primera instancia, tras la apelación "de oficio" de la que hemos hablado, es posible o bien confirmar por decreto la decisión de primera instancia, o bien pasar la causa al proceso ordinario de segunda instancia[40]. Este proceso abreviado fue introducido ya en el Motu Proprio *Causas matrimoniales* en su norma VIII § 3[41].

Ya entonces, algunos autores hicieron notar la ruptura del principio de igualdad de las partes en el proceso, ya que quien pretende obtener la nulidad posee en su beneficio un proceso más breve que se ventila sólo con una sentencia en primera instancia a favor de la nulidad, y un decreto de segunda instancia confirmando la sentencia de primera. Frente a esto, la parte demandada si está a favor de la validez y el defensor del vínculo,

39 Cf. De Diego-Lora, C., Comentario al c. 1682, in: Comentario exegético al Código de Derecho canónico 4/2, 3 ed., Pamplona 2002, 1916.

40 *Si sententia pro matrimonii nullitate prolata sit in primo iudicii gradu, tribunal appellationis,... suo decreto vel decisionem continenter confirmet vel ad ordinarium examen novi gradus causam admittat.* CIC 83 c. 1682 § 2.

41 *Visa sententia... colegium suo decreto vel decisionem primi gradus ratam habet, vel ad ordinarium examen secundi gradus causam admittit. ...* Norma VIII § 3 del Motu Proprio "Causas matrimoniales", 28 marzo 1971, in: Acta Apostolicae Sedis 63, 1971, 441-446; Cf. Jordán, M. L., La doble conformidad de la sentencia canónica de nulidad matrimonial en la reforma del C.I.C., in: Revista jurídica de Cataluña 82, 1983, 87.

en todo caso, necesitan para conseguir su pretensión procesal no una sentencia y un decreto, sino dos sentencias conformes obtenidas en dos instancias completas[42].

Una vez que las actas se encuentran en el tribunal de apelación, éste deberá, previa consulta al defensor del vínculo y a las partes por si quisieren alegar algo más, proceder a confirmar por decreto o no la decisión precedente. Contra la opinión de algún autor[43], y sin menoscabo de la autoritativa disposición señalada más abajo, lo que a nuestro juicio no debiera caber es la confirmación por decreto de la sentencia de nulidad de primera instancia en el caso de que la causa venga apelada, tanto por alguna de las partes privadas como por el defensor del vínculo, a no ser que la parte apelante renuncie a la apelación, o el defensor del vínculo de segunda instancia considere innecesario proseguir la apelación que interpuso su colega de primera instancia. Este problema se suscitó ya con la norma VIII § 3 del Motu proprio *Causa matrimoniales*. La Pontificia Comisión para la interpretación de los decretos del Concilio Vaticano II determinó en su decisión de 31 de octubre de 1973[44], que era posible proceder a la confirmación por decreto de la sentencia de primera instancia, aún en el caso de que ésta viniese apelada por una parte o por el defensor del vínculo[45].

42 Cf. Del Amo, L., Novísima tramitación de las causas matrimoniales, In: Revista Española de Derecho Canónico 27, 1971, 462; Bernardini, E., Il Motu Proprio "Causas matrimoniales", Roma 1972, 54; Cabreros de Anta, M., Reforma del proceso en las causas matrimoniales, in: Ius Canonicum 12, 1972, 246; De Diego Lora, C., La reforma del proceso matrimonial ordinario, in: Ius Canonicum 12, 1972, 145.

43 Cf. Llobell, J., La necessità della doppia sentenza conforme e l' "appello automatico" ex can. 1682 costituiscono un gravame? Sul diritto di appello presso la Rota Romana, in: Ius Ecclesiae 5, 1993, 606-607.

44 Acta Apostolicae Sedis 65, 1973, 620, 1.

45 Cf. Bianchi, P., Quale futuro per la doppia sentenza conforme?, in: La doppia conforme nel processo matrimoniale, (Studi giuridici 60), Cità del Vaticano 2003, 181.

Lo mismo cabría decir en el caso de que alguna de las partes pretendiese presentar en segunda instancia nuevas pruebas que no fueron consideradas en la instancia anterior. En ese caso se debe dar a la parte la posibilidad de desarrollar dichas pruebas en un verdadero periodo probatorio que posibilite a la contraparte contradecir dichas pruebas con otras, o al menos alegar su inoperatividad en la causa mediante una fase discusoria normal. Todo ello no es posible sin substanciar una segunda instancia, por tanto en ese caso, a nuestro juicio, quedaría vedada la posibilidad de la confirmación por decreto, ya que si no fuese así se correría el riesgo de violar el derecho de la parte apelante o de la que pretende proponer nuevas pruebas, con el consiguiente riesgo de nulidad de un posible decreto ratificatorio que hubiese sido emitido conculcando el derecho de defensa (c. 1620, 7º)[46].

No obstante ni la apelación de cualquiera de las partes o del defensor del vínculo, ni la admisión de nuevas pruebas garantizan que no sea confirmada la sentencia de primera instancia con otra en segunda instancia. Igualmente también podría ocurrir que una parte o el defensor del vínculo apelasen a un tribunal competente distinto de aquel a quien compete llevar la causa en virtud de la apelación de oficio. En ese caso haría suya la causa el tribunal de mayor grado, normalmente la Rota Romana, que la examinaría en proceso ordinario de segunda instancia[47].

Lo que está claro es que no se puede aplicar el procedimiento abreviado perfilado en el c. 1682 § 2 en el caso de una primera sentencia de nulidad obtenida en grado de apelación, tras una primera sentencia en dicha causa favorable al vínculo, ya

46 Cf. Llobell, J., La necessità della doppia sentenza conforme e l' "appello automatico" ex can. 1682 costituiscono un gravame? Sul diritto di appello presso la Rota Romana, in: Ius Ecclesiae 5, 1993, 607.

47 Cf. art. 283 § 2, Pontificium Consilium de Legum Textibus, Instructio "Dignitas Connubii", 25 enero 2005, Città del Vaticano 2005, 200; Mendonça, A., Aspetti struturali e funzionali del Tribunale di appello nelle cause di nullità di matrimonio, in: Monitor Ecclesiasticus 124, 1999, 172-173, 185.

que lo excluye expresamente el art. 266 de la Instrucción *Dignitas Connubii* y el tenor del mismo canon. En ese caso, la necesidad de una tercera instancia tras dos sentencias diformes indica que se trata de una causa compleja que requiere un estudio exhaustivo[48].

Esto nada tiene que ver con la posibilidad recogida en el c. 1683 que autoriza a añadir, en grado de apelación, un nuevo capítulo de nulidad que deberá ser juzgado como si fuese en primera instancia. Si se concediese la nulidad por ese capítulo sí sería posible utilizar en tercera o en ulteriores instancias, dependiendo de en qué grado se juzgó el nuevo capítulo por vez primera, el proceso abreviado del c. 1682 § 2. Esta posibilidad está expresamente recogida en la Instrucción *Dignitas Connubii* que en su art. 268 establece que si en grado de apelación se aduce un nuevo capítulo de nulidad, deberá ser juzgado como en primera instancia, reservándose el juicio acerca de dicho capítulo en la instancia superior, bajo pena de nulidad, al tribunal de tercera instancia o ulteriores, según en qué grado se adujo por vez primera. En el caso de que dicho capítulo hubiese producido una sentencia de nulidad, puede ser confirmado mediante decreto, siguiendo el procedimiento establecido en el c. 1682 § 2, y en el art. 265 § 1 de la Instrucción[49]. En este caso lo que la ley posibilita es una excepción al principio general que establece la incompetencia absoluta por razón del grado.

48 Cf. Hilbert, M., I provvedimenti del giudice, in: La procedura matrimoniale abbreviata, (Studi Giuridici 49), Città del Vaticano 1998, 25.

49 *§ 1. Si in gradu appellationis novum nullitatis matrimonii caput afferatur, tribunal potest, tamquam in prima instantia, illud admitire, servatis artt. 114-125, 135-137, et de eo iudicare (cf. can. 1683)*

§ 2. Videre autem de illo novo capite in secunda vel ulteriore instantia ad validitatem tribunalii tertii vel ulterioris iudicii gradus reservatur.

§ 3. Si sententia pro matrimonii nullitate ob illum novum caput tamquam in prima instantia prolata sit, competens tribunal procedat ad normam art. 265, § 1. (Art. 268, Pontificium Consilium de Legum Textibus, Instructio "Dignitas Connubii", 25 enero 2005, Città del Vaticano 2005, 188, 190.

En este caso, y por especial concesión de la ley, el tribunal de segunda o ulterior instancia puede juzgar respecto al nuevo capítulo introducido como si fuese un tribunal de primera instancia. De esta forma se facilita a las partes la posibilidad de alegar cómodamente todo aquello que pudiera probar la nulidad del matrimonio, sin estar tan sujetos a la formalidad procesal que establece la distribución de la competencia por razón del grado.

Sin embargo, el hecho de que el tribunal de apelación pueda juzgar el nuevo capítulo como si fuese de primera instancia no le convierte realmente en tribunal de primera instancia, sino sólo en un tribunal de apelación que juzga sobre ese capítulo en primera instancia, lo cual exige que se respete el grado de los tribunales respecto a las posibles apelaciones en ese capítulo juzgado como si fuese en primera instancia. Así, nunca cabrá apelación posible del tribunal de segunda instancia que juzgó ese capítulo en primera a otro tribunal de segunda instancia diferente, sino sólo al de tercera instancia[50]. Por tanto, lo que queda expresamente excluido es que la causa juzgada en segundo grado, por ejemplo, como si fuese en primero al aducirse un capítulo nuevo, sea juzgada en grado superior por un tribunal del mismo grado, es decir de segundo grado, en el ejemplo propuesto. Menos aún por un tribunal de grado inferior, como ocurre en el caso de las apelaciones de los tribunales metropolitanos que a tenor del c. 1438, 2º, y del art. 25, 2º de la Instrucción *Dignitas Connubii*, podrían dirigirse a uno de los tribunales sufragáneos de la diócesis metropolitana. Esta última posibilidad está expresamente excluida en el art. 268 § 2 de la Instrucción *Dignitas Connubii* en el caso de un capítulo juzgado en apelación como si fuese en primera instancia.

No obstante ha de tenerse en cuenta que dicho capítulo nuevo no puede introducirse en el proceso abreviado del c. 1682

50 Cf. Mendonça, A., Aspetti struturali e funzionali del Tribunale di appello nelle cause di nullità di matrimonio, in: Monitor Ecclesiasticus 124, 1999, 398-399.

§ 2, ya que la introducción de un nuevo capítulo exige un estudio ordinario sobre él substanciándose una instancia normal. Es por ello por lo que sólo podrá introducirse el nuevo capítulo en el examen ordinario en apelación[51], y tanto si se trata de la segunda como de ulteriores instancias, ya que el c. 1683 no especifica que se trate sólo de la segunda instancia sino que simplemente menciona el grado de apelación, lo cual puede entenderse tanto de la segunda como de las demás instancias superiores[52].

Respecto al decreto que ratifica la sentencia de primera instancia, no es apelable, como ocurría en el Motu Proprio *Causas matrimoniales*, si bien el recurso que establecía la norma IX § 1 de aquel Motu Proprio más que una apelación era en realidad una nueva proposición de la causa. Este recurso se articulaba con un plazo de diez días, menor al de la apelación ordinaria y, sobre todo, exigía la presentación de nuevos y graves argumentos, los cuales eran valorados por el tribunal de tercera instancia, admitiéndose o no el nuevo examen de la causa en tercer grado[53].

Por otra parte, el decreto ratificatorio de la sentencia de primera instancia debe contener las razones de la decisión, ya que se trata de un decreto ratificatorio de una decisión de la máxima

51 Cf. Mendonça, A., Aspetti strutturali e funzionali del Tribunale di appello nelle cause di nullità di matrimonio, in: Monitor Ecclesiasticus 124, 1999, 393.

52 *Si in gradu appellationis novum nullitatis matrimonii caput afferatur,...* CIC 83 c. 1683.

53 *Adversus decretum collegii, sententiam primi gradus ratam habens,... ius habent recurrendi, intra decem dies... ad superius tribunal, sed tantummodo prolatis novis et gravibus argumentis... debent exhiberi tribunali tertii gradus...* Norma IX § 1.

...tribunal, perpensis argumentis allatis,... vel recursum reicit per decretum, vel causam admittit ad ordinarium tertii gradus examen. Norma IX § 2, Motu Proprio "Causas matrimoniales", 28 marzo 1971, in: Acta Apostolicae Sedis 63, 1971, 441-446; cf. Della Rocca, F., I mezzi di impugnazioni, in: Il processo matrimoniale canonico, 2 ed., (Studi Giuridici 29), Città del Vaticano 1994, 742-743.

categoría procesal como es una sentencia[54]. La motivación del decreto de envío a examen ordinario de segunda instancia es también necesaria[55]. Sin la fundamentación de dicho decreto la parte interesada en la nulidad, que ya ha obtenido una sentencia a su favor, se verá privada de la posibilidad de defender adecuadamente su posición en la causa.

Ciertamente, si no se expresan los motivos por los que se reenvía la causa a examen ordinario de segunda instancia, negándose la confirmación por decreto, la parte interesada no podrá conocer qué puntos debe aclarar en dicho examen ordinario. La falta de motivación podría incluso justificar una querella de nulidad por indefensión, ya que la parte favorable a la nulidad podría considerar que si obtuvo ya una sentencia de nulidad en el tribunal inferior la causa está suficientemente instruida y, por tanto, no necesita aportar nuevas pruebas o aclarar las anteriores, con lo que se arriesga a que la no confirmación por decreto se convierta en una sentencia contraria a la nulidad, en ese proceso ordinario de segunda instancia.

Además, la necesidad de motivación de dicho decreto fue expuesta ya por una respuesta auténtica de la Pontificia Comisión para la interpretación de los decretos del Concilio Vaticano II de 1 de julio de 1976[56]. Si bien esa respuesta hacía referencia al Motu Proprio *Causas matrimoniales*, no existen diferencias en este aspecto entre la regulación de aquella norma y la del actual c. 1682. Se trata de un decreto decisorio inapelable, y por eso mismo es de la mayor importancia incluir en él los motivos substantivos o procesales que impiden la ratificación de la decisión de primera instancia, para facilitar que la parte interesada intente

54 Cf. Hilbert, M., I provvedimenti del giudice, in: La procedura matrimoniale abbreviata, (Studi Giuridici 49), Città del Vaticano 1998, 26.

55 Cf. Della Rocca, F., I mezzi di impugnazioni, in: Il processo matrimoniale canonico, 2 ed., (Studi Giuridici 29), Città del Vaticano 1994, 744.

56 Cf. Acta Apostolicae Sedis 68, 1976, 635.

contradecir, con pruebas adecuadas, dichos argumentos en el proceso ordinario de segunda instancia.

En el orden práctico, dicho decreto de envío de la causa al proceso ordinario de segunda instancia plantea diversos problemas. En primer lugar supone que examinada la causa por el tribunal colegial de segunda instancia no existe convencimiento en el mismo acerca de la nulidad del matrimonio en cuestión. Esa falta de convencimiento puede ser subsanada en ciertos casos mediante nuevas pruebas. Sin embargo, el tribunal está impedido para poder realizar dichas pruebas, salvo que primero reenvíe la causa al proceso ordinario de segunda instancia[57]. Pero eso no es así siempre, en la mayor parte de los casos el decreto de envío de la causa al proceso ordinario supone una disconformidad total con la decisión de primera instancia, y se convierte simplemente en el preámbulo de una decisión contraria a la nulidad sentenciada en primera instancia.

Este hecho permite afirmar en nuestra opinión que en la práctica hubiese sido mejor conceder al tribunal de apelación una triple posibilidad. Bien confirmar por decreto la sentencia de primera instancia, bien enviar la causa al proceso ordinario de segunda instancia, o bien dar un decreto no confirmando la sentencia de primera instancia. Las dos opciones que plantea el c. 1682 § 2 son, o bien confirmar la primera decisión por decreto, o bien enviar la causa al proceso ordinario. El art. 265 de la Instrucción *Dignitas Connubii*[58], mantiene las prescripciones del c. 1682 § 2. Hubiese sido necesario establecer la tercera posibilidad que apuntamos de no confirmar por decreto la sentencia de primera

57 Cf. De Diego Lora, C., Comentario exegético al Código de Derecho Canónico 4.2, Pamplona 1996, 1923.

58 *Si sententia pro matrimonii nullitate prolata sit in primo iudicii gradu, tribunal apellationis,...suo decreto vel decisionem continenter confirmet vel ad ordinarium examen novi gradus causam admittat.* Art. 265 § 1, Pontificium Consilium de Legum Textibus, Instructio "Dignitas Connubii", 25 enero 2005, Città del Vaticano 2005, 186.

instancia. Si existiese esa posibilidad se impediría que una misma causa fuese juzgada dos veces en la misma instancia, como ocurre con el sistema actual.

En efecto, si estudiada la causa en el proceso abreviado de segunda instancia el tribunal disiente totalmente del juicio realizado en primera, no tiene otra opción que enviar la causa al proceso ordinario, en el cual nada nuevo se aporta si el propio tribunal no decide que se realice alguna prueba nueva. Este supuesto sólo se produce en contadas ocasiones, aquellas en las que las dudas del tribunal de apelación se podrían aclarar con la realización de alguna prueba nueva.

Pero, ¿y si el tribunal de apelación no tiene duda alguna, y está convencido de la validez del vínculo? El recurso al proceso ordinario no resuelve nada. Las partes no van a solicitar la realización de nuevas pruebas ya que entienden, con razón, que son suficientes las habidas en primera instancia. Desde luego no les faltaría razón por dos motivos: a la parte actora, favorable a la nulidad le asiste la presunción a favor de la misma contenida en la sentencia favorable a la nulidad. Por tanto, esta parte no estaría interesada en presentar nuevas pruebas por considerar que las habidas en primera instancia son suficientes, máxime cuando han producido una sentencia favorable a la nulidad. La parte demandada tampoco querrá presentar más pruebas porque, o bien es también favorable a la nulidad, o si es contraria a la misma hubiese presentado la correspondiente apelación contra la sentencia de primera instancia.

Es por eso que lo normal es que el envío de la causa al proceso ordinario de segunda instancia, no sirva sino para que el tribunal resuelva el mismo mediante una sentencia contraria a la nulidad. De esta forma lo que ha ocurrido en realidad es que la causa ha sido juzgada dos veces en la misma instancia. Una vez cuando tras ser estudiada no se decide la confirmación y se envía al proceso ordinario. Y otra, cuando enviada la causa al proceso ordinario, éste se convierte en un mero trámite ya que nadie aporta nuevas pruebas decretándose la conclusión de la causa en segunda instancias con los mismos argumentos probatorios que en primera. En ese caso, la causa vuelve a ser estudiada por el tribunal colegial que, evidentemente, no va a encontrar razones nuevas que le disuadan de la idea adquirida en el primer examen de la causa, concluyéndose la instancia con una sentencia que no confirma la de primera instancia.

El problema procesal que todo esto plantea es ver el sentido que puede tener, procesalmente hablando, que sea el mismo tribunal que decidió no confirmar la sentencia de nulidad precedente, y que pasó la causa a ordinario examen de segunda instancia, el que vuelva a juzgar esa misma causa en examen ordinario. ¿No existirá en los miembros de ese tribunal una predisposición negativa hacia dicha causa?

Parece evidente que si no confirmaron la causa por decreto y la pasaron a la vía ordinaria es que encontraron deficiencias en la causa. Si esas deficiencias hacen referencia a las pruebas y no pueden ser subsanadas por otras nuevas[59], nos encontraríamos con que la causa ya ha sido juzgada en contra de la nulidad al enviarla al proceso ordinario, y éste no hará sino confirmar mediante una sentencia *pro vinculo* la decisión ya tomada previamente. Es por eso quizá por lo que el art. 265 § 5 de la Instrucción *Dignitas Connubii* afirma que en el decreto de envío de la causa al examen ordinario de segunda instancia, deben incluirse sumariamente las razones para ello y el posible complemento de prueba que sería necesario aportar en dicho examen ordinario.

En ese caso, además de un auténtico doble juicio en la misma instancia, uno que no confirma la sentencia de primera y otro que emite un sentencia contraria a la anterior, se plantea

59 En el caso de que sí fuese posible subsanar dicha falta de pruebas sería necesario que el tribunal las supliese incluso de oficio en el examen ordinario de segunda instancia. Cf. c. 1452; Panizo Orallo, S., Temas procesales y nulidad matrimonial, Madrid 1999, 860.

también el hecho de que la causa fue evidentemente juzgada desde el momento en que las objeciones presentadas a la confirmación por decreto no pudieran ser salvadas con nuevas pruebas. En este caso, el examen ordinario de segunda instancia constituiría un mero trámite para llegar a una decisión definitiva contraria a la emitida en primera instancia. Sin duda que en ese caso el tribunal se haría sospechoso de estar prevenido en un sentido determinado acerca de la causa, lo cual justificaría plenamente a nuestro juicio, la modificación total de la composición del tribunal por otro diferente que no haya tenido contacto alguno con la causa, siempre evidentemente de la misma instancia[60].

Nos extraña un tanto que la propia legislación no haya previsto un remedio a esta situación en la reciente Instrucción *Dignitas Connubii*, si bien siempre cabría introducir la excepción de sospecha contra el tribunal en el examen ordinario de segunda instancia, aunque esto no pasa de ser una solución ideal ya que sería difícil que prosperase una sospecha en un caso como el planteado, en el que el tribunal se limitó a actuar conforme a la ley, además si esto se convirtiese en práctica común dificultaría grandemente el estudio de las causas enviadas a examen ordinario de segunda instancia. A nuestro juicio, la mejor solución hubiese sido que la ley misma obligase a la constitución de un nuevo tribunal de segunda instancia, siempre que una causa, examinada previamente mediante el proceso abreviado del c. 1682 § 2 y del art. 265 § 1, no pudiese ser confirmada por decreto y fuese enviada a un examen ordinario de segunda instancia.

Todo este inútil trámite hubiese sido evitable también permitiendo una tercera opción en el c. 1682 § 2, emitir un decreto que no confirme la sentencia de primera instancia. De esta forma se

60 Cf. Arroba Conde, M. J., Diritto Processuale Canonico, Roma 1993, 454; Vito Pinto, P., I Processi nel Codice di Diritto Canonico, Città del vaticano 1993, 520, nota 784.

ahorraría mucho tiempo a las partes, que podrían preparar una posible apelación a tercera instancia. Apelación de todo punto necesaria a nuestro juicio, ya que existiendo dos decisiones difformes en la misma causa, ese mismos hecho está manifestando la dificultad de dicha causa, y la necesidad de ser estudiada en un tribunal cualificadamente superior cual es la Rota, sea ésta la de Roma o la de Madrid en el caso de España.

No obstante, ninguna de las dos soluciones ha sido adoptada por la Instrucción *Dignitas Connubii* que en este punto mantiene las prescripciones del c. 1682 § 2, con ciertas aclaraciones en los parágrafos 2-6 del art. 265, pero que no añaden nada substancial a la reglamentación anterior, simplemente la explicitan más en materia de traslado de las actas al defensor del vínculo y a los jueces, y respecto a las motivaciones del decreto confirmatorio y del de envío al examen ordinario.

Otro aspecto importante a nuestro juicio es el referido a las posibles apelaciones de las partes o del defensor del vínculo que llegan al tribunal superior, remitidas de oficio por el tribunal de primera instancia, tras emitir una sentencia a favor de la nulidad del matrimonio en cuestión. Ya dijimos antes que la antigua norma VIII § 3 del Motu Proprio *Causas matrimoniales*, por una interpretación auténtica de la Comisión Pontificia para la Interpretación de los Decretos del Concilio Vaticano II de 31 de octubre de 1973, entendía que era posible aplicar el procedimiento abreviado aun en el caso de que la sentencia de primera instancia hubiese sido apelada, por alguna parte o por el defensor del vínculo[61].

Sin ánimo de enmendar una decisión de tan alto organismo, en nuestra opinión hubiese sido mejor no permitir la confirmación en el caso de que dicha sentencia de primera instancia, favorable a la nulidad, hubiese sido apelada. Quizá de esta forma se pudiese garantizar mejor, no sólo el derecho de defensa de la

61 Cf. Communicationes 5, 1973, 173-174, n. 2; 1979, 267, can. 347.

parte apelante, sino incluso se permitiría corregir mediante nuevas pruebas, las posibles deficiencias de la instrucción de la causa en la instancia anterior, si las hubiese habido. En cualquier caso, la confirmación por decreto dejaría pendiente la apelación, sobre todo cuando la parte apelante hubiese querido presentar nuevas pruebas. Otra posible solución, adaptada a la normativa existente, sería enviar al proceso ordinario de segunda instancia todas las causas que viniesen apeladas, tras una primera sentencia a favor de la nulidad en primera instancia. No compartimos la opinión de algún autor que entiende que las apelaciones de las que habla el c. 1682 § 1 y el a. 264 de la Instrucción *Dignitas Connubii*, no serían otra cosa que presentaciones hechas al tribunal de las impresiones del apelante sobre la sentencia anterior con ofrecimiento de las razones del disentimiento y de la insatisfacción por el fallo recaído; pero en ningún caso esas llamadas "apelaciones" lo serían en el sentido estricto del concepto de apelación[62].

No deja de extrañarnos que esta cuestión parezca tenerse por cerrada y la Instrucción *Dignitas Connubii* no se refiera a este punto ni siquiera indirectamente, ya que en su art. 264, repite lo dicho por el Código en el c. 1682 § 1.

En cuanto a su aspecto práctico el proceso abreviado establecido en el c. 1682 § 2 estaría compuesto por varias etapas, descritas exactamente en el art. 265 § 2 y 3 de la Instrucción *Dignitas Connubii.* Supuesta la viabilidad del proceso abreviado al caso presentado, que sólo se produce cuando la sentencia que se pretenda confirmar se haya dado en primera instancia (aunque sea mediante la excepción del c. 1683) y nunca después de otra sentencia negativa[63], se debería constituir el tribunal colegial que va a entender en la causa (c. 1441; a. 263); además habría que reca-

62 Panizo Orallo, S., Temas procesales y nulidad matrimonial, Madrid 1999, 857.

63 Cf. art. 266, Pontificium Consilium de Legum Textibus, Instructio "Dignitas Connubii", 25 enero 2005, Città del Vaticano 2005, 188.

bar, en primer lugar las observaciones del defensor del vínculo, del promotor de justicia (si hubiese intervenido en la causa) y de las partes (a. 265 § 2). Visto todo esto se deberá proceder a estudiar la causa y tras el voto previo de los miembros del tribunal, que deben ver las actas obligatoriamente[64], se decidirá mediante decreto motivado, si se confirma la sentencia de primera instancia o si por el contrario se pasa la causa a examen ordinario de segunda instancia[65]. Las observaciones del defensor del vínculo, que deben existir en el proceso abreviado de segunda instancia, son evidentemente las del defensor de dicho tribunal[66].

Solucionado ya el problema tan discutido en la doctrina sobre la naturaleza jurídica del decreto ratificatorio, que evidentemente es judicial, máxime cuando confirma una decisión judicial definitiva cual es la sentencia de primera instancia[67], sin embargo surgen otros problemas en relación a dicho decreto. Independientemente de la necesidad de motivar, tanto el decreto ratificatorio como el de envío de la causa a la vía ordinaria, expresamente exigido bajo pena de nulidad en el caso del decreto ratificatorio en el art. 265 § 4 de la Instrucción *Dignitas Connubii*,

64 Cf. art. 265 § 3, Pontificium Consilium de Legum Textibus, Instructio "Dignitas Connubii", 25 enero 2005, Città del Vaticano 2005, 186.

65 Cf. Vito Pinto, P., I Processi nel Codice di Diritto Canonico, Città del Vaticano 1993, 518, nota 781; Panizo Orallo, S., Temas procesales y nulidad matrimonial, Madrid 1999, 858.

66 Cf. Mendonça, A., Aspetti struturali e funzionali del Tribunale di appello nelle cause di nullità di matrimonio, in: Monitor Ecclesiasticus 124, 1999, 380.

67 Cf. *Litterae Circulares ad Praesides Conferentiarum Episcopalium. Animadversiones fiunt Ordinariis locorum circa rectam iustitiae administrationem a propiis tribunalibus et circa patentes auferendos abusus*, in Ochoa, X., Leges Ecclesiae 5, n. 4152; Respuesta de la Pontificia Comisión para la interpretación de los Decretos del Concilio Vaticano II, 14 febrero 1974, in: Communicationes 6, 1974, 148; Llobell, J., La sentenza: motivazione e decisione, in: Il processo matrimoniale canonico, (Studi Giuridici 17), Città del Vaticano 1988, 317-319; Panizo Orallo, S., Temas procesales y nulidad matrimonial, Madrid 1999, 858-859.

se plantea un problema teminológico: ¿por qué llamar decreto a una decisión que pone fin a un proceso?

Respecto al decreto de remisión de la causa a examen ordinario de segunda instancia, no hay ningún problema en que sea calificado como decreto ya que no sólo no pone fin al proceso, sino que sirve de inicio a un nuevo estudio de esa causa en la segunda instancia, es por ello que resulta inapelable. En este caso podemos entender que dicho decreto ha resuelto una cuestión previa que sería la posibilidad o no de confirmar rápidamente la sentencia de nulidad precedente, en el sentido de no admitir dicha confirmación.

Sin embargo, cuando se admite la confirmación tras ese proceso abreviado, no parece adecuado llamar "decreto" a la decisión que viene a confirmar la sentencia de nulidad de primera instancia y a concederle la firmeza y definitividad que la cosa juzgada, aunque sólo sea relativamente en una causa de este tipo, otorga a una doble conformidad. A nuestro juicio, hubiese sido mucho más correcto procesalmente llamar "sentencia", a esa decisión que resuelve el proceso abreviado. Este término indica de por sí el aspecto definitivo de la decisión que en este caso es lo esencial, mientras que el término "decreto" es más propio de las causas incidentales que pueden ser revisadas en la sentencia definitiva y dependen en todo de la causa principal[68].

El hecho de que en el proceso abreviado del c. 1682 § 2 no estemos ante un mero incidente sino ante una verdadera causa principal, la de nulidad del matrimonio ya sentenciada favorablemente en primera instancia, hace que el término "decreto" sea, a nuestro juicio, un tanto inapropiado.

Hubiese sido mucho mejor haber dado la denominación de "sentencia" a dicha decisión, si bien aplicándole un calificativo específico que permitiera diferenciarla de los otros dos tipos de

68 Cf. CIC 83 c. 1591.

sentencias; las definitivas que resuelven una causa estudiada en vía ordinaria, o las interlocutorias que resuelven una causa incidental grave. Ese calificativo hubiese podido ser el de sentencias "confirmatorias". Es decir aquellas decisiones que sólo sirven para confirmar una sentencia de nulidad matrimonial dada en primera instancia y sometida luego, tras la preceptiva transmisión de oficio de las actas, al proceso abreviado de segunda instancia perfilado en el c. 1682 § 2.

De lo dicho hasta aquí se desprende fácilmente la conclusión de que una sola sentencia a favor de la nulidad de un matrimonio no tiene fuerza ejecutiva por sí misma, a no ser que se trate de una sentencia dada en un proceso documental contra la que ninguna de las partes haya apelado[69].

Por tanto, una causa matrimonial sólo puede alcanzar firmeza, teniendo en cuenta lo establecido en el c. 1643 y en el art. 289 § 1 de la Instrucción *Dignitas Connubii*, cuando se hayan producido en ella dos sentencias conformes, o una sentencia de primera instancia y un decreto ratificatorio de segunda en virtud de lo establecido en el c. 1682 § 2, o bien una única sentencia de nulidad en un proceso documental[70], o finalmente, una única sentencia en contra de la nulidad. Sólo en esos casos es posible la ejecución de lo decidido judicialmente, si bien hay que tener en

69 Cf. Acebal Luján, J. L., Comentario al c. 1687, in: Código de Derecho Canónico, 9 ed., Madrid 1989, 816-817. Para un estudio más detallado del proceso documental: cf. Iglesias Altuna, J. M., Procesos matrimoniales canónicos, Madrid 1991, 215-217; Bonnet, P. A., Il processo documentale, in: I procedimenti speciali nel Diritto Canonico, (Studi Giuridici 27), Città del Vaticano 1992, 51-92; Vito Pinto, P., I Processi nel Codice di Diritto Canonico, Città del Vaticano 1993, 526-544; Arroba Conde, M. J., Diritto Processuale Canonico, Roma 1993, 489-490; Panizo Orallo, S., Temas procesales y nulidad matrimonial, Madrid 1999, 931-954; Goti Ordeñana, J., Tratado de Derecho Procesal Canónico, Madrid 2001, 471-476.

70 Cf. De Diego Lora, C., Comentario exegético al Código de Derecho Canónico 4.2, Pamplona 1996, 1692.

cuenta que una única sentencia a favor del vínculo no necesita ejecución alguna evidentemente.

Tampoco está de más decir que la relación entre las sentencias conformes, o entre la sentencia de primera instancia y el decreto que la confirma en segunda, no es de superior a inferior, es decir la segunda sentencia conforme, por el mero hecho de ser la segunda no es necesariamente ni mejor ni más acertada que la primera, salvo el caso de que se trate de una sentencia rotal, en cuyo caso existe en ella una mayor autoridad aunque sólo sea por ser fuente de jurisprudencia, cosa que no ocurre con el resto de los tribunales de la Iglesia que no tienen entre sí una relación de superioridad en cuanto a sus decisiones, sino simplemente se articulan en diversas instancias para coordinar su actividad y facilitar el derecho de apelación.

En la jurisdicción civil, sin embargo, existe una verdadera superioridad en las decisiones de los tribunales superiores sobre los inferiores, de forma que la graduación de las instancias supone una auténtica superioridad de los tribunales superiores sobre los de grado inferior. En este sentido la sentencia de segunda instancia viene a revocar la decisión precedente y a substituirla por otra emitida en grado de apelación[71].

En este sentido podemos afirmar también que al doble grado de jurisdicción consagrado en la ley procesal civil se corresponde en el Derecho Canónico la institución procesal de la doble sen-

71 *En virtud del recurso de apelación podrá perseguirse, con arreglo a los fundamentos de hecho y de derecho de las pretensiones formuladas ante el tribunal de primera instancia,* ***que se revoque un auto o sentencia y que, en su lugar, se dicte otro u otra favorable al recurrente****, mediante nuevo examen de las actuaciones llevadas a cabo ante aquel tribunal y conforme a la prueba que, en los casos previstos en esta Ley, se practique ante el tribunal de apelación.* Art. 456 de la Ley de Enjuiciamiento Civil (Ley 1/2000), 7 enero 2000, in: Boletín Oficial del Estado 7, 8 enero de 2000.

tencia conforme[72]. En Derecho Procesal Canónico en lugar de admitirse únicamente una sola apelación de la decisión de primera instancia, se permite un número ilimitado de apelaciones hasta que se produzca en la causa una doble decisión conforme que garantice que la decisión adoptada es acorde con la verdad, al menos dentro de lo humanamente posible, que no excluye la posibilidad, y sí la probabilidad de error.

Esta verdad viene garantizada por la coincidencia de juicio entre los dos tribunales, puesto que el Derecho Canónico está más preocupado por el acierto en la decisión, que es la base de una justicia fundada en la realidad objetiva y no tanto en la meramente procesal, que por salvaguardar una jerarquización de los tribunales que conlleve una verdadera superioridad efectiva de los de segunda instancia sobre los de primera.

Otro problema importante en esta materia relativa a la cosa juzgada en las causas matrimoniales se produce en el caso de una sola sentencia a favor de la validez del vínculo dada en primera instancia, ¿adquiere fuerza de cosa cuasi juzgada? Se podría preguntar alguien ¿por qué la sentencia a favor de la nulidad necesita para adquirir el mismo efecto ser confirmada por otra sentencia o un decreto confirmatorio? La respuesta debemos buscarla en el c. 1060 que establece un principio de carácter general a favor del matrimonio, tanto de carácter substantivo como procesal[73].

En virtud de este *favor iuris* que supone una presunción *iuris tantum* a favor de la validez del matrimonio, ésta sólo puede romperse cuando en el proceso se aporten pruebas sufi-

72 *1. Contra las sentencias dictadas por las Audiencias Provinciales en la segunda instancia de cualquier tipo de proceso civil podrán las partes legitimadas optar por interponer el recurso extraordinario por infracción procesal o el recurso de casación.* Art. 466, 1 de la Ley de Enjuiciamiento Civil (Ley 1/2000), 7 enero 2000, in: Boletín Oficial del Estado 7, 8 enero de 2000.

73 Cf. Aznar Gil, F. R., Comentario al c. 1060, in: Código de Derecho Canónico, 9 ed., Madrid 1989, 507.

cientes que deshagan la presunción anterior. Si esto no ocurre y, por tanto, las pruebas son insuficientes para sentenciar la nulidad del vínculo, el principio a favor del matrimonio opera aquí en forma procesal favoreciendo a dicho vínculo válido con la exención de la necesidad de una doble conformidad para obtener un efecto similar al de cosa cuasi juzgada, propio de este tipo de causas del estado personal, cuando se ha producido una doble conformidad.

Así, en un caso como ése para poder reabrir la causa no será necesario ciertamente la presentación de nuevos y graves argumentos, como cuando se ha producido una doble conformidad, pero creemos que al menos habrá que aportar alguna novedad ante el tribunal de apelación, ya que como establece la declaración del Supremo Tribunal de la Signatura Apostólica de 3 de junio de 1989 es a ese tribunal de apelación al que debe recurrirse si se pretendiese reabrir la causa[74]. Esta disposición ha quedado reafirmada en el art. 289 § 2 de la Instrucción *Dignitas Connubii* que establece que una causa matrimonial ya juzgada por un tribunal, no puede ser juzgada nuevamente por el mismo o por otro tribunal del mismo grado.

Igualmente este *favor iuris* de que goza el matrimonio posee también otra consecuencia procesal. Cuando se dan dos sentencias, una a favor y otra en contra del vínculo matrimonial, la sentencia que favorece el vínculo se presume que responde mejor a las exigencias de la verdad y de la justicia, ya que en caso de dos sentencias contrarias la que favorece el vínculo, si es posterior a la contraria al mismo, es preferible a la otra.

74 *Perspecto quod tribunal appellationis eandem causam non solum pertravtari debet post sententiam affirmativam in primo gradu latam (cf. can. 1682), verum* ***etiam post sententiam negativam in eodem gradu latam*** ... Declaración del Supremo Tribunal de la Signatura Apostólica, 3 junio 1989, in: Acta Apostolicae Sedis 81, 1989, 989.

Así, por ejemplo, si en una causa se concedió la nulidad en primera instancia, y en virtud del c. 1682 § 2 se envió aquella a la segunda instancia y ésta no sólo no confirmó esa sentencia sino que en proceso ordinario sentenció a favor del vínculo, en ese caso, si nadie apelase a tercera instancia, prevalecería la sentencia contraria a la nulidad sobre la que afirma ésta, mientras que para que la sentencia de nulidad pudiese hacerse valer necesitaría el refrendo de otra sentencia conforme.

Este *favor iuris* procesal de que goza el matrimonio se manifiesta también en el hecho de que una sentencia negativa de la nulidad dada en primera instancia o en otra, no necesita pasar por el mecanismo del c. 1682 y, por tanto, produce efectos inmediatos ya que, si no es apelada, no necesita ser confirmada por otra sentencia igualmente negativa, sea en proceso breve u ordinario, cosa que por el contrario sí necesita una sentencia afirmativa de la nulidad. En este caso, no cabría plantear de nuevo la nulidad por el mismo capítulo, pues está expresamente prohibido por el art. 289 § 2 de la Instrucción *Dignitas Connubii* plantear de nuevo la misma causa de nulidad ante el mismo tribunal que ya la juzgó o ante otro del mismo grado. Se entiende que se trata de la misma causa cuando se pide la nulidad del mismo matrimonio por el mismo capítulo[75]. En este caso se produciría la incompetencia absoluta por razón del grado del tribunal que juzgase dicha causa en el mismo grado que el anterior, ya que el art. 289 § 2 de la Instrucción remite a su art. 9 § 2 que establece la incompetencia por razón del grado.

Otro caso importante y de más difícil solución sería el de una sentencia afirmativa emitida en un proceso documental que no hubiese sido apelada en tiempo hábil. En ese caso cabe plantearse ¿se ha producido el efecto de cosa cuasi juzgada que obli-

75 Cf. art. 289 § 3, Pontificium Consilium de Legum Textibus, Instructio "Dignitas Connubii", 25 enero 2005, Città del Vaticano 2005, 204.

garía en caso de revisión a presentar nuevos y graves argumentos?

En principio, el c. 1644 y el art. 290 § 1 de la Instrucción *Dignitas connubii* exigen dichos nuevos y graves argumentos sólo en el caso de que se hayan producido dos decisiones conformes en una causa, como las matrimoniales, del estado personal. Ateniéndonos a la estricta literalidad de la ley habría que decir que para reabrir la causa en el caso de una sola sentencia de nulidad dada en proceso documental no sería necesario presentar nuevos y graves argumentos, ya que *strictu sensu* el c. 1644 no lo exige.

Sin embargo, considerando que el proceso documental es un proceso especial al que se le libera del rigor del procedimiento ordinario, en virtud del valor probatorio esencial que posee la prueba documental en los casos establecidos en el c. 1686 y en el art. 295 de la Instrucción *Dignitas Connubii.* Entre otros se le libera de la necesidad de la doble conformidad, por ello habrá que entender que en ese caso aunque no exista una doble conformidad sí existe la cosa cuasi juzgada a la que se hubiese llegado por una doble conformidad afirmativa de la nulidad en un proceso de nulidad ordinario.

En ese caso, el proceso documental poseería, entre otros beneficios procesales, la exención de la doble conformidad, la cual es innecesaria dado el apodíctico valor probatorio del documento presentado. Igualmente el proceso documental está eximido de la exigencia del c. 1682 § 2 y, por tanto, la decisión de primera instancia a favor de la nulidad dada en un proceso documental, no necesita ser confirmada ni por decreto, ni menos aún por otra sentencia.

Por tanto, en el caso de una sola sentencia de nulidad dada en un proceso documental se produciría la cosa cuasi juzgada, propia de las causas del estado personal si tenemos en cuenta lo establecido en el c. 1643, o, como opinamos nosotros, se habrá producido la cosa juzgada. Así, a nuestro juicio, para reabrir dicha causa en grado de apelación deberán presentarse esos nuevos y graves argumentos que exige el c. 1644, y se deberá substanciar el procedimiento establecido en dicho canon para poder revisar la causa.

Lo dicho hasta aquí no afecta a los decretos y sentencias interlocutorias que puedan producirse en causas incidentales que se introduzcan dentro de un proceso de nulidad matrimonial. Esos casos se regularían por la normativa procesal general, a no ser que el incidente, que podría darse también en una causa principal no matrimonial, sea sobre el estado de las personas.

Nos podríamos plantear si se podría hablar de conformidad en el caso de que en primera instancia se declarase la nulidad por un capítulo, y éste no se confirmase en apelación de oficio, y si se volviese a pedir la nulidad del mismo matrimonio por otro capítulo interconectado con aquel y ésta se concediese basándose en los mismos hechos jurídicos. Si esto ocurriese y el nuevo capítulo tampoco hubiese sido confirmado en la apelación de oficio, ¿existió conformidad de sentencias entre ambos capítulos reconocidos en primera instancia?[76]

A nuestro juicio no hay tal conformidad. No la habría porque lo que se exige en la ley para la misma en las causas matrimoniales es una doble decisión en distinta instancia, sea ésta por doble sentencia o por sentencia y decreto, y evidentemente referidas al mismo proceso, y a la misma acción por tanto. El c. 1682 lo deja ver claramente al exigir esa apelación de oficio desde el momento en que se conceda la nulidad. Por tanto, no se puede admitir como una doble conformidad que permitiese el paso a nuevas nupcias el caso de dos sentencias, fundadas en los mismos hechos aunque referidas a distintos capítulos, si ambas son de la misma instancia. Además el hecho de que en el ejemplo considerado no se hubiesen confirmado esas decisiones en segunda instancia da idea clara de que la causa no es de fácil

76 Cf. Llobell, J., Note sulla congruenza e la conformità delle sentenze di nullità del matrimonio, in: Ius Ecclesiae 2, 1990, 556-557.

resolución, y de ninguna manera se podría admitir como conformes, saltándose los mecanismos legales del c. 1682, dos decisiones *pro nullitate* de primera instancia no confirmadas en grado superior, por mucho que ambas se fundamenten en los mismos hechos jurídicos, cosa que quizá hubiese servido para admitir una posible conformidad pero en instancias diferentes, en caso de que los capítulos concretos estuviesen interrelacionados.

Una novedad importante, a nuestro juicio, es la contenida en el art. 291 de la Instrucción *Dignitas Connubii*[77]. Esta norma recoge la distinción, tan traída y llevada por la Jurisprudencia Rotal, entre decisiones formalmente conformes y equivalentemente conformes, aplicándola al ámbito de las decisiones relativas a la nulidad del matrimonio. En el parágrafo primero establece, siguiendo el c. 1641, 1º, en qué consiste la conformidad formal. Ésta se producirá cuando se den dos decisiones iguales en cuanto al dispositivo de la sentencia, por ejemplo concediendo ambas la nulidad del matrimonio, siempre que se haya pronunciado entre las mismas partes, sobre la misma nulidad de matrimonio, y por el mismo capítulo de nulidad. Este parágrafo primero del artículo 291 no plantea ningún problema ya que recoge lo establecido en el c. 1641, 1º cuyas condiciones identifican a la acción. Por tanto, habrá que tener por formalmente conformes a aquellas decisiones de nulidad de matrimonio que

77 *§ 1. Duae sententiae seu decisiones dicitur formaliter conformes si intercesserint inter easdem partes, de nullitate eiusdem matrimonii et ex eodem capitis nullitatis, eademque iuris et facti ratione (cf. can 1641, n. 1).*

§ 2. Aequivalenter seu substantialiter conformes considerantur decisiones quae licet caput nullitatis diverso nomine significent et determinent tamen super iisdem factis matrimonium irritantibus et probationibus nitantur.

§ 3. Salvo art. 136 et integro manente iure defensionis, de duarum decisionum aequivalenti vel substantiali conformitate videt tribunal appellationis, quod alteram tulit, vel tribunal superius. (Art. 291, Pontificium Consilium de Legum Textibus, Instructio "Dignitas Connubii", 25 enero 2005, Città del Vaticano 2005, 204, 206.

resuelvan en el mismo sentido la misma acción, cuyos elementos constitutivos se recogen expresamente en el texto legal[78]. Añadiendo una condición a los establecido en el c. 1641, 1º, que es que ambas decisiones se funden en las mismas razones de hecho y de derecho. Cosa bastante comprensible ya que es difícil admitir que hechos diversos puedan llevar a la misma decisión, si bien quizá podría darse en algún caso[79].

El parágrafo segundo de dicho artículo 291 determina cuándo dos decisiones de nulidad matrimonial pueden considerarse substancial o equivalentemente conformes. Para que esto ocurra es necesario que aunque se trate de un capítulo de nulidad con denominación diferente en ambos casos, coincidiendo evidentemente los sujetos y el *petitum*, la nulidad concedida se funde en los mismos hechos que han causado la nulidad del matrimonio y en las mismas pruebas. Esta norma legal reconoce, por tanto, valor jurídico a cierto tipo de decisiones substancialmente conformes[80]. Este tipo de conformidad equivalente fue admitido ya por un Decreto coram Stankiewicz de 22 de marzo de 1994[81]. En los casos en que se aprecie dicho tipo de conformidad equivalente o substancial deberá existir cierta relación interna entre dichos capítulos[82], ya que es muy difícil pensar que capítulos de nulidad absolutamente distintos puedan estar fundados en los mismos hechos causantes de la nulidad, y puedan ser apreciados mediante las mismas pruebas en el proceso.

78 Cf. López Zubillaga, J.L., La conformidad de decisiones en el Código de 1983, in: Revista Española de Derecho Canónico 153, 2002, 652.

79 Cf. López Zubillaga, J.L., La conformidad de decisiones en el Código de 1983, in: Revista Española de Derecho Canónico 153, 2002, 655-657.

80 Cf. López Zubillaga, J.L., La conformidad de decisiones en el Código de 1983, in: Revista Española de Derecho Canónico 153, 2002, 654.

81 Cf. Decreto coram Stankiewicz, 22 martii 1994, in: Monitor Ecclesiasticus 119, 1994, 341.

82 Cf. López Zubillaga, J.L., La conformidad de decisiones en el Código de 1983, in: Revista Española de Derecho Canónico 153, 2002, 654; 675-681.

A nuestro juicio la norma de este parágrafo segundo del art. 291 excluye toda forma de equivalencia de sentencias que no sea la indicada. Dicho de otra forma, admite únicamente aquella forma de conformidad que, por sus particulares características de relación entre los capítulos de nulidad se fundamenten ambos en la misma *causa petendi* próxima[83].

El tercer parágrafo del art. 291 incluye una aclaración en la que afirma que, permaneciendo intacto el derecho de defensa de las partes, cuando exista una duda acerca de si entre dos decisiones de nulidad matrimonial existe conformidad equivalente o substancial, debe decidir el tribunal de apelación de aquel que dio la segunda decisión, y si no existe tal tribunal por haber sido, por ejemplo la Rota Romana quien dio la última resolución, debe decidir el tribunal superior de entrambos. Esta norma concede a los mismos tribunales la posibilidad de interpretar este mismo artículo 291 en lo que hace a la conformidad equivalente o substancial, que es sin duda la de más compleja apreciación. Nos parece que el tribunal que entienda de dicha apreciación debería tener en cuenta lo dicho antes acerca de que sólo en el caso de que coincida la *causa petendi* próxima, es decir los hechos causantes de la nulidad sean los mismos, cabrá apreciar dicha conformidad equivalente.

Se plantea también la posibilidad de apelabilidad de dicha resolución acerca de si dos decisiones de nulidad matrimonial son substancialmente conformes. Creemos que se debe conceder dicha posibilidad ya que el art. 291 § 3 no dice que dicha resolución deba darse *expeditissime*, con lo cual no excluiría dicha posibilidad de apelación, ya que no caería en los casos del c. 1629, 5º y el art. 280 § 1, 5º de la Instrucción *Dignitas Connubii*. A diferencia de lo que ocurre en un caso semejante que es el de la

83 Cf. López Zubillaga, J.L., La conformidad de decisiones en el Código de 1983, in: Revista Española de Derecho Canónico 153, 2002, 675; Del Giudice, L., Novità nelle giurisprudenza rotale di rito in tema di conformità equivalente, in: Ius Ecclesiae 7, 1995, 659.

quaestio de iure appellandi del c. 1631y el art. 282 de la misma Instrucción *Dignitas Connubii*, en el que al tener que resolverse la cuestión con la máxima rapidez, no puede ser objeto de apelación, tal como establecen las normas antes mencionadas.

En cualquier caso, lo que queda muy claro es que la Instrucción *Dignitas Connubii* ha querido mantener la doble conformidad de decisiones, como necesaria en las causas de nulidad matrimonial, con gran acierto a nuestro entender y en contra de la opinión de algunos autores[84], ya que la doble conformidad es la forma procesal más apta para garantizar la justicia y la verdad en la causa, que son la razón de ser del proceso canónico.

JOSÉ LUIS LÓPEZ ZUBILLAGA
Universidad Pontificia de Salamanca,
Vicario Judicial de Valladolid

84 Cf. Moneta, P., Il resame obbligatorio delle sentenze di nullità di matrimonio: Una regola da abolire, in : Il Diritto Ecclesiastico 111/4, 2000, 1068-1083.

LA PRUEBA PRESUNTIVA E INDICIARIA EN LAS CAUSAS DE SIMULACIÓN

PARTE I. LA PRUEBA INDIRECTA O CRÍTICA[1]

Suele llamarse prueba directa aquella que produce el conocimiento de un hecho objeto del proceso sin ningún intermediario, por –diríamos– percepción directa; en rigor tan sólo la inspección ocular encajaría en esta clasificación (cfr. c. 1582), en las demás pruebas la inmediación será menor o mayor según los casos. También se llama prueba directa o histórica: "cuando el alegante la ha deducido de una fuente que cae bajo la percepción de sus sentidos"; entre las que se situarían la declaración de las partes, la testifical, pericial y documental. Por el contrario, se llamará indi-

1 Intentaremos ofrecer resumidamente la doctrina canónica sobre la prueba presuntiva e indiciaria, para ello nos hemos valido –fundamentalmente– de las aportaciones de tres eminentes canonistas y un procesalista de ámbito extracanónico, a saber: León del Amo, Eduardo Labandeira y Juan José García Faílde –de entre los canonistas– y Luis Muñoz Sabaté –procesalista civil–.

recta cuando "el hecho u objeto del que se deduce la prueba no es percibido directamente por quien lo aduce, sino mediante otro hecho relacionado con él... por eso la prueba indirecta se llama también indicial o conjetural"[2]; a este segundo grupo pertenece la presunción.

Distinción que –entendemos– es más formal que real, en este sentido L. Muñoz Sabaté afirmaba: "la prueba histórica se basa siempre en inferencias reconstructivas, que parten, según Eli de Gortari, de los documentos o testimonios..., como elementos inductores, en tanto que el inducido es el hecho reconstruido o reconstituido"[3]. Bien es verdad que la inducción que conduce de uno a otro puede ser tan rápida que pase desapercibida[4]. Como es igualmente innegable que cualquier actividad probatoria comporta percepciones por parte del juez; lo cual ha llevado a afirmar a algún procesalista que la naturaleza indiciaria de todas las pruebas es un hecho evidente...

En este sentido, por lo que a las pruebas críticas se refiere, es incuestionable que la razón debe entregarse a averiguaciones más complicadas antes de declararse satisfecha, pero procede advertir desde ahora que la complejidad del razonamiento, motivada por la diversidad de datos, asociaciones y anticipaciones que se ve compelido a realizar el juzgador, no es privativa de este tipo de pruebas indirectas. Muchísimos procesos mentales atañentes a la llamada prueba directa presentan igual complejidad. Manipular indicios, escribía Muñoz Sabaté, "frente a lo que pudiera parecer, no es una cosa difícil, pues en gran parte depende del temperamento del juez, de sus pasadas experiencia y el modo como se ha concebido e integrado la fórmula heurís-

2 S. Panizo, Temas procesales y nulidad de matrimonio, Madrid 1999, 432.

3 L. Muñoz Sabaté, La prueba de la simulación. Semiótica de los negocios jurídicos simulados, Barcelona 1972, 61.

4 M. Bonnier, Tratado de las pruebas en Derecho Civil, vol. I, Madrid 1928, p. 31 y vol. II, p. 462.

tica. Muchas veces hablamos de dificultad simplemente para encubrir nuestra pereza mental, nuestro miedo a responsabilizarnos. Los médicos, los políticos, los economistas, los físicos... continuamente están realizando diagnósticos y predicciones basándose en síntomas, cálculos, inferencias de una estructura tanto o más compleja que las presunciones que utilizamos nosotros..."[5]. Es más, nuestro autor advierte que en muchas ocasiones el juez no siempre motiva las presunciones en las que fundamenta el fallo, lo cual no quiere decir que no hayan dejado de manipularse en el fuero interno a la hora de dirimir la controversia.

Pruebas estas, indirectas o críticas, que en ausencia de pruebas históricas pueden permitir al juzgador alcanzar la certeza moral de los hechos[6]; pero que resultan todavía más eficaces en concurrencia con otros medios de prueba para demostrar la verdad genuina de los hechos controvertidos.

Cabe preguntarse ¿existen otras pruebas –además de las presunciones– que entren en la categoría de prueba indirecta?

Entendemos que sí, y no nos referimos a los otros medios de prueba en cuanto que pueden aportar indicios, sino al indicio como medio de prueba.

Consideramos oportuno intentar fijar algunos conceptos de mayor importancia y de utilización confusa por parte de la doctrina y la jurisprudencia y que se refieren a esta materia. En efecto, como afirmaba León del Amo: "Dada la relación entre el indicio, la conjetura y la presunción, y el servicio que mutuamente se prestan los elementos objetivo y subjetivo tanto en el indicio como en la presunción, no es de extrañar que muchas

5 L. Muñoz Sabaté, La prueba..., 70.

6 De hecho, como afirma E. Labandeira, su utilidad excede el ámbito de los operadores del Derecho: "En efecto, la presunción es una figura lógica, producto de la actividad de la razón, a la que acude con frecuencia toda persona prudente para suplir las deficiencias y limitaciones de su conocimiento" (Las presunciones en Derecho Canónico, Pamplona 1967, p. 16).

veces en la doctrina y en la jurisprudencia se llame al indicio conjetura o presunción; a la conjetura o presunción, indicio, y a la presunción, conjetura o viceversa"[7]. De igual modo, García Faílde nota como la jurisprudencia "toma la presunción en el sentido objetivo del "indicio" cuando, por ejemplo, afirma que la circunstancia objetiva de que un contrayente hubiera pactado con el otro contrayente no tener descendencia es una presunción de que ese contrayente se casó sin obligarse a tener hijos en y de su matrimonio; llama, pues, presunción a lo que propiamente es indicio; sin duda alguna –añade– que el «indicio» puede, en virtud de la figura retórica de la «metonimia», ser llamado «presunción» en cuanto que es una premisa-causa por la que se llega a la conclusión-efecto que es la presunción subjetiva; pero es más propio entender por presunción solamente la presunción subjetiva"[8].

Para valorar adecuadamente la relevancia de las pruebas llamadas indirectas o críticas, conviene –antes de nada– distinguir y precisar qué se entiende por indicio, presunción y circunstancia.

1. *Los indicios*

De entrada, hemos de advertir que nos encontramos con distintas posturas para fijar la naturaleza del indicio: la que equipara indicio y presunción; la que hace al indicio menos que una presunción (adminículo, conjetura, sospecha); la que considera al indicio más que una presunción; la que identifica indicio con el "hecho base", esto es, el hecho conocido del que se parte en el proceso presuntivo y sobre el que se apoya[9]. Desde esta última

7 L. del Amo, La prueba de la simulación en las causas matrimoniales, in: Revista Española de Derecho Canónico 18, 1963, 396.

8 J.J. García Faílde, Nuevo Derecho Procesal canónico, 3 ed., Salamanca 1995, 196; también S. Panizo, Temas procesales y nulidad de matrimonio, Madrid 1999, 692.

9 S. Panizo, Temas procesales y nulidad de matrimonio, Madrid 1999, 692.

orientación "presunción e indicio estarían... situados en la ilación lógica ineludible: la presunción sería el resultado de la inferencia a partir del indicio"[10].

Quizás una referencia al origen de este vocablo pudiera aportar alguna luz. La palabra indicio es una derivada del sustantivo latino *index* y del verbo *in-dicare*, que significa indicar, dar a conocer, revelar, descubrir[11]. Significado etimológico que –a nuestro parecer– desborda la comprensión del indicio como un mero hecho conocido y cierto.

Tal y como establecía el Código de 1917 y normativa el vigente *Códex*, las presunciones *hominis* sólo pueden ser formuladas *"sobre un hecho cierto y determinado que tenga relación directa con lo que es objeto de controversia"* (canon 1586 y canon 1828 del CIC de 1917), ese hecho cierto y determinado constituiría el "indicio".

Admitido lo cual, a nuestro parecer, se produciría una reducción manifiesta del significado del vocablo indicio (al menos desde la perspectiva etimológica) dado que lo convierte en sinónimo de hecho conocido, cierto y determinado. Y que lo distancia igualmente de la primera acepción (esto es: la de uso más corriente[12]) que de la voz **indicio** recoge el Diccionario de la Real Academia Española de la Lengua (1992): *"Fenómeno que permite conocer o inferir la existencia de otro no percibido"*.

Muñoz Sabaté contestó apasionadamente a quienes reducen de modo tan flagrante y radical la naturaleza y propiedades del indicio; entre otras cosas afirma: "Para nosotros, sintetizando pasadas observaciones y experiencias, el indicio es una sustancia fáctica que en la litis opera accidentalmente de catalizador lógico

10 Ibídem.

11 De aquí que *Indicium* signifique delación, manifestación, señal, argumento. En Cicerón *indicio esse* equivale a decir: servir de prueba.

12 Tal y como reza en las "advertencias para el uso de este Diccionario", nº III.

al potenciar procesos inferenciales[13] destinados a la fijación de los hechos controvertidos"[14]; y prosigue: "Frente a tales pareceres (los de quienes reducen indicio a afirmación-base), nosotros hemos adoptado un nuevo punto de vista. Es indicio, como decíamos, toda sustancia fáctica, cualquier dato de hecho, fuerte o débil, singular o plural..., con la sola condición de que nos provoque mentalmente una asociación de ideas encaminadas a la prueba de otro hecho"[15].

El eminente canonista, que fuera Decano de la Rota matritense, León del Amo, en su intento por distinguir y aclarar los conceptos de indicio y presunción, considera que el indicio es una señal objetiva que hace indicación útil para descubrir la verdad: "Es una circunstancia cierta y determinada, de la cual se puede obtener por argumentación inductiva una conclusión acerca de la existencia del hecho desconocido que se intenta averiguar"[16]; son indicios, por tanto, "los hechos que revelan o dan a conocer otro hecho oculto que se intenta descubrir. En este su indicar radica su papel como medio de prueba, tanto más atendible cuando en elocuencia aventajan los hechos a las palabras de las declaraciones"[17].

No olvida, nuestro preclaro autor, la relación entre indicio y presunción, pero distingue las distintas vías inferenciales de uno

13 Panizo afirma que las inferencias se encuentran dentro de la entraña misma de toda técnica probatoria: *"Como señala S. Mill, en casi todos los actos de nuestras facultades perceptivas la `inferencia´ se encuentra íntimamente mezclada con la observación. Y eso que se llama vulgarmente `observación´ no es de ordinario más que un resultado compuesto en el cual esta operación observativa no entra más que en una décima parte y las nueve restantes provienen de inferencias"* (Temas procesales..., 685).

14 L. Muñoz Sabaté, La prueba de la simulación. Semiótica de los negocios jurídicos simulados, Barcelona 1972, 54.

15 Ibídem, 55.

16 L. del Amo, La prueba de la simulación..., 395.

17 L. del Amo, La clave probatoria en los procesos matrimoniales, Pamplona 1978, 53.

y otra: "Al indicio se le puede mirar como punto de partida para poder conjeturar, y así el indicio sirve a la presunción como elemento indispensable. Pero puede ser tomado, con independencia de la presunción, como prueba indiciaria, en cuanto de suyo es un dato específico cierto relacionado con el hecho más genérico que se discute"[18]. El indicio, así considerado, contribuye a la prueba del hecho que se intenta demostrar con el valor de un dato cierto y determinado, del que se puede inducir con mayor o menor probabilidad ese otro hecho más general. Ya el Cardenal Lega advirtió que lo propio del indicio es que sea signo notable de otro hecho desconocido y que sirve para descubrir la verdad[19]. Y, sobre su mérito y eficacia, reconoce que los indicios pueden ser tan graves y concluyentes que produzcan en el juez persuasión moral[20]

Sintéticamente, L. del Amo, concreta las diferencias entre presunción e indicio: "a) El indicio es un dato o una circunstancia concreta, la presunción, una consecuencia racional. b) El indicio en cuanto prueba peculiar tiene carácter inductivo; la presunción, deductivo. c) El indicio o circunstancia concreta exige estar probada y ser cierta; la presunción de suyo, en cuanto juicio o consecuencia racional no exige prueba específica, pues, supuesta la base de aplicación, ella se mantiene sola en gracia a las leyes comunes de la experiencia"[21].

Veamos qué luz podemos obtener escudriñando en el vigente Código.

18 Ibídem.

19 M. Lega – V. Bartoccetti, Commentarius in Judicia Ecclesiastica, Roma 1950, vol. II, p. 823, n. 1.

20 Ibídem, vol III, p. 312, n. 5.

21 L. del Amo, La prueba de la simulación..., 396.

1.1. "Indicios" en el Código de Derecho Canónico

Hemos de notar, en primer lugar, que el Libro VII, Parte II, Sección I, Título IV: *De probationibus*, no incluye a los indicios entre los medios de prueba. Como es bien sabido el elenco se reduce a los siguientes: declaración de las partes, documental, testifical, pericial, el reconocimiento judicial, las presunciones[22]. Un único canon de dicho Título (c. 1550) incluye la palabra: *indicium*. En otros cuatro cánones se contiene la voz *indiciis*, con alcance ciertamente desigual, como inmediatamente veremos.

El CIC de 1983 alude a los indicios (*indiciis*), como venimos diciendo, en contadas ocasiones, concretamente en los cánones 1068; 1550, 2; 1647, 2; 1679 y 1707, 2. El primero de ellos, si bien está situado fuera del Libro VII, contiene una norma que nos permitimos calificar como administrativa y –dentro de esa área– ciertamente de índole adjetiva: se trata de determinar el mínimo "expediente prematrimonial" necesario para garantizar que nada se opone a la válida y lícita celebración de las nupcias (cfr. c. 1066) *"en peligro de muerte"*. En dichos supuestos la declaración jurada (según los casos) de los contrayentes será suficiente para acreditar que están bautizados y libres de todo impedimento. Y ello siempre y cuando no existan indicios en contra. Indicios de los que se infiera razonablemente que, o bien alguno de ellos (o ambos) no está bautizado, o bien surja una duda razonable de

22 Dado el influjo de la palabra presunción usada en la legislación eclesiástica, no es de extrañar que no se haya contado entre los medios de prueba a los indicios, y se haya incluido en la denominación de presunciones, no sólo las legales, sino también las del hombre, y que en éstas se considere identificado su elemento objetivo con los hechos indiciarios. (Sobre los antecedentes históricos de las presunciones en sede canónica y su evolución legal, doctrinal y jurisprudencial: J.J. García Faílde, Prueba presuntiva en los procesos rotales de nulidad matrimonial por simulación total o parcial, in: Revista Española de Derecho Canónico 14, 1959, 727-749 y en el número 15 de la misma revista (1960), 55-94; también: E. Labandeira: Las presunciones en Derecho Canónico, Pamplona 1967, 23-45).

que existe algún impedimento. En este caso, parece incuestionable, que la palabra indicios alude a hechos que revelan o dan a conocer la existencia de algo incongruente con la afirmación jurada hecha por los nubentes. Y que, lógicamente: "deben tener tal fuerza que consigan desvirtuar la cuasi-presunción establecida por el canon a favor de los contrayentes en peligro de muerte"[23]; se tratará, por tanto, de hechos ciertos capaces de inducir –al menos– la duda seria y probable.

Los demás cánones referenciados se insertan en el Libro VII (*De processibus*) del Código. Analizamos someramente su contenido en cuanto puede tener interés al objeto de este trabajo. Nos fijamos en primer lugar en los cánones 1647, 2 y 1707, 2, de entre los que regulan el "recurso extraordinario" que es la restitución *in integrum* (Parte II, Sección I, Título IX, Capítulo II) y el proceso especial (incluido entre los procesos matrimoniales) sobre la muerte presunta (Parte II, Sección II, Título I, Capítulo IV) respectivamente. El primero de ellos: sobre ejecución de sentencia cuando se pide la restitución *in integrum*, permite que el juez pueda decretar la ejecución cuando existen indicios probables para sospechar que se pide la restitución con el fin de retardarla. Norma procesal que da por supuesto que los indicios son medios de prueba, y si son probables en el sentido de que la demanda de restitución se propone para demorar la ejecución, valen para que pueda el juez decretar la ejecución. De esto, pues, "se deduce que los indicios son prueba con mérito evaluable, y que puede ser probable, más que probable y menos que probable"[24].

Por lo que respecta al proceso especial por muerte presunta (c. 1707), conviene notar que el objeto del proceso es la "presun-

23 F. R. Aznar Gil, Derecho Matrimonial Canónico. Vol. I: Cánones 1055-1094, Salamanca 2001, 242. En nota, el Prof. Aznar cita a León del Amo subrayando que: indicio es un hecho cierto que indica y revela la existencia de otro hecho diferente por la relación que los une (La clave probatoria en los procesos matrimoniales. Indicios y circunstancias, Pamplona 1978).

24 L. del Amo, La clave probatoria..., 42.

ción de muerte", que no es ni una ficción legal ni una presunción legal. Se trata de una verdadera presunción del hombre: "fruto de un razonamiento lógico que descubre la ilación existente entre el hecho incierto de la muerte y los datos e indicios aportados... concluyendo, según los casos, que la muerte del ausente es simplemente posible o probable, o, por el contrario, con la certeza moral de que ha fallecido, porque lo contrario es improbable"[25]. Toda la prueba –también la indiciaria–, fruto de las oportunas y positivas investigaciones realizadas, se orienta al objeto del proceso: la presunción de muerte. Proceso en el que los indicios[26] (en el canon se utiliza la conjunción disyuntiva *aut*) pueden, por sí solos, tener valor de prueba que *"alcance certeza moral"* (c. 1707, 2).

Los dos cánones que restan (1550 y 1679), si bien situados sistemáticamente en Partes distintas del Libro VII (II y III), tienen relación con la prueba en los procesos canónicos (juicio contencioso ordinario y procesos matrimoniales respectivamente). Por lo que se refiere al canon 1550, 2 -2º, sobre idoneidad de los testigos, determina quienes se hallan excluidos de testificar como testigos por ser incapaces, y dispone que no pueden ser tenidas ni siquiera como indicio (*indicium*) de verdad las cosas oídas por cualquiera y de cualquier modo con ocasión de la confesión sacramental. Ciertamente, aquí ni se tasa el valor del indicio ni se menosprecia su fuerza probatoria; sólo se intenta excluir la capacidad de prestar testimonio a quienes únicamente tengan como fuente de conocimiento lo oído por cualquiera o de cualquier modo con ocasión de la confesión sacramental. Lo que se afirma

25 J. L. Acebal, nota al canon 1707, in: Código de Derecho Canónico. Edición bilingüe comentada, 15 ed., Madrid 1999, 874.

26 *"Realizadas las investigaciones oportunas, por las declaraciones de testigos, por fama o por indicios, alcance certeza moral sobre la muerte del cónyuge"* (c. 1707, 2). Enumeración que no consideramos taxativa (J. Carreras, Comentario al canon 1707, in: Comentario exegético... IV/2, 3 ed., Pamplona 2002, 2012).

es que estas declaraciones carecen de valor testifical y tampoco sirven para partir de ellas en orden a ulteriores averiguaciones.

El canon 1679, sobre el valor probatorio de las declaraciones judiciales de las partes, en relación con el canon 1536, y supuesto que las pruebas no sean plenas por otro concepto, establece que el juez ha de requerir, si es posible, testigos que declaren acerca de la credibilidad de las partes; y usará también otros indicios y adminículos. Que, por tanto, deben ser cosas distintas. Como afirma Mons. Panizo, al estudiar este precepto codicial: "Los indicios son hechos ciertos o señales más bien que «indican», «muestran», «señalan», o «revelan» la existencia o la realidad de un hecho diferente a través de la relación que los une. Estos hechos indicadores pueden ser hechos de la naturaleza y sobre todo de la misma persona humana, como sus cualidades, sus costumbres, su índole o talante, su profesión, su cultura, las virtudes o vicios de que ha dado muestra y el modo como ha vivenciado todo eso, el ambiente, las circunstancias, las amistades, las creencias, la fama, la trayectoria vital, las palabras, los gestos, el silencio inclusive. Todas estas cosas, todas estas condiciones o circunstancias, pueden presentar una importancia capital para determinar el sentido verdadero del «yo» de la persona y en consecuencia construir un aporte probatorio decisivo para valorar sus declaraciones y sobre todo la rectitud y verdad de las mismas en las causas matrimoniales"[27]. Y, a renglón seguido, añade: "los indicios pueden mover de tal modo a creer una cosa que ellos mismos solos equivalgan... a una prueba semiplena"[28].

En este sentido L. del Amo[29], analizando el canon 1758 del CIC de 1917[30], distinguía entre adminicular o ayudar, sin tener de suyo una eficacia para probar una verdad histórica con prueba perfecta; lo cual puede corresponder lo mismo a declaraciones de

27 S. Panizo, Temas procesales..., 483-484.
28 Ibídem, 484.
29 L. del Amo, La clave probatoria..., 45.
30 Sobre el testimonio de testigos no idóneos o sospechosos.

partes, testigos y documentos que a las pruebas críticas: "es indudable (argumenta nuestro autor) que el adminículo hace referencia al valor de las pruebas, sean testimonios, documentos o indicios, calificándolas como pruebas imperfectas, por cuanto no prueban plenamente, sino sólo ayudan a otras imperfectas, sean las que fueren"[31]. Por el contrario, los indicios, que son hechos concretos, que han de ser ciertos, estar probados y tener relación directa con el otro hecho tema de la prueba, no pueden confundirse con "su valor probatorio en cada caso, es evidente que el indicio se distingue tanto de su valor adminicular como del valor concluyente"[32]. Esto supuesto, el indicio puede hallarse en los documentos, en las pericias, en las declaraciones de partes o testigos... y su valor o mérito es cuestión distinta que pende de las cualidades o condiciones del indicio y no del medio de prueba, que se convierte en fuente de prueba, en dónde aparece el indicio. Cuestión sobre la que diremos alguna palabra más abajo.

El supuesto del canon 1679, alude directamente al valor de la declaración de las partes en las causas matrimoniales (materia que indudablemente afecta al bien público eclesial) cuando *"las pruebas no sean plenas por otro concepto"*; por lo que el canon objeto de estudio no restringe el posible mérito probatorio de los indicios. Por el contrario, se limita a valorar los indicios como medio de prueba que coadyuva a que la declaración de las partes pueda alcanzar el valor de prueba plena.

Firme cuanto antecede, podemos atrevernos a concluir y resumir lo hasta aquí afirmado en los siguientes puntos:

A) El indicio –hecho conocido ("hecho-base") y cierto que guía al juez– constituye la premisa menor del silogismo (proceso lógico) que tiene como premisa mayor una norma de experiencia y cuya conclusión es otro hecho desconocido que se quiere probar y que se acepta como verdadero anticipadamente, antes de

31 L. del Amo, La clave probatoria..., 97.

32 Ibídem.

ser probado (cfr. cc. 1584, 1586). Estamos, en definitiva, ante el elemento objetivo de la presunción ("los hechos indiciarios que en realidad son causas o premisas de donde procede la presunción"[33]). Pero, de cuanto venimos argumentando, cabe decir algo más.

A nuestro juicio, en el indicio –que distinguimos de la presunción– la convicción resulta del nexo que une el dato fáctico concreto y cierto con el hecho desconocido que hay que probar; en cambio, en las presunciones los elementos de convicción proceden inmediatamente de la conciencia del juzgador, quien pasa del conocimiento de la razón al de la consecuencia. Esto no impide, como hemos dicho, que la presunción deba apoyarse en algún hecho cierto o determinado relacionado directamente con el hecho controvertido (cfr. c. 1586), lo cual demuestra únicamente que el indicio es también uno de los elementos de la presunción[34]; pero su potencialidad no se agota en servir de hecho base necesario sobre el que apoyar uno de los brazos del trípode lógico-silogístico que conforma el razonamiento en que consiste la presunción[35].

B) En efecto, también se colige, del análisis de los cánones comentados, que los indicios muestran, señalan, indican o revelan la existencia o la realidad de un hecho diferente a través de la relación que los une, sin necesidad de elaborar un complejo proceso lógico silogístico (cfr. cc. 1068 y 1679). Así entendidos, los indicios, se situarían dentro del ámbito de las pruebas críticas junto a las presunciones.

33 J.J. García Faílde, Prueba presuntiva en los procesos rotales de nulidad matrimonial por simulación total o parcial, in: Revista Española de Derecho Canónico 14, 1959, 731.

34 H. Devis Echandía, Teoría General de la Prueba Judicial, Buenos Aires 1970, vol. II, 611.

35 S. Panizo, Temas procesales..., 705.

C) Podemos, por último, afirmar que los indicios son medios de prueba. Son prueba con mérito evaluable que puede ser probable, más que probable, menos que probable (cfr. cc. 1647, 2 y 1679).

Para mejor comprender nuestra posición y la importancia de este medio de prueba conviene que, aún someramente, intentemos ofrecer una definición-descripción y un apunte sobre el valor probatorio de los indicios.

1.2. Definición-descripción

Hacemos nuestra la ya citada definición-descripción que ofrece Mons. Panizo en su volumen Temas procesales: "Los indicios son hechos ciertos o señales más bien que «indican», «muestran», «señalan», o «revelan» la existencia o la realidad de un hecho diferente a través de la relación que los une". Conviene desglosar y analizar su contenido para obtener una mejor y más precisa comprensión de este concepto jurídico.

- Los indicios, como hemos repetido ya en múltiples ocasiones, *son hechos* en sentido jurídico amplio. El hecho base o "indicador" puede ser uno cualquiera entre los hechos que son en general objeto de prueba, es decir, no ideas puras o entidades abstractas, sino hechos concretos perceptibles por los sentidos y que tengan *relación directa con el hecho "indicado"* por él, y por esto contribuya a dar a conocer o a demostrar de algún modo, perfecta o imperfectamente, por sí solo o en unión con otros indicios u otras pruebas la verdad del hecho controvertido. Los indicios (indicadores) pueden ser hechos de la naturaleza, cosas y objetos materiales (provengan o no de la obra del hombre), la persona humana (la existencia de un individuo, sus características personales, sus cualidades físicas, mentales, su carácter, su cultura, sus vicios o virtudes, su ambiente, amistades, origen...), las conductas humanas (todo aquello que es producto de la actividad de la persona), las manifestaciones de actos internos y estados psíquicos (reconocibles por signos, síntomas, o efectos que los delatan), las creencias y valores y su ausencia... No pretendemos en absoluto ofrecer un elenco completo y acabado, por lo demás pretensión que consideramos vana. Supuesto lo cual, bien podría complementarse la anterior clasificación de hechos con los indicios relativos a las agrupaciones aristotélicas: sustancia, cantidad, cualidad, relación, lugar, tiempo, acción, pasión, posición y hábito[36]. Que, ciertamente, entendemos pueden encuadrarse en las agrupaciones dichas.

- Se trata, de hechos *ciertos*, esto es, percibidos con certeza y demostrados convincentemente en juicio. Solo en ese caso cabe afirmar que estamos ante un hecho indicador.
- *Indica o revela*, en ello radica la función propia del indicio: suscitar la idea de otro hecho diferente, es darle a conocer, es llamar la atención hacia algo, es mostrar de algún modo la existencia de otro hecho distinto.
- *La existencia de otro hecho diferente*, hecho susceptible de ser probado en juicio, algo que es objeto de prueba. Y que es diferente del hecho-base, sin relación de semejanza con él.
- Tiene que existir *una relación que los una,* sin relación alguna no sería natural ni lógico que el hecho indiciario suscitara la idea del otro hecho diferente objeto de prueba[37], según lo necesario en todas las cosas (ley natu-

36 De estas categorías se valió Menochio para ordenar sus listas de indicios y presunciones (*De praesumptionibus, coniecturis, signis et indiciis,* Q. XIV-XXIV).

37 "Es precisa una relación sujeta en psicología a la llamada ley de la unidad, según la cual en tanto una imagen suscita o evoca a otra en cuanto ambas imágenes hayan estado alguna vez unidas en la consciencia formando un todo.

ral: indicio necesario) o según lo normal en la generalidad de los casos.

L. del Amo explica de modo sintético y claro las implicaciones que han de existir entre los elementos objetivo, subjetivo y la relación entre hecho indicador y hecho indicado que se contienen en la definición de indicio: "No se concibe el indicio sin el hecho indicador... Este hecho, elemento objetivo del indicio, es algo sensible, material, perceptible, pero él de suyo y sólo nada prueba, a pesar del nexo con el otro hecho desconocido. Por ello, al elemento objetivo hay que unir un requisito subjetivo, de lo cual resulta el indicio que comprende: la indicación y la operación mental.

De nada serviría el hecho indicador y su relación con el hecho desconocido, si el hombre por medio de su razonamiento lógico crítico no lo relacionase con el otro hecho, a cuyo conocimiento llega como discurriendo, *quasi discurrendo*, según frase del Doctor Angélico.

Para este discurrir no son precisos silogismos, porque, según advierte Balmes, cuando el hombre discurre no anda en actos reflejos sobre su pensamiento, sino que junto con una idea clara ve otras contenidas en ella, sin cavilaciones reflejas. Es de la *intuición* (el subrayado es nuestro) el ver a la luz clara de un hecho sus circunstancias y sus muchas relaciones"[38].

Y concluye afirmando que la moderna teoría de los indicios nace de la consideración de los dichos elementos objetivo y subjetivo, que se construye "a base de razonamientos lógico-críticos, con los cuales el juzgador distingue si entre el hecho indicador y el hecho indicado existe o no relación o nexo"; no sobre normas o apotegmas jurídicos.

Ciertamente, cualquier imagen o hecho de consciencia tiende a suscitar, de entre los hechos conocidos anteriormente, aquellos hechos, aunque diferentes, con los que alguna vez estuvo unida en la consciencia la imagen evocadora, es decir, el hecho indiciario" (L. del Amo, La clave probatoria...)

38 L. del Amo, La clave probatoria..., 72-73.

1.3. Fuente de prueba y medio de prueba.

Supuesto el concepto de indicio y sus principales notas características, parece que no hay inconveniente en admitir que el indicio es fuente de prueba (de dónde provenga la prueba) por cuanto el hecho indicador es punto de partida para llegar a conocer el otro hecho controvertido y necesitado de prueba.

Junto a ello, el indicio es medio de prueba por cuanto él mismo tiene su manera peculiar y típica de manifestarse.

Cosa distinta es el cómo esa prueba llega a la mesa judicial: por percepción (reconocimiento judicial); por representación (declaraciones, documentos); por indicación (indicios y presunciones)[39]. Más arriba hemos insistido en la absoluta necesidad de certeza del hecho indicador (hecho-base), que necesita ser probado. Lo cual no milita contra lo ahora afirmado: que el indicio es fuente y medio de prueba. Por ello cabe decir que el indicio tiene que ser probado por otro medio de prueba, verbigracia, por testimonios, documentos..., de igual modo que sucede con la confesión extrajudicial (c. 1537), la cual es medio de prueba, no obstante la necesidad que a su vez tiene de ser probada por otro medio distinto[40] (testimonios, documentos).

Lo propio de las pruebas históricas es representar el objeto controvertido, por el contrario, lo característico de las pruebas críticas, en especial los indicios, es indicar, dar a conocer otro

39 "Son fuentes de prueba los hechos que percibe el juez; son motivos o argumentos de prueba las razones que infiere el juez sacadas de las fuentes de prueba, y son medios de prueba las diferentes maneras de llevar al juez las fuentes de la prueba o los hechos de los que pueda el juez inferir la verdad acerca del hecho que se intenta probar". L. del Amo, La clave probatoria..., 85.

40 Veamos, por ejemplo, lo que, sobre esta materia, escribe Mons. García Faílde: "No debe confundirse, pues, esos documentos y esos testigos con la declaración extrajudicial de las partes; porque mientras los primeros son medios que sirven para demostrar la existencia del hecho de la declaración extrajudicial, la segunda es medio para demostrar la existencia del hecho invalidante del matrimonio" (Nuevo Derecho..., 141).

objeto, señalar la dirección hacia otra cosa. El hecho representativo "hace ver sensiblemente de algún modo el hecho necesitado de prueba"; por su parte, el hecho indiciario "no muestra la imagen, al menos directamente, del hecho desconocido, sino más bien orienta hacia él. Pero esto no quiere decir que siempre valga más una prueba representativa que una prueba indiciaria"[41].

La doctrina canónica distingue entre los medios directos de prueba[42] y los medios indirectos, sobre ello hemos aludido al comienzo de este trabajo; el indicio pertenece a este segundo grupo. En efecto, lo que se le presenta al juez directamente no es el objeto necesitado de prueba en la controversia, sino otro hecho distinto conexo con aquel, a cuyo conocimiento se llega discurriendo de lo conocido a lo desconocido; tal y como ya hemos analizado.

En cuanto fuente de prueba, el indicio, es un hecho que se manifiesta al juez directa e inmediatamente. Hecho que, insistimos, necesita ser probado por otro medio legítimo de prueba[43]. El indicio, si nos fijamos en el "dónde", puede aparecer en un documento, en declaración de parte, en dictamen pericial, en las causas o efectos del hecho investigado, en las circunstancias[44]...

1.4. El valor de los indicios

Conviene tener muy presente que los indicios, al modo de los síntomas en el proceso de diagnóstico médico, hay que verificarlos, interpretarlos y valorarlos en cada caso concreto, según lo

41 L. del Amo, La clave probatoria..., 82.

42 Se les dice directas porque presentan al juez directa e inmediatamente el objeto de la prueba. Encajan en esta categoría la declaración de parte, los testimonios, el documento, la pericia y la inspección judicial.

43 M. Lega – V. Bartoccetti, Commentarius in Judicia Ecclesiastica, Roma 1950, vol. III, 311; F. Heiner – A. Wynen, De processu criminali ecclesiastico, Roma 1912, 58-59.

44 L. del Amo, La clave probatoria..., 86.

exija el conjunto de hechos y circunstancias, porque al variar éstas es razonable que varíen y se multipliquen las combinaciones de los indicios. Es más, una correcta interpretación de los indicios contribuye de manera extraordinaria a comprender y articular los hechos y a distinguir el o los principales de los accesorios.

En todo caso, no se conciben hechos controvertidos que se hallen en absoluto despojados de todo indicio o contraindicio. Su ausencia, en última instancia, servirá para poner en evidencia la inadecuada instrucción del proceso de que se trate. En este sentido, nunca se insistirá bastante en la necesidad –especialmente en nuestras causas matrimoniales– de interrogar adecuadamente a las partes y a los testigos, de suerte que en las actas obre un relato pormenorizado de los hechos con sus circunstancias[45]. Hechos que no pueden limitarse a los inmediatos anteriores a las nupcias, los concomitantes y subsiguientes. Siempre será de utilidad capital conocer los antecedentes personales y familiares de ambos nupturientes; estudios, vida laboral, integración social, cultura, aficiones, hábitos, religiosidad, valores más o menos asumidos e integrados... y su evolución en el tiempo. Igualmente pueden aportar indicios de extraordinaria relevancia otras pruebas, en especial la documental[46].

Ciertamente, de la pericia del juez dependerá el que sea capaz de acercarse a los autos y extraer de ellos indicios que le permitan descubrir los hechos históricos con sus circunstancias. Tantas veces, el juez se limita a copiar lo que dicen las partes, los testigos, los documentos, las pericias como a ciegas.

Esto supuesto y centrándonos en nuestro tema, L. del Amo, insiste en que a la hora de interpretar los indicios se debe distinguir con precisión: "la certeza del hecho indicador, el nexo que lo

45 M. Calvo Tojo, La reforma del proceso matrimonial anunciada por el papa, Salamanca 1999, 313-314.

46 Ibídem, 315-320.

une al indicio del hecho controvertido, el valor probatorio del indicio, la eficacia de toda la prueba practicada en la causa, la certeza del hecho necesitado de prueba.

Puede suceder que el hecho indiciario sea cierto, pero su nexo con el hecho objeto de la prueba sea tan contingente que no permita sino sospechar u opinar acerca de la verdad objetiva del hecho que se investiga.

En estos casos lo prudente es dar a cada prueba su mérito y considerar si todas en conjunto convencen al juez, conforme al aforismo probatorio: *"singula quae non prosunt, unita iuvant"*.

Por tanto, no por el hecho de que los indicios sean por sí solos insuficientes es lícito despreciarlos o negar su valor propio. Los que no valen por separado para convencer, pueden valer para indicar y para ayudar a otras pruebas.

Cuando no hay certeza sobre el hecho indicador, carece de valor el indicio o más bien no existe; pero esto no equivale a que no sea verdadero el hecho alegado y controvertido o que no se halle probado en autos si en realidad son eficaces los medios de prueba de los que se haya valido el actor"[47]. Por lo tanto, conviene tener siempre presente, que el mérito probatorio imperfecto que surge del indicio (o de una pluralidad de ellos) puede acumularse con la fuerza de otras pruebas, y que todas juntas puedan constituir prueba compuesta convincente. Lo cual será frecuentísimo en las causas matrimoniales dado la complejidad de los hechos, la riqueza de las causas motivas, la multiplicidad de circunstancias antecedentes, concomitantes y subsiguientes...

Por otra parte, no olvidemos que la ley procesal canónica sólo otorga valor de prueba plena a la confesión de las partes en asuntos privados y en los que no venga de alguna manera implicado el bien público (c. 1536, 1), el documento público eclesiástico o civil (cc. 1540, 1 y 1540, 2) y la presunción legal en relación

47 L. del Amo, La clave probatoria..., 128-129.

con el hecho que se presume (c. 1585). Y carecen de ese valor, salvo que se encuentre y se una el apoyo de otros elementos probatorios –aquí adquieren especial relevancia los indicios-: las confesiones o declaraciones de las partes en las causas de bien público (c. 1536, 2 y 1679); la deposición de un solo testigo a no ser que se trate de un testigo cualificado o *"que las circunstancias objetivas o subjetivas persuadan de otra cosa"* (c. 1573).

El tantas veces citado L. del Amo, insiste en la necesidad de una crítica global, por parte del juzgador, de toda la prueba; ningún indicio debería dejarse de valorar, igual que no deben pasarse por alto las afirmaciones de las partes, los testigos o el contenido de los documentos[48].

Subraya con perspicacia el carácter adhesivo y correlativo del indicio que ordinariamente se manifiesta en pluralidad, en efecto, dice: "El indicio por su misma naturaleza es adhesivo, conectivo. Se acumula y concatena fácilmente. Hace posible la correlación con otros hasta construir, en terminología médica, *síndrome* característico del hecho que se intenta probar.

Vale esta su fértil capacidad de adhesión, conexión y concatenación para estimular al juez en el estudio serio y crítico de los autos, ya que debe saber que la eficacia de los indicios no pende ordinariamente del valor de uno aislado, sino más bien de la pluralidad de ellos, de su concomitancia, correlación y convergencia, atendiendo siempre el nexo de los hechos indicadores con el hecho indicado". Y concluye: "Un indicio, por grave que sea, no

48 Insiste nuestro autor en la necesaria confrontación de los indicios y la prueba indicial con el resto de las demás pruebas obrantes en autos; y enumera las condiciones de eficacia de los indicios en aras a la convicción del juez: a) que sean ciertos y genuinos, b) conducentes al objeto controvertido, c) vinculados por nexo verdadero y cierto con el hecho controvertido, d) la importancia de la pluralidad de indicios graves, concordantes y convergentes, e) unívocos, f) no neutralizados por la fuerza de contraindicios, g) no neutralizados por la eficacia de otras pruebas (Ibídem, 151-164).

constituye ordinariamente prueba plena; muchos unidos pueden constituirla"[49].

1.5. ¿Catálogos o listas de indicios?

Célebres y abundantes fueron en el derecho intermedio ("la edad de oro de las presunciones *iuris*", en expresión de Muñoz Sabaté[50]) los tratados –voluminosos– que contenían exhaustivos inventarios y tarifas de indicios, conjeturas y presunciones[51]. A poco que contemplemos alguno de estos tratados, enseguida nos daremos cuenta que son obras escasamente analíticas donde la exposición de los indicios deviene harto simplista, careciendo por tanto de una base auténticamente científica. Pretenden ser exhaustivas, pero ello no era ni es posible. Es imposible, en efecto, agotar el número inmenso de posibilidades de la vida[52]. Es más, con seguridad un esfuerzo semejante de catalogación implicaría la desventaja de ofrecernos visiones fragmentadas de la realidad impidiendo una comprensión integral del hecho histórico según pautas socialmente caracterizadas y no estáticas, sino en constante evolución[53].

Los hechos concretos en nuestras causas matrimoniales, que afectan a la vida misma en su complejo desarrollo personal, institucional, social..., son incontables y diferentes entre sí por las circunstancias particulares de las personas, de los lugares, del ambiente, del tiempo, de las costumbres y de otras; parece lógico que los indicios también tengan que ser incontables. El número

49 Ibídem, 151-152.

50 L. Muñoz Sabaté, La prueba..., 52.

51 A. Alciatus, *Aureus A. Alciati praesumptionum tractatus,* Lugduni 1542; J. Menocchius, *De praesumptionibus, coniecturis, signis et indiciis,* Venetiis 1587, J. Mascardus, *Conclusiones omnium probationum,* Augustae Taurinorum 1597; F. Mantica, *Tractatus de coniecturis ultimarum voluntatum,* Venetiis 1605...

52 L. Kisch, Elementos de Derecho Procesal Civil, Madrid 1932, 203.

53 L. Muñoz Sabaté, La prueba..., 96.

de indicios y su mérito variará –y mucho– según cambien las circunstancias con sus innumerables combinaciones.

Por ello consideramos imposible y, además, inútil elaborar una lista de indicios en abstracto. E igualmente vano, y hasta peligroso, intentar determinar su eficacia y valor; pues los indicios se resisten a sujetarse a ningún cálculo predeterminado dado que, fuera del caso concreto y circunstanciado, pueden resultar ambivalentes o vagos.

2. *Circunstancias*

Parece adecuado comenzar por su significado etimológico. Circunstancia se deriva del verbo latino *circum-stare*, que significa estar alrededor, lo cual indica dos cosas: una realidad exterior al sujeto (conjunto de lo que está en torno a uno), y un modo especial de afectar a éste (el mundo en cuanto mundo de alguien).

El Aquinate llama circunstancia: *"quod extra substantiam actus existens, aliquo modo attingit ipsum"*[54]; es decir, algo que existe fuera de la sustancia del acto y que lo toca de alguna manera. Desde una perspectiva ontológica, las circunstancias o accidentes contribuyen sobremanera a la integridad y riqueza del ser físico. Aunque, ciertamente, exteriores al acto o al hecho en sí, no son accidentes puramente fortuitos, sino algo unido o relacionado con él que en realidad le afecta.

No sorprende, por tanto, que ya el Decreto de Graciano –en sede canónica– contenga un texto en el que afirma (citando a San Juan Crisóstomo) que: sin atender a las circunstancias no es posible descubrir la verdad[55]. En normas canónicas históricas se alude

54 Santo Tomás, 1-2, q. 7, a. 3.
55 Can 14, c. XXIII, q. 8.

a las circunstancias[56] y en algún caso se distinguen de los indicios[57]. El viejo *Codex* mandaba en distintos cánones que se tuviesen en cuenta las circunstancias de personas y de los lugares (cc. 456; 1235, 1; 1262, 2; 1521, 1; 2199-2211; 2218, 1; 2223) y, por lo que se refiere a la deposición de testigos (c. 1774), disponía que se les interrogue de *"generalibus personae adiunctis"*, es decir, acerca de las circunstancias generales de la persona y de las especiales propias de la causa misma averiguando por dónde y de qué modo sabe lo que afirma o refiere.

El vigente Código contiene a lo largo de todos los Libros que lo componen abundantísimas referencias a "las circunstancias"[58]. Circunstancias (de personas, tiempo, lugar y otras) que justifican y permiten una flexible acomodación de la norma en busca de la justicia, y ello tanto por el carácter personalista como universal del Derecho Canónico[59], que tiene como ley suprema la salud de las almas (cfr. c. 1752).

Si nos fijamos en los cánones pertenecientes al Libro VII y que dicen relación al área de la prueba; las circunstancias adquieren una importancia innegable. En efecto, el juez ha de valorar las declaraciones de las partes –que pueden tener fuerza probatoria– *"con las demás circunstancias de la causa"* (c. 1536, 2); es más, por lo que se refiere a la declaración (confesión) extrajudi-

56 L. del Amo, La clave probatoria..., 107-111.

57 S. Congregación de Propaganda Fidei, Instrucción del año 1883, n. 17 y 20, in: *Codicis Iuris Canonici Fontes*, vol. VII, n. 4.901, p. 479.

58 Libro I: cc. 5, 1; 17; 41; 83,2; 87; 90; 114, 3; 122. Libro II: cc. 225, 1; 234, 2; 235, 1; 242, 1; 243; 258; 281, 1; 318, 1; 354; 365, 2; 370; 371, 1; 377, 2; 383, 1; 401, 1; 402, 1; 403, 2; 431, 1; 436, 2; 447; 448, 2; 453; 461, 1; 473, 3; 511; 516, 1; 517, 1; 524; 526, 1; 538, 3; 554, 1; 555, 2 -2º; 640; 659, 2; 714. Libro III: cc. 766; 793, 1. Libro IV: cc. 859; 943; 962, 1; 1029; 1051; 1079, 2; 1152, 3; 1174, 2; 1202; 1233. Libro V: cc. 1271; 1274, 4; 1276, 2; 1297. Libro VI: cc. 1323, 7º; 1324, 1 -8º y 3; 1326, 1; 1327; 1339, 2; 1355, 1; 1356, 2. Libro VII: cc. 1448, 2; 1496, 2; 1536, 2; 1537; 1559; 1573; 1579, 1; 1602, 3; 1680; 1692, 2; 1717; 1746.

59 J.M. Díaz Moreno, Derecho Canónico. Parte General y Matrimonial, 4 ed. revisada y ampliada con la colaboración de C. Guzmán, Madrid 2000, 13.

cial, la atribución de valor por el juez se hace depender directamente de las circunstancias que han de ser debidamente sopesadas por éste (c. 1537); las circunstancias objetivas o subjetivas pueden modificar la fuerza probatoria de la declaración de un solo testigo que, salvo que se trate de un testigo cualificado– no tiene –en principio– *"fuerza probatoria plena"* (c. 1573); e incluso ante una prueba técnica (aún supertécnica) como es la pericial, el juzgador ha de ponderarla atentamente a tenor de las circunstancias de la causa (c. 1579, 1); y aún, a tenor de la ley procesal especial contenida en el canon 1680, el juez puede no decretar la elaboración de pericias en supuestos de impotencia o *"falta de consentimiento por enfermedad mental"* si, por las circunstancias del caso, *"conste con evidencia que esa pericia resultará inútil"*[60].

Las circunstancias, por tanto, interesan en cuanto que indicativas para averiguar la verdad histórica y en cuanto determinantes para conocer la realidad íntegra del hecho con todos los accidentes, con sus causas y sus efectos. Evidentemente "no todas las circunstancias tendrán en cada caso igual valor. A veces hay alguna especial más significativa, más reveladora que las demás; pero concurriendo varias y siendo congruentes todas deben pesarse con diligencia por separado y en conjunto, ya que valdrán mucho para ilustrar la causa"[61]. Esto supuesto, algunas circunstancias pueden constituir indicios, es decir, tengan fuerza indicativa (sin perder lo propio y característico del accidente) por ser ellas mismas hechos indicadores.

Pero las circunstancias, tal y como se deduce de la lectura de los cánones del Código que aluden a ellas, tienen su función característica y propia distinta de la del indicio. Así es, las circunstancias esclarecen la verdad histórica del hecho, ayudan a conocer su verdad íntegra, nos la ofrecen como verosímil o inverosí-

60 M. Calvo Tojo, Reforma del proceso..., 328-330.
61 L. del Amo, La clave probatoria..., 107.

mil, la matizan, sitúan y perfilan y así contribuyen a robustecer el mérito de otras pruebas, no precisamente por indicar, sino por concurrir congruentemente con el hecho necesitado de prueba. Ellas mismas no son medio prueba (a diferencia del indicio), por el contrario, el hecho controvertido en el conjunto de sus circunstancias es el objeto de la prueba.

En todo proceso, en fin, las circunstancias son interesantísimas para instruir las causas y descubrir en y gracias a ellas la verdad histórica que siempre es compleja, multifacial y en tantas ocasiones paradójica.

3. *Presunciones*

Por último, trataremos de ofrecer, más brevemente, pues se trata de un concepto mejor definido y más desarrollado por la doctrina, algunas notas sobre las presunciones. Nos referiremos exclusivamente a las presunciones *"hominis"*, dado el objeto de este trabajo.

Comencemos por su significado etimológico: la palabra presunción deriva del verbo latino compuesto: *prae-sumere*, que propiamente significa tomar antes, resolver de antemano, anticipar, prever, presentir, conjeturar. Dice relación, por tanto, con el conocimiento u operación mental. Presume quien toma anticipadamente como sabido aquello que desconoce, mientras no surjan argumentos convincentes en contra.

Mons. García Faílde, tras advertir que con las fuentes canónicas no es posible construir una verdadera definición de presunción, alude a distintos autores antiguos para reconstruir el concepto y su evolución en la tradición canónica. Así, para el Cardenal Hostiensis, la presunción es un acto intelectual; Alciatus, expresamente afirma que ese acto intelectual es probable por estar fundado en verosimilitud; Menocchius, la describe como *"probatio verosimilis artificialis"*; Mascardus le añade el concepto de *"rationabilis"* y Mantica, avanza que la presunción por ser razonable es probable[62].

Como ya hemos advertido más arriba, y se colige de la tradición canónica sucintamente expuesta, en la presunción los elementos de convicción proceden inmediatamente de la conciencia del juez, quien pasa del conocimiento de la razón al de la consecuencia. Supuesto, obviamente, la existencia de un hecho cierto[63] y determinado relacionado con el hecho controvertido[64].

3.1. Definición legal

A diferencia de lo que ocurría con los indicios y las circunstancias (que figuran, como vimos, citados en distintos cánones), las presunciones se encuentran entre los medios de prueba que elenca y regula el vigente Código (Capítulo VI, Título IV, Sección I, Parte II del Libro VII).

El canon 1584 contiene la definición legal de presunción (que no se aparta de la del Código pío-benedictino): *"la presunción es una conjetura probable sobre una cosa incierta"*. León del Amo definía la conjetura como un juicio lógico, una consecuencia a la que llega la mente, con la seguridad que dan las leyes de la experiencia, cuando se cuenta con un hecho cierto y determinado y la conexión de éste con otro, cuya existencia se intenta averiguar[65]. Mons. Panizo define la conjetura –uniendo razonabilidad e indicios– como "conclusión razonable de la verdad de una cosa dudosa fundándose en los indicios que la rodean con frecuencia"[66]; juicio que ciertamente se basa en la suposición de lo

62 J.J. García Faílde, Prueba presuntiva..., 728-729.

63 E. Labandeira, Las presunciones..., 178-181.

64 Ibídem, 181-183.

65 L. del Amo, La prueba de la simulación..., 396. S. Goyeneche ofrece la siguiente definición: *"coniectura est deductio quam ex probabilibus indiciis facimus ad affirmandum vel negandum"* (*De processibus,* Vol I, Fasc, 2º, Roma 1947, 95).

66 S. Panizo, Temas procesales..., 691. E. Labandeira distingue "entre la conjetura, considerada como deducción, y su fin que es el resultado: la afirma-

que sucede ordinariamente en circunstancias parecidas. Por lo que bien podemos afirmar, siguiendo a Labandeira, que "cuando el juez aprecia las pruebas, e interpreta el valor de determinados datos que le constan, está conjeturando. Si como resultado de esa conjetura llega a convencerse de la verosimilitud del hecho discutido, entonces forma una presunción jurídica que le sirve de base para la sentencia apreciativa del hecho"; y concluye: "ocurre aquí como en cualesquiera pruebas: si tienen éxito, producen certeza"[67].

Mons. García Faílde considera que la definición legal canónica de presunción alude a una estructura lógica que es común a las diversas especies de presunciones[68]. Y que consiste –tal y como venimos repitiendo– "en un procedimiento lógico constituido por una operación mental que es el raciocinio"; para, a renglón seguido, afirmar que por regla general los canonistas se inclinan a considerar que ese razonamiento "es deductivo porque entienden que en la presunción ocurre que de un principio general (de lo que suele suceder) se deduce el conocimiento del caso particular"[69].

ción o negación de los hechos. En este sentido, que nos parece más propio, la conjetura es un paso intermedio entre el indicio y el hecho presunto. Parte del hecho *a quo* y llega al término *ad quem*, que no es en realidad el hecho presunto, sino más bien el juicio de su existencia, que es la presunción" (Las presunciones..., 183).

67 E. Labandeira, Las presunciones..., 194.

68 Como explica Labandeira, dicho proceso lógico está encaminado a procurar el conocimiento de unos hechos contingentes y no accesibles: "Por razón de su esencia, la presunción debe ser encuadrada en el campo de la lógica, pues estriba en un peculiar modo de razonar que, si no adolece de algún vicio en su formulación, permite ampliar con cierta seguridad el ámbito del conocimiento humano sobre lo contingente y oculto" (Ibídem, Las presunciones..., 53).

69 J.J. García Faílde, Nuevo proceso..., 195-196. Labandeira, por su parte, considera que estamos realmente ante un modo de razonar compuesto que "en parte es inductivo y también en parte es deductivo. Desde el punto de vista lógico, la fase inductiva es la más importante, ya que en ella se crea y se enun-

La creación de una presunción, por tanto, demanda del juez un gran rigor intelectual para realizar ese delicadísimo proceso de razón (en expresión de S. Panizo).

Descritos los rasgos definitorios de las presunciones, aún someramente, procede analizar su valor probatorio en el proceso canónico.

3.2. Valor probatorio de las presunciones "hominis"

El Código prohíbe formular presunción alguna por parte del juez: *"a no ser sobre un hecho cierto y determinado que tenga relación directa con lo que es objeto de controversia"* (c. 1586). Firme cuanto hemos dicho en relación a los indicios, conviene tener muy presente que el hecho-base (cierto y determinado) siempre ha de ser probado; y ha de tener relación (conexión) directa con el hecho controvertido[70]. Sin dichas premisas no cabe plantear presunción alguna.

Indudablemente las referidas exigencias legales se constituyen en una verdadera garantía de la legitimidad del proceso presuntivo, que derivan, en última instancia, de la misma estructura conceptual e interna de la presunción[71].

Como agudamente expone Mons. Panizo: "el primer criterio de valoración, por la naturaleza misma de estas presunciones, habrá que deducirlo, por un método heurístico, de la propia estructura interna de las mismas.

Si las premisas del raciocinio presuntivo se encuentran en la entidad de las circunstancias y condiciones del hecho-base (del indicio), el valor mayor o menor de la lógica inferencial guardará proporción con esa entidad.

cia un principio general, que luego puede aplicarse a todos los casos particulares del mismo tipo. Constituye la premisa mayor del silogismo" (Las presunciones..., 60).

70 E. Labandeira, Las presunciones..., 54-56.

71 S. Panizo, Temas procesales..., 704.

La ilación de la verdad desconocida con esas premisas conocidas admite grados: la misma puede ser leve, grave, gravísima o vehementísima"[72]. Gradación que lógicamente podemos establecer, pero en el régimen actual establecido en Libro VII del Código carece de relevancia[73].

En efecto, sabido es que la presunción *"hominis"* carece de valor legal, por ello el valor probatorio que pueda corresponderle dependerá de la entidad de los hechos ciertos y determinados en los que se sustenta y de la ilación de éstos con el hecho controvertido, ya que sobre ellos –y con la seguridad que dan las reglas de la experiencia– se sostiene la conclusión lógica a la que llega el juez que, aunque contingente, ha de ser verosímil.

El juez debe adquirir certeza moral sobre la cuestión objeto del proceso, deduciendo la misma *"ex actis et probatis"*, por ello, si de la instructoria "el juez dedujera una presunción vehemente, apoyándose en la misma podría dictar sentencia, porque los indicios y conjeturas pueden ser en ocasiones tan fuertes que determinen la adquisición de verdadera certeza moral sobre una realidad. Y esto puede servir también para las causas graves, como pueden ser… las matrimoniales"[74].

En todo caso, como agudamente afirma Mons. García Faílde: "El juez es el que crea en cada caso particular las presunciones «de hombre», que tienen valor probatorio solamente para la situa-

72 Ibídem, 701. Y añade: "si el indicio fuera leve y lo mismo la ilación, la presunción habría de ser despreciada como prueba; por el contrario, si el indicio fuera grave, la presunción no sería seguramente plena, sino tan solo semiplena y dicha prueba habría de ser completada por otras; en cambio, si el indicio fuera gravísimo y vehemente, podría considerarse que tal presunción es y se erige en prueba suficiente para fundamentar una resolución, aunque fuera definitiva, en el fuero eclesiástico", p. 702.

73 E. Labandeira, Las presunciones…, 182.

74 S. Panizo, Temas procesales…, 702-703.

ción concreta en la que han sido creadas"[75]. Lo cual es perfectamente coherente con cuanto llevamos dicho, tanto por lo que se refiere a los indicios como a las presunciones, pues han de sustentarse en hechos ciertos y determinados que suceden en un concreto contexto y con unas determinadas circunstancias. De suerte que un mismo hecho indicador puede permitir deducir o inducir distintas consecuencias, incluso contrarias.

Especial importancia adquiere, al analizar el valor probatorio de las presunciones, la acumulación de indicios, que si bien, como los testigos, no se cuentan sino se pesan; pero su peso puede verse incrementado, por ejemplo, por la concurrencia de varios indicios en una misma dirección[76]. En efecto, en caso de concurrencia de indicios "partiendo de puntos diferentes, aumenta las probabilidades de cada uno de ellos con una nueva probabilidad que resulta de la unión de todos los otros, constituyendo una verdadera resultante"[77]. También la verosimilitud y certeza pueden incrementarse de ese modo; un indicio puede ser casual, una pluralidad de ellos en la misma dirección deviene mucho más seguro, por cuanto la casualidad en la pluralidad resulta más improbable[78]; en fin: "la coincidencia de todas ellas (de varias presunciones) puede llevar al descubrimiento de un

75 J.J. García Faílde, Nuevo proceso..., 199. En palabras de E. Labandeira: "Por su parte, el juicio deductivo se realiza mediante la aplicación de aquel principio que el sujeto asume como válido, al caso concreto, al indicio debidamente comprobado y rodeado de sus peculiares características. Es, pues, un juicio práctico que deduce la conclusión silogística y crea cada presunción particular, distinta de todas las demás que puedan obtenerse de una común norma de experiencia" (Las presunciones..., 61).

76 "Cuando, como suele acontecer, concurren en el caso una serie de indicios o elementos de prueba, aunque aisladamente no constituya prueba suficiente ninguno de ellos, el juez deberá apreciarlos en su conjunto. Si de tal estimación extrae certeza moral del hecho discutido, puede y debe dictar sentencia con fundamento en el mismo" (E. Labandeira, Las presunciones..., 180-181).

77 L. Muñoz Sabaté, Técnica probatoria..., 215.

78 López Moreno, La prueba de indicios, Madrid 1891, 198.

hecho cierto del que sin duda proceden todas las conjeturas aisladas, y de esta manera puede formarse una prueba plena"[79]. Nunca se insistirá lo bastante en el cuidado que ha de poner el juez en la instrucción, que debe posibilitar un acceso a los hechos y circunstancias antecedentes, concomitantes y subsiguientes; así como en el esmero, pericia y prudencia a la hora de realizar el posterior estudio de las actas; en efecto, datos aparentemente insignificantes, unidos a otros, pueden reforzarse y potenciarse mutuamente.

Firme cuanto antecede, no alcanzamos a comprender el alcance y sentido del párrafo 2 del artículo 216 de la Instrucción *Dignitas Connubii*. En efecto, el citado precepto normativo establece que el juez no ha de formular presunciones *"quae discrepent"* (discordantes, discrepantes...) con las elaboradas o formuladas por la jurisprudencia de la Rota Romana. Las presunciones, desde nuestro sumiso entender, no han de "concordar" unas con otras. Cierto que los hechos históricos son casuísticamente infinitos, y que esa variedad descansa casi siempre en muy tenues matizaciones, pese a lo cual no se justifica fijar –cristalizar– las presunciones, ni forzar para "concordar" los hechos, las circunstancias y las leyes de experiencia en función de uno o unos supuestos concretos; pues, junto a las semejanzas, están las diferencias que convierten cada caso en único y distinto[80].

Como dice Goyeneche, el juez no puede proceder por medio de reglas generales para conjeturar, sino en cada caso particular, vistas y sopesadas todas las circunstancias[81]. Si se admitiera una valoración apriorística de la presunción estaríamos ignorando su esencia, que consiste en una apreciación que el juez hace de ciertos hechos que le son conocidos respecto de uno

79 M. Cabreros de Anta, Comentario al canon 1828, in: Miguélez – Alonso– Cabreros de Anta, Comentarios al Código de Derecho Canónico. Con el texto latino y castellano, vol. III, Madrid 1969, 578.

80 Ver nota 75.

81 S. Goyeneche, *De processibus...*, Vol. I, Fasc. 2º, 97.

desconocido[82], tal y como hemos repetido tantas veces. No podemos dejar de advertir el serio peligro de volver a repetir la abusiva estereotipia medieval de las presunciones, con nefastas consecuencias procesales. Convertir en presunciones brocardos fijos, inmutables y universales. Situación a la que se llegó precisamente tras redescubrir el valor del método empírico consistente en la observación de signos[83].

En este sentido conviene recordar la decidida reacción del Sagrado Tribunal de la Signatura Apostólica[84] ante la edición de un elenco de –así llamadas– "presunciones de hecho"; y que fundamentaba su rechazo, ante semejante modo de proceder, en que esas llamadas presunciones no son verdaderas presunciones a tenor de la teoría general de la presunción; sin negar que los hechos contenidos en el elenco puedan –en su caso– llegar a tener el valor de verdaderos indicios. Argumento que consideramos válido, y que concuerdan con lo hasta ahora expuesto en este trabajo. El eminente canonista U. Navarrete, comentando el citado Decreto, recuerda lo que la ley canónica establece: "El juez no debe formular presunción alguna que no esté establecida por el derecho, a no ser sobre un hecho cierto y determinado que tenga relación directa con lo que es objeto de controversia"[85]; de suerte que las presunciones del hombre valen en una sola causa jurídica, en una situación y con unas circunstancias determinadas[86]. Por lo que exigir, además, al juez, un estudio de concordancias o discrepancias entre indicios y presunciones formuladas en supuestos concretos (distintos del controvertido en la causa objeto del proceso) y por otro tribunal, nos parece radicalmente

82 E. Labandeira, Las presunciones..., 194.

83 L. Muñoz Sabaté, La prueba de la simulación..., 51-52.

84 Decreto de 13 de diciembre de 1995, in: Periodica, 85. 3, 1996, 531-532.

85 U. Navarrete, *"Praesumptiones Facti" Pro Causis Nullitatis matrimonii*, in: Periodica 85, 3, 1996, 531-548.

86 E. Labandeira, Las presunciones..., 77.

contrario a la regulación legal de este medio de prueba que es la presunción.

PARTE II. LAS PRUEBAS CRÍTICAS EN LAS CAUSAS DE NULIDAD POR EXCLUSIÓN DEL MARIMONIO O POR EXCLUSIÓN DE UN BIEN O PROPIEDAD ESENCIAL

1. *Introducción*[87]

Excedería con mucho los límites de este trabajo el intento por ofrecer, aún resumidamente, una exposición de los conceptos canónicos de exclusión del matrimonio o de alguna de sus propiedades o elementos esenciales. Conocimientos que hemos de dar por supuesto, nos remitimos a los manuales y otra bibliografía sobre el tema[88].

2. *La prueba indirecta o crítica de la exclusión*

El objeto de la prueba, en los procesos de nulidad por consentimiento fingido, forzosamente ha de versar sobre la disconformidad entre el acto interno y el externo. Lo cual nos indica –de entrada– la difícil tarea que aguarda al juzgador.

87 El esquema repartido durante las Jornadas de la Asociación Española de Canonistas incluía –dentro de la introducción– los siguientes apartados: 1. 1.– Consentimiento matrimonial y exclusión; 1.2.– Notas sobre la presunción *iuris* del canon 1.101, 1; 1.3.– La exclusión ¿un concepto canónico esclerotizado? Que, por razón de espacio, nos vemos obligados a eliminar.

88 Citamos los manuales recientemente publicados por la profesora de la Facultad de Derecho Canónico de la Universidad Pontificia de Comillas y del profesor de la Universidad Pontificia de Salamanca: C. Peña García, El matrimonio. Derecho y praxis de la Iglesia, Madrid 2004, 253-288; F. R. Aznar, Derecho matrimonial canónico, vol. II: cánones 1057; 1095-1107, Salamanca 2002, 183-234. Contienen abundante y actualizada bibliografía y jurisprudencia.

Dificultad que radica, en primer lugar, en la imposibilidad de aportar prueba directa de la exclusión de que se trate, pues lo que se ha de probar es un acto interno. Así, por ejemplo, los testigos que prueban la confesión extrajudicial del simulador, no prueban sino un hecho (la confesión), del que hay que deducir si realmente existió o no otro hecho distinto (el acto interno de excluir el matrimonio o un bien o propiedad esencial). Ni en el mejor de los casos es posible probar directamente la exclusión alegada. Podemos decir que la exclusión deja huellas en áreas no físicas, sino mentales; se trata de una conducta sumamente intelectualizada, o si se quiere muy verbalizada, en perjuicio todo ello de otras estampaciones más fácilmente perceptibles.

No por ello deviene imposible, obviamente, la prueba de estos capítulos de nulidad. Si nos hemos extendido tanto al analizar y distinguir las pruebas críticas es precisamente por esto: porque es posible la prueba de la exclusión pero indirectamente, probando hechos que o en primero o en ulterior grado tengan relación con el acto interno[89].

La prueba de la exclusión, en palabras de Muñoz Sabaté, "comporta casi exclusivamente una actividad presuncional, además muy profunda, lo cual a su vez significa que la principal labor probatoria habrá de consistir en ir fijando en autos los diversos indicios sobre los cuales se asienta la inferencia. Pero como este trabajo de fijación requiere el previo empleo de múltiples instrumentos heurísticos... (documento-testimonio-pieza) de ahí se desprende que toda la fórmula de prueba se halla intensamente cuajada de instrumentos y de indicios, aquellos para fijar éstos, y éstos para desencadenar la presunción"[90]. La instrucción

89 La presunción del hombre, advertía Castán, tiene especial utilidad para el conocimiento de los actos que se han querido mantener ocultos –o que, como en el supuesto del consentimiento matrimonial, se trata de actos internos– por sus autores, como la simulación o el fraude (J. Castán, Derecho civil español común y foral, 4ª ed., T. II, Vol. I, Madrid 1939.

90 L. Muñoz Sabaté, La prueba..., 184.

en estos procesos, en efecto, ha de ser muy concienzuda; y no limitarse –el instructor–, a recoger hechos, opiniones u observaciones directa e inmediatamente relacionadas con las nupcias objeto de litigio. Por el contrario, cuanto mayor y más detallado sea el acopio de hechos y circunstancias relacionadas con los nupturientes[91] (religiosidad, comportamiento, evolución, carácter...), la probabilidad de obtener indicios con potencia reveladora será indudablemente mayor. En alguna sentencia de los años sesenta, refiriéndose al acto positivo de voluntad y su prueba, ya se afirmaba: "la prueba de este acto por la naturaleza misma de la cosa no puede ser directa, y por tanto ha de hacerse indirecta, crítica, indiciariamente, es decir, por el examen de otras entidades: palabras, acciones, costumbres, educación e índole del contrayente, las cuales revelen y persuadan que fue ilícito el acto realizado"[92].

Tradicionalmente, la Rota Romana, cuando se trata de valorar la prueba de la exclusión averigua y examina si existen o no estas tres clases de hechos[93]:

1ª. La confesión del simulador.

2ª. La causa *simulandi.*

91 B. Boccardelli, La prova della simulazione del consenso matrimoniale, in: La simulazione del consenso matrimoniale canonico, Città del Vaticano 1990, 235.

92 c. Fiore, 16 mayo 1966, SRRD 58, 1966, p. 309; c. Ragni, 19 julio 1983, in: SRRD 75, 1988, p. 465, n. 3; c. Parisella, 16 junio 1983, in: SRRD 75, 1988, p. 343, nn. 4-5; c. Parisella, 24 mayo 1984, in: SRRD 76, 1989, pp. 296-297, nn. 4-6; c. Corso, 16 abril 1986, in: SRRD 78, 1991, p. 244, n. 7; c. Stankiewicz, 26 junio 1986, in: SRRD 78, 1991, p. 402, n. 9; c. Huot, 24 noviembre 1987, in: Il Diritto Eclesiástico 99, 1988/II, p. 463, n. 7; c. Giannecchini, 14 junio 1988, in: SRRD 80, 1993, p. 394, n. 7; c. Giannecchini, 25 octubre 1988, in: SRRD 80, 1993, p. 551, n. 2; c. Davido, 13 abril 1989, in: SRRD 81, 1994, p. 259, n. 3; c. Palestro, 28 junio 1989, in: SRRD 81, 1994, p. 460, n. 16; c. De Lanversin, 21 febrero 1990, in: SRRD 82, 1994, p. 111, n. 9; c. De Lanversin, 30 enero 1991, in: SRRD 83, 1994, p. 58, n. 11...

93 L. del Amo, La clave probatoria..., 259 (cita abundante jurisprudencia).

3ª. Las circunstancias propias, antecedentes, concomitantes y subsiguientes.

A los que nos referiremos, si quiere brevemente, por cuanto –ciertamente– constituyen (o pueden constituir) grupos de indicios que podemos calificar como característicos, a modo de los síndromes en el diagnóstico clínico, y que, por tanto –al igual que aquellos en la medicina– adquieren una especial relevancia para el juez. En efecto: cuando los operadores del Derecho "empleamos en nuestra técnica probatoria la palabra indicio, operamos sustancialmente de la misma manera que los médicos, para el diagnóstico de una enfermedad buscan y analizan síntomas"[94]. Veamos:

1ª. Ciertamente, las manifestaciones realizadas por el cónyuge (o ambos) que excluye el matrimonio o un bien esencial, antes o después del conyugio, en tiempo no sospechoso[95], pueden producir sólidos indicios; si el hecho de la confesión extrajudicial es cierto y resulta probado legítimamente. Pero para que los mismos puedan ser correctamente valorados por el tribunal, importa mucho averiguar las circunstancias del tiempo, del lugar, de la ocasión, de las personas ante quienes realizó esas manifestaciones. Investigación pormenorizada que interesa igualmente a la hora de valorar –con especial atención y cuidado– la declaración judicial del simulante[96].

De hecho las manifestaciones realizadas en el proceso –o incluso fuera de él– por la parte de la que se afirma que excluyó

94 L. Muñoz Sabaté, La prueba de la simulación..., 52.

95 "La prueba directamente surge de la confesión extrajudicial del simulante, manifestada en tiempo no sospechoso, por la que se refiere al juez la firmeza del mismo propósito antenupcial de excluir... bien por la confesión judicial del mismo simulante, bien por la declaración judicial de la otra parte y de testigos fidedignos", c. Satankiewicz, 28 mayo 1991, in: SRRD 83, 1994, p. 356, n. 28.

96 "Es sospechoso quien confiesa en su propio beneficio", c. Satankiewicz, 28 mayo 1991, in: SRRD 83, 1994, p. 356, n. 28.

el matrimonio o un bien esencial, contrarias a la dicha exclusión, ni mucho menos impiden la prueba de la misma. De todo el conjunto de hechos capaces de producir la inferencia se pueden obtener indicios y presunciones graves y violentas, puesto que los actos y hechos son más elocuentes que las frías palabras por las que se niega la ficción, acaso por interés propio o sólo por perjudicar a la otra parte[97].

2ª. Parece lógico que no haya verdadera simulación sin un motivo suficiente para ella, de suerte que este hecho (la causa *simulandi*) se suele considerar el indicio capital del acto interno por el que se excluye. León del Amo valora la especial importancia que adquiere este indicio unido a otros, así como la capacidad de conexión y concatenación que caracteriza a este medio de prueba: "Junto con este indicio capital y en torno a él van otros hechos indiciarios congruentes, los cuales si se dan antes, a la vez o después del matrimonio, sea como circunstancias coherentes, sea como causas o efectos o como actitudes relacionadas con la motivación, complementan al indicio capital, aclaran su significado unívoco, revelan su verdad objetiva, si hay pruebas que adveran suficientemente la existencia del conjunto de todos los indicios. Al grupo de indicios asociados a la causa motiva, si todos son coherentes y convergentes, se les concede a modo de síndrome característico gran valor probatorio"[98].

Sólo de este modo será posible valorar la incidencia, gravedad e importancia al momento de la ritualización de las nupcias de esa causa que puede ser simple (lo cual no significa que no

97 c. Ragni, 19 julio 1983, in: SRRD 75, 1988, p. 471. n. 12. Que argumenta: "se debe concluir que también puede existir el acto positivo de la voluntad de la exclusión, aunque esté privado de palabras explícitas, y no tener su origen en una intención interpretativa, sino en una verdadera intención ´virtual´ existente en el ánimo del simulante".

98 L. del Amo, La clave probatoria…, 263.

concurran otros indicios) o compuesta[99]; normalmente son varias las causas que se unen y complementan. Y que, obviamente, ejerce su "influjo" y "opera" en el interior del contrayente; su prueba, por tanto, necesariamente será indirecta. Causa –o causas– que habrá de ponerse en conexión y relación con la índole y cualidades de la persona en quien ha incidido hasta convertirse en motivo para simular[100].

Carece de interés, firme cuanto hemos dicho en la parte primera de este trabajo, ofrecer un catálogo de posibles causas o motivos para excluir[101], que pueden ser de lo más variados, lo

99 "Hay varias causas simulandi, tal como se deducen de las actas: falta de amor en el actor, su precaria condición de salud, su joven edad... Por otra parte, la personalidad desordenada de la mujer... animaba al actor contra el vínculo indisoluble. Pero la principal causa simulandi era el temor del actor a incurrir en penas establecidas por la ley...", c. Jarawan, 17 abril 1991, in: SRRD 83, 1994, p. 267, n. 8; también la c. Jarawan, 16 octubre de 1991, in: SRRD 83, 1994, p. 550, n. 5.

100 "Más que se declare (la causa *simulandi*), conviene que tenga fundamento en el pretendido simulante, teniendo en cuenta su educación, instrucción, ideas y forma de vida", c. Civili, 23 octubre 1991, SRRD 83, 1994, p. 588, n. 11.

101 Se suelen citar, entre otras: la falta de amor, la oposición al matrimonio canónico, el miedo, las amenazas... la codicia, cumplir con un deber de conciencia...; si se trata de exclusión de la prole: la enfermedad, el horror al parto, la existencia de prole anterior, el deseo de independencia, el amor libre, el profesionalismo, facilidad para el divorcio... ; si de la fidelidad: la vida de concubinato, promesa de contraer otro matrimonio, interés económico, considerar la fidelidad un insulto a la libertad...; si de la indisolubilidad: la perversión o malicia, el laicismo, la falta de amor, el deseo desenfrenado de placeres, pertenencia a otra religión... (L. del Amo, La clave probatoria..., pp. 272-273; 318-321; 329-332; 348-349). Más recientemente se han señalado algunos otros: carecer en absoluto del sentido de familia, el no reconocer las leyes que rigen el matrimonio, el que al tiempo de contraer abrigaba ya el propósito de no establecer la vida en común con su consorte... (L. Gutiérrez Martín, Voluntad y declaración en el matrimonio. Comentarios al c. 1101 del Código de Derecho Canónico, Salamanca 1990, 70); la mentalidad hippy o los llamados teddy-boy, la personalidad psicológica desordenada, el temor a generar prole enferma, dudas sobre las cualidades, como solución a un problema, perplejidades sobre la felicidad de

verdaderamente importante es el influjo que hayan ejercido en el simulador. Especial relevancia se otorga tradicionalmente al pacto y condición, de suerte que, por ejemplo, si se prueba la existencia de pacto sobre la exclusión de la prole se presume la exclusión del derecho-obligación[102]; o, por lo que respecta a la exclusión de la fidelidad, si existe pacto bilateral o imponiendo uno de ellos condición *sine qua non* acerca de la no exclusividad, igualmente se presume que se rechaza el derecho-obligación[103]... Insistimos que se trata de distintos hechos que –debidamente acreditados– y de acuerdo con su propia fuerza inferencial, unidos a otros indicios y circunstancias, pueden permitir al juez alcanzar certeza moral en cada caso. En efecto, leemos en una c. Giannecchini, del 12 de julio de 1991, "como casi son innumerables las causas y circunstancias que pueden invocarse contra los bienes del matrimonio, deben examinarse atentamente su naturaleza, mutua relación y gravedad: los hechos son más elocuentes que las palabras cuando son ciertos, determinados y unívocos, o cuando tienen una estrecha conexión con la simulación de que se trata. Pues entonces las presunciones del hecho prevalecen sobre las presunciones de derecho"[104].

Los elencos y listados apenas si tienen interés y más pueden confundir, por efecto de la –llamémosle– "inercia intelectual", o distraer de la verdadera búsqueda de la verdad desde los hechos (entendidos, obviamente, en sentido amplio).

3ª. El tantas veces citado Auditor de la Rota matritense, L. del Amo, refiriéndose al valor de las circunstancias en la prueba de la exclusión, decía: "La elocuencia de los hechos y de las circunstancias es poderosa sobre todo en las causas matrimoniales de

la pareja... (F. R. Aznar Gil, La prueba del consentimiento..., 585. Cita abundante jurisprudencia. Ver nota 106).

102 c. Wynen, 19 mayo 1936, SRRD 28, p. 343; c. Heard, 2 febrero 1946, SRRD 38, p. 103; c. Ewers, 22 de julio 1967, SRRD 59, p. 624.

103 c. Wynen, 29 de abril de 1939, SRRD 29 (1939), p. 437.

104 c. Giannecchini, 12 julio 1991, in: SRRD 83, 1994, pp. 441-442, n. 2.

nulidad por simulación del consentimiento. Más fe merecen los hechos y la conducta observada que las palabras de cónyuges interesados y de testigos familiares o amigos que declaran deseosos de ayudar al cónyuge...". Y añadía: "Nos atrevemos a decir que las circunstancias son la clave que tiene el juez para descifrar el enigma de la simulación y para decidir si consta o no el consentimiento fingido... El significado verdadero, la interpretación genuina y la eficacia probatoria de las circunstancias depende no de una u otra consideradas por separado, sino del conjunto de todas ellas"[105].

No todas las circunstancias, ciertamente, tienen el mismo interés, es posible –por ello– aludir a las condiciones que han de reunir; no se trata, evidentemente, de acumular o amontonar circunstancias, sino examinarlas y cribarlas juiciosa y ponderadamente. En este sentido, las circunstancias han de ser ciertas y determinadas; claras, manifiestas y evidentes; concordantes y conexas; graves y aptas (no baladíes, indiferentes al caso); y pueden ser antecedentes, simultaneas o posteriores a las nupcias. El juez ha de procurar, al estudiar el caso, realizar un detenido análisis de los autos, no conformándose con la simple literalidad de las afirmaciones sino que ha de conseguir extraer y justipreciar los hechos y circunstancias del caso (intenciones, formación, cultura, valores, antecedentes familiares, comportamientos...) de entre la masa probatoria acopiada en los autos. Muchos de los cuales pueden tener un origen remoto pero con una incidencia capital en las nupcias objeto del proceso.

Por lo que se refiere concretamente a la exclusión, en ocasiones, como ya hemos apuntado, no aparecerá explícitamente, en sí misma, sino implícitamente, "en las circunstancias que rodean la celebración y el desarrollo del matrimonio, en el modo de actuar del contrayente... Es decir, cuando hay tal conjunto de circunstancias que no puede explicarse razonablemente su actua-

105 L. del Amo, La clave probatoria..., 276.

ción si no es por la positiva intención de simular o de excluir el consentimiento matrimonial"[106]. Por lo que las circunstancias, amén de poder constituir hechos indicadores (indicios) y hechos-base sobre los que construir presunciones, tienen otra función, la de completar la prueba. En efecto, como podemos leer en una c. Giannecchini, "ellas pueden explicar y hacer comprender el origen y la permanencia del ánimo contrario al matrimonio o sus bienes, si son varias, sostenidas más con los hechos que con las palabras, si son unívocas, de forma que puedan explicar la simulación, teniendo en cuenta sobre todo la naturaleza de las personas, las costumbres y las tradiciones del lugar"[107].

La jurisprudencia reconoce, en este sentido, el valor e importancia de las circunstancias en relación a los otros medios de prueba: "las circunstancias son más elocuentes que las declaraciones de la parte y de los testigos, que pueden haber sido preparados e instruidos por aquella"[108]; o, por aludir a los documentos: "el documento privado, y por lo tanto las cartas, como sea prueba a probar y no probada, es necesario que lo confirmen todas las circunstancias"[109].

Dada la diversidad y multiplicidad de posibles circunstancias, tan plurales como la misma realidad que las origina en la más amplia gama de las distintas facetas de la vida y los aconteceres sociales y personales, resulta inútil tratar de ofrecer listados, su interés y relevancia se pondrán de manifiesto en el caso con-

106 F.R. Aznar Gil, La prueba del consentimiento matrimonial simulado. Indicaciones jurisprudenciales recientes, in: Revista Española de Derecho Canónico 52, 1995, 587.

107 c. Giannecchini, 25 octubre 1988, in: SRRD 80, 1993, p. 552, n. 2. También una c. Faltin, 24 mayo 1991, in: SRRD 83, 1994, p. 334, n. 10; c. Bruno, 1 de febrero 1991, in: SRRD 83, 1994, p. 69, n. 6; c. Stankiewicz, 28 mayo 1991, in: SRRD 83, 1994, p. 356, n. 28; c. Civili, 23 octubre 1991, in: SRRD 83, 1994, pp. 586-587, n. 11.

108 c. Civili, 23 octubre 1991, in: SRRD 83, 1994, pp. 573-574, n. 15.

109 c. De Lanversin, 26 junio 1991, in: SRRD 83, 1994, p. 425, n. 12.

creto[110]. E insistimos, será en el caso, donde la destreza, agudeza y perspicacia del juez se pondrá de manifiesto al descubrirlas, subrayarlas, destacarlas, pesarlas y sopesarlas y valorarlas en relación a las otras pruebas con diligencia y prudencia.

3. *Apuntes conclusivos*

a) La exclusión, ya total o parcial, se considera difícil de probar dado que la prueba de las cosas internas, cual es el caso de las exclusiones, es "difícil" por su misma naturaleza.

b) Por otra parte, la presunción de derecho contenida en el canon 1101, 1, dada la necesidad de que se garantice la certeza jurídica y por la confianza que debe merecer la palabra de las personas, exige ser superada a través de pruebas que conduzcan a adquirir la certeza moral suficiente. Esto supuesto, y especialmente por lo que a la exclusión llamada parcial se refiere, la citada presunción –en el tiempo presente– adolece de una real fragilidad.

c) En estas causas la prueba normalmente tiene lugar cuando concurren conjuntamente los siguientes elementos: la confesión del simulante en el mismo proceso, su declaración extrajudicial y confirmación por testigos fidedignos que conocieron de la exclusión en tiempo no sospechoso, documentos, la existencia de causa grave y proporcionada para simular y las circunstancias que corroboran la simulación[111].

d) Instrumentos todos que, en rigor, tal y como hemos notado al inicio de la parte II de este trabajo, no aportan prueba

110 L. del Amo (La clave probatoria..., 280-289), L. Gutiérrez Martín (Voluntad y declaración..., 70) y F. R. Aznar (La prueba del consentimiento..., 587-590); este último, comentando recientes sentencias de la Rota Romana, recoge algunas de las circunstancias más frecuentes.

111 F. R. Aznar Gil, La prueba del consentimiento..., 575.

directa del hecho controvertido, pues lo que se trata de probar es un acto interno. Por el contrario, ofrecen indicios sobre los que asentar la inferencia[112].

e) Esto supuesto, el Derecho Procesal canónico ofrece instrumentos válidos de prueba en los supuestos más difíciles. De suerte que el valor probatorio de las declaraciones de las partes (o una de ellas), puede llegar a ser pleno (c. 1536, 2 y art. 180, 1) si otros elementos las corroboran. Como los testimonios de credibilidad de las partes (al modo de las causas *"super rato"*), así como los indicios (que son medios de prueba) o adminículos (c. 1679 y art. 180, 2); declaraciones que han de valorarse a tenor de todas las circunstancias de la causa (art. 180, 1). De igual modo, la deposición de un solo testigo puede hacer prueba plena, si las circunstancias del caso y de la persona lo avalan (c. 1573 y art. 202)[113].

f) Insistimos en que en estas causas (por exclusión) las pruebas críticas adquieren una mayor relevancia, ya que pueden suplir las pruebas históricas y producir en el juzgador la certeza moral de los hechos: "si el juez, a tenor del Derecho Procesal moderno, tiene en cuenta la naturaleza y requisitos de la prueba de indicios (y presunciones) y acierta a estimarlos en conformidad con principios rectos de valoración y con reglas de la sana crítica fundada en lógica, psicología y experiencia"[114].

g) Pruebas éstas –las críticas– que no sólo suplen a las históricas, sino que muchas veces concurren con ellas (tal y como se insinúa en la letra "e" de estas conclusiones) para demostrar la verdad genuina del hecho controvertido.

112 Ciertamente la valoración de la prueba es "siempre un proceso inferencial de más o menos complejidad, aunque a veces tenga la apariencia de una mera actividad perceptiva apenas acompañada de algún juicio lógico" (L. Muñoz Sabaté, Técnica probatoria..., 194).

113 B. Boccardelli, La prova della simulazione..., 236.

114 L. del Amo, La clave probatoria..., 54.

h) Como podemos leer en una c. Colagiovanni, de 9 de abril de 1991: "al valorar la simulación del consentimiento, y por tanto la naturaleza y la entidad del acto de voluntad, el juez en cada caso debe dirigir los ojos a la individualidad del sujeto simulante, que manifiesta la propia voluntad predefinida. Esta voluntad debe ser considerada conjuntamente con la específica individualidad y naturaleza existencial del sujeto simulante, y su modo de actuar y de comportarse, siempre en relación al objeto excluido del contrato. Por lo cual conviene que, diligentemente, se atienda no a las simples palabras de las declaraciones de las partes o de los testigos en la causa, sino más bien a la adecuada y proporcionadamente grave causa simulandi..., esto es teniendo en cuenta las circunstancias de las personas, la educación, la naturaleza y el carácter, la praxis religiosa, la veracidad, las razones y conveniencias de las partes y de los testigos que hagan posible y razonable la simulación"[115]. En palabras de Bruno Boccardelli, es imposible retener válido un determinado matrimonio, una vez probados los hechos expuestos, a pesar de que por dificultad objetiva del caso la prueba procesal resulte *"carente"*[116]; esto es, por aparente insuficiencia de prueba documental, testifical o declaración de las partes, pero suficiente en cuanto a producir la certeza moral por medio de indicios, presunciones y las circunstancias del caso. A lo que alude, a nuestro parecer, Mons. Colagiovanni en el párrafo transcrito.

i) Firme cuanto hasta ahora llevamos dicho, se debe concluir que el juez en la sentencia en causas de exclusión debe hacer referencia, a través de un silogismo concreto, especialmente a la lógica resultante de los hechos, más elocuente, en esta materia, que las palabras; en donde los indicios y las circunstancias adquieren un lugar preponderante.

115 In: SRRD 83, 1994, p. 233, n. 18.
116 B. Boccardelli, La prova della simulazione..., 236.

j) Por último, no parece útil ni viable ofrecer una tabla de indicios y presunciones, porque éstos dependen en concreto de cada caso determinado, y los casos varían según las circunstancias, las cuales pueden producir combinaciones incontables[117]. Consideramos de mayor trascendencia evitar repetir las nefastas consecuencias a las que se llegó en la llamada edad de oro de las presunciones, en la que se elaboraron voluminosos tratados en los que se recogieron miles de indicios y presunciones y se tarifó su valor. Práctica ciertamente abusiva[118] y que terminó por desacreditar estos medios de prueba. Confiamos que el "extraño" parágrafo 2 del artículo 216 de la Instrucción *Dignitas connubii* no llegue a originar una situación similar a la descrita. En cualquier caso, después del estudio realizado sobre las pruebas críticas, nos parece ciertamente difícil cohonestar dicha norma con la regulación técnico-jurídica de las citadas pruebas presuntivas.

DANIEL CARLOS LORENZO SANTOS.
Vicario Judicial Adjunto, Santiago de Compostela

117 Como ha subrayado E. Labandeira: "La presunción legal es una regla general, abstracta, válida para una serie de supuestos; la del juez sólo tiene lugar en cada caso particular, concreto, y habida cuenta de todas las circunstancias que en él concurren; consiste en un modo especial de apreciar determinados indicios" (Las presunciones..., pp. 173-174).

118 Furno, Teoría de la prueba legal, Madrid 1954, 148.

CONSIDERACIONES SOBRE EL DECRETO QUE CONCLUYE EL PROCEDIMIENTO ABREVIADO DE CONFIRMACIÓN DE SENTENCIAS DE NULIDAD

El proceso de confirmación de sentencias de nulidad matrimonial establecido en el c.1682 del C.I.C. se inicia de modo automático con la transmisión de la sentencia y las actas al tribunal de apelación y debe concluir, también necesariamente, con la emisión de un decreto, que tiene un contenido predeterminado: la confirmación de la sentencia (decreto confirmatorio) o su remisión al examen ordinario (decreto remisorio). Con esta comunicación pretendo realizar una serie de reflexiones en torno a los problemas que han venido planteando estos decretos y apuntar algunas soluciones que para ellos ha querido establecer la novísima disciplina instaurada tras la Instrucción *Dignitas connubii* que en estos días comenzamos a conocer.

Antes de diferenciar entre decretos confirmatorios y remisorios, cabría hacer algunas consideraciones que pueden resultar útiles para ambos tipos. En primer lugar resulta imprescindible mencionar que el Código omitió fijar plazo para la emisión del decreto en el c.1682,2. Es cierto que se podría indicar que la inclusión del término latino *continenter* parece querer informar todo el precepto dotándolo de una celeridad especial[1]; pero no establecer plazos supone un riesgo, aunque esté clara la intención del legislador de 1983, que es la de acelerar el proceso. En la Instrucción *Dignitas connubii* tampoco se ha establecido tiempo concreto alguno para la emisión del decreto final; se recurre de nuevo a los términos "cuanto antes" o "sin demora".

Otra cuestión que cabe plantearse es la de la obligatoriedad con la que se le presenta al tribunal de segunda instancia la emisión del decreto que confirma o no la sentencia. En efecto, la apelación llega de oficio al tribunal de segunda instancia y hay que entender que el impulso de este trámite opera de tal modo que el tribunal se ve obligado a resolver mediante el proceso establecido en el c.1682,2 y en consecuencia a emitir el decreto en uno de los sentidos que en esta norma se determina, aun a sabiendas de que sería más fácil concluir el trámite con una enmienda de la primitiva sentencia. Entiendo que este impulso "automático" es el principal motivo que lleva al tribunal a emitir el decreto sin otra opción, aunque existe una razón de índole diferente: si el tribunal de apelación emite cualquier otra decisión omitiendo el establecimiento para el caso de un nuevo contradictorio se arriesga a que tal decisión resulte probablemente nula por violación del *ius defensionis*.

Precisamente en este último sentido parece entenderlo la Rota Romana en un decreto de gran interés también en lo que se

1 Sobre el uso de este término ha escrito HILBERT "*termine che troviamo nel Corpus Iuris Civilis, nei Digesta. In una coram Stankiewicz del 28 gennanio 1985, un decreto confermatorio, vediamo che 'continenter' significa 'sine ulla intermissione vel dilatione'. 'Sollecitamente' nella versione italiana del Codice. In una coram Doran del 21 gennanio 1993, si legge, 'prompta conformatio prioris sententiae affirmativae'*" (HILBERT, M. *I provvedimenti del giudice* en VV.AA. "La procedura matrimoniale abbreviata", [Ciudad del Vaticano 1998] p.24).

refiere a la cuestión sustantiva que examina, pero que traemos aquí a fin de comprobar la importancia que tiene la emisión del decreto que confirma o no la sentencia[2]. Se trata de una causa que, tras ser examinada en primera instancia por un juez único, concluye con una sentencia que declara nulo el matrimonio por el capítulo de miedo. Cuando, por el trámite del c.1682, 2, la sentencia llega al tribunal de apelación, éste la modifica emitiendo una decisión que, como se observa en el texto, los jueces llaman alguna vez "decreto" y otras "sentencia", y que declara válido el matrimonio. Cuando la causa llega al tribunal de la Rota, la fórmula de dudas se fija en los siguientes términos: si consta la nulidad de la decisión del tribunal de apelación y en ese caso si se debe o no confirmar la sentencia dada en primer grado.

En el texto del decreto recuerda el Tribunal apostólico la claridad con la que se manifiesta la norma cuando dice que el tribunal deberá o confirmar mediante decreto o admitir la causa a nuevo examen, para explicar a continuación cómo esta alternativa se justifica si se tiene en cuenta que cuando el tribunal alberga alguna duda sobre la sentencia dada en primera instancia que impida su confirmación, el camino para aclararla no es otro que el de la apelación ordinaria, seguida como lo establece la ley con las suficientes garantías para todas las partes que intervienen en el proceso[3]. La ley no ha previsto por tanto con este canon

2 Cf. *Chilaven.* dec. c. BURKE, 20 de enero de 1994, publicado en "IDE", CVII (1996)109-114 y también en "IE" VIII (1996) 145-170; en este último caso se acompaña el texto del decreto de una nota de FRANCESCHI, H. *Il diritto alla libera scelta del proprio coniuge quale diritto fondamentale della persona*, que es el interesante tema que se aborda en esta decisión.

3 "*Norma est clara: post declarationem matrimonii nullitatis in prima instantia, Tribunal appellationis, omnibus elementis causae ac defensoris Vinculi atque partium animadversionibus perpernsis, vel sententiam per suum Decretum confirmet, vel causam admittat ad ordinarium novi gradus examen. Ratio etiam patet: si Tribunal requista ad confirmandam primam sententiam in receptis Actis non invenit, recta iustitiae administratio exigit ut procedatur ad ordinarium iudiciale examen, cum elementis eius propriis: nempe ad concorda-*

ningún modo de reformar la sentencia *pro nullitate* dada en primer grado; ni siquiera puede esgrimirse aquí el principio del *favor matrimonii* que podría justificar la reforma de la sentencia siempre que se trate de declarar válido el vínculo[4]. El decreto rotal, declara nula la decisión del tribunal de apelación y procede a confirmar la sentencia de nulidad dada en primera instancia.

Tras estas cuestiones parece llegado el momento de pasar a realizar algunas precisiones en torno a las dos formas típicas de resolución del proceso especial y sumario previsto en el c.1682, 2.

El decreto que confirma la sentencia

El tribunal de apelación, vistas las observaciones del defensor del vínculo, y si las hubiere de las partes, deberá con la mayor rapidez posible y si ha llegado a la certeza moral de que la sentencia dada lo merece, confirmarla mediante decreto. Así se

tionem dubii, ulteriorem instructionem (nisi, in casu potius exceptionali, haec innecessaria videatur), publicationem processus, discussionem causae, commutationem defensionum, etc; ita ut Iudices, omnibus in meliore luce collocatis, dubiisque quae eos prohibuerunt en primam sententiam confirmarent vel dissipatis vel roboratis, ad causam definitive decernendam pervenire possint" (*Chilaven*...cit.n.2).

4 "*Lex non praevidet, immo et excludit, ut Tribunal Appellationis statim edicat Decretum vel sententiam infirmitatem inferioris Tribunalis decisionem affirmativam, quin causa per ordinarium examen in secundam instantiam transeat. Praecipua ratio denuo patet; etenim contradictorio omnino deficiente in casu, partes privantur occasione nova argumenta sive pro sive contra thesim nullitatis matrimonii afferendi vel argumenta iam allata in clariori luce collocandi, ac similia argumenta ab altera parte adducta cognoscendi et, pro posse, refutandi. Ideo manent expoliate illo iure defensionis, quod ex ipsa lege naturali eis compeetit. Quaelibet Sententia, his adiunctis prolata, nulla est ad tenorem can. 1620, 7º: 'Sententiam vitio insanabilis nullitatis laborat, si ius defensionis alterutri parti denegatum fuit*" (*Chilaven*...cit.n. 3).

establece en el c.1682,2 y se reitera en el art. 265,1 de la *Dign. conn.*

¿Qué problemas específicos plantea este tipo de decretos?. En primer lugar el tenor literal del canon no dejaba clara la cuestión de la motivación de esta decisión judicial. La necesidad de que el decreto que confirma la sentencia sea motivado fue objeto en su momento de una respuesta de la Comisión para la Interpretación de los Textos del Concilio Vaticano II en 1974, durante los primeros meses de vigencia del M.P. *Causas matrimoniales*; precisamente a raíz de esta declaración se comenzó a usar entre los especialistas la locución "*ad instar sententiae*" para señalar la forma en la que debía realizarse la motivación y a la vez para comenzar a destacar la analogía que existía entre el decreto confirmatorio y las sentencias[5]. Sin embargo, la introducción en el Código de Derecho Canónico de 1983 de lo que se puede llamar una nueva categoría de decretos judiciales caracterizados por la necesidad de su motivación, vuelve a poner sobre el tapete el verdadero fundamento de la motivación obligatoria.

Es cierto que en la actualidad el tenor literal del c. 1617 pone fin a cualquier polémica sobre la necesidad de motivación de los decretos que confirman las sentencias de nulidad dadas en primera instancia, y en este sentido autores como ACEBAL han señalado que esta norma derogaría la antes citada respuesta de febrero de 1974 que no contemplaba la posibilidad de remitirse a la motivación ya dada en otro acto previo. Esta derogación tiene una consecuencia que explica el mismo autor, pues "hasta ahora el decreto de ratificación o confirmación de la sentencia de nuli-

5 Una analogía que continúa en la mente de muchos y que ha llevado a LÓPEZ ZUBILLAGA a proponer la creación de las *sentencias confirmatorias*, o sea, "las decisiones que sólo sirven para confirmar una sentencia de nulidad matrimonial dada en primera instancia y sometida luego, tras la preceptiva trasmisión de oficio de las actas, al proceso abreviado de segunda instancia perfilado en el c.1682, 2" (*La conformidad de las decisiones en el Código de 1983* en "REDC" 59 [2002] 693).

dad de matrimonio dada en primera instancia debía contener los motivos de la decisión, sin que bastase remitirse, haciéndolos propios, a los motivos expresados en la sentencia de primer grado"[6]. Sin embargo no ha faltado otra opinión –la de DE DIEGO– que señala que "la naturaleza del decreto del c.1682, 2 no deja de ser peculiar y atípica. Cabe afirmar incluso que no tiene parangón con los decretos motivados a los que se refiere el c.1617, que se insertan más bien en un contexto de pronunciamientos interlocutorios, al comprender bajo la misma norma positiva los decretos de mero trámite y los decisorios o motivados"[7].

Estos razonamientos no encuentran reflejo en la legislación de 1983 que en ningún caso diferencia al decreto confirmatorio de las sentencias de nulidad dadas en primer grado, de los restantes decretos decisorios, de modo que resultarían válidos también aquellos que simplemente se remitiesen a los motivos contenidos en la sentencia que se pretende confirmar, al cumplir de este modo con el requisito de la motivación. Sin embargo la *Dignitas connubii* establece expresamente este requisito haciendo mención del tenor del c.1617; aún más, como veremos, lo exige también para el caso del decreto que remite al trámite ordinario[8].

Cuando el tema de la "motivación" fue objeto de debate en la Comisión codificadora[9], se tuvo en cuenta aquella respuesta de 1974 en la que se requería la motivación realizada *ad instar sententiae*, y con expresión de las razones *in iure et in facto* en el mismo decreto. "Surgió –recuerda DE DIEGO– en tal ocasión en el seno del *Coetus* de consultores, una oposición a eliminar las palabras que permitían la remisión de los motivos del decreto a

6 Cf. ACEBAL, J.L. *Código de Derecho canónico, edición comentada* (Madrid 1983), p.787. En el mismo sentido cf. GARCÍA FAÍLDE, J.J. *Nuevo Derecho Procesal Canónico,* (Salamanca 1984), p. 167.

7 Cf.DE DIEGO LORA, C. *Comentario Exegético al Código de Derecho Canónico* 1ª ed. (Pamplona 1996) p.1601.

8 Cf. *Dign. Conn.* Art. 265.

9 Cf. "Communicationes" 12 (1980) 143.

los expresados en otro acto, pues se entendió que esta remisión era suficiente para satisfacer la exigencia contenida en la respuesta de la CIV. Es decir, que de este modo el decreto no deja de expresar también siempre las razones que lo apoyen. Se hace constar además por los consultores: *Ceterum novus canon respicit ius condendum, non ius conditum*"[10].

Ciertamente resulta difícil la motivación de una decisión judicial cuando no ha existido una fase de instrucción, cuando no ha habido ninguna prueba, y en algunos casos no se ha podido tener en cuenta, por su falta, observaciones realizadas por las partes. En estos casos puede ser complicado encontrar una fundamentación diferente de la que ofrecía la sentencia de primera instancia; pero en tanto que en otras muchas ocasiones el tribunal deberá tener en cuenta las observaciones que hayan efectuado ante él el defensor del vínculo de la segunda instancia y las partes, si las hicieron, "el decreto de confirmación requiere de una nueva consideración sobre la cuestión de fondo ya resuelta, la de la nulidad planteada y declarada judicialmente en primera instancia, con todas las exigencias propias de la apelación"[11]. Tratándose de la confirmación de una sentencia resultaría absurdo que el decreto reiterase los motivos que aparecen en aquella; tampoco cabe introducir fundamentos nuevos, sin embargo por respeto a las partes sería conveniente que al redactar el decreto confirmatorio se contestase en él a las eventuales observaciones que podrían haber hecho aquellas[12].

10 Cf. DE DIEGO LORA, C. *Comentario Exegético*...cit.p.1602.

11 Cf. DE DIEGO LORA, C. *Comentario Exegético*...cit.p.1922.

12 "*Quanto alla motivazione, trattandosi di una ratifica de prendere in sede di un'istanza oficiosa di controllo, non si richiede una motivazione autonoma sulla ragioni delle nullità, nè, tanto meno, una pedissegue ripetizione della motivazione contenuta nella precedente sentenza. E suficiente che essa dia conto delle ragioni che fanno ritenere questa decisione fondata e quindi meritevole di conferma, faciendo particolarmente riferimento –proprio per rispetto delle posizione dellle parti- alle evantuali riserve od obiezioni che queste abbiamo sollevato nelle loro animadversione...*" (MONETA, P. *Le parti in causa: diritti e*

Por otro lado, no hay que olvidar que el decreto que confirma la sentencia de nulidad puede dar cabida, junto a su argumento principal, a la resolución de otros aspectos incidentales (rechazo de la solicitud de la querella de nulidad planteada, o de la admisión de nuevas pruebas), cuestiones que de no ser resueltas en sentido negativo en esta decisión, quedarían pendientes y por tanto susceptibles -dado el efecto que posee el decreto confirmatorio- de ser alegadas en una eventual nueva proposición de la causa. En estos casos, para que el juez pueda determinarse deberá iniciar una fase de audiencia previa a las partes, hayan o no manifestado observaciones, pues sólo así su decisión dejará a salvo el derecho de defensa de estas.

Escribía hace unos meses en mi tesis doctoral que "si el Derecho estableciese la necesidad de dar audiencia a las partes siempre que se pusiese en marcha el proceso de confirmación previsto en el c.1682, 2, se estaría a la vez asegurando el derecho de defensa de las partes y contribuyendo a que la motivación del decreto, en caso de confirmación o no, tenga una razón de ser. Se trataría de *dar audiencia a las partes* y no de establecer un contradictorio entre estas y, por tanto, los plazos podrían ser muy breves, de modo que se cumpliese en cualquier caso la exigencia de celeridad que pretende esta norma, como en su momento pretendió la reforma de Pablo VI"[13]. La Instrucción de 2005 señala la necesidad de comunicar a las partes el inicio del proceso de confirmación[14] y lo hace de una manera tan matizada que hay que descartar que se trate de una citación en orden a establecer un nuevo contradictorio[15], sino que es más bien una llamada a que

limiti en "La procedura matrimoniale abbreviata" [Ciudad del Vaticano 1988] p.19).

13 LÓPEZ MEDINA, A M. *El proceso de confirmación de sentencias declarativas de nulidad matrimonial en los tribunales eclesiásticos*, en "Pro Quest". ATT 3157879, junio 2005.

14 *Dign.conn.* art.265, 1.

15 El hecho de no establecer un contradictorio entre las partes en este proceso justifica la manifestación de la decisión en forma de decreto, sin perjui-

se hagan oír en esta fase de confirmación. El decreto, según el contenido de la *Dignitas connubii*, está obligado ahora, además de a la explicación sumaria de los motivos de la confirmación, a responder siempre a las *animadversiones* que hubiere efectuado el defensor del vínculo y también, en su caso a las alegaciones de las partes.

Por último, debemos mencionar que la Instrucción con respecto al decreto confirmatorio establece que no deberá confirmar todos y cada uno de los capítulos de nulidad admitidos por la sentencia, en el caso que fueran varios[16]. No será por tanto necesario que el decreto se manifieste acerca de todos los capítulos examinados en la sentencia que declara la nulidad.

El decreto que remite al examen ordinario

La remisión al examen ordinario se constituye en la única forma de actuación del tribunal de apelación cuando no tiene la certeza moral necesaria para decretar la confirmación. Así se desprende del enunciado del c.1682,2 y resulta además consecuente

cio de su carácter judicial. Quizá sea este y no tanto la rapidez, el motivo de que sea un decreto en vez de una sentencia el pronunciamiento final. LLOBELL,sin embargo destaca lo decisivo de la rapidez: "*Si rendono agili, dunque, le formalità per favorire la desiderata rapidità processuale, senza snaturae il carattere strettamente giudiziario della seconda decisione, che dovrà essere accettata sempre da un tribunale collegiale. Il tribunale di seconda istanza dovrà, pertanto ripercorrere la catena sillogistica che portò alla conclusione pro nullitate. Bisogna sottolineare che ripercorrere implica tornare a fare una strada, il che si può dimostrare più semplice allorquando ci si era liberati da alcuni degli ostacoli che rallentavano il procedere. Peró non esime dallo sforzo di fare tutti i passi fatti in precedenza, anche se più rapidamente. Per questo basta un decreto*" (LLOBELL, J. *Sentenza: decisione e motivazione*, en VV.AA. "Il processo matrimoniale canonico" (Ciudad del Vaticano 1988), p. 318.

16 Hay que tener en cuenta que una vez que se considera confirmada la sentencia por el decreto, no ha lugar a la apelación (art. 290 *Dign. conn*).

tanto con la sumariedad que caracteriza al procedimiento allí diseñado[17] como con el principio del *favor matrimonii.*

A primera vista llama la atención una diferencia marcada por el contenido del decreto. Al carácter decisorio de éste cuando confirma la sentencia, se opone el carácter ordenatorio que parece tener el decreto que remite la causa al examen ordinario. Habrá que tener en cuenta ante este tipo de decisión judicial que en Derecho Canónico está vigente el principio procesal que impide que un tribunal juzgue dos veces sobre el mismo asunto y también que en este ordenamiento es fundamental la protección y el respeto a los derechos que asisten a las partes en el proceso, especialmente a su derecho a la defensa.

El decreto que envía la causa al examen ordinario se puede plantear, simplemente, como alternativa a la conformidad. En el caso de que exista cualquier duda sobre la conveniencia de dar conformidad habrá que plantear el proceso ordinario. Sin embargo GARCÍA FAÍLDE ha sostenido que en aras del principio de economía procesal hubiese sido correcto conceder al tribunal de apelación, dentro del proceso establecido por el c.1682, la facultad de practicar alguna prueba que hiciese desaparecer la duda que impide dictar el decreto de ratificación[18], pues -como escribe este autor- "¡cuántas veces la sentencia es confirmada en esa nueva instancia nada más que por haberse practicado en dicha nueva instancia una prueba!"[19]. Pero al hilo de los principios de derecho procesal que se recordaban en el párrafo anterior pueden esgrimirse al menos dos razones para rechazar esta

17 "La limitación de la *cognitio veri* con que puede conocer el objeto litigioso le obliga a abstenerse de conocer, en este procedimiento especial de apelación, del fondo de la cuestión litigiosa: por esta razón calificamos antes a este proceso de apelación no sólo de especial, sino de sumario" (DE DIEGO LORA, C. *Comentario Exegético*...cit.p.1923).

18 Cf. GARCIA FAÍLDE, J.J. *Nuevo Derecho Procesal Canónico*...(Salamanca 1995) p. 246.

19 Cf. GARCIA FAÍLDE, J.J. *Nuevo Derecho*.. cit, p. 284.

sugerencia. La primera de ellas sería la dificultad de practicar determinadas pruebas, aún promovidas de oficio, sin ofrecer a las partes la posibilidad de promover igualmente otras o en cualquier caso de manifestarse sobre las practicadas. La segunda es la apuntada por DE DIEGO: "no dejaría de verse, en este aporte de prueba por el propio tribunal, un estar indagando en pro de la confirmación, máxime teniendo en cuenta que, si no la confirmara a pesar de dicha prueba, aumentaría la sospecha acerca de la imparcialidad del mismo tribunal a la hora de juzgar en trámite de apelación ordinaria"[20]. Precisamente ante el tema de la *exceptio suspectionis* que pudiera plantearse, autores como DELLA ROCCA o GARCÍA FAÍLDE, proponen como posible solución, que sean otros jueces, aun del mismo tribunal, quienes prosigan la causa o que se autorice al tribunal a inhibirse[21].

La necesidad de motivación del decreto cuando no confirma la sentencia había venido siendo admitida hasta ahora por la generalidad de los autores. De este modo GARCÍA FAÍLDE señala que "tanto el decreto que confirma la sentencia afirmativa como el decreto que somete la causa a nueva instancia son judiciales y decisorios y tienen que estar motivados, bajo pena de nulidad de

20 Cf. DE DIEGO LORA, C. *Comentario Exegético*...cit. p. 1923. En apoyo de la postura de GARCÍA FAÍLDE y rechazando expresamente la crítica que a este autor realiza DE DIEGO vid. DELGADO DEL RÍO, G. *El proceso de nulidad matrimonial* (Barcelona 2001) p.145.

21 *De allora perchè non si è prevista, in sede di riforma, o non si prevede oggi, in qualche modo, la possibilità di riservare la causa, per il suo prosieguo, o autonomamente o, quanto meno, a richiesta, appena motivata (data la indubbia delicatezza della materia), di parte, ad altri giudici dello stesso Tribunale, diversi da quelli che non hanno ratificato la prima sentenza?*" (DELLA ROCCA, F. *I mezzi di impugnazione nel processo matrimoniale canonico* 2º ed. [Ciudad del Vaticano 1994] p.745). GARCIA FAÍLDE, J.J. *Nuevo Derecho* ...cit.p.284. No sigue esta opinión MONETA, que sostiene que un derecho de las partes a que se designe un nuevo juez, distinto del que reenvió la causa al examen ordinario, para que sentencie "*non mi sembra conforme allo spirito e dalle esigenze proprie dell'esercizio della funzione giudiziaria nell'ambito della Chiesa.* MONETA, P. *Le parti in causa*...cit. p.20

los mismos, a tenor de los cánones 1617 y 1622,2"[22]. A partir de ahora la legislación impone la motivación expresa en el decreto de remisión y lo hace en el mismo sentido que ya se había recogido por la Rota Romana en un decreto de 1990 que explicaba que si el tribunal de apelación no tiene la certeza moral suficiente para confirmar la decisión de primer grado deberá admitir la causa a examen en segundo grado, indicando de modo sumario las deficiencias de la instrucción u otras observaciones[23] .

Cabe preguntarse por la causa que justifica para estos casos la motivación, máxime cuando se trata de un decreto que no es apelable y que en ningún caso tiene fuerza definitiva, y cuando además la obligación de realizarla parece complicar el proceso mismo[24] (en tanto dicha motivación puede convertirse fácilmente en una justificación para considerar que el tribunal ya ha conocido de la causa y por tanto debe abstenerse de juzgar de nuevo en la forma ordinaria), y la respuesta podría ser que la necesidad

22 Cf. GARCIA FAÍLDE, J.J. *Nuevo Derecho Procesal*...cit.p.284. En el mismo sentido ARROBA escribe "*Il decreto di non ratifica deve essere motivato e deve manifestare i dubbi che inducono il tribunale a procedere per via ordinaria*" (*Diritto processuale canonico* 1ªed [Roma 1993].p.460).

23 "*Ad normam c.1682,2, tribunal appellationis, si moralem certitudinem necessariam pro inferiori decisione confirmanda ex actis haurire non valeat, ad ordinarium novi gradus examen causam admittere debet, indicans, summario saltem modo, deficientias instructionis vel alios debiles causae aspectus*" (*Armachana*, dec.c BURKE, 18 de octubre de 1990, n.3, en "Codex Iuris Canonici et Iurisprudentia Rotalis, CD-ROM [Milán 1995]).

24 En este sentido ha escrito DELLA ROCCA " *la motivazione del decreto di non ratifica, inoltre resulta sovente (mi si consenta ancora un deferente rilievo critico!) troppo generica quando, non addiritura, del tutto deludente. E questo rende molto difiicile e tormentoso il munus del patrono che pur deve, nella sua coscienza, adoperarsi subito e al massimo per irrobustire, di regola istruttoriamente, la posizione in causa del suo asistito al fine di fugare quei dubbi che hanno indotto il Tribunale nella non ratifica e che, purtroppo, come ripeto, spesso non sono affatto specificati con la necessaria chiareza (per non ire 'carità', che epure continua ad essere, e dovrà sempre essere naturaliter la linfa della legge della Chiesa) verso la parte e il suo patrono*" (*I mezzi di*...cit. p.744).

de motivar el decreto de remisión se basa en la función que las razones expuestas en el mismo habrán de cumplir en la fase de apelación ordinaria que necesariamente le seguirá, a saber, la función que en otro caso tendría la prosecución de la apelación.

Esta es la opinión que sostiene DELLA ROCCA[25] y también la que puede extraerse tras la lectura del decreto c. BURKE de 1990, donde se explica que la instrucción supletoria llevada a cabo en el trámite ordinario de apelación deberá disipar las dudas o aparentes contradicciones observadas en la primera instancia, dejando implícito que tales deficiencias habrán sido la motivación del decreto que denegó la confirmación[26].

En este punto cabe apuntar que el art.58 de las normas de la Rota Romana dispone que el decreto que remite al examen ordinario: "...o bien expondrá uno por uno y con precisión los motivos que se oponen a la pretendida situación de nulidad, y por lo tanto admitirá la causa según el curso ordinario a la instancia sucesiva, o bien, por último, indicará que se lleve a cabo una eventual instrucción suplementaria que será preciso realizar antes de que la causa sea remitida para la sentencia definitiva". Según este precepto existen dos fórmulas de decreto de reenvío, la pri-

25 "*A mio sommesso avviso, la motivazione, che è la struttura portante di ogni decisione giudiziaria, sopratutto nella Giustizia della Chiesa, è sommamente bisognosa di lucidità diagnostica e (perché no?)...terapeutica allorquando si è di fronte al decreto di non ratifica ex c.1682, par.2 che deve essere -questo è il suo compito- una guida nel prosieguo del processo. Perché -altro esito che ritengo di dovere, qui, formulare!- non ovviare ad un siffatto inconveniente con uno specifico maggiore impegno dell'organo giudiziario?* " (DELLA ROCCA, F. *I mezzi di* ...cit.p.744).

26 "*Exinde sequitur ut, in novo processu, maxime intersit in meliore luce collocare puncta quae post primam instructionem adhuc obscura remanebant: dissipare dubia vel apparentes contradictiones, melius stabilire veritatem alegationum, vel e contra earum falsitatem, etc. Uti patet, illa 'logica processualis', quam sequentes Iudices ad facta clarificanda atque ad iustitiam in casu decernendam gradatim securiusque pervenire possint, instructionem suppletoriam in novo gradu ex regula postulabit*" (*Armachana*, cit...n.3).

mera que contiene una motivación específica y la segunda donde la motivación que se recoge es genérica[27]. DELLA ROCCA opina que la redacción de este art.58 es fruto de la experiencia y resulta de gran ayuda para los abogados que deben seguir con la causa en el examen ordinario[28], mientras que GULLO y PALOMBI interpretan que el diferente sentido que puede tener el decreto de reenvío según tenga o no motivos concretos, se corresponde con la menor o mayor dificultad que se prevé para la confirmación[29]. La Instrucción *Dignitas connubii* no ha seguido la redacción del texto de las normas rotales y ha preferido limitar la motivación del decreto que no confirma la sentencia, de modo que aquella no podrá consistir más que en la afirmación de la existencia de motivos que aconsejan la revisión de la causa en examen ordinario y la enumeración en su caso del suplemento de instrucción necesario que habrá de practicarse en el trámite ordinario[30].

AURORA Mª LÓPEZ MEDINA
Universidad de Huelva

27 Cf. HILBERT, M. *I provvedimenti.....cit.p.27.*

28 Vid. DELLA ROCCA, F. *I mezzi di impugnazione..*,cit. p.744.

29 GULLO, C – PALOMBI, R. *La procedura presso il tribunale della Rota Romana*, en VV. AA "Le norme del Tribunale della Rota Romana" (Ciudad del Vaticano 1997), p.179. Sobre esta interpretación vid. también HILBERT, M. *I* provvedimenti...cit.*supra*.

30 Cf *Dign. Conn.* Art.265,6.

II.

DERECHO PROCESAL PENAL CANÓNICO

PROCESOS PENALES CANÓNICOS POR LOS DELITOS MÁS GRAVES. EL M. P. *SACRAMENTORUM SANCTITATIS TUTELA*

Con fecha de 31 de abril de 2001, se publicó la Carta Apostólica en forma de "Motu Propio" *Sacramentorum sanctitatis tutela*, por la que se promulgaban las normas sobre los delitos mas graves reservados a la Congregación para la Doctrina de la Fe[1]. No se daban a conocer, sin embargo, las normas sustanciales y procesales que se promulgaban.

Con una carta de 18 de mayo de 2001, la CDF se dirigía a todos los obispos de la Iglesia Católica y demás ordinarios y jerarcas[2], donde se comentaban algunos aspectos relativos a los moti-

1 JUAN PABLO II, m. p. *Sacramentorum Sanctitatis Tutela*, 30.IV.2001: AAS 93 (2001), 737-739.

2 CDF, *Epistula a Congregatione pro Doctrina Fidei missa ad totius Catholicae Ecclesiae Episcopos aliosque Ordinarios et Hierarchas interesse habentes: De Delictis Gravioribus eidem Congregatio pro Doctrina Fidei reservatis*, 18.V.2001: AAS 93 (2001), 785-788.

vos que fueron causa de las citadas normas y a su iter redaccional. Pero, sobre todo, se enumeraban los delitos que se debían considerar reservados a la CDF.

A nadie se le escapa la trascendencia del m. p. *Sacramentorum sanctitatis tutela*. Con frecuencia, un halo de misterio ha rodeado a la CDF. No se sabía exactamente qué delitos eran competencia suya, eran confusas las noticias que se tenían acerca del modo de proceder y de la vigencia de normas procesales propias, había que aclarar la competencia del tribunal de la CDF en relación a los demás tribunales apostólicos y a los tribunales inferiores, etc.

I. Datos históricos sobre la competencia penal de la CDF

Para entender bien la actual regulación de la competencia de la CDF, es necesario conocer la evolución que ha experimentado esta institución a lo largo de los siglos, aunque sólo nos fijemos en los hitos fundamentales. Desde los antecedentes más remotos se puede observar cómo se le asignaron competencias penales y funcionó como tribunal.

I.1. Paulo III y Sixto V

Los orígenes de la Congregación se remontan a Paulo III, que con la Const. *Licet ab initio*, de 21 de julio de 1542[3], constituyó seis Cardenales Inquisidores Generales de la Fe, fundamentalmente para defender a la Iglesia de la herejía luterana y perseguir y reprimir a los herejes en todo el orbe católico. A este

3 Cfr. *Magnum Bullarium Romanum, Bullarum Privilegiorum ac diplomatum Romanorum Pontificum Amplissima collectio*, Romae 1745 - Graz 1965, 13 vol., IV, pars I, 211-212.

tribunal supremo y universal quedaron sometidos todos los inquisidores, delegados del Romano Pontífice, que actuaban por todo el mundo, respetando el derecho de los Ordinarios del lugar en este campo, y siempre dispuestos a intervenir en caso de falta de diligencia de los Obispos.

Sixto V llevó a cabo una reorganización general de la curia Romana con la Const. Ap. *Inmensa aeterni Dei*, de 22 de enero de 1588[4]. Le dio el nombre oficial de *Congregatio Sanctae Inquisitionis hereticae pravitatis*. Prevaleció, sin embargo, el nombre de *Congregatio Romanae et Universalis Inquisitionis* o sencillamente *Congregatio Sancti Officii*[5]. La competencia de esta Congregación era universal en cuanto al territorio y a las personas, pero a partir de Sixto V quedan excluidos los Cardenales, que sólo podrán ser juzgados por el Papa.

La Congregación era competente en todo lo referente a la doctrina católica sobre la fe y las costumbres, así como las materias conexas que podían poner en peligro la fe. En lo esencial, esta competencia permaneció inalterada hasta S. Pio X, pero los Romanos Pontífices tendieron a aumentarla.

En el Derecho vigente anterior a la reforma de S. Pio X, pertenecían al Santo Oficio, exclusivamente o de modo cumulativo con otras Congregaciones, asuntos como la tutela de la doctrina de la fe y las costumbres (cualificar las proposiciones doctrinales, proscribir los libros erróneos, resolver dudas doctrinales); juicio y conocimiento de las apelaciones por los delitos de herejía, apostasía, cisma y otros sospechosos de herejía, entre los que se incluían: atentar celebrar misa u oír confesiones sin haber reci-

4 Cfr. SIXTO V, Const. Ap. *Immensa Aeterni Dei*: *Magnum Bullarium Romanum...*, IV, pars IV, 392-401

5 Cfr. U. NAVARRETE, *Commentarium in litteras Apostolicas Integrae Sevandae*, en "Periodica", 55 (1966), 617; N. DEL RE, *La Curia Romana. Lineamenti storico-iuridici*, 4 ed., Città del Vaticano 1998; G. NÚÑEZ, *La tutela penal del sacramento de la penitencia*, Pamplona 2000, p. 26.

bido el sacerdocio, crimen de solicitación *ad turpia* por parte del confesor, dar falso testimonio en las causas de la fe, preguntar por el nombre del cómplice al penitente, adivinación, magia, etc[6].

Wernz da noticias de que existían normas especiales para los juicios de condena de libros y para las causas de solicitación *ad turpia* en confesión[7].

I.2. La reforma de S. Pio X

S. Pio X, con la Const. Apost. *Sapienti consilio*[8], de 29 de junio de 1909, reformó profundamente la Curia Romana. Esta nueva ordenación será recibida íntegramente el CIC de 1917. El nombre oficial de la congregación es a partir de ahora "Congregatio Sancti officii".

Los principios que presidieron esta reforma son[9]:

- Acabar con la competencia cumulativa entre las Congregaciones
- Distinguir claramente entre la competencia judicial y administrativa
- Distribuir mejor los diversos ámbitos de competencia entre los distintos órganos, para ganar en eficacia y seguridad
- Suprimir los órganos que ya no tienen razón de ser

6 Cfr. U. NAVARRETE, *Commentarium in litteras Apostolicas Integrae Sevandae*,cit., pp. 620-621; N. DEL RE, *La Curia Romana. Lineamenti storico-iuridici*, 4 ed., Città del Vaticano 1998, p. 100.

7 Cfr. F.X. WERNZ, *Ius Decretalium*, II/2, Romae 1906, pp. 401-402. Se pueden encontrar también ahí datos acerca del "modo procedendi" del Santo Oficio.

8 Cfr. AAS 1 (1909) 7-19.

9 Cfr. U. NAVARRETE, *Commentarium in litteras Apostolicas Integrae Sevandae*,cit., p. 624.

Al tratar de la competencia del Santo Oficio, y en lo que a nosotros nos interesa, la Const. Apost. *Sapienti consilio* establecía que su función era tutelar la doctrina de la fe y las costumbres; a ella sola pertenecía el juicio sobre herejía y otros crímenes sospechosos de herejía[10]. Teniendo en cuenta el derecho precedente aún en vigor en cuanto que no ha sido derogado y que constituye norma de interpretación del nuevo derecho, la congregación del Santo Oficio conserva la competencia sobre la calificación de las proposiciones doctrinales, la tarea de proscribir libros (competencia compartida con la Sagrada Congregación del Índice) y resolver dudas doctrinales. Dentro de los delitos sospechosos de herejía se incluyen: pretender celebrar misa u oír confesiones sin haber recibido el presbiterado, la solicitación *ad turpia*, falso testimonio en causas sobre la fe, preguntar el nombre del cómplice al penitente, adivinación, magia, etc[11].

Al afirmar que el Santo Oficio tutela la doctrina de la fe y las costumbres, se establecen unos límites muy amplios para delimitar el ámbito de competencia de la Congregación. De un modo o de otro, todo en la Iglesia tiene que ver con la fe y las costumbres. Ello implica el riesgo de que sus competencias sean cada vez mayores, en detrimento de las demás Congregaciones. Además, las dudas acerca de la competencia del Santo Oficio eran dirimidas por esta misma congregación[12]. En cuanto al territorio, la competencia del Santo oficio no tiene límites[13]. En lo referente a las personas, nada se dice ni en el *Ordo* ni en la *Sapienti Consilio*, pero la doctrina no dudaba que seguía en vigor la competen-

10 Cfr. AAS 1 (1909) 9.

11 Cfr. U. NAVARRETE, *Commentarium in litteras Apostolicas Integrae Sevandae*,cit., p. 626-627; J.B. FERRERES, *La Curia Romana según la novísima disciplina decretada por Pío X*, Madrid 1913. pp. 150-153.

12 Cfr. *Ordo servandus in sacris congregationibus, tribunalibus, officiis Romanae Curiae*, pars altera, cap. VII, art. I, nº6, en AAS 1 (1909), p. 79.

13 Cfr. *Ibidem*, pars altera, cap.I, nº 1b, p. 59.

cia universal establecida por Sixto V, exceptuados sólo los Cardenales, sujetos exclusivamente al Romano Pontífice[14].

En aplicación del principio inspirador de la reforma de S. Pio X de separación de la potestad administrativa de la judicial, las Congregaciones se constituyen como órganos administrativos y los Tribunales, como órganos judiciales. El Santo Oficio, sin embargo conservó ambas potestades, siendo a la vez Congregación y Tribunal. En cuanto tribunal juzgaba de los delitos de herejía y de los demás delitos sospechosos de herejía. Como congregación, trataba de los asuntos de su competencia.

El Ordo establecía que se debía poner por escrito la praxis en el modo de proceder[15], pero nunca se llegaron a publicar. Resultaba, por lo tanto, difícil saber en que consistían. Existían normas especiales para los casos de solicitación en confesión[16].

La congregación es presidida por el Romano Pontífice[17], lo que añade más confusión sobre su ámbito de competencia.

Dada la gravedad de los asuntos a tratar, todos los miembros del Santo Oficio debían jurar guardar secreto de todos los asuntos conocidos y discutidos. Esta obligación venía reforzada con una pena de excomunión *latae sententiae*[18].

I.3. El CIC de 1917

El CIC 17 recibe íntegramente la ordenación realizada por S. Pío X.

14 Cfr. U. NAVARRETE, *Commentarium in litteras Apostolicas Integrae Sevandae*,cit., p. 628.

15 Cfr. *Ordo servandus in sacris congregationibus, tribunalibus, officiis Romanae Curiae*, pars altera, cap. VII, art. I, nº7, en AAS 1 (1909), p. 79.

16 B. OJETTI, *De Romana Curia*, Romae1910, p. 59.

17 Cfr. Const. Ap. *Sapienti Consilio*, I, 1º, 1, en AAS 1 (1909), p. 9.

18 Cfr. *Ordo servandus in sacris congregationibus, tribunalibus, officiis Romanae Curiae*, pars altera, cap. VII, art. II, nº4, en AAS 1 (1909), p. 82.

Se emplea el nombre de "Congregatio S. Officii", desapareciendo lo de "Sacra" y sigue apareciendo en primer lugar entre todos los órganos de la Curia Romana.

En el c. 247 §1 se dice "la Congregación del Santo Oficio, que preside el mismo Romano Pontífice, defiende la doctrina de la fe y de las costumbres". El texto es prácticamente el mismo que el *Sapienti Consilio* (I, 1º, 1). Por lo tanto, la Congregación sigue teniendo la misión de tutelar cualquier materia relativa a la fe y las costumbres o en conexión directa con ellas.

En el §2 de ese mismo canon se afirma que ella "juzga de aquellos delitos que según su propia ley le están reservados (...)". Tal ley en realidad no tenía carácter público y no se podía saber cuales eran esos delitos. La expresión empleada tiene el mismo contenido que la fórmula "delitos sospechosos de herejía"[19]. Sigue diciendo el canon que el Santo Oficio juzga "(...) con potestad de conocer en estas causas criminales no sólo en grado de apelación del tribunal del Ordinario del lugar, sino también en primera instancia si le son directamente sometidas". De esto se deduce que los Ordinarios del lugar podían juzgar estas causas. Es más, nunca perdieron esa competencia. El Santo Oficio actúa habitualmente como tribunal de apelación. Conoce en primera instancia estas causas cuando le son llevadas directamente.

Según el c. 1555 §1, "el tribunal de la Congregación del Santo Oficio procede según prácticas y estatutos peculiares, y conserva sus propias costumbres; y aun los tribunales inferiores, en las causas pertenecientes al tribunal del Santo Oficio, han de seguir las normas por el mismo dictadas". Por lo tanto, en cuanto tribunal, el Santo Oficio no sigue las normas procesales del libro IV del CIC de 1917, sino las suyas peculiares. Se entendía que la acción criminal en estos casos quedaba fuera del régimen normal de prescripción (cfr. c. 1703). Tales normas, en su mayor parte,

19 Cfr. U. NAVARRETE, *Commentarium in litteras Apostolicas Integrae Sevandae*, cit., p. 637.

no se publicaron oficialmente debido a la delicada materia sobre la que trataban; pero algunas de ellas se dieron conocer a través de libros, manuales, etc.

Todo lo anterior confirma cómo la Congregación seguía siendo órgano administrativo y judicial, aunque también el CIC 17 asumió como principio la distinción y separación de ambos tipos de órganos.

Como hemos señalado al comienzo de este epígrafe, la Congregación es presidida por el Romano Pontífice, lo que dificulta establecer los límites de su competencia[20].

Algunos autores hicieron algunos elencos de los delitos del CIC que consideraban estaban reservados al Santo Oficio. El dato de referencia fundamental es la sospecha de herejía[21]. En cualquier caso, el Romano Pontífice siempre podía reservar al Santo Oficio el delito que considerara oportuno, como ocurrió con el denominado *crimen pessimum*[22].

I.4. La reforma de Pablo VI

Con el m. p. *Integrae Servandae*[23], de 7 de diciembre de 1965, Pablo VI operó una nueva reforma del Santo Oficio que fue recibida plenamente en la Const. Ap. *Rgimini Universae Ecclesiae, también* de Pablo VI.

Ya en el proemio se señala necesidad de adaptar la estructura y el régimen de la Congregación a las circunstancias del momento, y el nuevo talante que ha de guiar su actuación[24].

20 Cfr. F. ROBERTI, *De processibus*, I, Civitate Vaticana 1946, n. 162.

21 Cfr. G. MICHIELS, *De delictis et poenis*, II, Romae 1961, p. 338.

22 Sobre este asunto, cfr. A. YANGUAS, *De crimine pésimo et de competentia S. Officii relate ad illud*, en REDC, 1 (1946), pp. 427-439.

23 Cfr. AAS 57 (1965) pp. 952-955.

24 "Ahora, los heraldos del Evangelio cobran nuevo vigor porque la caridad "echa fuera el temor" (...) y tratando de conservar la fe se mira más por la

Ahora se pone un especial acento en la promoción de la verdadera doctrina, más que en el castigo de los errores, sin renunciar en absoluto a esto último cuando resulte necesario.

El nuevo nombre que se da al Santo Oficio es de Sagrada Congregación para la Doctrina de la Fe[25].

El oficio esencial de la SCDF es la tutela de la doctrina de la fe y las costumbres (IS 1, REU 29), y, por consiguiente, pertenecen "a ella todas las cuestiones que pertenecen a la doctrina de la fe y las costumbres o que tienen relación con la misma fe" (IS 3, REU 31).

La tarea de promoción se expresa de modo manifiesto en ambos documentos: "examina las nuevas doctrinas y las nuevas opiniones, de cualquier forma difundidas, y promueve estudios, así como también fomenta congresos de personas doctas (...)" (IS 4, REU 32). Se trata, por tanto, de un nuevo enfoque con contenido más positivo: estudiar las nuevas corrientes doctrinales y de opinión para darles respuesta u orientación a la luz de verdadera doctrina, aprovechando lo que puedan tener de bueno para una mejor comprensión o exposición de la fe. Le auxilia en esta tarea la Comisión Bíblica (IS 9, REU 37).

Junto a esa tarea de promoción, está la de vigilancia para que no se difundan las doctrinas erróneas: "reprueba (...) aquellas doctrinas que consta ser opuestas a los principios de la fe, después de oír a los Obispos de las regiones interesadas" (IS 4, REU 32). Se llegará a tal reprobación después de examinar esas doctrinas. Cuidadosamente, ya no se utiliza la palabra "inquirere",

promoción de la doctrina, corrigiendo errores y llevando con suavidad al buen camino a los que yerran. Además, el progreso del nivel humano, cuyo influjo en lo religioso no podemos olvidar, favorece la obediencia plena y leal de los fieles (...) por tener una visión exacta de las definiciones y leyes, así como en materia de y costumbres". *Ecclesia*, n. 1272, p. 19.

25 En realidad, en IS no aparecía el apelativo de "Sagrada", que, sin embargo no cayó en desuso. La REU recupera el término.

sino "examinare"; no se trata ya de investigar por todo el orbe para refutar y castigar los errores, sino de examinar las nuevas doctrinas y, si fuera necesario, reprobarlas.

La SCDF también "investiga diligentemente acerca de los libros que le son denunciados, y los reprueba, si lo juzga oportuno, pero oyendo al autor y dándole facultad para defenderse aun por escrito, no sin antes avisar al Ordinario conforme ya previno la Constitución *Sollicita ac provida* de nuestro predecesor Benedicto XIV" (IS 5, REU 33). Comparando este texto con su paralelo del CIC 17 (c. 247 §4) se pueden observar algunos cambios relevantes. Ahora no le compete a la CDF "indagar [inquirere] de oficio, de la manera más oportuna posible, qué escritos dignos de condenarse se publican, de cualquier clase que sean" (c. 247 §4), sino sólo los que le son denunciados. Desaparece también el mandato de "recordar a los Ordinarios que están religiosamente obligados a perseguir las publicaciones nocivas y denunciarlas a la Santa Sede según el c. 1387" (*Ibidem*). Tampoco le compete a partir de ahora conceder dispensas acerca de los libros[26].

En cuanto a la competencia penal, la reforma de Pablo VI es algo más explícita, al menos aparentemente, que el CIC 17. Éste hablaba de "aquellos delitos que según su propia ley le están reservados" (c. 247 §2). Por una parte, en IS y REU se habla de delitos[27] contra la fe: "a ella le compete juzgar de los delitos contra la fe observando las normas del procedimiento ordinario" (IS 7, REU 35). Respecto a otro tipo de delitos se dice que "tutela la dignidad del sacramento de la Penitencia, según sus normas enmendadas y aprobadas, y que serán dadas a conocer a los Ordinarios del lugar, dando al reo la posibilidad de defenderse o

26 Esta competencia pasó a los Obispos residenciales o equiparados (cfr m. p. *Pastorale Munus*, de 30 de noviembre de 1963, n. 40) y a los Superiores Generales (Rescripto *Cum admotae*, de 6 de noviembre de 1964, n. 10).

27 En REU se habla en realidad de errores ("erroribus").

de elegir un abogado entre los aprobados por la Sagrada Congregación" (IS 8, REU 36)[28].

La SCDF procede por vía administrativa o judicial, según la diversa naturaleza de los asuntos (IS 11, REU 39). Utiliza la vía judicial siguiendo las normas del procedimiento ordinario (libro IV del CIC 17) en el caso de los delitos contra la fe (IS 7, REU 35), o bien siguiendo normas especiales (que sólo se darán a conocer a los Ordinarios) en los delitos contra el sacramento de la Penitencia (IS 8, REU 36). La vía administrativa es la adecuada para el examen de las doctrinas (IS 4, REU 32), la investigación y/o reprobación de los libros (IS 5, REU 33).

La única diferencia importante entre IS y REU es que en ésta última la Congregación es presidida por el Cardenal Prefecto, como el resto de Congregaciones. Ciertamente, esto despeja alguna duda sobre su ámbito de competencia.

28 Según los comentarios de algunos autores, no parece haber variado esencialmente la competencia de la SCDF en este campo. Así, para Navarrete, habría que incluir dentro de los delitos contra la fe los contenidos en el titulo XI ("de delictis contra fidem et unitatem Ecclesiae") y XII ("de delictis contra religionem") del libro V del CIC 17, pues estos últimos siempre habían estado íntimamente conectados con la fe, sobre todo aquellos que eran competencia del S. Oficio. Los delitos que ofenden el sacramento de la Penitencia serían la solicitación, violación del sigilo sacramental, preguntar por el nombre del cómplice, absolución del cómplice en un pecado torpe. Todos ellos fueron siempre competencia del S. Oficio. Muy probablemente, la SCDF sigue tratando de algunos delitos de los clérigos contra las costumbres, que hasta ahora eran tratados del mismo modo que el crimen de solicitación, si eran llevados a la Congregación. Cfr. U. NAVARRETE, *Commentarium in litteras Apostolicas Integrae Sevandae*, cit., pp. 647-648.

II. El CIC 83 y la Const. Ap. *Pastor Bonus*

El único canon que hace referencia a la CDF en el código vigente es el 1362, donde se habla de delitos reservados a la CDF y se afirma que no están sujetos al régimen normal de prescripción de la acción criminal. En ninguna otra parte del CIC se dice qué delitos están reservados a la CDF.

En la nueva ordenación de la Curia Romana contenida en la Const Ap. *Pastor Bonus*[29] de Juan Pablo II, de 26 de junio de 1988, encontramos muchos datos de nuestro interés.

"Es función propia de la Congregación de la Doctrina de la Fe promover y tutelar la doctrina de la fe y de las costumbres en todo el orbe católico; por consiguiente le corresponde todo aquello que de algún modo se refiere a esta materia" (PB 48). La PB se mueve, por tanto, en la línea positiva marcada por Pablo VI de fomento y promoción de la genuina doctrina de la fe y las costumbres. Dentro de esta orientación hay que enmarcar algunas de las normas contenidas en el articulado de la PB dedicado a la CDF. Así, se propone hacer crecer la inteligencia de la fe y dar respuesta a las nuevas cuestiones y problemas suscitados por el desarrollo de la ciencia, la cultura, etc (n. 49). En este sentido resulta novedosa la tarea asignada a la CDF en relación con los Obispos, tanto individualmente como reunidos en diversos organismos, para ayudarles en el ejercicio de su misión de maestros auténticos y doctores de la fe (n. 50). En un mundo tan especializado y diversificado en los conocimientos y de una complejidad creciente, este auxilio puede resultar muy valioso en tantos casos.

Por otra parte, todos los documentos que hayan de ser publicados por otros Dicasterios de la Curia Romana, y en cuanto se refieran a la fe o a las costumbres, han de someterse previamente al juicio de la CDF (n. 54). Esta nueva norma busca ofrecer

29 AAS 80 (1988) 841-912.

la ayuda de la CDF al resto de Dicasterios dentro del ámbito de la doctrina de la fe y las costumbres, así como conseguir un mínimo de armonía y homogeneidad en los variados documentos que pueda publicar la Curia Romana. Ahora bien, la exigencia es hasta cierto punto severa, pues los documentos deberán "someterse" al juicio que haga la CDF.

Veamos lo que dice la PB acerca de la labor de tutela de la doctrina de la fe y las costumbres. Retoma (art 51, 2º) la competencia sobre el examen de las doctrinas y los libros[30], conservando intacta la posibilidad de reprobar los erróneos (IS 4 y 5, REU 32 y 33), pero la amplía notablemente al exigir "que los libros y otros escritos relativos a la fe y a las costumbres que hayan de ser publicados por los fieles, se sometan al previo examen de la autoridad competente" (art. 51, 1º). También "cuida de que no dejen de refutarse adecuadamente las doctrinas erróneas y peligrosas que puedan haberse difundido por el pueblo cristiano" (art. 51, 3º).

El art. 52 de la PB es posiblemente el de más difícil interpretación. Establece que la CDF "conoce de los delitos contra la fe y también de los delitos más graves cometidos tanto contra la moral como en la celebración de los sacramentos, que hayan sido llevados a ella, y procede a declarar sanciones canónicas o a imponerlas a tenor del derecho, tanto común como propio, cuando sea necesario". Recordemos que en IS y REU se hablaba de delitos contra la fe (IS 7, REU 35) y de tutela del sacramento de la penitencia (IS 8, REU 36). Ahora se amplía el campo a los delitos más graves contra la moral y en la celebración de los sacramentos. Se podría afirmar que prácticamente todos los bienes que protege el derecho penal de la Iglesia están relacionados con la fe, la moral

30 Sobre esto, la CDF había publicado el 15 de enero de 1971 la Instrucción *Nova agendi ratio in doctrinarum examine*, en AAS 63 (1971) 234-236, que sería renovada por *Ratio agendi Congregatio pro Doctrina Fidei en examine doctrinarum*, de 29 de agosto de 1997, en AAS 89 (1993) 830-835.

y los sacramentos[31]. La competencia penal de la CDF sería en realidad ilimitada, con el único requisito de que los delitos entren dentro de la categoría, bastante difusa y discrecional, de "más graves"[32]. La competencia penal de la CDF supera con mucho su competencia doctrinal, que es a su vez la que fundamenta la propia CDF.

Sigue actuando la Congregación, como ocurría hasta ahora, como Congregación y como Tribunal[33]. Tanto el art. 52 de la PB como el art 128 del RGCR[34] parecen otorgarle a la CDF toda la competencia penal frente a los demás tribunales y congregaciones de la Curia Romana. Sin embargo, los tribunales inferiores siempre conservaron su competencia para juzgar en primera ins-

31 Cfr. G. NÚÑEZ, *La tutela penal del sacramento de la penitencia*, Pamplona 2000, pp. 39-40.

32 "La formula adoperata dall'art. 52 della nuova Costituzione Apostolica sulla Curia Romana e molto ampia, giacché accanto ai "delicta contra fidem" colloca i "delicta tum contra mores tum in sacramentorum celebratione commisa". Secondo questa nuova normativa, la Congregazione potrebbe giudicare praticamente di qualunque delitto canonico (si pensi all' estensione del concetto di "mores"), purché esso rientri nella discrezionale categoria dei "piu gravi" (...) La nuova legge della Curia quindi non soltanto conferma la competenza penale della Congregazione per la Dottrina della Fede, ma la amplia in modo praticamente illimitato, ben oltre i *delicta contra fidem*, di cui stiamo trattando e perfino al di là delle questioni più strettamente dottrinali. Questa competenza pressoché sconfinata ci lascia un poco perplessi: ci pare che la competenza dottrinale della Congregazione dovrebbe fondare e limitare la sua competenza penale, dato che non ravvisiamo un'altra *ratio legis* per quest'ultima". C.J. ERRÁZURIZ, *La protezione giurídico-penale dell'autenticità della fede*, en "Monitor Ecclesiásticus", 114 (1989), pp. 119-120.

33 Cfr. A. SILVESTRELLI, *La Congregazione della Dottrina della Fede*, en AA.VV. *La Curia Romana nella Const. Apost. Pastor Bonus*, Città del Vaticano 1990, p. 232.

34 "2. Vanno rimesi sempre ed esclsivamente al giudizio della Congregazione per la Doctrina della Fede i delitti contro la fede e i più gravi delitti contro la morale e quelli commessi nella celebrazione dei sacramenti". SECRETARÍA DE ESTADO, *Regolamento Generale della Curia Romana*, en AAS 91 (1999) 629-687, art. 128, §2.

tancia, aunque fuera con normas especiales dadas por la CDF. La Congregación sería el tribunal de 2ª instancia. Sólo actuaría en primera instancia en las causas que fueran sometidas a ella directamente (cc. 247 §2 y 1555 §1 CIC 17; IS 8; REU 36; PB 52)[35].

La referencia a normas especiales para juzgar los delitos más graves, sobre todo los referentes al sacramento de la Penitencia, ha sido una constante: c. 1555 §1 del CIC 17[36]; IS 8[37], REU 36, PB 52[38].

Como hemos comentado antes, el c. 1362 habla de delitos reservados a la CDF. Como han señalado algunos autores[39], los principios y valores que presidido la reforma del Derecho penal canónico vigente han introducido un fuerte aire renovador. Además, muchos delitos vigentes antes del CIC 83 han desaparecido o han sufrido cambios en su tipificación o ha variado la pena con que eran castigados. Todo ello podía afectar a los que en el momento de la promulgación del CIC 83 se consideraban delitos todavía reservados a la congregación. El c. 6 §1. 3º, establece que con la entrada en vigor del CIC 83 se abrogan cualesquiera leyes penales universales o particulares dadas por la Sede Apostólica, a no ser que se reciban en el Código.

35 Cfr. U. NAVARRETE, *Commentarium in litteras Apostolicas Integrae Sevandae*,cit., p. 637.

36 "El Tribunal de la Congregación del Santo Oficio procede según prácticas y estatutos peculiares y conserva sus propias costumbres; y aun los tribunales inferiores, en las causas pertenecientes al tribunal del Santo Oficio, han de seguir las normas por el mismo dictadas".

37 "Tutela la dignidad del sacramento de la Penitencia, según sus propias normas enmendadas y aprobadas".

38 "Procede (...) a tenor del derecho tanto común como propio". "Per i delitti contro la Fede il processo si svolge secondo le norme ordinarie del diritto; nei procedimenti in difusa del Sacramento della Penitenza si osservano norme speciali". *Annuario Pontificio*, Città del Vaticano 1999, p. 1845.

39 Cfr. G. NÚÑEZ, *La tutela penal del sacramento de la penitencia*, Pamplona 2000, pp. 41ss.

Por otra parte, como es sabido, en materia penal rige el principio de interpretación estricta, que ciertamente no encaja bien con unos ámbitos de competencia tan poco delimitados y un régimen tan difuso. Por eso algunos autores afirmaron que era necesaria una ley especial en la que se señalaran claramente qué delitos quedaban reservados a la CDF.

Se sabía igualmente, que las normas procesales vigentes contenían muchas referencias al CIC de 1917, cuyas normas estaban abrogadas (c. 6 §1. 1º).

En consecuencia, resultaba necesario aclarar cuales eran los delitos considerados "más graves", las normas procesales a seguir en el enjuiciamiento de esos delitos, la competencia de la CDF respecto al resto de Tribunales Apostólicos y a los tribunales inferiores y el plazo de prescripción de tales delitos.

En medio de este clima de confusión se publicó la Carta Apostólica en forma de "Motu Propio" *Sanctitatis Sacramentorum Tutela.*

III. El M. P *Sacramentorum Sanctitatis Tutela*

En el m. p. SST se citan como bienes que han de ser objeto de una especial tutela jurídica, el sacramento de la Eucaristía, de la penitencia y la observancia del sexto mandamiento del Decálogo[40].

40 Como comentarios al m.p. se pueden consultar V. DE PAOLIS, *Norme de Gravioribus delictis riservati alla Congregazione per la dottrina della fede*, en "Periodica", 91 (2002), 273-312; G. NÚÑEZ, *La competencia penal de la Congregación para la Doctrina de la Fe. Comentario al m.p. "Sacramentorum Sanctitatis Tutela"*, en "Ius canonicum", XLIII (2003), pp. 351-388; D. CITO, *La probità morale nel sacerdocio ministeriale (il m.p. "Sacramentorum sanctitatis tutela")*, en "Fidelium iura" 13 (2003), pp. 119-133; B.E. FERME, *Graviora delicta: the Apostolic Letter M.P. sacramentorum sanctitatis tutela*, en *Il processo penale*

Se afirma también que "una vez aprobado (...) el Reglamento para el examen de las doctrinas, era menester definir con mayor exactitud tanto los "delitos más graves cometidos tanto contra la moral como en la celebración de los sacramentos", cuya competencia sigue siendo exclusiva de la Congregación para la Doctrina de la Fe, como también las normas procesales especiales para "declarar o imponer las sanciones canónicas", lo que realizamos mediante nuestra presente Carta apostólica en forma de *Motu propio*, con la que promulgamos las Normas acerca de los delitos más graves reservados a la congregación para Doctrina de la Fe". Pero tales normas no se publican. Sólo se da noticia de que constan de dos partes "la primera de las cuales contiene las Normas sustanciales, y la segunda las Normas procesales".

Unas semanas después se publicaba una Carta de la Congregación para la Doctrina de la Fe[41], de 18 de mayo de 2001, en la que se revelaban algunos contenidos de esas normas especiales, entre los que hay que destacar la enumeración taxativa de los delitos más graves reservados a la Congregación para la Doctrina de la Fe. Se dice que la anterior normativa procesal vigente era la Instrucción *Crimen Solicitacionis*, de 16 de marzo de 1962.

Antes de pasar a tratar la SST, parece conveniente hacer referencia a los contenidos fundamentales de la citada Instrucción.

canonico, a cura di Z. Suchecki, Roma 2003, pp. 365-382; R. W. OLIVER, *"Sacramentorum Sanctitatis Tutela": Overview and Implementation of the Norms concerning the more Grave Delicts reserved to the Congregation for the Doctrine of the Faith*, in *CLSA Proceedings*, 65 (2003), pp. 151-172.

41 CDF, *Epistula a Congregatione pro Doctrina Fidei missa ad totius Catholicae Ecclesiae Episcopos aliosque Ordinarios et Hierarchas interesse habentes: De Delictis Gravioribus eidem Congregatio pro Doctrina Fidei reservatis*, 18.V.2001, en AAS 93 (2001), 785-788.

III.1.Antecedentes: la Instrucción Cimen Solicitacionis

Hay que empezar diciendo que en este documento de 1962[42] encontramos abundantes referencias al CIC 17 y a otras instrucciones anteriores que regulaban esta materia, por lo que parece, de algún modo, sintetizar la tradición y praxis canónica sobre este asunto[43]. Esto mismo planteaba no pocos problemas a la hora de interpretar o aplicar determinados delitos o penas, una vez entrado en vigor el CIC 83.

Más allá del ámbito de la tutela del sacramento de la penitencia, las normas de esa instrucción se seguían también para el juicio del crimen *pessimun*, que era definido como "quodcumque obscoenum factum externum, graviter peccaminosum, quomodocumque a clerigo patratum vel attentatum cum persona propii sexus" (n. 71). A efectos penales, se equiparaba al crimen *pessimo* las figuras de pedofilia y bestialidad (n. 73).

Ya desde el comienzo (n. 2) se reconoce a los Ordinarios del lugar (en el que el reo tiene la residencia) la competencia para conocer en primera instancia de estos crímenes. Por peculiares y graves razones, según la norma del c. 247 §2 del CIC 17, pueden llevarse a la Congregación del Santo Oficio, o puede ésta avocarlos a sí. Se prohíbe a los Superiores Religiosos entrometerse en estas causas (n. 4; cfr. c. 501 §1)

El Ordinario del lugar puede estar presente directamente o mandar a otro sacerdote para que conozca de la causa (n. 5). Aunque en razón del secreto el juez suele ser único, en los casos más difíciles se pueden asociar dos asesores elegidos entre los

42 *Instructio de modo procedendi in causis sollicitationis*, Typis Polyglottis Vaticanis 1962.

43 Para conocer la praxis que se seguía en las causas de solicitación en confesión antes de la Instrucción de 1962, cfr. G. NÚÑEZ, *Las causas de solicitación en confesión*, en "Cuadernos Doctorales" 16 (1999), 127-189; H. LINENBERGER, *The false denunciation of an innocent confessor*, Washington 1949.

jueces sinodales (n. 6; cfr. c. 1575). También puede ser constituido un tribunal de tres jueces que actúe colegialmente.

El promotor de justicia, el defensor del reo y el notario deberán ser sacerdotes de probada virtud y pericia. Todos y cada uno de los pertenecientes al tribunal o que por su oficio conocen del caso, quedan sujetos al secreto del Santo Oficio, bajo pena de excomunión l.s. reservada exclusivamente al Romano Pontífice. El Ordinario queda obligado al secreto por ley; los demás prestarán juramento (n. 11).

Dada la peculiaridad del caso, lo normal es que la noticia del crimen se reciba por la denuncia del solicitado. Éste está obligado a denunciar al sacerdote solicitante en el plazo de un mes. El confesor tiene el grave deber de conciencia de amonestar al penitente para que cumpla con su obligación (n. 16; cfr c. 904). El fiel que no denuncie al reo en el plazo de un mes, incurre en una excomunión no reservada a nadie, de la que sólo puede ser absuelto después de cumplir con la obligación de la denuncia (n. 18; c. 2368 §2). Las denuncias anónimas no son tenidas en cuenta, como norma general. (n. 20).

En la recepción de la denuncia se sigue un orden establecido. Pero si por las circunstancias del caso o la urgencia o gravedad no era posible, se permiten otras formalidades: denuncia recibida por el confesor, denuncia por relación escrita del denunciante, etc (nn. 23-26).

Recibida la denuncia, el Ordinario debe notificarlo cuanto antes al Santo Oficio y al ordinario del lugar del reo, si es el caso (n. 66). Contactará también cuanto antes con el promotor de justicia para tratar sobre el caso. Si no llegan a un acuerdo acerca de si la acción entra dentro del tipo delictivo, en el plazo de 10 días enviarán la denuncia al Santo Oficio. Si se concluye que no hay delito, se guardarán los documentos en archivo secreto. Si hay consenso sobre el crimen, se pasa a la fase inquisitiva (nn. 27-28).

En esta inquisición especial se trata de averiguar si la denuncia tiene fundamento y cual es. Lo mejor es que la inquisición se extienda a tres aspectos (nn. 29ss.).

El primero versa sobre los antecedentes del denunciado. Se comprobará si hay alguna otra acusación anterior, aunque sea de otra materia.

También hay que examinar la consistencia de la denuncia. Primero se valorará la forma que se ha seguido en la denuncia. Es necesario que tenga visos de verdad y forma judicial. Se examinará igualmente a dos testigos, siempre que sea posible sacerdotes, que conozcan al denunciado y al denunciante, para tratar sobre la buena fama y costumbres de uno y otro, posible enemistad...

Por último, se procurará interrogar a otras personas que hayan podido ser solicitadas por el mismo sacerdote o que puedan dar alguna información de interés. Personas de las que no raramente se tiene noticias a través de la denuncia.

Una vez concluida la inquisición, el Ordinario, oído el promotor de justicia, debe decidir si destruir la denuncia por carecer de fundamento; si archivar los documentos, con o sin monición para el sacerdote; o citar al sacerdote ante el tribunal (nn. 42-46).

Una vez ante el tribunal se le comunicará la denuncia y las graves razones y sospechas que recaen sobre él (nn. 47-54), intentando que confiese el crimen. Si no ocurre eso, se pasará al interrogatorio del reo, según un modelo previsto.

Posteriormente se transmitirán las actas al Ordinario, que a no ser que proceda el mismo a dar la sentencia definitiva, delegará en otro juez, a ser posible distinto del inquisidor. Éste dará tiempo para que la defensa alegue lo que crea conveniente. Posteriormente, el promotor de justicia, conocido el documento de la defensa, redactará su requisitoria. El juez deberá a partir de ahora dar una sentencia en conciencia. Esta será condenatoria, absolutoria o dimisoria (al quedar dudas por falta de pruebas). Tanto el reo como el promotor de justicia tienen derecho de apelar al Santo Oficio en el plazo de diez días desde la solemne intimación de la sentencia (nn. 55-60). Acabado el proceso, se notificará al Santo Oficio, y si el reo es religioso, también a su Superior general (n. 67).

Las penas a imponer son las previstas en el canon 2368 §1 del CIC 17: "el que cometiere el delito de solicitación (...) debe ser suspendido de celebrar Misa y de oír confesiones sacramentales, y si la gravedad del delito lo reclama, debe ser declarado también inhábil para oírlas; debe privársele de todos los beneficios y dignidades, y de voz activa y pasiva, y decláresele inhábil para todo esto, y en los casos más graves debe también degradársele". A la hora de elegir la gravedad de la pena se han de tener en cuenta algunas circunstancias, como el número de personas solicitadas, su condición, su edad, la forma de hacer la solicitación, etc (n. 62-64). Tales penas sólo pueden ser remitidas por el Santo Oficio (n. 65).

III.2.Normas sustanciales

Como hemos comentado antes, las normas (ni sustanciales ni procesales) no fueron publicadas. Continuando con un modo de proceder ya tradicional, algún autor informó bastante extensamente del contenido de esas normas[44]. Tendremos que acudir a ellos necesariamente para dar noticia de su articulado.

44 Cfr. V. DE PAOLIS, *Norme de Gravioribus delictis riservati alla Congregazione per la dottrina della fede*, en "Periodica", 91 (2002), 273-312. En W.H. WOESTMAN, *Ecclesiastical Sanctions and the Penal Process. A Commentary on the Code of Canon Law*, Ottawa 2003, pp. 303-309 y 314-316, se publicaron las normas completas y algunas modificaciones posteriores. La revista "Ius Ecclesiae", XVI (2004), pp. 312-321, publicó exactamente lo mismo que Woestman .

En al art. 1 se declara la competencia de la CDF para conocer de los delitos más graves contra las costumbres y en la celebración de los sacramentos y procede cuando el caso lo requiere a declarar o imponer sanciones canónicas.

En los art. 2-4 se describen los delitos reservados a la CDF. Cuatro delitos contra el sacramento de la Eucaristía, tres contra el sacramento de la Penitencia y uno contra las costumbres. En la carta de la CDF se señala que sólo esos delitos quedan reservados a la Congregación, así como su definición.

III.2.a. Delitos contra la Eucaristía

Los delitos contra la Eucaristía son:

Llevar o retener con fines sacrílegos o arrojar por tierra las especies consagradas. Se trata del delito contenido en el c. 1367. Para su correcta interpretación hay que tener en cuenta la respuesta del Pontificio Consejo Para la Interpretación de los Textos Legislativos de 4 de junio de 1999[45]. No hay, por tanto, ninguna novedad que comentar.

Atentar la celebración litúrgica del Sacrificio de la Eucaristía o simularla. En el c. 1378 §2 se contemplan diversos delitos consistentes en la tentativa de celebrar o administrar algún sacramento. En el c. 1379 se castigan diversos delitos de simulación de celebración litúrgica de sacramentos. El delito reservado es sólo el de la tentativa (por parte de quien no ha recibido el sacerdocio) o simulación (el caso de un sacerdote que excluye expresamente la intención de consagrar o usa una materia inválida; si el sujeto no es sacerdote estaríamos en el supuesto anterior) de la

45 AAS 91 (1999), 918: "D. Utrum in c. 1367 CIC et 1442 CCEO verbum "abicere" intellegatur tantum ut actus proiciendi necne. R. *Negative et ad mentem.* Mens est quamlibet actionem Sacras Species voluntarie et graviter despicientem censendam esse inclusam in verbo "abicere"".

celebración de la Eucaristía. Aparte de esto, el delito exactamente el mismo que el descrito en los cánones citados.

El tercer delito reservado es el de la concelebración eucarística con ministros de comunidades eclesiales que no tienen sucesión apostólica y no reconocen la dignidad del sacramento del orden. En la *communicatio in sacris* o participación en el culto litúrgico o en la administración de los sacramentos de personas de diferentes comunidades eclesiales que no están en plena comunión, se ha de evitar siempre ofender la unidad de la Iglesia, la adhesión formal al error, el peligro de errar en la fe, el escándalo o el indiferentismo. En esos casos estaría prohibida por derecho divino[46]. Salvado lo anterior, el CIC 83 la permite en determinados supuestos (c. 844). En cuanto al sacramento de la Eucaristía, según el c. 908 "está prohibido a los sacerdotes católicos concelebrar la Eucaristía con sacerdotes o ministros de Iglesias o comunidades eclesiales que no están en comunión plena con Iglesia Católica". La Eucaristía es el sacramento de la unidad, su celebración significa la plenitud de la profesión de la fe y de la comunión en la Iglesia[47]. El caso de concelebración con ministros de Comunidades eclesiales que no están en plena comunión supondría un signo que contrastaría con la verdad. No podría significar la unidad, en el caso que nos ocupa, precisamente por falta de unidad[48]. El c. 1365 castiga la *communicatio in sacris* prohibida en toda su amplitud. El m.p. SST sólo se fija en la concelebración eucarística. Serían posibles supuestos de diversa gravedad según el grado de comunión de los concelebrantes. El delito grave reservado a la CDF en SST es el de concelebración con ministros de comunidades eclesiales que no tienen sucesión

46 Cfr. Decreto *Orientalium Ecclesiarum*, art. 26, en AAS 57 (1965), 76-89.

47 Cfr. SECRETARIADO PARA LA UNIÓN DE LOS CRISTIANOS, Instr. *In quibus rerum*, de 25.V.1972, n. 4, en AAS 64 (1972) 522.

48 Cfr. A. MARZOA, *Comentario al c. 908*, en INSTITUTO MARTÍN DE AZPILCUETA, *Código de Derecho Canónico. Edición bilingüe y anotada*, 6ª ed., Pamplona 2001.

apostólica y no reconocen la dignidad sacramental del sacerdocio. La norma, por tanto, responde a la diferencia objetiva de gravedad y tiene una clara sensibilidad ecuménica[49].

El cuarto delito es totalmente nuevo. Las palabras exactas empleadas por el m.p. SST son: "Congregationi pro Doctrina Fidei reservatur quoque delictum quod consistit in consecratione in sacrilegum finem alterius materiae sine altera in eucharistica celebratione, aut etiam utriusque extra eucharisticam celebrationem. Qui hoc delictum patraverit, pro gravitate crimine puniatur, non exclusa dimissione vel depositione" (art. 2 §2). El delito consiste en consagración con fin sacrílego de una especie sin la otra o ambas fuera de la celebración Eucarística. El CIC prohíbe de modo determinante tales acciones: "Está terminantemente prohibido, aun en caso de extrema necesidad, consagrar una materia sin la otra o ambas fuera de la celebración eucarística" (c. 927). Pero no existía una norma penal paralela, por eso el m.p. SST establece también la pena correspondiente. El sacrificio Eucarístico viene significado por las especies del pan y del vino. Si se consagrara sólo una especie faltaría el signo esencial del sacrificio Eucarístico. A su vez, la consagración de las especies encuentra su sentido dentro de la Santa Misa. La norma exige, para que haya delito, la concurrencia de un fin sacrílego.

III.2.b. Delitos contra el sacramento de la Penitencia

El art. 3, 1º trata del delito de absolución del cómplice en un pecado contra el sexto mandamiento del Decálogo. El c. 977 establece que "fuera de peligro de muerte, es inválida la absolución del cómplice en un pecado contra el sexto mandamiento del decálogo". Al violarse esa norma se comete el delito, tal y como está tipificado en el c. 1378 §1. El m.p. no aporta ninguna novedad.

49 Piénsese en los hermanos Ortodoxos y en los Viejos Católicos. Cfr. V. DE PAOLIS, *Norme de Gravioribus delictis riservati alla Congregazione per la dottrina della fede*, cit., pp. 302-303.

Otro delito repetidamente incluido entre los más graves es el de solicitación en confesión (art. 3, 2º). El c. 1387 lo formula del siguiente modo: "El sacerdote que durante la confesión, o con ocasión o pretexto de la misma, solicita a un penitente a un pecado contra el sexto mandamiento del Decálogo". Puede cometer el delito un sacerdote; un sujeto que ha recibido el sacramento del orden, aunque no posea facultades para confesar. La acción consiste en solicitar, incitar positivamente, a cometer un pecado contra el sexto mandamiento del Decálogo, independientemente de los medios empleados y de la persona con la que se le incita a pecar. La doctrina entiende que entraría dentro de la figura de solicitación aconsejar o dar por lícitas prácticas contrarias a la moral sexual (contraceptivos, masturbación, relaciones prematrimoniales...)[50]. La relación con el sacramento de la Penitencia queda bien remarcada en el canon: "durante la confesión, o con ocasión o pretexto de la misma"[51]. La figura es una tenta-

50 Cfr. V. DE PAOLIS, *Norme de Gravioribus delictis riservati alla Congregazione per la dottrina della fede*, cit., p. 307; G. NÚÑEZ, *La competencia penal de la Congregación para la Doctrina de la Fe. Comentario al m.p. "Sacramentorum Sanctitatis Tutela"*, en "Ius canonicum", XLIII (2003), p. 379; J. LLOBELL, *I delitti reservati alla Congregazione per la dottrina della fede*, en GRUPPO ITALIANO DOCENTI DI DIRITTO CANONICO (a cura di), *Le sanzioni nella Chiesa. XXIII Incontro di studio. Abbazia di Maguzzano, 1-5 luglio 1996*, Milano 1997, p. 269.

51 La formulación del delito tiene su origen en Const. de Benedicto XV *Sacramentum Poenitentiae*, de 1 de junio de 1741, y fue recibido tal cual en el CIC 17, que adjuntaba la citada Constitución como un documento normativo vigente. El delito era descrito como el de los sacerdotes que "en el acto de la confesión sacramental, o antes, o inmediatamente después de ella, o con ocasión o bajo pretexto de la misma, o también fuera de la oportunidad de la confesión, pero en el confesonario, o en otro lugar destinado o elegido para oír confesiones, fingiendo oír allí la confesión, intentaren solicitar o inducir a cosas deshonestas o torpes a algún penitente, quienquiera que sea, con palabras, señales, gestos o tocamientos, o por medio de escritos, que entonces o luego haya de leer, o temerariamente tuvieran con él conversaciones o manejos ilícitos y deshonestos (...)". La descripción del CIC es más sencilla, pero la figura es sustancialmente la misma. Arias comenta los elementos esenciales de la Consti-

tiva, pues es irrelevante que el sacerdote consiga su propósito. Una tentativa configurada como delito perfecto. La CDF en este caso, sin variar la formulación del delito hecha en el canon 1387, sólo se reserva el supuesto de la solicitación del sacerdote al penitente a cometer un pecado contra el sexto mandamiento con el mismo sacerdote. Se entiende que esta posible manifestación del delito reviste una especial gravedad.

El m.p. SST, en su art. 3, 3º enumeraba la violación directa del sigilo sacramental como el último delito contra el sacramento de la Penitencia reservado a la CDF. Sin embargo, en una audiencia concedida por el Romano Pontífice al Card. Ratzinger, de 7 de febrero de 2003, se aprobó la propuesta de incluir dentro de los delitos reservados la violación indirecta del sigilo sacramental[52] y el delito consistente en "captio quovis técnico instrumento facta aut evulgatio sociales communicationis instrumentis operata quae in sacramentali confessione a confessario vel a paenitente dicuntur (Decretum Congregationis pro Doctrina Fidei diei 23 septembris 1988: AAS 70 [1988] 1367)"[53].

La violación del sigilo sacramental consiste en la revelación por parte del confesor (no sólo sacerdote) del objeto del sigilo, es decir, de todos los pecados, propios o de otros, manifestados por el penitente en orden a la absolución, y la identidad del pecador.

tución del siguiente modo: " La solicitación ha de hacerse en el *acto* de la confesión: ésta comienza con el saludo del penitente y termina con la absolución; con *ocasión*: si el penitente se acercó para confesarse, aunque no llegase a hacerlo debido a la solicitación; bajo *pretexto*: cuando se alega falsamente la confesión para poder realizar la solicitación. La Const. añade "o también fuera de la confesión, pero en el confesionario o en otro lugar destinado o elegido para oír confesiones, fingiendo oír allí la confesión": esta circunstancia la consideramos incluida en el "pretexto", ya que, si no con la palabra, sí con el gesto o comportamiento se está alegando la confesión para solicitar" (J. ARIAS, *Comentario al c. 1387*, en INSTITUTO MARTÍN DE AZPILCUETA, *Código de Derecho Canónico. Edición bilingüe y anotada*, 6ª ed., Pamplona 2001.)

52 Cfr. "Ius Ecclesiae" (2004), p. 320

53 *Ibidem.*

Se produce violación indirecta cuando se revela el contenido propio del objeto del sigilo junto con circunstancias que ponen en riesgo la revelación del propio penitente.

El otro delito contra el sacramento de la Penitencia consiste en la captación mediante algún instrumento técnico, o divulgación en un medio de comunicación social, las palabras del confesor o el penitente, sea la confesión verdadera o fingida, propia o de un tercero.

En todos los delitos contra el sacramento de la Penitencia, el Tribunal no puede revelar el nombre del denunciante ni al acusado ni al abogado, a no ser que el denunciante lo permita expresamente (art. 20 §1). Dado el quebranto que esto puede suponer para la defensa del denunciado, el tribunal debe cerciorarse seriamente de la credibilidad del denunciante (art. 20 §2). En cualquier caso, se ha de evitar todo peligro de violar el sigilo sacramental (art. 20 §3).

III.2.c. Delito contra la moral

En este ámbito, el único delito reservado es el delito sexual cometido por un clérigo con un menor de dieciocho años. Concretamente, el texto de SST (art. 4 §1) dice: "Reservatio Congregationi pro Doctrina Fidei extenditur quoque ad delictum contra sextum Decalogi praeceptum cum minore infra aetatem duodeviginti annorum a clerigo commisum"

La SCSO definía en 1962 este crimen del siguiente modo: "nomine criminis pessimi heic intellitur quodcumque obscoenum factum externum, graviter peccaminosum, quomodocumque a clerico patratum vel attentatum cum persona proprii sexus vel cum impuberibus cuiusque sexus"[54]. Así entendido, la SCSO se

54 S.S. CONGREGATIO SANCTI OFFICII, *Notificatio ad Supremos Moderatores Institutorum perfectionis de modo procedendi contra religiosos reos criminis pessimi*, 1.VIII.1962, en X. OCHOA, *Leges Ecclesiae*, vol. 3, n. 3072, N.B. n. 1.

reservaba algunos de los supuestos previstos en los cc. 2358 y 2359, tal y como estaban allí configurados. Se consideraban reservados dentro del *crimen pessimum* el delito con un menor, la homosexualidad y la bestialidad[55].

El delito venía configurado en el código vigente como el delito contra el sexto mandamiento cometido por un clérigo con un menor que no haya cumplido dieciséis años de edad (cfr. c. 1395).

Para hacer frente a los delitos de pedofilia en EE.UU., la Secretaría de Estado promulgó una norma *ad experimentum*, con un plazo de vigencia de cinco años, para su aplicación por la Conferencia Episcopal de ese país[56]. Contenía una serie de novedades respecto al régimen vigente.

1. Ampliaba de 16 a 18 años la edad prevista en el c. 1395 §2. Se establecía la mayoría de edad de acuerdo con el c. 97 §1.
2. La acción criminal prescribía cuando la víctima cumplía 28 años. Si el delito era denunciado cuando la víctima tenía 28 años, el promotor de justicia estaba legitimado para ejercitar la acción criminal.
3. El delito era competencia del Tribunal de la Rota Romana.

Entre la doctrina se puede consultar a U. LÓPEZ, *De crimine pessimo inter alios*, en "Periodica", 27 (1938), 32-35; A. YANGUAS, *De crimine pésimo et de competentia S. Officii relate ad illud*, en "Revista Española de Derecho Canónico", 1 (1946), p. 431.

55 Cfr. V. DE PAOLIS, *Norme De gravioribus delictis...*, cit., pp. 286-287, nota 21.

56 Cfr. SEGRETERIA DI STATO, *Rescritto "ex audientia Ss.mi" in favore della Conferenza episcopale degli USA sulla deroga "ad tempus" di norme penali e processuali riguardanti i cann. 1395 § 2 e 1362 § 1, 1º*, 25.IV.1994. Versión inglesa en CANON LAW SOCIETY OF AMERICA, *Proceedings of the 56th Annual Convention (Atlanta, Georgia. October 10-13, 1994)*, Washington, 1994, p. 63; también en "Ius Ecclesiae", 8 (1996), p. 193.

4. La norma no era de carácter retroactivo. Había una norma transitoria para los casos anteriores a la entrada en vigor de esa norma, que era el día de su publicación (25.IV.94).

A partir del m.p. *Sacramentorum sanctitatis tutela*, el delito queda configurado como el cometido por un clérigo con un menor de 18 años. El delito reservado a la CDF ya no incluye la homosexualidad ni la bestialidad. Se puede decir, por tanto que se trata de un delito nuevo. El m.p. deroga el c. 1362, que establecía que la acción criminal por los delitos del c. 1395[57] prescribía a los 5 años. Ahora el plazo de prescripción es de 10 años, que empiezan a contar desde el momento en que la víctima cumple 18 años. La Iglesia había excluido hasta ahora los *delicta graviora* reservados a la CDF de toda prescripción. El Santo Padre concedió el 7 de noviembre de 2002 a la Congregación para la Doctrina de la Fe la facultad de derogar la prescripción caso a caso. Parece haber una tendencia por parte de algunos autores que propugnan volver a la antigua regulación, de modo que los *delicta graviora* reservados a la CDF no estuviesen sujetos a prescripción[58].

Las *Essential Norms*[59], en su preámbulo, se refieren al abuso de menores como "una infracción externa y objetivamente grave

57 Para un estudio de los delitos tipificados en el c.1395, cfr. J. BERNAL, *Regulación de los "delitos contra el sexto mandamiento". El c. 1395*, en "Fidelium iura" 13 (2003), pp. 49-70.

58 C.J. SCICLUNA, *Sexual abuse of Children and Young People by Catholic Priests and Religious: description of the problem from a Church perspective*, en PONTIFICIA ACADEMIA PRO VITA, *Sexual Abuse in the Catholic Church. Scientific and legal perspectives*, Città del Vaticano 2004, p. 20.

59 Los obispos americanos elaboraron unas normas de actuación para los casos de abusos de menores. Cfr. UNITED STATES CONFERENCE OF CATHOLIC BISHOPS, *Essential Norms for Diocesan/Eparchial Policies Dealing with Allegations of Sexual Abuse of Minors by Priests or Deacons.* El documento fue aprobado por la Asamblea plenaria (Dallas, 13-15.VI.2002) y revisado en un *General Meeting* (Washington, 11-14.XI.2002). Cuenta con el reconocimiento de la Congregación para los Obispos (8-XII-2002). Acerca de la crisis provocada por los

del sexto mandamiento"[60]. Al intentar describir tal violación, se afirma que "no tiene por qué consistir en acto completo de cópula", ni debe necesariamente suponer fuerza, contacto físico o un resultado perjudicial discernible para considerarse objetivamente grave. Algún autor mantiene que cualquier violación externa del sexto mandamiento del decálogo en la que esté involucrado un menor es relevante a estos efectos[61]. Pero el concepto de abuso así delimitado resulta ser muy amplio, y la *gravedad objetiva* de la que se habla queda un tanto difuminada. Cabría plantearse si una violación externa del sexto mandamiento que en sí misma no fuera objetivamente grave, sí se considerara grave como para ser punible por el hecho de estar involucrado un menor.

Hay que tener en cuenta que el sacerdote, por su posición en la Iglesia, está en una situación de autoridad y de confianza con respecto a los fieles. Por ello, es muy probable que el sacerdote que cometa alguno de los delitos anteriores incurra en una circunstancia agravante (c. 1326 §1). También podría darse el caso

casos de abusos, cfr. G. WEIGEL, *El coraje de ser católico*, Barcelona 2003; P. JENKINS, *Pedophiles and priests: Anatomy of a Contemporary Crisis*, Oxford University Press Inc, USA, 2001; S. ROSSETTI, *A Tragic Grace*, Collegeville, Minnesota 1996; N. FRIBERG-M. LAASER, *Before the fall*, Collegeville, Minnesota 1998. Acerca de la naturaleza de las "Essential Norms", cfr. L. NAVARRO, *Las " Essential Norms" de la Conferencia episcopal de los Estados Unidos y su repercusión en la condición canónica del clérigo*, en "Fidelium iura" 13 (2003), pp. 19ss. Cfr. también, J.L. SÁNCHEZ-GIRÓN RENEDO, *La crisis en la Iglesia de Estados Unidos: normas propuestas por la Conferencia Episcopal*, en "Estudios eclesiásticos" 77 (2002), pp. 631-660.

60 Utilizamos aquí la traducción castellana de "Ecclesia" (nº 3.133, 28 de diciembre de 2002, pp. 36-38).

61 C.J. SCICLUNA, *Sexual abuse of Children and Young People by Catholic Priests and Religious: description of the problem from a Church perspective*, cit., p.19. En este mismo lugar se da noticia de que la reciente praxis de la CDF ha establecido que el bajarse o trasvasar (*downloading*) material pornográfico con menores desde la red al ordenador encaja dentro del "delictum gravius" al que nos referimos.

de que cometiera un delito de abuso de la potestad eclesiástica o del cargo (cfr. c. 1389 §1).

El c. 1346, 2º, establece que el juez eclesiástico puede abstenerse de imponer la pena, o imponer una pena más benigna, si el reo "ya sido suficientemente castigado por la autoridad civil o se prevé que lo será". Pienso que en estos casos la autoridad eclesiástica debe actuar siempre. Difícilmente se entendería, por ejemplo, que un sacerdote fuera encarcelado y que su situación jurídica dentro de la Iglesia siguiera intacta. Es más, ese tipo de acciones, sobre todo el abuso de menores, quizá sea síntoma de una falta de idoneidad para el sacerdocio.

Dada la novedad en la formulación del delito, el art. 4 §2 de SST establece una pena preceptiva indeterminada, sin excluir, en los casos más graves, la expulsión del estado clerical.

En el c. 292 se indican los efectos básicos de esta pena. El sacerdote castigado con esta pena:

1. Pierde los derechos propios del estado clerical, incluido el derecho a la sustentación (cfr. c. 1350 § 1), aunque la Iglesia atenderá de la "mejor manera posible a la necesidad de quien, habiendo sido expulsado del estado clerical, se encuentre en estado de verdadera indigencia por razón de la pena" (§ 2).
2. Deja de estar sujeto a las obligaciones del estado clerical, excepto a la obligación del celibato, cuya dispensa sólo la puede conceder el Romano Pontífice (cfr. c 291).
3. Tiene prohibido ejercer la potestad de orden, salvo en caso de tener que absolver a un penitente en peligro de muerte (cfr. c. 976).
4. Queda privado de todos los oficios, funciones y de cualquier potestad delegada.

Se entiende que esta pena se impone a perpetuidad, ya que "el clérigo que ha perdido el estado clerical no puede ser adscrito de nuevo entre los clérigos, sino es por rescripto de la Sede Apostólica" (c. 293).

La pérdida del estado clerical puede producirse por rescripto de la Sede Apostólica, previa petición del clérigo (cfr. C. 290, 2º). La experiencia ha demostrado que no siempre se cuenta con esta colaboración voluntaria del ordenado, en casos de abuso sexual de menores. Esta es la razón por la que los obispos de EE.UU. demandaron a la Sede Apostólica un procedimiento administrativo para solicitar *ex officio* al Santo Padre la expulsión del estado clerical.

Otra posibilidad es la imposición de la *pena* de expulsión del estado clerical como consecuencia de la comisión del delito. Por tratarse de una pena perpetua ha de ser impuesta mediante un proceso judicial (cfr. c. 1342 §2). El Romano Pontífice concedió a la CDF (7.II.2003) la facultad de dispensar del art. 17 de SST, que prescribe el proceso judicial para las causas de los supuestos más graves y claros de los *delicta graviora*. De este modo, se podrían elevar al Santo Padre para la dimisión *ex officio* o seguir el rito abreviado del c. 1720 para imponer la pena mediante decreto extrajudicial. En este último caso, el Ordinario deberá pedir a la CDF la conminación de la pena por decreto. Como es sabido, esta posibilidad está contemplada también, para los casos mas graves, en las *Essental Norms*[62].

Algunos han visto en esto un serio inconveniente, pues en la práctica resulta muy difícil su imposición en algunos supuestos en los que concurren alteraciones psicológicas de diverso tipo, como puede ser la pedofilia. Efectivamente, la pedofilia y la efebofilia están dignosticadas como formas de enfermedad mental, que pueden provocar una carencia temporal del uso de razón o un uso imperfecto de razón, lo que eximiría de la pena o la atenuaría. De esta manera no se incurriría en esa pena.

Ante esa situación se ha recurrido con frecuencia al c. 1044 §2, 2º, declarando al clérigo irregular para ejercer las órdenes reci-

62 UNITED STATES CONFERENCE OF CATHOLIC BISHOPS, *Essential Norms for Diocesan/Eparchial Policies Dealing with Allegations of Sexual Abuse of Minors by Priests or Deacons*, cit., nº 10.

bidas "hasta que el Ordinario, habiendo consultado con un experto, le permita el ejercicio del orden"[63]. En muchos casos los psiquiatras o psicólogos se han demostrado reacios a declarar la curación del clérigo, de modo que pueda volver a ejercer el ministerio, para evitar demandas y riesgos futuros. Eso puede provocar una situación de permanente no asignación de oficio o cargo, que no parece muy recomendable[64]. En otros casos, desgraciadamente, los clérigos han sido declarados "curados" por los expertos, y, sin embargo, han vuelto a abusar reiteradamente.

A la hora de valorar la imposición o no de la pena de expulsión del estado clerical o la reasignación a un oficio del clérigo que ha cometido recientemente un abuso de estas características, necesariamente hay que tener en cuenta el pronóstico y las posibilidades reales de sanación en el caso concreto[65]. Esto exige distinguir adecuadamente las distintas categorías. No es lo mismo un supuesto de pedofilia, es decir el caso de un abuso a un joven pre-puberal, que de efebofilia, en el que la víctima es un joven post-puberal. La pedofilia propiamente dicha tiene peor pronóstico. Tanto en un caso como en otro, hay que distinguir entre el clérigo que sólo siente atracción por menores o por menores y adultos indistintamente. Este último da muchas esperanzas de recuperación con el tratamiento adecuado, mientras que en el primero el horizonte es mucho más sombrío. Otro parámetro importante es el recurso a la violencia para perpetrar el abuso. Se trata de un dato muy negativo. Por lo tanto, un sacerdote que ha cometido un abuso con un menor post-puberal, que no siente impulsos de modo exclusivo hacia menores, si no también hacia

63 Para un studio más atento de esta cuestión, cfr P. LAGGES, *The Use of Canon 1044§2, 2 in the Removal of Parish Priests*, en "Studia Canonica" 30 (1996), pp. 31-69.

64 Sobre este argumento y otros relacionados, cfr. N.P. CAFARDI, *Stones Instead of Bread: Sexually Abusive Priests in Ministry*, en "Studia canonica", 27 (1993), pp. 145-172.

65 Cfr. *Ibidem*, pp.163ss y la bibliografía allí indicada.

adultos, y no es agresivo, presenta muchas posibilidades de curación. Podría ser razonable entonces volver a encomendarle una tarea pastoral en el futuro.

Todo lo anterior hace que las posibilidades de tratamiento del clérigo acusado no se reduzcan a la esfera penal, sino que también abarquen el ámbito pastoral y terapéutico, sobre todo en los casos en los que la imputabilidad puede estar sensiblemente disminuida[66].

También se deben valorar las diferentes situaciones posibles[67]. No es lo mismo, evidentemente, el caso de un clérigo que ha abusado repetidas veces de un menor, que el que abusó hace ya años y después de un tratamiento adecuado se ha recuperado y ha venido ejerciendo satisfactoriamente su oficio. Tampoco es comparable la pederastia con el supuesto de un clérigo involucrado en un pecado externo permanente con un adulto. En cualquier caso, no se debe perder de vista el daño o riesgo de daño para los fieles y la entera comunidad eclesial.

III.3. Normas procesales

III.3.a. Constitución y competencia de los tribunales

La CDF es el Tribunal Supremo Apostólico competente para los *delicta graviora* en la Iglesia Latina y Oriental (art. 6 §1)[68] y

66 Cfr. T.J. GREEN, *Comentario al c. 1395*, en J.P. BEAL, J.A. CORIDEN, T.J. GREEN, *New Commentary on the Code of Canon Law*, New York 2000, p. 1600.

67 Para aquilatar adecuadamente todas estas circunstancias, resulta de capital importancia la investigación preliminar del proceso. Sobre este particular, cfr. P. LAGGES, *El proceso penal. La investigación preliminar del c. 1717 a la luz de las "Essential Norms" de la Conferencia Episcopal de los EE.UU.*, en "Fidelium iura" 13 (2003), pp. 71-118.

68 Queda definitivamente aclarada la duda introducida por normas dadas *ad experimentum* para la Conferencia Episcopal de EE.UU., que establecía que el tribunal competente era la Rota Romana. Vid. Apartado III.2.c.

conoce también otros delitos por motivos de conexión de personas como de complicidad (§2). Sus sentencias no se someten a la aprobación del Romano Pontífice (§3) y son, por lo tanto, apelables.

En el art. 7 se establece que los jueces del Tribunal Supremo de la CDF son *ipso iure* todos los miembros de la Congregación, es decir, los Cardenales y Obispos (PB art. 3 §3). El colegio de jueces es presidido por el Prefecto, que en caso de ausencia o impedimento es sustituido por el Secretario de la Congregación. De entre los Padres de la CDF se elegirán los jueces que formarán los diversos turnos, de primera, segunda o ulterior instancia. Corresponde al Prefecto nombrar jueces estables o *ad casum* entre miembros que no pertenecen al colegio de la Congregación y que trabajen como jueces o consultores de otros dicasterios, en el caso, por ejemplo, de que haya miembros de la Congregación que no sean expertos en Derecho canónico o no puedan ejercer como jueces. Conviene que estos jueces nombrados sean sacerdotes de edad madura, doctores en Derecho canónico y deben sobresalir por sus buenas costumbres y sana doctrina (art. 8).

Entre el personal del Tribunal están incluidos los abogados y procuradores, que han de ser sacerdotes, doctores en Derecho canónico (art. 11). Para el oficio de notario o canciller se han de nombrar sacerdotes, sean o no de la Congregación (art. 10). El promotor de justicia ya no forma parte de la estructura estable de la Congregación. Puede ser nombrado *ad casum* o de forma estable, pero sin formar parte de la estructura permanente de la Congregación. Ha de ser doctor en Derecho canónico, de buenas costumbres, prudente (art. 9).

En los tribunales inferiores, cuando se trata de juicios por los *delicta graviora*, los jueces, el promotor de justicia, los notarios y los abogados han de ser sacerdotes.

El Papa concedió, el 7 de febrero de 2003, a la CDF la facultad de dispensar del requisito del sacerdocio y del doctorado en Derecho canónico. Al menos serán licenciados en derecho canónico.

Cuando el Ordinario o Jerarca[69] tenga noticia de la comisión de alguno de estos delitos, debe realizar la investigación previa conforme a los cc. 1717-1718 del CIC83 y, una vez acabada, la enviará (las actas) a la CDF. Ésta, a no ser que por la existencia de circunstancias o motivos especiales se avoque la causa en primera instancia, dará mandato al Ordinario de iniciar el proceso. El tribunal de apelación será el Tribunal Supremo de la CDF (art.13). Los tribunales inferiores siguen manteniendo, por lo tanto, su competencia sobre estos delitos.

Si el caso es llevado directamente a la Congregación sin haber realizado la investigación previa, la CDF se encargará de ello (art. 14). Cuando la CDF actúa como tribunal de primera instancia, el de segunda instancia será otro turno del propio Tribunal de la CDF (art. 16). Tanto en primer como en segundo grado el Presidente del turno que juzga puede, a instancias del promotor de justicia, proceder a imponer la medidas cautelares previstas en el c. 1722.

III.3.b. Orden judicial

En todos los supuestos de *delicta graviora* se procede mediante procedimiento judicial, sea o no perpetua la pena prevista (arts. 17 y 18). En este sentido, SST es más rigurosa que el CIC (c. 1342 y 1425 §1, 2º)[70]. En el juicio de estas causas se seguirán las normas de SST y las de los respectivos códigos relativas al Derecho penal y al proceso penal (art. 26).

69 Hay que hacer notar que aunque en las normas sólo se habla de Ordinario o Jerarca, la Carta de la CDF va dirigida "por orden del Sumo Pontífice a todos los obispos de la Iglesia Católica, superiores generales de los institutos religiosos sacerdotales de derecho pontificio y de las sociedades sacerdotales de vida apostólica de derecho pontificio, así como a los demás ordinarios y jerarcas a quienes corresponda".

70 Como recordado antes, la CDF tiene la facultad de dispensar del art. 17.

Una vez finalizada la causa en un tribunal inferior, todas las actas han de transferirse a la CDF (art. 22). Es importante señalar que la CDF tiene facultad de sanar los actos judiciales en el caso de que se hayan violado las leyes procesales en el juicio de estos delitos por parte de los tribunales inferiores[71]

Si en segunda instancia el promotor de justicia introduce una acusación distinta, el tribunal de la CDF puede admitirla y juzgarla como en primera instancia (art. 19).

Estas causas están sujetas al secreto pontificio (art. 25). Quien violare el secreto será castigado.

En el RGCR, art. 36 §2, se establece que "con particolare cura sarà osservato il segreto pontificio, a norma dell'Istruzione Secreta continere del 4 febbraio 1974". En esa Instrucción se establecía que el secreto pontificio comprendía "las denuncias extrajudiciales que se reciban sobre delitos cometidos contra la fe y costumbres, y contra el sacramento de la Penitencia, así como el proceso y decisión sobre estas mismas denuncias, quedando siempre a salvo el derecho del acusado a conocer la denuncia, si ello es necesario para la propia defensa"[72]. Quedan obligados a guardar secreto pontificio "los Cardenales, Obispos (...) que tratan cuestiones sujetas al segreto pontificio y todos aquellos a quienes se impone el secreto pontificio en causas especiales"[73]

III.3.c. Plazo de prescripción

La acción criminal por un delito reservado a la CDF prescribe en el plazo de diez años (art. 5). El tiempo empieza a contar

71 En audiencia concedida por el Romano Pontífice al Card. Ratzinger el 14 de febrero de 2003.

72 SECRETARÍA DE ESTADO, Instr. *Secreta continere*, 4.II.1974: AAS 66 (1974), 90.

73 *Ibidem*, p. 91.

a partir del día en que se cometió el delito, o, en caso de un delito continuado o habitual, a partir del día en que cesó.

En el caso del delito de un pecado contra el sexto mandamiento del Decálogo con un menor de 18 años, el plazo empieza a correr el día en que el menor cumplió 18 años.

José Bernal Pascual
Universidad de Navarra

III.

NOVEDADES DE DERECHO CANÓNICO Y DERECHO ECLESIÁSTICO DEL ESTADO

NOVEDADES CANÓNICAS (1 noviembre 2003 - 31 diciembre 2004)[1]

1. ROMANO PONTÍFICE

1.1. Documentos magisteriales.

Exhortación apostólica postsinodal *Pastores gregis* (16 octubre 2003). Recoge el resultado de los trabajos de la X Asamblea general ordinaria del Sínodo de los Obispos, que versó sobre "El

1 Se incluyen algunas novedades de octubre de 2003 que no pudieron aparecer publicadas en el anterior boletín. Las fuentes citadas son las siguientes. AAS (*Acta Apostolicae Sedis*): volumen anual, fecha del fascículo y página. BOCEE (*Boletín Oficial de la Conferencia Episcopal Española*): número continuo del fascículo, fecha del mismo y página. Ecc (*Ecclesia*): número continuo del fascículo, fecha del mismo y página continua anual. OR (*L'Osservatore Romano*, edición semanal en lengua española): fecha del fascículo y página continua anual. En alguna ocasión se cita el servicio de *internet* de agencias de noticias (VIS: Vatican Information Service, ZS: Zenit en español) o alguna dirección *web*.

obispo, ministro del Evangelio de Jesucristo para la esperanza del mundo" (Vaticano, 27 septiembre-30 octubre 2001). La exhortación, además de la introducción y la conclusión, consta de siete capítulos: "I. Misterio y ministerio del obispo", "II. La vida espiritual del obispo", "III. Maestro de la fe y heraldo de la Palabra", "IV. Ministro de la gracia del supremo sacerdocio", "V. Gobierno pastoral del obispo", "VI. En la comunión de las Iglesias" y "VII. El obispo ante los retos actuales".. Algunos han tomado del n.12 de la exhortación la síntesis de todo el documento, en la cita de S.Gregorio Nacianceno "primero ser santos y después santificar" (ZS03101602). Pero también hay en el texto abundantes indicaciones de alcance jurídico. Consultando las citas, podemos comprobar que son numerosos los apartados de la exhortación que contienen referencias a cánones codiciales: n.8 (cann. 330, 336, 337, 375 CIC y 42, 49, 50 CCEO), n.13 (cann. 387 CIC y 197 CCEO), n.43 (cann. 381 CIC y 178 CCEO), n.44 (cann. 204, 208, 212 CIC y 7, 11, 15, 235-242 CCEO), n.48 (can.1051 CIC), n.55 (cann. 337, 749 CIC y 50, 597 CCEO), n.56 (cann. 331, 333, 336, 375, 381, 753 CIC y 43, 45, 49, 178, 600 CCEO), n.57 (cann. 399, 400 CIC y 206, 208 CCEO), n.58 (cann. 333, 343 CIC y 45 CCEO), n.61 (cann. 76, 77, 110, 149 CCEO), n.62 (cann. 437, 441, 443 CIC y 156 CCEO) y n.63 (cann. 381, 447, 450, 455, 459 CIC y 322 CCEO). También son tenidas en cuenta otras leyes pontificias, como la const. apost. *Apostolica sollicitudo* de 15 septiembre 65 (en el n.58 de la exhortación), la const. apost. *Pastor bonus* de 28 junio 1988 (en el n.57) el m.pr. *Apostolos suos* de 21 mayo 1998 (en los nn.8, 59 y 63) o el m.pr. *Misericordia Dei* de 7 abril 2002 (en el n.39). Texto íntegro en OR 17 octubre 2003, 523-542; Ecc n.3176, 25 octubre 2003, 1590-1634.

Carta apostólica *Spiritus et Sponsa* en el XL aniversario de la constitución conciliar *Sacrosanctum Concilium* sobre la sagrada liturgia (4 diciembre 2003). El Santo Padre recuerda los temas principales de dicha constitución. Expone que se ha pasado de una etapa de renovación aplicando los nuevos libros litúrgicos a una etapa de profundización en las riquezas que ellos encierran.

Para ello plantea la necesidad de una pastoral litúrgica marcada por la plena fidelidad a los nuevos rituales, corrigiendo los abusos que se produzcan. Propone hacer hincapié en la escucha de la Palabra de Dios, la celebración del domingo y el gusto por la oración (fomentando el rosario y otros ejercicios piadosos, introduciendo a los fieles en la Liturgia de las Horas y educándolos en la oración personal). AAS 96 (6 julio 2004) 419-427; OR 12 diciembre 2003, 643-644.

Carta apostólica *Mane nobiscum Domine* para el Año de la Eucaristía (7 octubre 2004). El Santo Padre ofrece algunas orientaciones de fondo sobre la celebración de dicho año, que había sido ya anunciado durante la santa misa en la solemnidad del *Corpus Christi* en la basílica de San Juan de Letrán (10 junio 2004). El Año de la Eucaristía comenzaría con el Congreso eucarístico internacional (del 10 al 17 octubre 2004 en Guadalajara, Méjico) y concluiría con la próxima Asamblea general ordinaria del Sínodo de los Obispos sobre la Eucaristía (del 2 al 29 octubre 2005). El Papa quiere que sea un año de síntesis, de culminación del camino recorrido desde la publicación en 1994 de la carta *Tertio millennio adveniente.* Pero el Sumo Pontífice no pretende interferir en los programas pastorales de cada Iglesia particular sino iluminarlos acentuando la dimensión eucarística. En este contexto, la carta contiene dos pasajes de interés jurídico: de una parte, al hablar de las condiciones para poder participar plenamente en la celebración eucarística, cita los cann.908 CIC y 702 CCEO; de otra parte, subraya cómo la Eucaristía proporciona un proyecto de vida que dota a la realidad humana de una dimensión trascendente, incluyendo una referencia pública a la fe que no debe temerse pueda menoscabar la justa autonomía del Estado y de las instituciones civiles ni fomentar actitudes intolerantes. OR 15 octubre 2004, 511-514; Ecc n.3227, 16 octubre 2004, 1510-1511. El Papa inauguró el Año de la Eucaristía desde Roma el 17 octubre 2004. OR 22 octubre 2004, 528-529.

1.2. Libros

¡Levantaos! ¡Vamos! (presentado el 18 mayo 2004), tercer libro escrito por Juan Pablo II durante su pontificado. Narra su experiencia –y reflexiona sobre ella- como obispo en Polonia (1958-1978) antes de ascender al solio papal. Presentación del libro por el cardenal Re en OR 28 mayo 2004, 286-287.

1.3. Documentos canónicos.

Quirógrafo (22 noviembre 2003) con ocasión del centenario del motu proprio *Tra le sollecitudini* sobre la música sagrada. El Santo Padre recuerda los principios enunciados por S.Pío X, tales como la necesidad de discernir la aptitud de las formas musicales para las celebraciones litúrgicas y la exigencia de una calidad o bondad de tales formas. La música sacra debe constituir una verdadera arte pero además debe adherirse a los textos que presenta, estar en consonancia con el tiempo y momento litúrgicos a que se destina y corresponder a los gestos del rito. Repropone el canto gregoriano para la liturgia romana sin excluir otros tipos de música sagrada, como la polifonía e incluso la música más moderna, pero para todos ellos el canto gregoriano será paradigma de composición sagrada y litúrgica. En cuanto a instrumentos musicales en la liturgia latina, otorga prioridad al órgano de tubos y considera que se pueden usar otros instrumentos vigilando su idoneidad. Insiste en la formación musical de los pastores y de los fieles y pide a la Congregación para el culto divino que intensifique su atención a la música sagrada litúrgica. AAS 96 (5 mayo 2004) 256-265; OR 12 diciembre 2003, 646-647; Ecc n.3183, 13 diciembre 2003, 1912-1916.

Carta apostólica *In loco ubi sanctus Stanislaus* (27 noviembre 2003) por la que se eleva a basílica menor la iglesia rectoral de S.Miguel Arcángel y S.Estanislao Obispo en Cracovia. AAS 96 (6 febrero 2004) 92-93.

Motu proprio *Con il motu proprio* (15 diciembre 2003) que constituye el Fondo de Pensiones con personalidad jurídica canónica y civil vaticana y le atribuye el patrimonio del Fondo constituido por el anterior m.pr. *Le preocupazione* (8 septiembre 1992). Aprueba el Estatuto (veinte artículos) y el Reglamento General (treinta y nueve artículos) del Fondo, que entraron en vigor el 1 enero 2004 derogando el Reglamento aprobado por el citado m.pr. de 1992. Estos textos de diciembre 2003 se publicaron como anexos a las "Normas sobre aumentos bienales de antigüedad" (15 marzo 2004). Según el art.20 del Estatuto, cabe recurso administrativo al Consejo de Administración en única instancia y, en caso de desestimación o de silencio a los noventa días, cabe exclusivamente acción ante la Oficina del Trabajo de la Sede Apostólica de conformidad con sus normas estatutarias (de 30 septiembre 1994). AAS 96 (2 abril 2004) 199-238.

Quirógrafo "Durante la última Cena" dirigido a Mons. Youhanna Fouad El-Hage, arzobispo de Trípoli de los maronitas y presidente de *Caritas Internationalis* (fechado a 13 septiembre 2004 y publicado el 13 noviembre 2004), por el que se otorga personalidad jurídica canónica pública a dicho ente, que hasta entonces tenía sólo personalidad jurídica civil del Estado de la Ciudad del Vaticano (19 julio 1976). Se confirman los Estatutos y el Reglamento y se aportan las coordenadas fundamentales para su interpretación. *Caritas Internationalis* tiene desde 1950 estructura de confederación (con el nombre actual desde 1957) y está integrado por organismos caritativos (en 2004, 184 miembros), sobre todo Cáritas nacionales y otros cuya acción se inspire en el Evangelio y la tradición de la Iglesia. El Papa se reserva algunas decisiones: aprobar las modificaciones estatutarias, autorizar el traslado de la sede social, aprobar la lista de candidatos a los cargos de presidente y secretario general y nombrar consiliario. El Papa encomienda al Consejo Pontificio *Cor Unum* la tarea de acompañamiento de *Caritas Internationalis,* sin perjuicio de que ésta se remita a la Secretaría de Estado en su actividad ante los organismos internacionales y colabore con los consejos pontificios Justicia y Paz, para la Pastoral de Emigrantes e Itinerantes y para la Pastoral de la Salud en el ámbito de sus respectivas competencias. Con todo ello se pretende reforzar la identidad cristiana de este ente. OR 26 noviembre 2004, 596; Ecc n.3234, 4 diciembre 2004, 1809-1810.

Motu proprio (26 noviembre 2004) por el que el Romano Pontífice encomienda a la congregación de los Legionarios de Cristo la dirección del instituto pontificio "*Notre Dame of Jerusalem Center*". Este centro fue erigido por Juan Pablo II el 13 diciembre 1978 como instituto pontificio y centro ecuménico. Se encuentra muy cerca del Santo Sepulcro. Tres son, según el m.pr. los fines del instituto: dar hospitalidad a los peregrinos a Tierra Santa (posee habitaciones para 280 de ellos, iglesia y capilla), atender a las iniciativas propias (tiene biblioteca pública, salas de conferencias y video-conferencias, un auditorio inaugurado por Juan Pablo II el 23 marzo 2000 y alberga la sede de varios organismos católicos) y desarrollar actividades formativas para continuar su labor (incluye una escuela de hostelería). La asociación a la que el Papa confía el centro es una congregación religiosa de derecho pontificio fundada en la ciudad de México el 3 enero 1941 y que tiene por fin consolidar el reino de amor de Jesucristo conforme a la justicia y la caridad cristianas. Además, el Santo Padre encomienda al cardenal Sodano, secretario de Estado, ejecutar el m.pr. dando las normas y directrices necesarias. OR 28 enero 2005, 43.

1.4. Alocuciones, mensajes y escritos de interés jurídico

Son numerosas las intervenciones diversas en las que el Santo Padre hizo referencias de indudable interés para los juristas. Aquí se selecciona tan sólo una intervención de cada uno de los cuatro grupos en que pueden clasificarse.

A) De contenido canónico

Discurso a los prelados auditores, defensores del vínculo y abogados de la Rota Romana (29 enero 2004). El tema del año 2004 fue el *favor matrimonii* o *favor iuris* de que goza el matrimonio (cann.1060 CIC y 779 CCEO). Primero aborda la crisis de este principio y las alternativas propuestas de sustituirlo por el *favor personae*, el *favor veritatis* o el *favor libertatis*. Para valorar estas nuevas posiciones, el Papa reflexiona sobre el alcance del principio, que no se limita a la presunción de validez del vínculo aparente sino que informa todas las normas canónicas, tanto sustanciales como procesales, concernientes al matrimonio. Tal apoyo a cada unión conyugal es tanto más importante ahora que la familia viene amenazada. Centrándose ya en la presunción de validez, el Romano Pontífice llama la atención sobre el hecho de que esta "no representa una excepción con respecto a una regla general en sentido opuesto. Al contrario, se trata de la aplicación al matrimonio de una presunción que constituye un principio fundamental de todo ordenamiento jurídico: los actos humanos de por sí lícitos y que influyen en las relaciones jurídicas se presumen válidos, aunque se admita obviamente la prueba de su invalidez".

A continuación, Juan Pablo II critica la tesis de que el fracaso de la vida conyugal debe hacer presumir la invalidez del matrimonio; denuncia que a veces este prejuicio hace que la actividad probatoria sea una mera justificación formal para una decisión de nulidad ya tomada sobre el hecho empírico del fracaso matrimonial; y recuerda que un matrimonio válido puede fracasar por un uso equivocado de la libertad de los cónyuges. El Sumo Pontífice invita a los párrocos a comprobar seriamente la capacidad y disposiciones de los contrayentes al realizar las investigaciones prematrimoniales (can.1067 CIC), para evitar posteriores nulidades. Y a los jueces los invita a una renovada confianza en la posibilidad de la razón de alcanzar la verdad objetiva, de manera que el proceso no sea una sucesión de formalismos sin vida, sino una tensión hacia la verdad, con ayuda del defensor del vínculo y del abogado, realzando conceptos claves como la libre valoración de las pruebas y la adquisición de la certeza moral al sentenciar.

Finalmente, el Papa quiere ir más a la raíz de este problema, la cual se situaría en una visión metafísica de la persona humana, que fundamenta una concepción auténticamente jurídica de la relación conyugal, es decir, con una dimensión de justicia. La institución matrimonial es obra de Dios a través la naturaleza humana y del libre consentimiento de los cónyuges. Es un "vínculo de justicia y de amor, unido desde siempre al designio de la salvación y elevado en la plenitud de los tiempos a la dignidad de sacramento cristiano". Por eso concluye el Santo Padre que si se redescubre la verdad, la bondad y la belleza de la institución matrimonial, se comprenderá cuál es la realidad que la Iglesia y el mundo deben favorecer y por tanto cuál es el verdadero alcance del *favor matrimonii*. OR 6 febrero 2004, 67; AAS 96 (4 junio 2004) 348-352.

B) De contenido jurídico general o secular

Discurso a los participantes en la asamblea del Foro de las asociaciones familiares de Italia (18 diciembre 2004). El Sumo Pontífice denunció los ataques contra el matrimonio y la familia tanto en la vertiente ideológica como en la jurídica, y en concreto señaló: "el intento de reducir la familia a una experiencia afectiva privada, socialmente irrelevante; de confundir los derechos individuales con los del núcleo familiar constituido con el vínculo del matrimonio; de equiparar las convivencias a las uniones matrimoniales; de aceptar, y en algunos casos favorecer la eliminación de vidas humanas inocentes con el aborto voluntario; de desnaturalizar los procesos naturales de la generación de los hijos introduciendo formas artificiales de procreación". Advirtió, entre otras cosas, que el deseo legítimo del hijo o de la salud no puede transformarse en un derecho incondicional hasta el punto de justificar la eliminación de vidas humanas. OR 24 diciembre 2004, 643.

C) De interés para el Derecho Internacional Público

Mensaje (8 diciembre 2003) para la XXXVII Jornada Mundial de la Paz a celebrar el 1 enero 2004. El Papa hace un repaso del origen del Derecho Internacional y de su desarrollo en el sistema de Naciones Unidas, con particular referencia a la solución de conflictos y al uso ordenado de la fuerza. Afirma que la paz está íntimamente unida al Derecho Internacional, ya que el derecho favorece la paz. Sostiene el Santo Padre la existencia de principios anteriores y superiores al Derecho interno de los Estados, como es el conocido "*pacta sunt servanda*". Advierte contra "la tentación de apelar al *derecho de la fuerza* más que a la *fuerza del derecho*". A continuación el Papa, reconociendo los límites y retrasos de la acción de la Organización de Naciones Unidas –en gran parte por el incumplimiento de sus miembros-, asegura que la organización "ha contribuido a promover notablemente el respeto de la dignidad humana, la libertad de los pueblos y la exigencia del desarrollo, preparando el terreno cultural e institucional sobre el cual construir la paz". Incluso los ideales de las Naciones Unidas se extienden más allá en el trabajo de organizaciones no gubernamentales y movimientos que trabajan en favor de los derechos humanos. No obstante, Juan Pablo II aboga por un nuevo orden internacional que recoja la experiencia y los resultados alcanzados; en este nuevo orden la ONU deberá reformarse para ser más eficaz en la consecución de sus propios objetivos.

A nadie se escapa el alcance de este Mensaje a los pocos meses de la intervención armada en Irak que fue considerada por la Santa Sede contraria al Derecho Internacional y no respetuosa con el papel que éste asigna a la ONU. Por ello mismo se comprende que en el discurso papal no faltase una referencia a la amenaza terrorista, que se esgrimiera como justificación de aquella intervención. A este respecto el Santo Padre advierte que "para lograr su objetivo, *la lucha contra el terrorismo no puede reducirse sólo a operaciones represivas y punitivas*. Es esencial que incluso el recurso necesario a la fuerza vaya acompañado por un análisis decidido y lúcido de los *motivos subyacentes a los ataques terroristas*". Según el Papa, la experiencia histórica enseña que la paz no puede construirse prescindiendo del respeto a un orden ético y jurídico. Ahí tiene su papel el Derecho Internacional, "cuyo objetivo esencial es reemplazar «la fuerza material de las armas con la fuerza moral del derecho», previendo sanciones apropiadas para los transgresores, además de la debida reparación para las víctimas". Y añade que "esto ha de valer también para aquellos gobernantes que violen impunemente la dignidad y los derechos humanos con el pretexto inaceptable de que se trata de cuestiones internas de su Estado" (en lo que podría verse una dura crítica a regímenes políticos como el derrocado en la citada intervención pero también un apoyo a soluciones de orden jurídico como el Tribunal Penal Internacional). OR 19 diciembre 2003, 657-658.

D) Sobre relaciones Iglesia-Estado

Discurso a los miembros del Cuerpo diplomático acreditado ante la Santa Sede (12 enero 2004). En esta alocución el Papa hace suya aquella distinción entre laicidad y laicismo (según doctrina que se remonta a la obra de Maurice Ligol, *Laïcisme et laïcité*, Paris 1926, y que en España difundiera Teodoro Ignacio Jiménez Urresti, *Estado e Iglesia. Laicidad y Confesionalidad del Estado y del Derecho*, Vitoria 1958), y denuncia la extensión en Europa de un laicismo no respetuoso con la libertad religiosa, tema sobre el que volvería en varias ocasiones en 2004. Estas fueron sus palabras al Cuerpo diplomático: "En estos últimos tiempos, en algunos lugares de Europa, somos testigos de una actitud que podría poner en peligro el respeto efectivo de la libertad de religión. Aunque todos están de acuerdo en respetar el sentimiento religioso de las personas, no se puede decir lo mismo del «hecho religioso», o sea, de la dimensión social de las religiones, olvidando en esto los compromisos asumidos en el marco de la que entonces se llamaba la «Conferencia sobre la cooperación y la seguridad en Europa». Se invoca a menudo el principio de laicidad, de por sí legítimo, si se entiende como la distinción entre la comunidad política y las religiones (cf. *Gaudium et spes,* 76). Sin embargo, distinción no quiere decir ignorancia. Laicidad no es laicismo. Es únicamente el respeto de todas las creencias por parte del Estado, que asegura el libre ejercicio de todas las actividades del culto, espirituales, culturales y caritativas de las comunidades de creyentes. En una sociedad pluralista, la laicidad es un lugar de comunicación entre las diversas tradiciones espirituales y la nación. Las relaciones entre la Iglesia y el Estado, por el contrario, pueden y deben llevar a un diálogo respetuoso, portador de experiencias y valores fecundos para el futuro de una nación. *Un sano diálogo entre el Estado y las Iglesias* –que no son adversarios sino interlocutores- puede, sin duda, favorecer el desarrollo integral de la persona humana y la armonía de la sociedad". OR 16 enero 2004, 30-31.

1.5. Erección de Iglesias particulares

A) Iglesia latina

a) El Romano Pontífice erigió las siguientes nuevas diócesis:

En Brasil, la diócesis de Castanhal, con territorio desmembrado de la diócesis de Bragança do Pará y de la archidiócesis de Belém do Pará, de la cual ha sido hecha sufragánea. Noticia y datos en OR 31 diciembre 2004, 650.

En Burkina Faso, la diócesis de Dori, con territorio desmembrado de las diócesis de Fada N'Gurma y Uahiguya, y hecha sufragánea de la sede metropolitana de Kupéla. Noticia y datos en OR 26 noviembre 2004, 590.

En Cabo Verde, la diócesis de Mindelo (14 noviembre 2003), segregada de Santiago de Cabo Verde e inmediatamente sujeta a la Santa Sede: const. apost. *Spiritali fidelium utilitati* en AAS 96 (2 abril 2004) 188-189. Datos en OR 2 enero 2004, 4.

En Corea, la diócesis de Uijongbu (5 julio 2004), con territorio desmembrado de la archidiócesis de Seúl, de la que ha sido hecha sufragánea. Noticia y datos en OR 9 julio 2004, 350.

En España, las diócesis de Terrassa y de Sant Feliu de Llobregat (15 junio 2004), desmembradas ambas de la archidiócesis de Barcelona, de la que han sido hechas sufragáneas. Noticia y datos en OR 18 junio 2004, 314. Const. apost. *Christifidelium salutem* sobre la primera en AAS 96 (5 octubre 2004) 623-624. C.a. *Varia inter munera* sobre la segunda en AAS 96 (3 noviembre 2004) 716-717).

En Filipinas, la diócesis de Baguio (10 julio 2004), hasta entonces vicariato apostólico y ahora diócesis sufragánea de la sede metropolitana de Nueva Segovia. Noticia y datos en OR 16 julio 2004, 358.

En la India, la diócesis de Dindigul (30 octubre 2003), con territorio desmembrado de la diócesis de Tiruchirapalli y de la archidiócesis de Madurai, de la cual ha sido hecha sufragánea. Const. apost. *Petitum est nuper* en AAS 96 (6 febrero 2004) 84-85. Datos en OR 21 noviembre 2003, 602.

En Indonesia, la diócesis de Timika (19 diciembre 2003), con territorio desmembrado de la diócesis de Jayapura y hecha sufragánea de la sede metropolitana de Merauke. Const. apost. *Supernum evangelizationis mandatum* en AAS 96 (4 junio 2004) 325-326. Datos en OR 16 enero 2004, 26.

En Méjico, la diócesis de Puerto Escondido (8 noviembre 2003), con territorio desmembrado de la arquidiócesis de Antequera (Oaxaca), de la que ha sido hecha sufragánea: const. apost. *A Deo datum spiritale* en AAS 96 (6 febrero 2004) 85-86 y datos en OR 14 noviembre 2003, 586; la diócesis de Irapauto (3 enero

2004), con territorio desmembrado de la arquidiócesis de Morelia y de la diócesis de León, sufragánea de la sede metropolitana de San Luis Potosí, de la que también ha sido hecha sufragánea la nueva diócesis: const. apost. *Venerabiles Fratres* en AAS 96 (3 marzo 2004) 140-141 y datos en OR 9 enero 2004, 14.

En Nigeria, la diócesis de Bauchi (12 diciembre 2003), hasta ahora vicariato apostólico, y hecha sufragánea de la sede metropolitana de Jos. Const. apost. *Actuosae evangelizationis* en AAS 96 (4 junio 2004) 324-325. Datos en OR 9 enero 2004, 14.

En Polonia, la diócesis de Bydgoscz (24 febrero 2004), con territorio desmembrado de la archidiócesis de Gniezno (de la que ha sido hecha sufragánea) y de las diócesis de Koszalin-Kołobrzeg y de Pelplin: const. apost. *Dilectorum Polonorum* en AAS 96 (5 mayo 2004) 254-255; la diócesis de świdnica (24 febrero 2004), con territorio desmembrado de la archidiócesis de Wrocław (de la que ha sido hecha sufragánea) y de la diócesis de Legnica: const. apost. *Multos fructos spiritales* en AAS (6 julio 2004) 388-390. Datos de ambas nuevas diócesis en OR 12 marzo 2004, 128.

En la República Centroafricana, la diócesis de Alindao, con territorio desmembrado de la diócesis de Bangassou y hecha sufragánea de la sede metropolitana de Bangui. Noticia y datos en OR 24 diciembre 2004, 638.

b) Otra Iglesia particular no diocesana erigida ha sido:

El vicariato apostólico de Brunei, hasta entonces con rango de prefectura apostólica, conservando la misma denominación y configuración territorial. Noticia y datos en OR 5 noviembre 2004, 552.

c) El Papa creó las siguientes nuevas provincias eclesiásticas:

En Colombia, la provincia de Villavicencio (3 julio 2004), elevando la diócesis de este nombre a metropolitana y asignándole como sufragáneas las diócesis de San José del Guaviare y Granada en Colombia. Const. apost. *Ad totius dominici gregis* en AAS 96 (5 octubre 2004) 620-621. Noticia y datos en OR 9 julio 2004, 350.

En España, la provincia de Barcelona (15 junio 2004) elevando la archidiócesis de Barcelona, hasta entonces inmediatamente sujeta a la Santa Sede, a sede metropolitana y asignándole como sufragáneas las nuevas diócesis de Terrassa y de Sant Feliu de Llobregat, que son desmembradas de la citada archidiócesis. Const. apost. *Ad totius dominici gregis* en AAS 96 (5 octubre 2004) 622-623. Noticia y datos en OR 18 junio 2004, 314

En Estados Unidos, la provincia de Galveston-Houston, elevando esta sede episcopal a la categoría de archidiócesis metropolitana y asignándole como sufragáneas las diócesis de Austin, Beaumont, Brownsville, Corpus Christi, Tyler y Victoria en Texas, que hasta ahora pertenecían a la provincia eclesiástica de San Antonio. Noticia y datos en OR 31 diciembre 2004, 650.

En la India, la provincia de Raipur (27 febrero 2004), dividiendo la de Bhopal, de la que salen la nueva metrópoli y sus sufragáneas de Ambikapur, Jagdalpur de los siro-malabares y Raigarh: const. apost. *Cum constet Ecclesiam catholicam* en AAS 96 (6 julio 2004) 390-391; datos en OR 2 abril 2004, 162. Posteriormente, la provincia de Trivandrum de los latinos (17 junio 2004), dividiendo la de Verápolis, de la que salen la nueva metrópoli y sus sufragáneas de Alleppey, Neyyattinkara, Panular y Quilon: const. apost. *Sacratissimi Cordis Iesu* en AAS 96 (5 octubre 2004) 621-622; noticia y datos en OR 25 junio 2004, 326.

En Madagascar, la provincia de Toliara (14 noviembre 2003) dividiendo la provincia eclesiástica de Fianarantsoa. La diócesis de Toliara se eleva a sede metropolitana y se le asignan como sufragáneas las de Morombe, Morondava y Tôlagnaro. Const. apost. *De universo dominico grege* en AAS 96 (6 febrero 2004) 87. Datos en OR 12 diciembre 2003, 638.

En Polonia, la provincia de Łódź (24 febrero 2004) elevando a metropolitana la archidiócesis de ese nombre y asignándole como sufragánea la diócesis de Łowicz. Const. apost. *Spiritale incrementum Poloniae* en AAS 96 (5 mayo 2004) 252-253. Datos en OR 12 marzo 2004, 128.

B) Iglesia etíope-eritrea

En Etiopía, la eparquía de Emdeber (25 noviembre 2003), con territorio desmembrado de la archieparquía metropolitana de Addis Abeba, de la que ha sido hecha sufragánea. Const. apost. *Ad universae incrementum Ecclesiae* en AAS 96 (5 mayo 2004) 251-252. Datos en OR 5 diciembre 2003, 626.

1.6. Beatificaciones y canonizaciones

En el Vaticano el 9 noviembre 2003 el Santo Padre beatificó a: Juan Nepomuceno Zegrí (1831-1905), español, vicario general de la diócesis de Málaga y fundador de la congregación de religiosas Mercedarias de la Caridad; Bonifacia Rodríguez Castro (1837-1905), española, virgen cofundadora de la congregación de religiosas Siervas de San José; Luis María Monti (1825-1900), italiano, religioso fundador de la congregación de Hijos de la Inmaculada Concepción para el servicio de los enfermos; Valentín Paquay (1828-1905), belga, presbítero de la Orden de los Frailes Menores; Rosalía Rendu (1786-1856), francesa, virgen hermana de la Compañía de las Hijas de la Caridad de San Vicente de Paúl.

En el Vaticano el 21 marzo 2004 el Santo Padre beatificó a: Piedad de la Cruz Ortiz Real (1842-1916), en el siglo Tomasa, española, virgen, fundadora de la congregación de las Hermanas Salesianas del Sagrado Corazón de Jesús; Luis Talamoni (1848-1926), italiano, presbítero fundador de la congregación de las Hermanas de la Misericordia; Matilde del Sagrado Corazón Téllez Robles (1841-1902), española, virgen, fundadora de la congregación de las Hijas de María Madre de la Iglesia; María Cándida de la Eucaristía (1884-1949), italiana, virgen, monja carmelita descalza.

En el Vaticano el 25 abril 2004 el Sumo Pontífice beatificó a: Augusto Czartoryski (1858-1893), sacerdote salesiano polaco nacido en Francia y nieto de la reina española María Cristina viuda de Fernando VII; Laura Montoya (1874-1949), colombiana, virgen, fundadora de las Misioneras de María Inmaculada y Santa Catalina de Siena; María Guadalupe (1878-1963), en el siglo Anastasia Guadalupe García Zavala, religiosa mejicana cofundadora de la congregación de las Esclavas de Santa Margarita María y de los Pobres; Nemesia Valle (1847-1916), en el siglo Giulia, religiosa italiana profesa del instituto de las Hermanas de la Caridad; Eusebia Palomino Yenes (1899-1935), española, religiosa profesa del instituto de las Hijas de María Auxiliadora; Alejandrina María de Costa (1904-1955), laica portuguesa de la Unión de Cooperadores Salesianos.

En consistorio ordinario (19 febrero 2004), el Santo Padre decidió incluir en el catálogo de santos a seis beatos. AAS 96 (2 abril 2004) 187-188; OR 20 febrero 2004, 89. Las canonizaciones tuvieron lugar en el Vaticano el 16 mayo 2004: Luis Orione (1872-1940), italiano, presbítero fundador de la Pequeña Obra de la Divina Providencia y de las Hermanitas Misioneras de la Caridad; Aníbal María di Francia (1851-1927), italiano, presbítero fundador de los Padres Rogacionistas del Corazón de Jesús y de las religiosas Hijas del Divino Celo; José Manyanet y Vives (1833-1901), español, presbítero fundador de la congregación de los Hijos de la Sagrada Familia de Jesús, María y José; Nimatullah Al-Hardini (1808-1858), en el siglo Youssef Kassab, sacerdote libanés profeso en la Orden maronita; Paula Isabel (1816-1865), religiosa italiana, en el siglo Costanza Cerioli, fundadora del Instituto de la Sagrada Familia y de la Congregación de la Sagrada Familia; Gianna Beretta Molla (1922-1962), madre de familia italiana.

En Loreto el 5 septiembre 2004 el Romano Pontífice beatificó a: Pere Tarrés i Claret (1905-1950), presbítero español; Alberto Marvelli (1918-1946), apóstol seglar italiano; Pina Suriano (1915-1950), italiana, joven seglar de Acción Católica que fundó la Asociación de las Hijas de María.

En el Vaticano el 3 octubre 2004 el Papa beatificó a: Pierre Vigne (1670-1740), francés, presbítero fundador de la Congregación de las Hermanas del Santísimo Sacramento; Joseph-Marie

Cassant (1878-1903), francés, presbítero monje de la Orden de los Cistercienses de la Estricta Observancia; Anna Katharina Emmerick (1774-1824), alemana, monja profesa de la Orden de las Canónigas Regulares de San Agustín; María Ludovica de Angelis (1880-1962), italiana, religiosa de la Congregación de las Hijas de Nuestra Señora de la Misericordia; Carlos I de Habsburgo (1887-1922), emperador de Austria y rey apostólico de Hungría.

1.7. Nombramientos

Se recogen sólo los de presidente o secretario de dicasterio u organismo. El Santo Padre hizo los siguientes nombramientos:

- Secretaría de Estado: secretario de la sección para las relaciones con los Estados por un quinquenio a Mons. Giovanni Lajolo (7 octubre 2003).
- Congregación para los Institutos de Vida Consagrada y Sociedades de Vida Apostólica: prefecto por un quinquenio a Mons. Franc Rodé CM, hasta entonces arzobispo de Liubliana, en lugar del cardenal Eduardo Martínez Somalo, cuya renuncia por edad fue aceptada (11 febrero 2004).
- Congregación para la Educación Católica (Seminarios e Institutos de Estudio): secretario al p. Michael Miller CSB, en lugar de Mons. Giuseppe Pittau SJ cuya renuncia por edad fue aceptada (25 noviembre 2003).
- Tribunal de la Penitenciaría Apostólica: penitenciario mayor por un quinquenio al cardenal James Francis Stafford, hasta entonces presidente del Pontificio Consejo para los Laicos (4 octubre 2003).
- Tribunal Supremo de la Signatura Apostólica: prefecto por un quinquenio (en lugar del cardenal Mario Francesco Pompedda cuya renuncia por edad fue aceptada) a Mons. Agostino Vallini (27 mayo 2004); secretario (en lugar de

Mons. Francesco Saverio Salerno cuya renuncia por edad fue aceptada) al p. Velasio de Paolis CS, decano de la Facultad de Derecho Canónico de la Pontificia Universidad Urbaniana, que es nombrado obispo titular de Telepte (30 diciembre 2003).

- Tribunal de la Rota Romana: decano a Mons. Antoni Stankiewicz, prelado auditor de dicho tribunal (31 enero 2004).
- Pontificio Consejo para los Laicos: presidente por un quinquenio a Mons. Stanisław Ryłko (4 octubre 2003), hasta entonces secretario de este dicasterio; secretario por un quinquenio a Mons. Josef Clemens, hasta entonces subsecretario de la Congregación para Institutos de Vida Consagrada (25 noviembre 2003).
- Pontificio Consejo para la Cultura: presidente hasta cumplir 75 años al cardenal francés Paul Poupard (12 mayo 2004).
- Pontificio Consejo para las Comunicaciones Sociales: presidente por otro quinquenio a Mons. John Patrick Foley (25 abril 2004); secretario por un quinquenio a Mons. Renato Boccardo, hasta entonces jefe de protocolo con encargos especiales en la Secretaría de Estado (29 noviembre 2003).
- Pontificia Comisión para América Latina: presidente por un quinquenio Mons. Luis Robles Díaz (4 octubre 2003).
- Pontificia Comisión para la conservación del patrimonio artístico e histórico: presidente por un quinquenio a Mons. Mauro Piacenza (13 octubre 2003).
- Comisión interdicasterial permanente para la Iglesia en Europa Oriental: secretario a Mons. Giovanni Lajolo (8 mayo 2004).
- Academia Pontificia de Ciencias Sociales: presidenta a la Sra. Mary Ann Glendon, profesora de Derecho en la Uni-

versidad de Harvard, que sucede al profesor Edmond Malinvaud (26 febrero 2004).

- Sínodo de los Obispos: secretario general por un quinquenio a Mons. Nikola Eterović, hasta entonces Nuncio en Ucrania, en lugar del cardenal Jan Pieter Schotte CICM cuya renuncia fue aceptada (11 febrero 2004).
- Tribunal de Apelación del Estado de la Ciudad del Vaticano: presidente hasta los ochenta años a Mons. Raffaello Funghini (25 noviembre 2003).

2. Curia Romana

2.1. Consejo de cardenales para el estudio de los problemas organizativos y económicos de la Santa Sede.

Balance consolidado de la Santa Sede y del Estado de la Ciudad del Vaticano correspondiente al ejercicio del año 2003. Fue aprobado por la 38ª reunión de este Consejo (6 julio 2004). La Santa Sede tuvo ingresos por 203.659.498 € y gastos por 213.228.954 €, con un déficit de 9.569.456 €, inferior en un 29,15% al de 2002. El Estado Vaticano tuvo un déficit de 8.820.678 €, inferior en un 45% al de 2002; este resultado negativo se debió los gastos extraordinarios de realización de obras y restauración de edificios vaticanos y a la contribución al déficit de Radio Vaticana. Noticia en OR 16 julio 2004, 358.

2.2. Secretaría de Estado

Rescripto acerca de "Normas sobre aumentos bienales de antigüedad" (aprobadas por el Romano Pontífice en audiencia al Secretario de Estado, 15 marzo 2004) para el personal de servicio en las dependencias de la Santa Sede, del Estado Vaticano, de Radio Vaticana, de la Fábrica de San Pedro y de los organismos o entes administrados directamente por la Sede Apostólica, normas que se componen de cinco artículos (en vigor desde 1 mayo 2004). AAS 96 (2 abril 2004) 196-198.

Decreto sobre daños sufridos o contraídos (8 mayo 2004). Modifica cuatro artículos de las "Normas para la disciplina de las prestaciones que competen al personal que ha sufrido lesión física o psíquica por infortunio o contraído enfermedad por hechos de servicio" (22 enero 1996) para adecuarlas al Estatuto y al Reglamento General del Fondo de Pensiones y a las Normas sobre aumentos bienales de antigüedad. AAS 96 (6 julio 2004) 431-433.

Documento presentado por la Santa Sede ante la ONU sobre clonación humana (27 septiembre 2004). Termina expresando que "llevar adelante el proyecto de una prohibición internacional y global de la clonación humana forma parte de la misión y deber de las Naciones Unidas". Ecc n.3231, 13 noviembre 2004, 1690-1692. Las múltiples intervenciones de los representantes de la Santa Sede en los organismos internacionales pueden consultarse en la *web* de la Santa Sede (http://www.vatican.va/roman_curia /secretariat_state/index_sp.htm).

2.3. Congregación para la Doctrina de la Fe

Carta a los obispos de la Iglesia Católica sobre la colaboración del hombre y la mujer en la Iglesia y en el mundo (31 mayo 2004). Quiere dar respuesta a corrientes de pensamiento feministas basadas en una antropología inadecuada que no contribuye a una genuina promoción de la mujer. Frente a aquellas, la carta repropone los datos fundamentales de la antropología bíblica y luego reflexiona sobre los valores femeninos en la vida de la sociedad actual. Ensalza lo que Juan Pablo II ha llamado "el genio de la mujer". Y afirma que la armonización de la misión de la mujer en la familia y el trabajo exterior constituye un problema jurídico, económico y organizativo, pero también de mentalidad, cultura y respeto. Defiende la libertad e igualdad de las mujeres para decidir dedicar la totalidad de su tiempo al trabajo doméstico sin ser estigmatizadas socialmente y penalizadas económicamente o elegir desarrollar otros trabajos sin verse obligadas a perjudicar su vida familiar o a padecer una situación habitual de tensión. Considera relevante que el Hijo de Dios haya asumido la humanidad en forma masculina y recuerda la reserva del sacerdocio a los varones, pero proclama el acceso de las mujeres al corazón de la vida cristiana y su papel de suma importancia en la vida eclesial. AAS 96 (5 octubre 2004) 671-687; OR 6 agosto 2004, 391-394; Ecc n.3219-20, 21 y 28 agosto 2004, 1245-1253. Comentarios a la Carta en OR 5 noviembre 2004, 559; 19 noviembre 2004, 585-586; 26 noviembre 2004, 597 y 599; 24 diciembre 2004, 647; 31 diciembre 2004, 655-658.

Acuerdo de colaboración para realizar un proyecto de catalogación de los archivos y de la documentación sobre la Inquisición en Italia. Fue firmado el 9 noviembre 2004 por el arzobispo Angelo Amato, secretario de la Congregación para la Doctrina de la Fe, Maurizio Fallace, director general para los Archivos del Ministerio de Bienes y Actividades Culturales de Italia y el profesor Andrea del Col, director del Centro de Investigación sobre la Inquisición de la Universidad de los Estudios de Trieste (Italia). Según declaró el director de la Oficina de Prensa de la Santa Sede, Dr. Joaquín Navarro Valls, el proyecto abarca la documentación relativa a la inquisición romana, conservada en los archivos eclesiásticos, estatales y privados, en las bibliotecas italianas y extranjeras, y además la documentación de la Inquisición española en territorio italiano y la de las autoridades seculares que instruyeron procesos por herejía, brujería y otros delitos contra la fe. VIS 20041109 (390).

Notificación (13 diciembre 2004) sobre el libro del padre Roger Haight SJ, *Jesus Symbol of God* (Orbis Books, Maryknoll 1999). Culminando el procedimiento iniciado en 2000, la Congregación evalúa negativamente el uso de un método teológico incorrecto en el citado libro y declara que en él se contienen graves errores doctrinales contra la fe divina y católica de la Iglesia (sobre la preexistencia del Verbo, la divinidad de Jesús, la Trinidad, el valor salvífico de la muerte de Jesús, la unicidad y universalidad de la mediación salvífica de Jesús y de la Iglesia y la resurrección de Jesús), por lo que prohíbe a su autor la enseñanza de la teología católica mientras no rectifique sus posiciones de modo que sean plenamente conformes con la doctrina de la Iglesia. OR 18 febrero 2005, 79-80.

2.4. Congregación para las Iglesias Orientales

Decreto (16 enero 2004) por el que la Santa Sede retira la reserva de plena jurisdicción en materia de creación de eparquías y elección de obispos que había hecho en 1992 al elevar la Iglesia siro-malabar al rango de Iglesia arzobispal mayor. Toda vez que la otra reserva, sobre la liturgia, había sido ya retirada en 1998, esta Iglesia oriental adquiere así su plena autonomía. El decreto fue entregado por el prefecto de la Congregación, cardenal Ignace Moussa I Daoud, al arzobispo mayor de Ernakulam-Angamaly, cardenal Varkey Vithayathil, durante la XXVI Asamblea general de la Conferencia de Obispos Católicos de la India concluida en Trichur el 14 enero 2004.

Decreto (4 marzo 2004) por el que se comunica que el Santo Padre en audiencia al prefecto de la Congregación (28 febrero 2004) nombró visitador apostólico *ad nutum Sanctae Sedis* para los ucranianos de rito bizantino residentes en España e Irlanda a Mons. Hlib Borys Lonchyna MSU, quien ya era apocrisario-procurador de la Iglesia greco-católica ucraniana ante la Santa Sede y visitador apostólico para los fieles de esa Iglesia en Italia. El visitador para España e Irlanda tendrá las facultades y obligaciones definidas en unas instrucciones elaboradas por la Congregación, que se adjuntan al decreto; que constan de cuatro artículos. Prot.N.22/2004.

2.5. Congregación para el Culto Divino y la Disciplina de los Sacramentos

Instrucción *Redemptionis Sacramentum* sobre algunas cosas que se deben observar o evitar acerca de la santísima Eucaristía (25 marzo 2004, tras haber sido aprobada por el Papa el 19 marzo 2004). Consta de un proemio, ocho capítulos y una conclusión. Los capítulos son: "I. La ordenación de la sagrada liturgia", "II. La participación de los fieles laicos en la celebración de la Eucaristía", "III. La celebración correcta de la santa misa", "IV. La sagrada Comunión", "V. Otros aspectos que se refieren a la Eucaristía", "VI. La reserva de la sagrada Eucaristía y su culto fuera de la misa", "VII. Ministerios extraordinarios de los fieles laicos" y "VIII. Los remedios". En este último se distinguen tres categorías de abusos: los delitos más graves (reservados a la Congregación para la Doctrina de la Fe), que son seis, vgr. concelebrar con ministros de comunidades eclesiales que no reconocen el sacramento del orden; los actos graves (que deben ser corregidos por el Ordinario pero dando cuenta a la Congregación para el Culto Divino), y que son los que contravienen lo dispuesto en veintiocho números de la instrucción expresamente citados, por ejemplo hacer a los laicos recitar la plegaria eucarística; y, en tercer lugar, otros abusos (que el Ordinario corregirá con solicitud y en los casos de mayor dificultad consultará a la Congregación para el Culto Divino), categoría residual que incluye todas las demás acciones contra lo que se trata en otros lugares de esta instrucción o en las normas establecidas por el Derecho. La instrucción termina invitando a que "cada uno recuerde siempre que es servidor de la sagrada liturgia". AAS 96 (3 septiembre 2004) 549-601; OR 30 abril

2004, 217-227; Ecc n.3203, 1 mayo 2004, 644-654; n.3204, 8 mayo 2004, 682-694.

"Año de la Eucaristía. Sugerencias y propuestas" (15 octubre 2004). Este documento responde a lo previsto por el Papa en su carta *Mane nobiscum Domine* n.29. El texto comprende un prólogo, un resumen, una lista de fuentes usadas, cinco capítulos ("I. Marco de referencia", "II. Contextos cultuales", "III. Líneas de espiritualidad eucarística", "IV. Iniciativas y compromisos pastorales" y "V. Caminos culturales") y la conclusión. Entre las sugerencias se cuentan la preparación de documentos, un encuentro de adoración eucarística para jóvenes, la promoción de la adoración perpetua, el cuidado de la misa dominical, la difusión en los modernos medios de comunicación, etc. Contiene dos citas del CIC: el can.1234 §1 en el n.36 sobre santuarios y el can.920 en el n.9 sobre el tiempo pascual. Ecc n.3229, 30 octubre 2004, 1606-1618; n.3230, 6 noviembre 2004, 1650-1654.

Martyrologium romanum, 2ª edición. Fue presentada el 4 diciembre 2004 en un acto promovido para conmemorar los cuarenta años de la constitución conciliar *Sacrosanctum Concilium*. El Martirologio contiene el elenco actualizado de todos los santos y beatos venerados por la Iglesia. Los cambios respecto de la anterior edición de 2001 son la corrección de errores tipográficos y la inclusión de 117 nuevos santos y beatos proclamados desde entonces y de otros, sobre todo de rito italoalbanés, tradicionalmente venerados en el sur de Italia. El número total de santos y beatos viene a ser de unos siete mil. VIS 20050104 (200).

2.6. Congregación para las Causas de los Santos

Dieciocho decretos (20 diciembre 2003), cuatro de aprobación de un milagro atribuido a la intercesión de un beato (el sacerdote español José Manyanet y Vives, el sacerdote religioso libanés Nimatullah al-Hardini, la religiosa Paula Isabel y la laica

Gianna Beretta Molla); siete de aprobación de un milagro atribuido a la intercesión de un venerable (el sacerdote polaco Augusto Czartoryski, la religiosa mejicana María Guadalupe, las religiosas italianas Nemesia Valle y Maria Ludovica de Angelis, la religiosa española Eusebia Palomino Yenes, el emperador austrohúngaro Carlos de Habsburgo y la laica portuguesa Alexandrina Maria da Costa); y siete de aprobación de las virtudes heroicas de un siervo de Dios (el cardenal alemán Clemente Augusto von Gallen, los sacerdotes italianos Luigi Biraghi, Luigi Monza y Benigno de Santa Teresa del Niño Jesús, las religiosas italianas Maria Teresa de Jesús y Maria Nazarena y la religiosa portuguesa Rita Amada de Jesús). AAS 96 (5 mayo 2004) 306-314; (4 junio 2004) 371-378; (6 julio 2004) 434-440; (2 agosto 2004) 506-514; (3 septiembre 2004) 601-607; OR 26 diciembre 2003, 667.

Quince decretos (19 abril 2004): dos de aprobación de un milagro atribuido a la intercesión de un beato (el jesuita chileno Alberto Hurtado Cruchaga y el capuchino italiano Félix de Nicosia); dos de aprobación de un milagro atribuido a la intercesión de un venerable (los sacerdotes franceses Pierre Vigne y Juan del Sagrado Corazón, fundador de los padres dehonianos); dos de aprobación del martirio de un siervo de Dios (de un lado los españoles José Tapies Sirvant, Pascual Araguás Guardia, Silvestre Arnau Pascuet, José Boher Foix, Francisco Castells Brenuy y Pedro Martret Moles y el francés Juan Perot Juanmartí, todos ellos sacerdotes de Urgel, y de otro lado la religiosa española María de los Ángeles Ginard Martí); nueve de aprobación de las virtudes heroicas de un siervo de Dios (los italianos Francesco Maria Greco, Silvio Gallotti, Felice Prinetti y María de la Pasión de Nuestro Señor Jesucristo, el argentino José Gabriel del Rosario Brochero, la venezolana Candelaria de San José, la alemana Maria Anna Barbara Cope y las españolas Teresa del Corazón Inmaculado de María y María del Pilar Cimadevilla López-Dóriga). AAS 96 (5 octubre 2004) 688-696; OR 23 abril 2004, 204.

Dieciséis decretos (22 junio 2004), seis de aprobación de las virtudes heroicas de un siervo de Dios (el sacerdote español Pedro Tarrés i Claret, el sacerdote indio Agustin Thevarparampil, la mejicana Julia de las Espinas del Sagrado Corazón, las italianas Alfonsa Clerici y Serafina Gregoris y la argentina María Crescencia); cuatro de aprobación del martirio de un total de 13 siervos de Dios durante la persecución religiosa en Méjico (José Trinidad Rangel Montaño, el sacerdote español Andrés Solá Molist, Leonardo Pérez Larios, Darío Acosta Zurita, Anacleto González Flores y siete compañeros y José Sánchez del Río); uno de aprobación del martirio del siervo de Dios el hermano marista Bernardo durante la persecución religiosa en España en 1934; uno de aprobación del martirio de un total de 64 siervos de Dios durante la persecución religiosa en España de los años 1936-1937 (el carmelita descalzo Lucas de San José, el hermano de las Escuelas Cristianas Leonardo José, la carmelita de la Caridad Apolonia del Santísimo Sacramento y 61 compañeros y compañeras); tres de aprobación de un milagro atribuido a la intercesión de un venerable (el sacerdote español Pedro Tarrés arriba citado y las italianas Maria Pina Mastena, Eurosia Fabris y Pina Suriano). OR 25 junio 2004, 327.

Veintidós decretos (20 diciembre 2004), tres de aprobación de un milagro atribuido a la intercesión de un beato (los polaco-ucranianos arzobispo José Bilczewiski y sacerdote Segismundo Gorazdowski y el italiano Cayetano Catanoso); ocho de aprobación de un milagro atribuido a la intercesión de un venerable (el cardenal alemán Clemens August von Galen, los italianos Luigi Biraghi y María Crucificada, el polaco Bronisław Markiewicz, el francés Carlos de Foucauld, la portuguesa Rita Amada de Jesús, la religiosa española Ascensión del Corazón de Jesús y la alemana Maria Anna Barbara Cope); uno de aprobación del martirio de un siervo de Dios (el polaco Władysław Findysz) y diez de aprobación de las virtudes heroicas de un siervo de Dios (los italianos Luigi Maria Olivares y Virgilio Angioni, el letón Boleslaw Sloskans, el alemán Titus Horten, el español Mariano de la Mata Aparicio y los polacos Ignacy Kłopotowski, Michał Sopoćko, Kolumba Róża Filipina Białecka, María Merkert y Marta Wiecka). OR 24 diciembre 2004, 638.

2.7. Congregación para los Obispos

Decreto de rectificación de límites (22 noviembre 2003) por el que la diócesis de Santa Rosa de Osos (Colombia) cede territorio a la de Santa Fe de Antioquía y ésta a su vez cede territorio en favor de la diócesis de Quibdó. AAS 96 (5 mayo 2004) 316-317.

Decreto de rectificación de límites (10 enero 2004) por el que la diócesis de Luz (provincia eclesiástica de Belo Horizonte en Brasil) cede territorio a la archidiócesis metropolitana de Uberaba. AAS 96 (2 abril 2004) 239-240.

Directorio para el ministerio pastoral de los obispos *Apostolorum succesores* (22 febrero 2004). La X Asamblea general ordinaria del Sínodo de los Obispos (octubre 2001) había pedido la actualización del anterior Directorio *Ecclesiae imago* (22 febrero 1973). El nuevo Directorio tiene en cuenta, además del Concilio Vaticano II, el CIC de 1983, la exhortación *Pastores gregis* y diversos documentos pontificios. Los tres primeros capítulos de *Apostolorum succesores* se refieren a la identidad y misión del obispo y destaca por su novedad el III sobre espiritualidad y formación permanente. El Cap.IV ilustra los principios que deben guiar el gobierno pastoral del obispo, como son el principio de la verdad, el de la colaboración, el del respeto de las competencias, el de la persona justa en el puesto justo y el de justicia y legalidad. Los Caps.V-VII tratan sobre el ministerio del obispo en la Iglesia particular y se articulan en los *tria munera* y en concreto, al ocuparse del *munus regendi*, ofrecen criterios para el ejercicio de las funciones legislativa (donde se indica el papel de los canonistas al servicio de una correcta redacción de las leyes diocesanas), ejecutiva y judicial (en que señala que el obispo debe evitar los abusos que introduzcan en los tribunales eclesiásticos una mentalidad divorcista). El Cap.VIII se ocupa de las parroquias y arciprestazgos. El Cap.IX trata del obispo emérito y finalmente en apéndice el Directorio desarrolla la situación de sede vacante. Mensaje del cardenal Re, prefecto de la Congregación en Ecc n.3217-18, 7 y 14 agosto 2004, 1201-1202. Texto íntegro de la instrucción en la *web* de la Santa Sede (http://www.vatican.va/roman_curia/congregations/cbishops/index_sp.htm).

Decreto que erige en la diócesis de Koper (Eslovenia) la concatedral del Divino Salvador en la ciudad de Nova Gorica (15 marzo 2004). AAS 96 (2 abril 2004) 240-241.

Decreto de rectificación de límites (23 marzo 2004) por el que la archidiócesis metropolitana de Gniezno adquiere territorio de su sufragánea de Włocławek, de la archidiócesis metropolitana de Poznań y de la diócesis de Koszalin-Kołobrzeg (sufragánea de Szczecin-Kamień). AAS 96 (2 abril 2004) 241-242.

La Sede Apostólica encomendó la atención pastoral de la prelatura territorial de Moyobamba (Perú) a la archidiócesis de Toledo. Noticia en Ecc n.3200, 10 abril 2004, 533.

2.8. Congregación para la Educación Católica (Seminarios e Institutos de Estudios).

Erección del Instituto de Derecho Canónico "San Pío X", asociado a la Facultad de Derecho Canónico de la Universidad Pontificia de la Santa Cruz. "El nuevo instituto forma parte del *Studium Generale Marcianum,* iniciativa con que la Iglesia en Venecia quiere profundizar y promover la dimensión educativa y cultural intrínseca a la obra de la evangelización" (Juan Pablo II, mensaje 8 diciembre 2003 en OR 2 enero 2004, 9). Con el nombre, el Patriarcado quiere honrar la memoria del pontífice que fue patriarca de Venecia de 1893 a 1903 y papa de 1903 a 1914, en el centenario de su elevación al solio pontificio.

2.9. Penitenciaría Apostólica.

Decreto "Urbis et orbis" por el que se comunican las gracias con que el Santo Padre en audiencia de 17 diciembre 2004 a los responsables del dicasterio quiso enriquecer la celebración del Año de la Eucaristía, a saber: indulgencia plenaria a quienes participen con atención y piedad en una función sagrada o en un ejercicio piadoso en honor del Santísimo Sacramento solemnemente expuesto o reservado en el sagrario; indulgencia plenaria a quienes por obligación o devoción recen vísperas o completas ante el Santísimo Sacramento. A los impedidos para acudir al Santísimo, basta una visita espiritual con fe en la presencia real de Jesucristo en el Sacramento del altar y rezo de Padrenuestro, Credo y una jaculatoria a Jesús sacramento (y se cita un ejemplo). A quienes ni esto puedan hacer, basta unirse con deseo interior a quienes practican de manera ordinaria la obra arriba prescrita y ofrecer a Dios misericordioso las enfermedades y dificultades de la vida. Se recuerdan también otras concesiones generales del *Enchiridion indulgentiarum* referidas al culto eucarístico. El decreto tiene vigencia desde su publicación en *L'Osservatore Romano* (lo fue en la edición cotidiana en lengua italiana de 14 enero 2005) y hasta el fin del Año de la Eucaristía. OR 21 enero 2005, 27.

2.10. Pontificio Consejo para los Laicos

Decreto (28 octubre 2003) de erección de la "Unión del Apostolado Católico" como asociación pública internacional de fieles de derecho pontificio dotada de personalidad jurídica y aprobación de su Estatuto General por un período *ad experimentum* de cinco años. La Unión fue fundada en 1835 por S.Vicente Pallotti, abierta a toda clase de fieles para participar en la misión evangelizadora de la Iglesia. Ya en ese mismo año, la pía unión recibió, en sendos rescriptos, las bendiciones del cardenal vicario de Roma y del Papa Gregorio XVI. En 1986, Juan Pablo II manifestó que el fundador había tenido una visión profética de lo que luego confirmaría el Vaticano II. Según el art.1 del Estatuto General, "*l'Unione dell'Apostolato Cattolico,* dono dello Spirito Santo, è una comunione di fedeli che, secondo il carisma di san Vincenzo Pallotti, promuovono la corresponsabilità di tutti i battezzati a ravvivare la fede e riaccendere la carità nella Chiesa e nel mondo e portare tutti all'unità di Cristo". Atendida la petición del presidente del Consejo de Coordinación General de la Unión, p. Séamus Freeman SAC, el dicasterio concede la aprobación solicitada, por decreto que fue entregado el 14 noviembre 2003.

Decreto (6 diciembre 2003) de reconocimiento de la "Federación Mundial de Adoración Nocturna a Jesús Sacramentado y otras Obras Eucarísticas" como asociación internacional de fieles de derecho pontificio y aprobación de sus estatutos *ad experimentum.*

Decreto (30 mayo 2004) de reconocimiento jurídico del Organismo Mundial de los Cursillos de Cristiandad "como estructura de coordinación, promoción y difusión de la experiencia de los Cursillos de Cristiandad, con personalidad jurídica privada, con arreglo al canon 116, §2, del Código de Derecho Canónico" y de aprobación de sus estatutos. Ecc n.3212, 3 julio 2004, 1010-1014.

Repertorio de las asociaciones internacionales de fieles. Este elenco estaba ya anunciado en la exhortación apostólica *Christifideles laici* (n.31) y finalmente ha visto la luz. Según Guzmán Carriquiry, la demora se ha debido a que el dicasterio tuvo que pedir a cada asociación que respondiera a las diversas peticiones y luego tuvo que completar las fichas, armonizándolas de forma coherente; añadió que en el período 1978-2004, el dicasterio ha reconocido a más de 90 asociaciones (ZS04112305). El volumen, en su edición en italiano, tiene más de 300 páginas e incluye 123 asociaciones de fieles, desde las formas más tradicionales a las más nuevas de los movimientos eclesiales y de las nuevas comunidades. No figuran las asociaciones que, aunque están en contacto con este dicasterio, dependen jurídicamente de otros (Congregación para el Clero, para los Institutos de Vida Consagrada y las Sociedades de Vida Apostólica, y para la Evangelización de los Pueblos) ni las agregaciones que trabajan exclusivamente en ámbito diocesano o nacional. De cada asociación se expresa su denominación oficial en lengua original, el año de fundación, la historia, la identidad, la estructura, la difusión, las obras, publicaciones, sitios internet, y todos los datos de la sede central. VIS 20041123 (380).

2.11. Pontificio Consejo para la Familia

Lexicón. Términos ambiguos y discutidos sobre familia, vida y cuestiones éticas (Ediciones Palabra, Madrid 2004). Es una obra multidisciplinar que consta de cien artículos elaborados por 77 especialistas, sobre cinco grandes temas: "El matrimonio y la familia", "La vida humana, desde su inicio hasta su fin", "Demografía, feminismo radical y manipulación del lenguaje", "Uniones de hecho y homosexualidad" y "Bioética". Alfa y Omega, 10 junio 2004, 27.

2.12. Pontificio Consejo de la Justicia y Paz

Compendio de la Doctrina Social de la Iglesia, (Libreria Editrice Vaticana, Città del Vaticano 2004). La Asamblea sinodal especial para América había señalado la conveniencia de preparar un "Catecismo de la doctrina social católica", sugerencia acogida por el Papa en la exhortación *Ecclesia in America* (n.54) y encomendada a este dicasterio. El Papa recuerda que la doctrina social es parte esencial del mensaje cristiano y es preciso conocerla, difundirla y testimoniarla cada vez más (discurso 29 octubre 2004). El *Compendio* consta de una Introducción y tres partes. La primera, con cuatro capítulos, trata sobre los presupuestos fundamentales de la doctrina social, a saber, el designio amoroso de Dios hacia el hombre y la sociedad, la misión de la Iglesia, la naturaleza de la doctrina social, la persona humana y sus derechos y los principios y valores de la doctrina social. La segunda parte, en siete capítulos, se ocupa de los contenidos y los temas clásicos de la doctrina social: la familia, el trabajo humano, la vida económica, la comunidad política, la comunidad internacional, el medio ambiente y la paz. La tercera parte, en un solo capítulo, contiene indicaciones para la utilización de la doctrina social en la praxis pastoral de la Iglesia y en la vida de los cristianos, sobre todo de los fieles laicos. Sigue la Conclusión titulada "Para una civilización del amor" y termina con amplios (150 páginas de las 525 de la edición italiana) y útiles índices. Presentación del cardenal Renato R. Martino, presidente del Consejo Pontificio, en OR 12 noviembre 2004, 569 y 571.

2.13. Pontificio Consejo para la Pastoral de los Emigrantes e Itinerantes

Instrucción (3 mayo 2004, tras aprobación papal de 1 mayo 2004) *Erga migrantes caritas Christi.* Pretende actualizar la pastoral migratoria pasados treinta y cinco años del m.pr. de Pablo VI *Pastoralis migratorum cura* y de la relativa instrucción de la Sagrada Congregación para los Obispos *Nemo est.* El documento tiende a aplicar la legislación del Código de Derecho Canónico, pero también del Código de Cánones de las Iglesias Orientales, para responder del modo más adecuado a las exigencias de los fieles orientales emigrantes. Consta de una introducción, cuatro partes y una conclusión: "I. Las migraciones, signo de los tiempos y solicitud de la Iglesia", "II. Emigrantes y pastoral de la acogida", "III. Operarios de una pastoral de comunión", "IV. Estructuras de la pastoral misionera". Son numerosas las referencias a cánones de ambos códigos y se ofrecen variadas posibilidades de estructuras pastorales teniendo en cuenta la diversidad étnico-lingüística y ritual. A la instrucción acompaña un Reglamento jurídico-pastoral de veintidós artículos repartidos en una Premisa y seis capítulos: "I. Los fieles laicos", "II. Los capellanes/misioneros", "III. Los religiosos y las religiosas", "IV. Las autoridades eclesiásticas", "V. Las Conferencias episcopales y las respectivas estructuras jerárquicas de las Iglesias orientales católicas" y "VI. El Consejo pontificio para la pastoral de los emigrantes e itinerantes". OR 21 mayo 2004, 259-272; Ecc n.3207, 29 mayo 2004, 805-814; n.3208, 5 junio 2004, 841-854; n.3209, 12 junio 2004, 890-894.

2.14. Pontificio Consejo para la Cultura.

Cultura y Fe (Vaticano 2004). Antología de textos del magisterio pontificio, de León XIII a Juan Pablo II, sobre la relación entre fe y cultura. Noticia y discurso papal de 9 enero 2004 en OR 16 enero 2004, 27.

2.15. Oficina Central de Estadística de la Iglesia.

"Anuario Estadístico de la Iglesia del año 2002", publicado por la Librería Editora Vaticana. Recoge datos estadísticos relativos a las fuerzas de la Iglesia desde 1978 (comienzo del pontificado de Juan Pablo II) hasta 2002. Véanse ocho tablas (fieles católicos, sacerdotes por obispo, obispos, sacerdotes diocesanos y religiosos, diáconos permanentes, religiosos profesos no sacerdotes, religiosas profesas y candidatos al sacerdocio) en OR 7 mayo 2004, 237-238.

2.16. Oficina de Prensa de la Santa Sede.

Comunicado con motivo de la adopción del texto del Tratado por el que se instituye una Constitución para Europa (19 junio 2004). La Santa Sede muestra su satisfacción por esta nueva etapa en el proceso de integración europea siempre deseada y estimulada por el Romano Pontífice y por el hecho de que en el texto se haya incluido la salvaguarda del estatuto de las confesiones religiosas en el Derecho de los Estados miembros, así como el compromiso de la Unión Europea de reconocer la identidad de las confesiones y mantener con ellas un diálogo abierto y regular. Sin embargo, la Santa Sede muestra su tristeza por la oposición de algunos Gobiernos que ha impedido la mención explícita de las raíces cristianas de Europa. Esta omisión atenta contra la evidencia histórica y contra la identidad cristiana de las poblaciones europeas. OR 25 junio 2004, 325 y 330.

Comunicado dando a conocer la decisión de Juan Pablo II de crear en el Pontificio Consejo para los Laicos la sección "Iglesia y Deporte" (3 agosto 2004). Ecc n.3219-20, 21 y 28 agosto 2004, 1234.

3. Sínodo de los Obispos.

3.1. Sínodo de los Obispos

El Santo Padre decidió (29 noviembre 2003) la celebración de la XI Asamblea y después de una adecuada consulta, estableció el tema ("La Eucaristía, fuente y cumbre de la vida y de la misión de la Iglesia") y el período de trabajos sinodales (2 a 29 octubre 2005). El 31 marzo 2004 se envió el texto de los *Lineamenta* (publicado el 28 mayo 2004), documento para el estudio y consulta de las fuerzas vivas de la Iglesia. Consta de una presentación del secretario general del Sínodo, una introducción sobre la Eucaristía, siete capítulos y una breve conclusión, seguida del cuestionario (a responder hasta el 31 diciembre 2004) y el índice. Texto íntegro de los *Lineamenta* en Ecc n.3217-18, 7 y 14 agosto 2004, 1203-1213; n.3219-20, 21 y 28 agosto 2004, 1254-1266. Resumen en OR 4 junio 2004, 292. Cf. exposición sintética del secretario de la Congregación para la Doctrina de la Fe Mons. Amato en OR 7 enero 2005, 7. El X Consejo ordinario de la Secretaría General tuvo su octava reunión los días 16-17 noviembre 2004 para examinar las respuestas recibidas y se debatió sobre el primer borrador del *Instrumentum laboris.* Noticia en OR 3 diciembre 2004, 602.

El 13 noviembre 2004, en audiencia a los participantes en un simposio de obispos europeos y africanos, el Santo Padre anunció su propósito de convocar una segunda asamblea especial para África del Sínodo de los Obispos. OR 19 noviembre 2004, 578; Ecc n.3232, 20 noviembre 2004, 1723.

3.2. Sínodos de Iglesias Católicas Orientales

Se celebró el Sínodo de los Obispos de la Iglesia caldea en el Vaticano (2-3 diciembre 2003) para cubrir la sede patriarcal dejada vacante por fallecimiento de S.B. Raphaël I Bidawid (7 julio 2003). El Sínodo eligió canónicamente nuevo patriarca a Mons. Emmanuel-Karim Delly, que tomó el nombre de Emmanuel III Delly. La preceptiva comunión eclesiástica solicitada al Santo Padre le fue concedida por carta (3 diciembre 2003) y confirmada durante una misa por el prefecto de la Congregación para las Iglesias Orientales (5 diciembre 2003). OR 12 diciembre 2003, 638 y 641.

El Sínodo permanente de la Iglesia greco-católica ucraniana se reunió en Roma (primera semana de junio 2004) presidido por su arzobispo mayor el cardenal Lubomyr Husar MSU y expresó su deseo de que el arzobispado mayor fuera elevado a patriarcado. En audiencia (3 junio 2004) el Santo Padre les manifestó su apoyo pero puso de relieve los problemas ecuménicos que entrañaría atender la petición, que habrá de esperar el momento oportuno. OR 18 junio 2004, 318.

Mensaje papal al patriarca ecuménico de Constantinopla Bartolomé I con ocasión de la fiesta de San Andrés (26 noviembre 2003). OR 26 diciembre 2003, 666.

Visita del cardenal Walter Kasper, presidente del Consejo Pontificio para la Unidad de los Cristianos, al patriarca ruso Alejo II (22 febrero 2004). ZS04022306

Visita del patriarca ecuménico de Constantinopla Bartolomé I a la Sede romana con ocasión de la fiesta de San Pedro y San Pablo (29 julio 2004). Crónica y discursos en OR 2 julio 2004, 337-343.

Declaración común de Juan Pablo II y Bartolomé I (29 julio 2004) con motivo de los cuarenta años del encuentro del Papa Pablo VI y el Patriarca Atenágoras I en Jerusalén. Con esta declaración común, los suscribientes testimonian la firme voluntad de seguir el camino que lleva a la comunión plena. OR 9 julio 2004, 356.

El 25 agosto 2004 el Santo Padre confió el icono de la Madre de Dios de Kazán (que desapareció durante la revolución bolchevique y tras diversas vicisitudes fue donado al Papa en 1993) a una delegación de la Santa Sede que lo entregó al patriarca ortodoxo de Moscú Alexis II el 28 agosto 2004 junto con un mensaje papal. OR 27 agosto 2004, 429; 3 septiembre 2004, 441-444.

Mensaje de Juan Pablo II al Santo Sínodo del Patriarcado greco-ortodoxo de Alejandría y de toda África con motivo de la muerte de S.B. Petros VII, patriarca greco-ortodoxo de Alejandría (11 septiembre 2004). OR 17 septiembre 2004, 462.

El 27 septiembre 2004 el Santo Padre entregó al patriarca ecuménico de Constantinopla Bartolomé I gran parte de las reliquias de San Gregorio Nacianceno (traídas a Roma por monjas bizantinas en el siglo VIII huyendo de la persecución iconoclasta) y de San Juan Crisóstomo (traídas a Roma en tiempos del imperio latino de Constantinopla, siglo XIII). Crónica y alocución papal en OR 3 diciembre 2004, 601, 606-607.

5. Relaciones internacionales de la Santa Sede

5.1. Legación activa

El Santo Padre envió los siguientes representantes diplomáticos:

- A Alemania. El 25 de noviembre de 2003 fue nombrado Nuncio Mons. Erwin Josef Ender, hasta entonces Nuncio en la República Checa. Presentó cartas credenciales al presidente de la República Federal de Alemania el 18 de febrero de 2004.
- A las Antillas. Mons. Thomas E. Gullickson fue nombrado arzobispo titular de Bomarzo y Nuncio en Trinidad y Tobago, Bahamas, Dominica, Saint Kitts y Nevis, Santa Lucía y San Vicente y Granadinas (2 octubre 2004) y posteriormente Nuncio en Antigua y Barbuda, Barbados, Jamaica, República Cooperativa de Guyana, Surinam y Granada. Presentó cartas credenciales al presidente de la República de Trinidad y Tobago el 10 de diciembre de 2004.
- A Australia. Fue nombrado Nuncio Mons. Ambrose B. de Paoli, hasta entonces Nuncio en Japón.
- A Bielorrusia. Fue nombrado Nuncio Mons. Martin Vidović.
- A Burundi. El 29 de diciembre de 2003 fue asesinado el Nuncio Mons.Michael Aidan Courtney. El 22 de enero de 2004 fue nombrado Nuncio Mons. Paul Richard Gallagher, hasta entonces enviado especial con funciones de observador permanente ante el Consejo de Europa. Presentó

cartas credenciales al presidente de la República el 12 de mayo de 2004.

- A Camboya. El Nuncio Mons. Salvatore Pennacchio presentó cartas credenciales al presidente del Senado y jefe de Estado interino el 21 de septiembre de 2004.
- A Camerún. El Nuncio Mons. Eliseo Antonio Ariotti presentó cartas credenciales al presidente de la República el 27 de diciembre de 2003.
- Al Congo y Gabón. El 31 de julio de 2004 fue nombrado Nuncio en la República del Congo el español Mons. Andrés Carrascosa Coso. El 26 de agosto de 2004 el mismo fue nombrado Nuncio en Gabón. Fue consagrado obispo titular de Elo el 7 de octubre de 2004. Presentó cartas credenciales al presidente de la República del Congo el 17 de noviembre de 2004.
- Al Consejo de Europa. El 27 de enero de 2004 fue nombrado enviado especial en calidad de observador permanente ante el Consejo de Europa en Estrasburgo Mons. Vito Rallo. El 3 de marzo de 2004 entregó la carta de presentación del cardenal secretario de Estado al secretario general del Consejo de Europa.
- A Corea y Mongolia. Mons. Emil Paul Tscherrig fue nombrado Nuncio en Corea el 22 de mayo de 2004 y Nuncio en Mongolia el 17 de junio de 2004. Presentó cartas credenciales al presidente de la República de Corea el 10 de noviembre de 2004 y al presidente de la República de Mongolia el 23 de noviembre de 2004.
- A Costa Rica. El Nuncio Mons. Osvaldo Padilla presentó cartas credenciales al presidente de la República el 28 de octubre de 2003.
- A Cuba. El 30 de marzo de 2004 fue nombrado Nuncio en Cuba Mons. Luigi Bonazzi, hasta entonces Nuncio en

Haití. Presentó cartas credenciales al vicepresidente del Consejo de Estado cubano el 3 de junio de 2004.

- Al Cuerno de África. El 17 de enero de 2004 fue nombrado Nuncio en Etiopía y Yibuti y Delegado Apostólico en Somalia Mons. Ramiro Moliner Inglés, español, hasta entonces Nuncio en Guatemala. Presentó sus cartas credenciales al presidente de la República de Etiopía el 6 de abril de 2004 y ante el presidente de la República de Yibuti el 26 de abril de 2004.
- A Eritrea. El 19 de febrero de 2004 fue nombrado Nuncio en Eritrea Mons. Dominique François Joseph Mamberti, hasta entonces Nuncio en Sudán. Presentó cartas credenciales al presidente de la República de Eritrea el 21 de mayo de 2004.
- Al Golfo de Guinea. El 31 de julio de 2004 fue nombrado Nuncio en Costa de Marfil y Burkina Faso Mons. Mario Roberto Cassari. Posteriormente fue nombrado también Nuncio en Níger. Presentó cartas credenciales al presidente de la República de Costa de Marfil el 22 de octubre de 2004 y al presidente de la República de Burkina Faso el 19 de noviembre de 2004.
- A Guatemala. El 10 de febrero de 2004 fue nombrado Nuncio en Guatemala Mons. Bruno Musarò, hasta entonces Nuncio en Madagascar, Mauricio e Islas Seychelles. Presentó cartas credenciales al presidente de la República de Guatemala el 13 de mayo de 2004.
- A Guinea Ecuatorial. El Nuncio Mons. Eliseo Antonio Ariotti presentó cartas credenciales ante el presidente de la República el 29 de julio de 2004.
- A Haití. El 22 de abril de 2004 fue nombrado Nuncio en Haití Mons. Mario Giordana. Presentó cartas credenciales al presidente provisional de la República el 12 de agosto de 2004.

- A Honduras. El Nuncio Mons. Antonio Arcari presentó cartas credenciales el 18 de noviembre de 2003.
- A Indonesia y Timor Oriental. El 29 de abril de 2004 fue nombrado Nuncio en estos dos países Mons. Patabendige Don Albert Malcom Ranjith. Presentó cartas credenciales ante la presidenta de la República de Indonesia el 22 de julio de 2004.
- A Libia. El Nuncio Mons. Félix del Blanco Prieto presentó cartas credenciales al secretario del Comité del pueblo el 24 de marzo de 2004.
- Al Magreb. El 22 de abril de 2004 fue nombrado Nuncio en Argelia y Tunicia Mons. Thomas Yeh Sheng-nan. Presentó cartas credenciales al presidente de la República tunecina el 16 de diciembre de 2004.
- A Nigeria. El 27 de enero de 2004 fue nombrado Nuncio Mons. Renzo Fratini, hasta entonces Nuncio en Indonesia y en Timor Oriental.
- Al Océano Índico. El 22 de abril de 2004 fue nombrado Nuncio en Madagascar y en las Seychelles y Delegado Apostólico en Islas Comores y La Reunión Mons. Augustine Kasujja. El mismo fue nombrado el 9 de junio de 2004 también Nuncio en Mauricio. Presentó cartas credenciales al presidente de la República de Madagascar el 21 de junio de 2004, al presidente de la República de Mauricio el 27 de julio de 2004 y al presidente de la República de Seychelles el 3 de agosto de 2004.
- A los países nórdicos. El Santo Padre aceptó la renuncia que por motivos de salud le había presentado Mons. Piero Biggio al cargo de Nuncio en Dinamarca, Finlandia, Islandia, Noruega y Suecia y nombró en su lugar a Mons. Giovanni Tonucci, hasta entonces Nuncio en Kenia.
- A la Península Arábiga. El 25 de noviembre de 2003 fue nombrado Nuncio en Qatar Mons. Giuseppe de Andrea, que ya lo era en Kuwait, Bahrain y Yemen.

- Al Reino Unido. El 11 de diciembre de 2004, fuen nombrado Nuncio el español Mons. Faustino Sáinz Muñoz, hasta entonces Nuncio ante la Unión Europea y en sustitución del también español Pablo Puente.
- A la República Checa. El 10 de enero de 2004 fue nombrado Nuncio Mons. Diego Causero, hasta entonces Nuncio en Siria. Presentó cartas credenciales al presidente de la República el 5 de abril de 2004.
- A Ruanda. El 25 de noviembre de 2003 fue nombrado Nuncio Mons. Anselmo Guido Pecorari. Presentó cartas credenciales al presidente de la República el 30 de marzo de 2004.
- A Singapur. El Nuncio Mons. Salvatore Pennacchio presentó cartas credenciales al presidente de la República el 5 de abril de 2004.
- A Siria. El 6 de marzo de 2004 fue nombrado Nuncio Mons. Giovanni Battista Morandini, hasta entonces Nuncio en Corea y Mongolia. Presentó cartas credenciales al presidente de la República Árabe de Siria el 27 de mayo de 2004.
- A Sri Lanka. El 10 de mayo de 2004 fue nombrado Nuncio Mons. Mario Zenari. Presentó cartas credenciales a la presidenta de la República el 17 de septiembre de 2004.
- A Suiza y Liechtenstein. El Papa aceptó la renuncia al cargo de Nuncio en Suiza y en Liechtenstein que por razón de edad había presentado Mons. Pier Giacomo de Nicolò y nombró en su lugar a Mons. Francesco Canalini, hasta entonces Nuncio en Australia. Presentó cartas credenciales al presidente de la Confederación Helvética el 23 de noviembre de 2004 y al príncipe heredero de Liechtenstein el 13 de diciembre de 2004.
- A Tailandia. El Nuncio Mons. Salvatore Pennacchio presentó cartas credenciales al rey el 24 de marzo de 2004.

- A Togo. El Nuncio Mons. Pierre Nguyên Van Tot presentó cartas credenciales al presidente de la República el 4 de diciembre de 2003.
- A Ucrania. El 22 de abril de 2004 fue nombrado Nuncio Mons. Ivan Jurkovič. Presentó cartas credenciales al presidente de la República el 16 de junio de 2004.

5.2. Legación pasiva

El Santo Padre recibió las cartas credenciales de los nuevos embajadores de los siguientes países:

- De África: Costa de Marfil (Sr.Kouamé Benjamin Konan, 10 enero 2004), Malí (Sr.Mohamed Salia Sokona, 27 mayo 2004), Zambia (Sr.Anderson Kaseba Chibwa, 27 mayo 2004), Nigeria (Sr.Kingsley Sunny Ebenyi, 27 mayo 2004), Tunicia (Sr.Afif Handaoui, 27 mayo 2004), Egipto (Sra. Nevine Simaika Halim Abdalla, 18 septiembre 2004), Malawi (Sr.Gilton Basilio Chiwaula, 16 diciembre 2004) y Kenia (Sra.Raychelle Awor Omamo, 16 diciembre 2004).
- De América: Paraguay (Sr.Marcos Martínez Mendieta, 9 diciembre 2003), República Dominicana (Sr.Carlos Rafael Conrado Marion-Landais Castillo, 15 diciembre 2003), Méjico (Sr.Javier Moctezuma Barragán, 24 febrero 2004), Argentina (Sr.Carlos Luis Custer, 28 febrero 2004), Nicaragua (Sr.Armando Luna Silva, 13 marzo 2004), Surinam (Sr.Edgar S. Ragoenath Amanh, 27 mayo 2004), Guatemala (Sr.Juan Gavarrete Soberón, 2 septiembre 2004), Canadá (Sr.Donald Smith, 4 septiembre 2004), Brasil (Sra.Vera Barrouin Machado, 11 octubre 2004) y Perú (Sr.Pablo Morán Val, 7 diciembre 2004).
- De Asia: Singapur (Sr.Walter Woon, 12 diciembre 2003), Qatar (Sr.Mohamad Jaham Abdulaziz, 12 diciembre 2003), Indonesia (Sr.Bambang Prayitno, 10 enero 2004), Repú-

blica de China (Sr.Chou-seng Tou, 30 enero 2004), Líbano (Sr.Naji Abi Assi, 2 abril 2004), Filipinas (Sra.Leonida L. Vera, 19 abril 2004), Sri Lanka (Sra. Sarala Manourie Fernando, 27 mayo 2004); Yemen (Sr.Yahya Ali Mohamed Al-Abiad, 27 mayo 2004), Irán (Sr.Mohammad Javad Faridzadeh, 29 octubre 2004), Irak (Sr.Albert Edward Ismail Yelda, 15 noviembre 2004) y Tailandia (Sr.Pradap Pibulsonggram, 16 diciembre 2004).

– De Europa: Dinamarca (Sr.Birger Dan Nielsen, 12 diciembre 2003), Estonia (Sr.Priit Kolbre, 12 diciembre 2003), Italia (Sr.Giuseppe Balboni Acqua, 9 enero 2004), Turquía (Sr.Osman Duzak, 21 febrero 2004), Bosnia-Herzegovina (Sr.Miroslav Palameta, 27 febrero 2004), Ucrania (Sr. Grygorii Fokovych Khoruzhyi, 7 mayo 2004), España (Sr. Jorge Dezcallar de Mazarredo, 18 junio 2004), Irlanda (Sr.Philip McDonagh, 4 septiembre 2004), Portugal (Sr.João Alberto Bacelar da Rocha Páris, 21 septiembre 2004), Lituania (Sr.Algirdas Saudargas, 6 diciembre 2004), Croacia (Sr.Emilio Marin, 11 diciembre 2004), Luxemburgo (Sr.Georges Santer, 16 diciembre 2004) y Noruega (Sr.Lars Petter Forberg, 16 diciembre 2004).

5.3. Normalización de relaciones diplomáticas

El presidente de la Confederación Helvética, Joseph Deiss, en su discurso de bienvenida al Papa (5 junio 2004), anunció que Suiza, que rompió sus lazos diplomáticos con la Santa Sede en 1873 y estableció una misión de nivel más bajo sólo en 1991, normalizaría sus relaciones y enviaría un embajador a Roma (lo será el Sr. Hansrudolf Hoffman, que desempeña la labor de emisario especial y reside actualmente en Praga). Por contra, la Santa Sede ya tenía en Suiza un Nuncio con plenos poderes. VIS 20040607 (900).

5.4. Estatuto jurídico ante la Organización de Naciones Unidas

La Santa Sede tiene rango de observador permanente ante la Organización de las Naciones Unidas (ONU) desde el 6 abril 1964. El estatuto jurídico de los observadores permanentes fue desarrollado en la Convención de 1975 sobre las relaciones con los organismos internacionales, pero este tratado no llegó a entrar en vigor por no haber alcanzado el número suficiente de Estados que lo ratificasen. La Santa Sede compartía la posición de observador con Suiza hasta que este país ingresó en la ONU como miembro de pleno derecho en 2002. Entonces la Santa Sede inició un proceso con vistas a permitir una participación más ágil y plena en los trabajos de la Asamblea General. En 2003 el cardenal secretario de Estado anunció que la Santa Sede estaría dispuesta a ingresar en la ONU, pero finalmente se optó por consolidar la posición de observador. El 1 julio 2004 la Asamblea General aprobó por consenso la Resolución A/58/L.64 sobre la participación de la Santa Sede en los trabajos de la ONU. Se establecen varios derechos de la Santa Sede: a inscribirse en la lista de los que piden hablar y participar en el debate de la Asamblea General; a replicar; a hacer publicar y circular sus comunicados como documentos oficiales; a presentar mociones de orden; a copatrocinar borradores de resoluciones que se refieran directamente a la Santa Sede. Esta, en cambio, no tendrá derecho de voto puesto que no es miembro de pleno derecho. Noticia en OR 9 julio 2004, 350.

5.5. Acuerdos concordatarios

Intercambio de instrumentos de ratificación (Roma, 15 octubre 2003) de la Convención entre la Sede Apostólica e Italia sobre seguridad social, firmada el 16 junio 2000. Contiene cuarenta y dos artículos y un acuerdo administrativo para la aplicación de la convención (de veintisiete artículos y dos anexos). Empezó a regir el 1 enero 2004. Texto en AAS 95 (4 diciembre 2003) 830-861.

Acuerdo entre la Santa Sede y el Estado de Brandeburgo (Alemania), firmado en Potsdam el 12 noviembre 2003. Los instrumentos de ratificación se intercambiaron en Berlín el 25 mayo 2004 y el Acuerdo entró en vigor al día siguiente. Consta de veinticinco artículos y un protocolo final. Toma como punto de partido el Concordato con el *Reich* (1933) y con el antiguo Estado de Prusia (1929). Regula diversos aspectos de las relaciones Iglesia-Estado: la libertad religiosa y la situación jurídica de la Iglesia Católica en la sociedad civil; su libertad de acción en los ámbitos cultual, educativo, pastoral y caritativo; su presencia en los medios de comunicación social, en los centros de salud y de asistencia, y en los centros de prevención y penitenciarios; su responsabilidad en la conservación de los monumentos eclesiásticos; la recaudación del impuesto eclesiástico; la contribución económica del Estado a la Iglesia; la enseñanza de la religión católica en las escuelas públicas y la gestión de escuelas e institutos de formación de todos los grados. Resumen tomado de OR 21 noviembre 2003, 602. Texto en AAS 96 (5 octubre 2004) 625-652.

Convención entre la Sede Apostólica y la Ciudad Libre Hanseática de Brema, firmado en Brema el 21 noviembre 2003 y en vigor desde el intercambio de instrumentos ratificatorios hecho en Berlín el 13 mayo 2004. Los católicos de este Estado alemán son 78.000, que constituyen el 12% de una población total de 660.000 habitantes (OR 5 diciembre 2003, 626). La Convención consta de veinticinco artículos y un protocolo final. Regula la situación jurídica de la Iglesia Católica en los siguientes aspectos: libertad de fe y autonomía eclesial; protección de los días festivos; provisión de los oficios (donde el *Land* renuncia a derechos que le correspondían según el Concordato con el *Reich* alemán de 1933 y la Convención con Prusia de 1929); educación impartida por la Iglesia (con reconocimiento del derecho de ésta de impartir en sus propias escuelas una enseñanza confesional de la religión en lugar de la Historia Bíblica que se enseña en las escuelas estatales sobre base cristiana general); actividades para la juventud y formación de los adultos; curso de idoneidad para enseñar religión católica; curso de música sacra en la Escuela Superior de Artes; cura de almas en instituciones especiales; secreto ministerial; centros de día para jóvenes; instituciones caritativas; radiotelevisión; propiedades eclesiásticas; carácter de corporación de derecho público de la Iglesia, sus parroquias y otros entes; cuidado de los monumentos; cementerios; datos anagráficos; exención de tasas; derecho al impuesto eclesiástico y administración del mismo; colectas; colaboración recíproca. Termina con las cláusulas de paridad de tratamiento (revisión de la convención si el *Land* concede más derechos a otras comunidades religiosas), de amigable composición y de entrada en vigor. AAS 96 (2 agosto 2004) 452-469.

Acuerdo entre la Santa Sede y la República de Eslovaquia sobre Educación e Instrucción Católica, suscrito el 13 mayo 2004 y cuyos instrumentos de ratificación se intercambiaron en Bratislava el 9 julio 2004. Desarrolla el Acuerdo Base (firmado 24 noviembre 2000, en vigor desde 18 diciembre 2000) reconociendo el derecho de la Iglesia Católica a educar y regula la enseñanza de la religión católica en las escuelas públicas así como la Universidad católica y la pastoral universitaria. Noticia en OR 28 mayo 2004, 278.

Concordato entre la Santa Sede y Portugal (firmado 18 mayo 2004). Consta de treinta y tres artículos que se refieren a las siguientes materias: cooperación en el ámbito interno y en el internacional; relaciones diplomáticas; personalidad jurídica civil de la Iglesia Católica, Conferencia Episcopal, diócesis, parroquias y otros entes canónicos; derecho de la Iglesia a ejercer su misión y sus actividades; libertad religiosa; días festivos; secreto ministerial; exención de los clérigos de cargos incompatibles con su estado; protección de los lugares de culto y de los eclesiásticos en el ejercicio del culto; libertad de la Iglesia para establecer sus circunscripciones y organizarse en personas jurídicas canónicas y capacidad jurídica de estas; libertad en el nombramiento de obispos; reconocimiento de efectos civiles del matrimonio canónico y de las resoluciones eclesiásticas sobre el mismo; asistencia religiosa a las fuerzas armadas y de seguridad y a personas internadas; cumplimiento de obligaciones militares por los eclesiásticos; enseñanza de la religión y moral católicas en los centros públicos de enseñanza; derecho a instituir seminarios y otros centros de formación y cultura eclesiástica y a fundar y dirigir escuelas de todos los niveles; patrimonio cultural; templos y edificios destinados al culto; espacios destinados a fines religiosos en el planeamiento territorial; supuestos de no sujeción a impuestos y de exenciones fiscales de las personas jurídicas canónicas; sistema de asignación tributaria. El intercambio de instrumentos de ratificación tuvo lugar el 18 diciembre 2004. En tal ocasión, declaró Mons. Lajolo que los dos grandes principios que inspiran el Concordato son el de la libertad de la Iglesia y el de la cooperación, "que respetando la propia competencia del Estado, permite a la Iglesia asociarse a otras instituciones públicas y privadas en el servicio de la sociedad, por el bien del ser humano; y lo hace sobre todo por medio de sus obras educativas y caritativas, como corresponde a los dos fundamentos de su actuar: la verdad y la caridad" (VIS 20041220 [400]). Noticia en OR 28 mayo 2004, 280; 31 diciembre 2004, 652. Texto íntegro en: http://www.ucp.pt/cedc/Noticias/Concordata2004.html.

Intercambio de instrumentos de ratificación (Vaticano, 28 mayo 2004) del Acuerdo entre la Santa Sede y la República de Eslovenia sobre algunos temas jurídicos de interés común (firmado en Liubliana, 14 diciembre 2001). Noticia en OR 4 junio 2004, 292.

Intercambio de instrumentos de ratificación (Vaticano, 18 octubre 2004) del Acuerdo entre la Santa Sede y la República del Paraguay sobre asistencia religiosa a los miembros de las Fuerzas Armadas y de la Policía nacional (firmado en Asunción, 24 diciembre 2002). Noticia en OR 22 octubre 2004, 533.

El 5 julio 2004 se reanudaron las negociaciones Israel-Santa Sede (interrumpidas por Israel el 28 agosto 2003). Según el p. David Maria Jaeger, portavoz de la Custodia Franciscana en Tierra Santa, las negociaciones de desarrollo del Acuerdo Fundamental (30 diciembre 1993) se centrarán en tres cuestiones: primero, el estatuto fiscal de la Iglesia, esto es, derechos y deberes con respecto a los impuestos y en particular la consolidación de las exenciones que la Iglesia ha tenido desde siempre bajo todos los Estados precedentes y en virtud de tratados internacionales; segundo, la restitución de algunas propiedades eclesiásticas expropiadas o perdidas con el transcurso de los años; tercero, la participación del Estado en el apoyo a las obras sociales y educativas de la Iglesia en favor de la población local (ZS04070810). El 14 septiembre 2004, el ministro de Interior del Estado de Israel, Abraham Poraz visitó a Su Santidad para tratar del estado de las negociaciones. VIS 20040914 (310); Ecc n.3225, 2 octubre 2004, 1438.

6. Conferencia Episcopal Española

6.1. Asamblea Plenaria.

Se celebraron la LXXXI (17-21 noviembre 2003), la LXXXII (3-7 mayo 2004) y la LXXXIII (22-26 noviembre 2004) Asambleas Plenarias.

A) Normas canónicas y litúrgicas aprobadas por la Plenaria y sometidas a revisión confirmatoria *(recognitio)* de la Sede Apostólica.

Las Comisiones Episcopales de Liturgia y de Doctrina de la Fe y la Junta Episcopal de Asuntos Jurídicos prepararon, a la luz del m.pr. *Misericordia Dei* de 2002, la actualización de los criterios acordados para la absolución colectiva a tenor del can.961 §2 (aprobados por la Conferencia en noviembre 1988 y refrendados por la Santa Sede en febrero 1989). Elaboraron unas "Normas sobre la absolución a varios penitentes sin confesión individual" que presentaron a la LXXXI Asamblea Plenaria, la cual ofreció nuevas sugerencias para el perfeccionamiento del documento. El nuevo texto fue aprobado por la LXXXIII Asamblea que lo remitió a la Sede Apostólica.

La Junta Episcopal de Asuntos Jurídicos presentó a la LXXXI Asamblea la propuesta de modificación de algunos artículos de los estatutos de la Conferencia Episcopal para acomodarlos a la posible creación de regiones eclesiásticas. Por razones técnicas y de falta de tiempo, se pospuso el tema, que fue resuelto favorablemente por la LXXXII Asamblea y en consecuencia remitido a la Sede Apostólica.

La LXXXIII Asamblea Plenaria aprobó, pendiente de la ratificación de Roma, una revisión de los estatutos de la Universidad Pontificia de Salamanca.

Diversos textos litúrgicos han sido aprobados y enviados a la Congregación para el Culto Divino y la Disciplina de los Sacramentos, a saber, las traducciones al castellano y catalán de algunos rituales (LXXXI Asamblea) y una nueva edición del Ritual de la Iniciación Cristiana (LXXXIII Asamblea).

B) Otros acuerdos elevados a Roma.

La LXXXI Asamblea Plenaria aprobó la propuesta de solicitar a la Santa Sede que Santa Genoveva Torres Morales sea declarada patrona de los minusválidos.

C) Acuerdo negociado con la autorización de la Santa Sede.

La LXXXII Asamblea aprobó el Acuerdo de colaboración entre el Ministerio de Educación, Cultura y Deporte y la Iglesia

Católica para el Plan Nacional de Abadías, Monasterios y Conventos. Aplica el art.XV del Acuerdo del Estado con la Santa Sede sobre Enseñanza y Asuntos Culturales y por esta razón el Presidente de la Conferencia Episcopal suscribe el Acuerdo con la autorización de la Santa Sede. Consta de diez cláusulas. Posee una vigencia indefinida, con revisión cada dos años si lo solicita una parte. Se refiere a abadías, monasterios y conventos con la categoría de Bien de Interés Cultural u otra categoría jurídica asimilada; excepcionalmente permite actuar sobre bienes que tengan otra categoría jurídica cuando requieran obras de emergencia o inaplazables. BOCEE n.72 (30 junio 2004) 3-6.

D) Textos aprobados por la Plenaria sin estar sujetos a aprobación de Roma.

La LXXXI Asamblea aprobó unas "Orientaciones para la atención pastoral de los católicos orientales en España". Consta de una introducción y cuarenta y seis párrafos sobre: la presencia de católicos orientales (nn.1-3), la parroquia oriental y su párroco (nn.4-11), la lengua y liturgia en las celebraciones (nn.12-13), los sacramentos del bautismo (nn.14-22), confirmación (n.23), eucaristía (nn.24-25), penitencia (n.26), unción de enfermos (n.27) y matrimonio (nn.28-33), la recepción en la plena comunión católica (nn.34-38), la función de la Sede Apostólica (nn.39-40), la función del Director del Departamento para la atención pastoral de los católicos orientales (n.41), los deberes de los católicos latinos y orientales (nn.42-44) y algunas iniciativas pastorales (nn.45-46). Sus primeros destinatarios son los fieles y pastores católicos latinos. El documento no tiene forma de decreto ni *recognitio* de la Sede Apostólica; por tanto, carece de valor jurídico y goza de carácter vinculante sólo en la medida en que recoge el Derecho universal vigente (principalmente el decreto conciliar *Ecclesiarum Orientalium*, el CIC y el CCEO). Termina con un anexo sobre el "Departamento para la atención pastoral de los católicos orientales" que prevé pueda ser creado por la Comisión Permanente a propuesta de la Secretaría General, como en efecto ha ocurrido.

Según el Reglamento contenido en este anexo, el Departamento quedará suprimido o por decisión de la Comisión Permanente de la Conferencia o automáticamente cuando la Sede Apostólica encomiende la atención pastoral de los católicos orientales en España a un ordinario latino o jerarca oriental. BOCEE n.71, 31 diciembre 2003, 56-63; Ecc n.3183, 13 diciembre 2003, 1893-1897.

También la LXXXI Asamblea Plenaria aprobó el "Directorio de Pastoral Familiar", que quiere dar respuesta a lo previsto en la exhortación apostólica *Familiaris consortio* n.66 y es un complemento al documento de la Conferencia "La familia, santuario de la vida y esperanza de la sociedad" (27 abril 2001). El mismo Directorio resume así su contenido: "Después de situar la urgencia de la pastoral familiar en nuestro contexto socio-cultural (Introducción), se presenta el matrimonio y la familia a la luz del plan de Dios (cap.I), se analizan las etapas y el sentido de la preparación al matrimonio (cap.II), que finaliza en la celebración del sacramento (cap.III). Es entonces cuando se ha constituido una nueva familia y se considera el modo de vida cristiana que esto supone (cap.IV), teniendo en cuenta los problemas planteados por algunas situaciones especiales (cap.V). A continuación se presenta la participación y la misión de la familia en la sociedad y en la Iglesia (cap.VI); y por último, se trata de las estructuras y responsables de la pastoral matrimonial y familiar (cap. VII)" (n.6). Algunas cuestiones de interés canónico que se abordan en el Directorio pueden encontrarse en los números 121, 125-127, 140-149, 212-215, 223, 225-227, 229-234, 243, 267-268, 275-279, 281 y 283-284. BOCEE n.71, 31 diciembre 2003, 63-140; Ecc n.3192, 14 febrero 2004, 220-242; n.3193, 21 febrero 2004, 270-282; n.3194, 28 febrero 2004, 310-322; n.3195, 6 marzo 2004, 350-362; OR 23 julio 2004, 367-370; 30 julio 2004, 377-386; 6 agosto 2004, 395-401; 13 agosto 2004, 409-411; 20 agosto 2004, 424-427.

La LXXXII Asamblea estudió el documento "La iniciación cristiana de los niños" elaborado por la Subcomisión Episcopal de Catequesis en desarrollo de las "Orientaciones pastorales para el catecumenado" (aprobadas por la Plenaria en abril de 2002), lo debatió y pospuso para la siguiente Asamblea, la LXXXIII, que la aprobó con el título "Orientaciones pastorales para la iniciación cristiana de niños no bautizados en su infancia". Ecc n.3238-39, 1-8 enero 2005, 10-21. BOCEE n. 73 (31 diciembre 2004) 60-74.

La LXXXIII Asamblea aprobó el documento "«La caridad de Cristo nos apremia». Reflexiones en torno a la «eclesialidad» de la acción caritativa y social de la Iglesia".. Podemos destacar que la Conferencia alerta (nn.35-43) de las posibles "grietas de la eclesialidad" en dicha acción. Ecc n.3235, 11 diciembre 2004, 1824-1835.

E) Actos jurídicos competencia de la Conferencia

En materia de asociaciones, la LXXXI Asamblea Plenaria aprobó los estatutos del movimiento de Acción Católica "Profesionales Cristianos" y lo erigió como asociación de fieles de ámbito nacional; aprobó unas modificaciones en los estatutos de "Manos Unidas" al cumplirse el trienio en que fueron aprobados; y concedió al movimiento "Hermandad Obrera de Acción Católica" (HOAC) la dispensa hasta el año 2009 del párrafo primero del art.12 de sus estatutos (que obliga a celebrar una asamblea general cada cuatro años, por tanto en 2007). La LXXXII Asamblea Plenaria aprobó los estatutos del movimiento "Renovación Carismática Católica en España" (de 2 febrero 2004) y le concedió personalidad jurídica canónica como asociación privada de fieles de ámbito nacional; aprobó una leve modificación en el art.4 de los estatutos de la "Asociación de Caridad de San Vicente de Paúl", asociación pública de fieles de ámbito nacional. Y la LXXXIII Asamblea Plenaria aprobó la modificación de los estatutos de la "Fraternidad Cristiana de Enfermos y Minusválidos (FRATER)", consistente en un cambio de nombre de la asociación, y del "Movimiento de la Adoración Real, Perpetua y Universal al Santísimo Sacramento (ARPU)", que es elevada a asociación pública de fieles; además, aprobó un modelo de estatutos de fundaciones canónicas promovidas por institutos de vida consagrada en el ámbito educativo. BOCEE n.71 (31 diciembre 2003) 56; n.72 (30 junio 2004) 14; n. 73 (31 diciembre 2004) 59.

La LXXXI Asamblea aprobó los balances de la Conferencia Episcopal y de sus organismos e instituciones correspondientes al año 2002 y los presupuestos para 2004 junto con los criterios de constitución y distribución del Fondo Común Interdiocesano para ese ejercicio. La LXXXIII Asamblea aprobó los balances de 2003 y los presupuestos y criterios de 2005. Los presupuestos han pasado de 2.919.825 € en 2003 a 3.028.945 € en 2004 (aumento del 3,74%) y a 3.143.905 € en 2005 (aumento del 3,80%). Ecc n.3234, 4 diciembre 2004, 1783. BOCEE n. 73 (31 diciembre 2004) 90-91.

F) Asuntos que la Plenaria ha tratado y dejado pendientes.

La LXXXIII Asamblea estudió la aportación del Encuentro Nacional de Responsables de Religiosidad Popular.

La LXXXI Asamblea encargó a la Comisión Episcopal de Enseñanza y Catequesis un documento sobre la identidad y misión de la escuela católica hoy en España.

6.2. Comisión Permanente

Ha creado el Departamento para la atención pastoral a los católicos orientales, dependiente de la Secretaría General, en aplicación a las Orientaciones aprobadas por la LXXXI Asamblea Plenaria, y que se rige por el reglamento contenido en anexo a dichas orientaciones. BOCEE n. 72 (3o junio 2004) 19.

Nota ante el anuncio del Gobierno de volver a reformar la Ley de Reproducción Asistida (25 mayo 2004). BOCEE n.72, 30 junio 2004, 22-24.

Aprobó (21-22 septiembre 2004) un borrador de introducción del proceso de trabajo a seguir para hacer realidad el proyecto de la Conferencia de publicar una traducción oficial de la Biblia, encargada en su día a las Comisiones Episcopales de Liturgia y de Doctrina de la Fe. Noticia en Ecc n.3225, 2 octubre 2004, 1428-1429.

6.3. Comité Ejecutivo

El Comité Ejecutivo aprobó la adjudicación de subvenciones del año 2003 con cargo al convenio, firmado en 1998 y prorrogado en 2001, con la Fundación ENDESA para la iluminación de las catedrales españolas y otros templos especialmente significativos. En concreto, se trató de dos catedrales, tres parroquias, una basílica y una ermita. BOCEE n.71 (31 diciembre 2003), 155.

Nota sobre la investigación con embriones en Europa (28 noviembre 2003). BOCEE n. 71 (31 diciembre 2003) 155-156.

"Por una ciencia al servicio de la vida humana" (25 mayo 2004). Nota ante el anuncio de la reforma de la Ley de Reproducción Asistida. OR 11 junio 2004, 311.

"En favor del verdadero matrimonio" (15 julio 2004). Nota ante la aprobación por el Congreso de los Diputados de una propuesta no de ley solicitando la equiparación legal plena de las uniones de personas del mismo sexo con el verdadero matrimonio. OR 30 julio 2004, 376. BOCEE n. 73 (31 diciembre 2004) 97-99.

Relación de jornadas y colectas que la Iglesia celebrará en 2005. Ecc n.3227, 16 octubre 2004, 1510-1511.

6.4. Comisión Episcopal de Enseñanza y Catequesis.

Carta a los padres sobre solicitar la clase de religión en los colegios (para ser leída y distribuida en la misa dominical de 25 abril 2004). BOCEE n.72 (30 junio 2004) 29-30.

6.5. Comisión Episcopal de Liturgia.

"Fuente primera e indispensable de la vida cristiana". Declaración en el centenario del m.pr. *Tra le sollecitudini* de S.Pío X y en el XL aniversario de la constitución litúrgica del Concilio Vaticano II. BOCEE n.71 (31 diciembre 2003) 161-163; Ecc n.3183, 13 diciembre 2003, 1898-1899.

6.6. Comisión Episcopal para el Patrimonio Cultural.

"La Delegación Episcopal para el patrimonio cultural de la Iglesia. Principios y sugerencias para su estructura y funcionamiento". BOCEE n.71 (31 diciembre 2003) 163-167.

Objetivos del Plan Pastoral 2002-2005 sobre patrimonio cultural. BOCEE n.71 (31 diciembre 2003) 1676-169.

6.7. Subcomisión Episcopal para la Familia y la Defensa de la Vida.

"Hombre y mujer los creó". Nota con motivo de la Jornada de la Familia y la Vida (26 diciembre 2004). Ecc n.3227, 25 diciembre 2004, 1907-1909; OR 14 enero 2005, 22-23.

6.8. Oficina de Información.

Nota de prensa ante la aprobación del anteproyecto de ley por el que se modifica el Código Civil en materia de separación y divorcio (17 septiembre 2004). Critica el anteproyecto que "no parte de una buena concepción antropológica del matrimonio como institución social fundamental, sino más bien de una ideología individualista que lo reduce a un mero contacto entre particulares". BOCEE n. 73 (31 diciembre 2004) 101.

Nota de prensa ante la aprobación del anteproyecto de ley que equipararía las uniones homosexuales al matrimonio (1 octubre 2004). Califica el anteproyecto de "propuesta errónea e injusta", pues de un lado a dos personas del mismo sexo no les asiste derecho alguno a contraer matrimonio, y reconocerles ese inexistente derecho sería una actuación arbitraria que excedería de la capacidad del Estado y dañaría el bien común, y de otro lado sostiene que "dos personas del mismo sexo, que pretenden implantar un matrimonio, no constituyen un referente adecuado para la adopción". Ecc n.3226, 9 octubre 2004, 1369.

Nota de prensa ante la aprobación del Real Decreto-Ley que aplica la Ley de Reproducción Asistida (29 octubre 2004). Afirma que este decreto desvirtúa las mejoras de la reforma de noviembre de 2003 de la Ley de Reproducción Asistida de 1988, que es una ley injusta. Critica la nueva disposición porque con ella se pueden "producir" embriones prácticamente sin restricción y se abre la puerta a la investigación con seres humanos en estado embrionario. Ecc n.3230, 6 noviembre 2004, 1630.

Nota de prensa ante el proyecto de ley que equipararía las uniones homosexuales al matrimonio (30 diciembre 2004). Ecc n.3238-39, 1-8 enero 2005, 23.

6.9. Otros documentos episcopales de interés general

Nota de los Obispos de Cataluña sobre las adopciones por parejas homosexuales (17 noviembre 2004). Ecc n.3233, 27 noviembre 2004, 1745.

Acuerdo "para promover de los órganos de gobierno de la Caja de Ahorros y Monte de Piedad de Córdoba (CAJASUR) el retorno voluntario e inmediato de dicha entidad a la tutela, protectorado y control íntegros de la Junta de Andalucía" (13 diciembre 2004), firmado por el Obispo de Córdoba y el Consejero de Economía y Hacienda de la Junta de Andalucía. Noticia en Ecc n.3238-39, 1 y 8 enero 2005, 23.

ADDENDA: LA INSTRUCCIÓN DIGNITAS CONNUBII (25 Enero 2005)[2]

El 8 de febrero de 2005 (fuera por tanto del período a reseñar) tuvo lugar en la Sala de prensa de la Santa Sede el acto de presentación de la instrucción del Consejo Pontificio para los Textos Legislativos sobre las normas que se deben observar en los tribunales diocesanos e interdiocesanos en las causas para declarar la nulidad de matrimonio. Intervino su presidente el cardenal español Julián Herranz Casado, así como el secretario de la Congregación para la Doctrina de la Fe Angelo Amato, el secretario de la Congregación para el Culto Divino y Disciplina de los Sacramentos Domenico Sorrentino, el secretario de la Signatura Apostólica Velasio de Paolis y el decano de la Rota Romana Antoni Stankiewicz, en representación de los dicasterios que han colaborado en la redacción del documento. Durante el acto, se trazó el paralelismo de esta nueva instrucción *Dignitas connubii*, a los veintidós años del Código de 1983, con la instrucción *Provida Mater* de 1936, a diecinueve años de promulgado el Código de 1917. Se insistió en la necesidad de mantener las decisiones sobre la nulidad matrimonial en el ámbito propiamente jurídico y por un cauce verdaderamente judicial. Para ello se ofrecía esta instrucción como una especie de *vademecum* que sirviera de guía a los ministros o agentes jurídicos de los tribunales eclesiásticos. Se aportaron en la sesión muy interesantes datos estadísticos sobre las causas de nulidad (tomados del *Anuario Estadístico de la Iglesia* de 2002) que fueron ampliamente difundidos en los medios de comunicación, que repitieron que la instrucción constaba de 308 artículos en 111 páginas, aunque el texto mismo no estuvo por el momento disponible.

2 Se reproduce aquí, con pequeños retoques, la intervención oral en las Jornadas de Actualidad Canónica, tras la reseña de las novedades de 2003-2004.

El documento tiene tal interés que en seguida ha pasado a constituir el objeto específico, central si no único, de próximos seminarios y congresos (vgr. el del Instituto de Derecho Canónico "San Pío X" de Venecia y el del Instituto "Martín de Azpilcueta" de Pamplona). El programa de nuestras Jornadas hacía tiempo que estaba cerrado, no se podía introducir una ponencia sobre la *Dignitas connubii* ni había tiempo para realizar un estudio mínimamente reposado. Pero más allá de esta incuestionable realidad, me permití hacer notar al presidente de nuestra asociación que unas Jornadas de Actualidad Canónica que se preciaran no podían hacer abstracción de un acontecimiento de tal magnitud. Desde luego, no pretendía yo cargar sobre mí esa tarea, pero el Prof. Rodríguez Chacón me pidió que, superando el formalismo de tratarse de una novedad del año 2005 (que se expondrá Dios mediante el año 2006 por una persona todavía a designar), le dedicase un tiempo prudencial recortando el de las novedades de 2004 e incluso el del posterior Foro de debate, y para ello me facilitó el texto latino de la instrucción a menos de un mes de mi intervención. En estas precarias circunstancias, con no poca audacia acepté llevado del solo deseo de prestar un modestísimo pero creo necesario servicio a nuestros socios y otros canonistas presentes. Quien desee oír una voz más autorizada tendrá pronto su oportunidad en los citados congresos.

Mas digamos por nuestra parte, sin más excusa ni dilación, alguna cosa de nuestra cosecha sobre la nueva instrucción. Para ello les he facilitado traducido el esquema con la estructura de la *Dignitas connubii.* Comencemos por su preámbulo. En él hallamos la razón de ser de esta disposición. Señala el texto que la sistemática del CIC 83, como la del CIC 17 a la que sigue, plantea la dificultad de tener que reconstruir el proceso de nulidad matrimonial acudiendo a las escasas normas especiales sobre dicho proceso y en su defecto, en una aplicación subsidiaria a veces dudosa, a las normas generales sobre los procesos y a las que regulan el proceso tipo supletorio de los demás, el juicio contencioso ordinario. Por eso, se vio pronto la conveniencia de afrontar estas dificultades con el mismo tipo de instrumento que se usara para el CIC 17, cuando en 1936 se publicó la instrucción *Provida Mater.* Se aguardaron unos años para que se produjera suficiente praxis de aplicación del CIC 83 que diera lugar a un desarrollo doctrinal, una jurisprudencia de la Signatura Apostólica y de la Rota Romana e interpretaciones auténticas.

Por fin, el 24 de febrero de 1996 Juan Pablo II juzgó llegado el momento de emprender la tarea de elaboración de la instrucción, que encomendó a una comisión interdicasterial. Antes han quedado dicho cuáles han sido los dicasterios que colaboraron en la redacción. Tras haberse elaborado dos esquemas, el Papa encomendó el 4 de febrero de 2003 al Consejo Pontificio para los Textos Legislativos la redacción del texto definitivo, para lo que se creó una nueva comisión interdicasterial en que tuvieran parte los demás dicasterios interesados. La instrucción fue aprobada por el Romano Pontífice el 8 de noviembre de 2004 (dentro al menos de nuestro período de reseña) para que comenzara a obligar desde el día de su publicación.

La instrucción, que comienza con las palabras *Dignitas connubii,* lleva fecha de 25 de enero de 2005 (vigésimo segundo aniversario del Código) y, como ya he expuesto, fue presentada el día 8 de febrero. La publicación no se hizo en un boletín oficial como los *Acta Apostolicae Sedis*, sino en formato de libro en la *Libreria Editrice Vaticana,* en tres versiones (una con el texto auténtico latino y dos bilingües latín-italiano y latín-inglés), con indicación no sólo del año sino de la fecha exacta de 10 de febrero de 2005, quizá a efectos de entrada en vigor, aunque la distribución real y efectiva de los libros tardaría todavía algunas semanas.

¿Cuál es la naturaleza jurídica de la *Dignitas connubii?* Debemos decir que no tiene rango legal sino que es una instrucción de las reguladas en el canon 34 (y que pueden ser emanadas por los dicasterios de la Curia Romana, según el Reglamento de ésta), es decir, una disposición por la que se aclaran las prescripciones de una ley (en este caso, el CIC 83) y se desarrollan y determinan las formas en que ha de ejecutarse la ley. Se dirige no a los súbditos sino a las autoridades inferiores a quienes compete cuidar de que se cumplan las leyes, en este caso, a los jueces eclesiásticos y demás ministros de los tribunales diocesanos e interdiocesanos que han de tramitar las causas canónicas de nulidad de matrimonio.

Por su propia naturaleza, la instrucción no puede derogar el CIC, aunque podría haberlo hecho si hubiera obtenido una aprobación papal en forma específica. Lejos de ella, la misma instrucción subraya que las normas procesales del CIC conservan toda su vigencia y que la interpretación de la instrucción ha de venir referida siempre al Código.

Vayamos ya al texto articulado. La instrucción se compone de 308 artículos repartidos en siete preliminares y quince títulos. Me limitaré a destacar algunos preceptos de cada uno de ellos.

En los artículos preliminares se contienen criterios muy interesantes para el diseño del "sistema matrimonial canónico", entendiendo por tal las normas que regulan la eficacia para la Iglesia de los regímenes matrimoniales. Así, el art.2.2 aplica de manera explícita al Derecho latino lo que ya se podía entender vigente por analogía del canon 780.2 CCEO sobre la ley sustantiva aplicable a los matrimonios mixtos, lo cual es sin duda clarificador, pero no despeja para el Derecho latino las dudas que el citado canon plantea para el Derecho oriental sino que añade alguna otra. Veamos un ejemplo significativo.

En el can.780 se dice que el matrimonio mixto se rige también por el Derecho al que está obligada (*tenetur*) la parte acatólica si la comunidad eclesial a la que pertenece carece de Derecho matrimonial propio. Esto puede significar una comunidad que se desentiende de regular el matrimonio (y lo remite al Estado) pero también una comunidad que, por no tener reconocido por los católicos un episcopado válido, carece de verdadera potestad legislativa y entonces es la Iglesia Católica la que remite este matrimonio al Derecho Civil sin reconocer ni aplicar la normativa eclesial acatólica (posible caso de los anglicanos). Pues bien, el art.2.2 de la instrucción habla del Derecho que usa (*utitur*) –repárese en el cambio léxico- la comunidad eclesial a la que pertenece la parte acatólica si esta comunidad carece de Derecho matrimonial propio. ¿Es un mero cambio de estilo o encierra una relevancia semántica, o sea, una distinta regulación? Como mínimo, es la comunidad acatólica la que decide qué Derecho usa y no el juez eclesiástico católico el que discierne qué Derecho obliga al acatólico. Pero además el cambio podría tener el alcance de reconocer –si quiera sea por buena voluntad ecuménica- la aplicación de una norma eclesial que la comunidad acatólica se ha dado a sí misma aunque para la Iglesia Católica no sea un verdadero Derecho propio. Esta última interpretación me parece arriesgada al carecer la instrucción que comentamos del rango legal que se requeriría para este novedoso reconocimiento.

En el art.3.2 podemos ver también un desarrollo en sentido ecuménico del can.1671. Este obligaría a un tribunal a admitir una causa matrimonial introducida espontáneamente por un bautizado acatólico, pero ahora ese canon queda reducido a una proclamación de principios, ya que el matrimonio de los acatólicos bautizados es equiparado al de los no bautizados, en cuanto que es juzgado por los tribunales eclesiásticos católicos sólo en causas prejudiciales, a saber, cuando la Iglesia Católica ha de comprobrar el estado de libertad de una de las partes. La nueva regulación es más congruente con los cánones 11 y 1059 pero cabe preguntarse si no afecta al canon 1671 hasta el punto de haber necesitado una aprobación papal en forma específica.

El art.7 nos recuerda que la instrucción no regula el procedimiento de dispensa *super rato* y que la distinción entre declaración de nulidad y disolución del matrimonio debe quedar clara a los ojos de todos, incluso en la terminología usada.

Vayamos ya a los quince títulos de la instrucción. Dos cuestiones quisiera destacar del Título I sobre el fuero competente. La instrucción quiere prevenir en su art.11 la "fuga de causas" y para ello dispone que para comprobar el domicilio o cuasidomicilio de las partes no basta la mera declaración de estas sino que se requieren documentos aptos u otras pruebas en su defecto. Y en el art.16 se regula la posibilidad de que un tribunal de la Iglesia latina juzgue la nulidad de católicos orientales (debido al fenómeno migratorio de que tanto se ha ocupado la instrucción *Erga migrantes caritas Christi* de mayo de 2004), con la curiosa consecuencia de que el tribunal aplique el Derecho procesal latino pero decida la causa según el Derecho matrimonial sustantivo de las partes (el CCEO y el Derecho particular de la Iglesia *sui iuris*), y lo destaco porque estoy convencido de que los canonistas españoles vamos a tener que empezar a acostumbrarnos a cuestiones interrituales.

En el Título II se dispone, entre otras muchas cosas, que los ministros de un tribunal interdiocesano, si no se establece expresamente otra cosa, deben ser nombrados por el colegio o grupo de obispos de que depende, y sólo en caso urgente y con carácter provisional por el Obispo Moderador (art.34). Se enumeran las competencias del tribunal colegiado (art.45) y de su presidente (art.46). Y del defensor del vínculo quisiera destacar que se le prohíbe actuar en favor de la nulidad y, a cambio, se le permite remitirse a la justicia del tribunal cuando no encuentre nada razonable que proponer o exponer contra la pretendida nulidad del matrimonio (art.56.5).

El nombre y sistemática del Título III de la instrucción corresponde a los del mismo título de la Parte I del Libro VII del Código de 1983. Destacaré un par de normas: si por recusación, no puede formarse otro tribunal competente, dada la falta de ministros, se remitirá el asunto a la Signatura Apostólica para que decida qué tribunal conocerá (art.69.2); y donde no sea posible una recta administración de justicia por negligencia, impericia o abuso, el Obispo moderador del tribunal o el colegio de Obispos deberá proveer, sin excluir la remoción del oficio (art.75.2).

También el Título IV de la instrucción corresponde al mismo título de la Parte I del Libro VII del CIC 83, pero en la *Dignitas connubii* posee tres capítulos porque a los del Código añade uno primero tomado de la Parte III del Libro VII sobre el derecho a impugnar el matrimonio, en que, al decir que corresponde a los cónyuges (art.92.1º), se especifica "católicos o acatólicos", sobre la base del can.1476, aunque con una referencia al ya comentado art.3.2. Deseo subrayar la insistencia de la instrucción en promover que ambos cónyuges estén personados en la causa (art.95.1). De otra parte, es de resaltar el equilibrio que, en aplicación del can.1481, mantiene el art.101 de la instrucción entre la afirmación del derecho de las partes a defenderse a sí mismas y la obligación del tribunal de velar porque tengan el auxilio de letrado, sobre todo en causa de peculiar dificultad, pudiendo llegar el presidente del tribunal a declarar la necesidad de procurador o de abogado. Se prevé expresamente que el procurador o el abogado sean comunes para los dos cónyuges cuando ambos piden la nulidad (art.102). Los que tienen el diploma de Abogado Rotal no pueden ser rechazados para intervenir ante los tribunales diocesanos o interdiocesanos, salvo por causa grave y cabiendo recurso a la Signatura Apostólica.

El Título V sobre la introducción de la causa desarrolla los dos primeros títulos de la Parte II del Libro VII del Código además del canon 1677 sobre fijación del dubio. Resulta interesante ver el desarrollo que se ha hecho del canon 1504 sobre el contenido de la demanda. El "qué se pide" y "en qué derecho se funda" del canon está concretado en el art.116 como que la demanda debe circunscribir el objeto de la causa, esto es, determinar el matrimonio de que se trata, exhibir la petición de declaración de nulidad, y proponer, aun no necesariamente con palabras técnicas, el fundamento de la petición, o sea, el capítulo o capítulos por los que se impugna el matrimonio; se añade que debe adjuntarse al escrito testimonio auténtico de la celebración del matrimonio (práctica común en los tribunales eclesiásticos aunque hasta el momento sin respaldo legal, pues el actor podría lícitamente retrasarlo a la proposición de pruebas) y también, si fuera el caso, documento acerca del estado civil de las partes (tal vez pensando en el canon 1071.1.2º y 3º). Y se advierte –sin duda para hacer frente a una práctica abusiva que personalmente no he conocido- que no es lícito exigir que se adjunte a la demanda informes periciales.

El Título VI de la instrucción corresponde al Título III de la Parte II del Libro VII del Código, aunque con más apropiada denominación a mi criterio, pues ni uno ni otro versan sobre el normal desarrollo de la instancia sino sobre sus modos de cesación. Quisiera llamar la atención sobre el art.143 en relación al can.1518. Si alguna vez la aplicación de este canon a las causas de nulidad matrimonial ha podido suscitar la duda de si el demandado sometido a la justicia del tribunal era parte litigante a los efectos de lo previsto en dicho canon, ahora con la *Dignitas connubii* debiera quedar claro que ha de seguirse la norma en el evento del fallecimiento de un cónyuge, cualquiera que fuera su actitud procesal, no pudiendo impedirse la prosecución de la causa al cónyuge supérstite (o a persona con un interés legítimo que –añade la instrucción- habrá de probar).

El Título VII, "De las pruebas", es el más extenso de todos, con sesenta y dos artículos. Entre los primeros, se excluye que queden pruebas en secreto, salvo por causa grave y garantizando entonces su comunicación a los abogados de las partes (art.157.2). El juez puede pedir a las partes y a los testigos juramento o promesa de guardar secreto (art.167.3). Otro precepto sobre el que quería llamar la atención es el art.159, que contiene una doble definición de la prueba de confesión, una conforme al can.1535 como la declaración de una parte contra sí misma, y una segunda acepción propia de las causas de nulidad matrimonial como la declaración de una parte acerca de un hecho propio que es contrario a la validez del matrimonio. Reparen Vds. en que esto refleja un concepto de la expresión "*contra se*" del can.1535 según el cual se puede considerar que va contra una persona todo lo que se opone a la validez de su matrimonio o por lo menos si la nulidad es imputable a esa persona, lo cual es sin duda una verdad objetiva, pero parece desconocer el realismo de la posición procesal de cada cual, pues se da valor probatorio de confesión en sentido estricto a una declaración del actor que favorece su pretensión de nulidad, con tal que ésta se apoye en un hecho propio.

Otra novedad de este Título VII es que la prueba preconstituida, aunque se haya hecho ante notario público, sólo tiene valor de documento privado (art.185.3). Otros documentos privados cuyo valor se subraya en la instrucción son las cartas entre los novios o los cónyuges, con tal que se hayan escrito en tiempo no sospechoso (art.186), mientras que no se admiten las cartas anónimas salvo que refieran hechos que se puedan comprobar de otra manera (art.188). De la prueba pericial hay que destacar que se explicita (art.203.1) su necesidad en las causas que versan sobre incapacidades del can.1095, además de las de impotencia y enfermedad mental, que es a lo que se ciñe el can.1680, si bien manteniendo la cláusula de excepción de este precepto codicial de que conste con evidencia la inutilidad de la pericia; aunque la instrucción cite aquí los discursos papales a la Rota Romana de 1987 y 1988 y aunque la praxis de la prueba pericial en nulidades por incapacidades del can.1095 estuviera bastante generalizada, se me antoja que la explicitación de esta extensión a todas estas incapacidades (la mayor parte de las cuales no puede calificarse de "*mentis morbus*") es una novedad normativa de gran importancia. Y el art.209 contiene una guía sobre las cuestiones que debe el juez plantear al perito. Por último, acerca de las presunciones no legales sino judiciales, no debe el juez formular las que sean contrarias a la jurisprudencia de la Rota Romana (art.216.2).

Del Título VIII sobre los incidentes, podemos reseñar que en las causas de nulidad matrimonial no deben plantearse ni admitirse de manera leve las cuestiones incidentales (art.218), y si se admiten se deben resolver con la mayor rapidez posible (la expresión usada es "*quam citius*", no "*expeditissime*"); y que la parte interesada o el defensor del vínculo pueden recurrir cualquier decreto no meramente ordenatorio del presidente, el ponente o el auditor, en el plazo de diez días, ante el colegio de jueces para que se abra un incidente (art.221).

Acerca del Título IX sobre la publicación, conclusión y discusión de la causa, señalemos que se establece que la violación del deber de permitir a las partes y sus abogados ver las actas en la cancillería del tribunal, acarreará la nulidad sanable e incluso insanable si con ello se deniega el derecho de defensa (art.231). Los abogados tienen la grave obligación de no entregar ni parcialmente la copia de las actas que se les haya podido facilitar a nadie más que a las partes (art.235.2). Sobre la conclusión, se establece que el juez no debe dictar el decreto si piensa que la causa no está suficientemente instruida y debe entonces suplir lo que falte (art.238), pero incluso después de la conclusión puede admitir nuevas pruebas según las reglas expuestas en el art.239. Y acerca de la discusión, reseñaré que aunque el defensor del vínculo debe ser el último en ser oído, se presume que no tiene nada más que añadir a su escrito de observaciones (*anidmadversiones*) si nada responde dentro del breve plazo establecido por el juez (art.243).

Del Título X sobre los pronunciamientos del juez, destacaré que para alcanzar la certeza moral que se necesita para dictar sentencia *pro nullitate* no basta que las pruebas en favor de la nulidad tengan más peso que las que apoyan la validez, sino que se requiere que quede excluida toda duda prudente y positiva, aunque la certeza moral no excluye la posibilidad de lo contrario (art.247.2).

El Título XI corresponde a los cánones 1682 y 1683. El 1682 se reproduce literalmente añadiendo tan sólo la aclaración de que el defensor del vínculo que en el proceso de confirmación de sentencia debe presentar sus observaciones es el del tribunal de apelación (art.265.1). Al decreto con que concluye este proceso se le aplica el can.1617 y por tanto debe expresar sus motivos, aunque si se trata de decreto confirmatorio, la instrucción requiere la motivación "*ad validitatem*" (art.265.4), cláusula que omite tratándose de decreto de pase a trámite ordinario (art.265.5). Otras determinaciones contenidas en este artículo son que el decreto confirmatorio debe responder a las observaciones del defensor del vínculo y eventualmente de las partes (lo que es algo más que tenerlas a la vista: "*perpensis*" dice el can.1682.2) y que el decreto de pase a trámite ordinario debe concretar si se requiere suplemento de instrucción y cuál. Se puede dar decreto confirmatorio por un solo capítulo de los contenidos en la sentencia de primera instancia (art.265.6), entendiendo que es confirmación de la nulidad, que no propiamente de la sentencia. Además, se detiene la instrucción en el procedimiento a seguir si pasa la causa a trámite ordinario, insistiendo en la aplicación del can.1640 sobre apelación abreviada (canon que en la tesis de la Profra. López Medina podía haber sido una lograda alternativa al proceso del 1682.2) y por último la instrucción desarrolla el supuesto previsto en el can.1683 sobre introducción de nuevo capítulo de nulidad en segunda instancia.

Del Título XII acerca de la impugnación de la sentencia, podemos destacar diversas reglas sobre la competencia para resolver la querella de nulidad (art.274), pero además se expresa que la decisión es apelable (art.277.3) y que el tribunal que resuelve afirmativamente la querella no puede pasar a pronunciarse sobre el mérito de la causa sino devolverla al tribunal *a quo* (art.278). De la apelación, reseñaré que la instrucción pone de manifiesto que, a pesar de que, en caso de primera sentencia *pro nullitate*, la causa va a pasar de oficio a segunda instancia, sin embargo ello no es suficiente para el cumplimiento del oficio del defensor del vínculo, quien tiene obligación de apelar si piensa que la sentencia no está suficientemente fundada (art.279.2). Y que antes de que termine el plazo para apelar, ningún tribunal puede hacer suya legítimamente la causa, para no privar a las partes del derecho a apelar a la Rota Romana (art.283.4).

En este mismo título se trata el recurso de revisión o nueva proposición de causa, donde la instrucción define (art.291) qué se entiende por decisiones formalmente conformes (nulidad por el mismo capítulo y los mismos fundamentos jurídicos y fácticos) y decisiones sustancial o equivalentemente conformes (nulidad por distintos capítulos pero basados en los mismos hechos) y es el tribunal que dictó la segunda decisión (sentencia o decreto) o su tribunal superior quien decide si se da esta conformidad sustancial. Se advierte (art.292) que no se requiere que los nuevos argumentos o pruebas sean gravísimos y mucho menos decisorios, o sea, que exijan una decisión contraria, sino que basta que la hagan probable, pero no es, en cambio, suficiente presentar una crítica de las sentencias.

Del Título XIII sobre el proceso documental, destacaré que, cuando se alegue impedimento de impotencia o defecto de forma legítima, el juez realizará una investigación previa antes de admitir leve y temerariamente el proceso documental (art.297), pero se recuerda que cuando se trata de matrimonio atentado ante oficial civil o ministro acatólico, por quien está obligado a la forma canónica, no se requiere proceso de nulidad, ni siquiera documental.

Del Título XIV simplemente reseñaré que recuerda (art.300.2) la posibilidad del can.1654 de que el Ordinario ejecutor (el que debe mandar hacer la inscripción en las partidas de bautismo y matrimonio) se niegue si estima cierta la nulidad de la sentencia, sin perjuicio de la competencia del tribunal correspondiente para resolver la querella de nulidad; y que recuerda también (art.301.1) la posibilidad de que el tribunal que admite la nueva proposición de la causa ordene la suspensión de la doble sentencia conforme.

El Título XV sobre costas adquiere su especial importancia del hecho (recordado en el art.303.2) de que en las causas de nulidad matrimonial conviene que estén presentes ambos cónyuges, con lo cual, si el juez anima al cónyuge demandado a litigar activamente y no a remitirse a la justicia del tribunal, tendrá que poder disponer de medios suficientes para ofrecer el gratuito patrocinio. La exención de costas judiciales puede ser total o parcial (art.305). Debe la parte que la pida demostrar su situación económica y, antes de concederla, puede el juez pedir informe al defensor del vínculo y promotor de justicia, y una vez concedida en una instancia, la exención se presume continúa en la siguiente si el presidente de ésta no la revoca (art.306). Más importante a mi criterio que las tasas judiciales es la obtención del abogado de oficio, para lo que el art.307 declara obligatorio aceptar la designación salvo por causa aprobada por el presidente. Y se advierte contra las costas inmoderadas, en el último artículo de la instrucción, que termina como el Código con la invocación a la *salus animarum* como ley suprema en la Iglesia, de manera que incluso las siete (número cristológico) últimas palabras del art.308 son las mismas que las del can.1752.

Y nada más. No puedo asegurar que los artículos seleccionados para informarles sean los más importantes ni los más novedosos; simplemente, son algunos de los que en cada título me han llamado la atención en una primera y urgente lectura. Cuando tengan Vds. el texto, si quieren buscar con rapidez las novedades, les recomiendo lean los párrafos que no terminan con una cita entre paréntesis del canon que es su fuente, pero no se confíen, porque en los párrafos que sí acaban con esa cita puede haber un inciso, una expresión, una palabra que no aparece en el canon y que incorpora una nada desdeñable novedad, mientras que en los párrafos sin cita de canon se puede contener una norma muy conocida en la común interpretación doctrinal, en la habitual praxis del foro judicial o en la reiterada jurisprudencia de los tribunales. A todos muchas gracias por su paciencia y su interés.

JESÚS BOGARÍN DÍAZ
Universidad de Huelva

NOVEDADES DE DERECHO ECLESIÁSTICO DEL ESTADO DEL AÑO 2004

Este trabajo tiene por objeto recoger todas las novedades de Derecho Eclesiástico del Estado referidas al año 2004[1]. Con esta finalidad, las Novedades se han sistematizado en Parte General relativa al derecho fundamental de libertad religiosa y su tutela y Parte Especial dedicada a materias concretas. Evidentemente se hará completa referencia a todas las novedades encontradas, destacando e incluso comentando, en algunas ocasiones, las que, a mi juicio, he considerado más relevantes.

1 Este año las Novedades se han sistematizado de distinta forma a la seguida habitualmente por el Prof. Rodríguez Chacón que hasta ahora era el encargado de realizarlas. Ahora voy a seguir para su exposición el esquema realizado conjuntamente por el Prof. Landete Casas y yo que, bajo el nombre de "Reseña de Derecho del Estado sobre el factor religioso", se ha publicado en el Boletín de la Asociación Española de Canonistas, que recoge todas aquellas disposiciones normativas y sentencias referidas al año 2004.

1. Parte General

1.1. Principios informadores

(No hay novedades en este epígrafe)

1.2. Derecho fundamental de libertad religiosa

A este respecto quisiera destacar la Sentencia del TC 101/2004, de 2 de junio, por la que se estima el recurso de amparo de un subinspector de policía al que se le ordenó la asistencia a una procesión religiosa.

Los hechos que fundamentan la demanda de amparo son los siguientes: Un subinspector del Cuerpo Nacional de Policía, destinado en Sevilla, dirigió un escrito al Inspector Jefe de la Unidad solicitando que, en el supuesto de que le correspondiera en la Semana Santa de 1998 acompañar durante la estación de Penitencia a la Hermandad Sacramental de Nuestro Padre Jesús el Rico, se le dispensara de tener que asistir a dichos actos religiosos, por considerar que, de obligarle a estar presente, se lesionaría su derecho de libertad religiosa reconocido en el art. 16.1 de la Constitución española. En contestación a su solicitud se argumentó que el Cuerpo Nacional de Policía es Hermano Mayor de dicha Hermandad, y todos los años una unidad de la Brigada participa en el desfile procesional, a fin de garantizar el normal desarrollo del acto. Se considera que la presencia al desfile ha de considerarse como un servicio para velar por el orden y seguridad del desarrollo del acto, y no como una asistencia a un culto religioso; por lo que no se le exime, si fuese designado, de la obligación de efectuar dicho servicio. Tras su designación, el Subinspector interpuso los recursos pertinentes que fueron desestimados por considerar que su presencia en la procesión fue un servicio policial prestado en un acto religioso que no atenta al derecho fundamental de libertad religiosa. El recurrente consideró que ha existido vulneración de su derecho a la libertad religiosa y que la declaración de que el acompañamiento tenía carácter de servicio policial *"no es más que una argumentación artificial para camuflar la realidad del objeto de la asistencia de dicha cofradía".* Además, señala que resulta paradójico que en un Estado aconfesional una institución pública se declare Hermano Mayor de una Hermandad religiosa. Por todo ello, súplica que se otorgue el amparo, se declare la nulidad de las resoluciones y sentencia recurridas por vulneración del derecho a la libertad religiosa, y asimismo se declare la nulidad del vínculo que une al Cuerpo Nacional de Policía como Hermano Mayor con dicha Hermandad, por vulneración del artículo 16.3 de la Constitución española.

El Tribunal Constitucional, tras exponer su doctrina sobre el derecho a la libertad religiosa, trata separadamente las dos cuestiones planteadas en amparo, reconociéndose el derecho del recurrente a no participar en actos de contenido religioso, por entender que son claras las implicaciones de tipo religioso de la participación en dicho servicio. *"Se trata, más bien, de un servicio especial cuya principal finalidad no es garantizar el orden público, sino contribuir a realzar la solemnidad de un acto religioso de la confesión católica, como es la procesión de la hermandad ...".* Por el contrario, la segunda pretensión del recurrente que tiene por objeto la nulidad del vínculo que une a ese Cuerpo con la Hermandad, se dirige realmente contra el art. 106 de los Estatutos de dicha Cofradía, aprobados por el Obispado en el año 2000, por lo que el Tribunal Constitucional considera que no es imputable a un poder público, y nada puede pretenderse contra ella a través de un recurso de amparo, desestimando, por tanto, la demanda de amparo en esta cuestión.

No obstante existe un voto particular concurrente respecto de la sentencia del Magistrado Roberto García – Calvo y Montiel, que comparte el fallo en cuanto estimatorio del amparo, pero formula su discrepancia por no haber profundizado en el análisis de determinar si la condición de Hermano de esta cofradía que ostenta el Cuerpo Nacional de Policía es respetuosa con el derecho a la libertad religiosa del artículo 16. 3 de la Constitución, pues considera que se debería haber analizado, como presupuesto o prius lógico esta cuestión. *"Y de acuerdo, con la doctrina que establecimos en la STC 177/1996, debíamos haber reiterado que el art. 16. 3 CE no impide a los poderes públicos la celebración de festividades religiosas o la participación en ceremonias de esa naturaleza por razones de representación institucional, sin perjuicio de que, vinculados por el mandato de neutralidad en esta materia del art. 16. 3 CE, y respetuosos a su vez del derecho de libertad religiosa de los ciudadanos, deben garantizar siempre y en todo caso el principio de voluntariedad en la asistencia, en tanto que expresión legítima de ese derecho".*

Por otra parte, la Orden DEF/1445/2004, de 16 de mayo, establece el procedimiento para que los españoles puedan solicitar y realizar el juramento o promesa ante la bandera de España.

1.3. Otros derechos fundamentales

(No hay novedades en este epígrafe)

1.4. Tutela de la libertad religiosa

1.4.1. Tutela Civil

A este respecto encontramos la sentencia del Tribunal Supremo (Sala de lo Civil) de 14 de julio de 2004, sobre protección civil del derecho al honor, la intimidad personal y familiar y la propia imagen, en relación con un reportaje en el que se relacionaba a la demandante con el líder de una secta, que falla no haber lugar al recurso de casación interpuesto, pues la recurrente llegó a ser detenida por su vinculación a la secta, era amiga del líder de la misma y titular de negocios vinculados a la secta, por lo que se considera la inexistencia de intromisión ilegítima por veracidad de la información.

1.4.2. Tutela Penal

Sobre delitos sexuales cometidos por sacerdotes contra menores, hemos encontrado dos sentencias. La primera, del Tribunal Supremo (Sala de lo Penal) de 9 de febrero de 2004, declara no haber lugar al recurso de casación interpuesto por el cura párroco y profesor por delitos sexuales contra seis menores; tampoco se estima el recurso de casación interpuesto por el Obispado de Tuy – Vigo, condenado como responsable civil subsidiario, basándose en los cc. 277.2, 376, 381, 392.2, 515, 521.3, 523, 524, 538 y 539, en atención a que la actuación del acusado debió ser vigilada por el Obispado. En cambio, si se estima el recuso de casación interpuesto por la representación legal de la acusación particular, por lo que se dicta segunda sentencia en la que se condena al acusado como autor criminalmente responsable de dos delitos intentados de agresión sexual. La segunda es la sentencia del Tribunal Supremo (Sala de lo Penal) de 4 de marzo de 2004 que declara no haber lugar al recurso de casación por infracción de ley y quebrantamiento de forma interpuesto por un sacerdote perteneciente a la diócesis de Jaén, condenado por un delito continuado de abuso sexual de un menor, monaguillo y alumno suyo.

También se ha dictado sentencia del Tribunal Supremo (Sala de lo Penal) de 18 de marzo de 2004, en la que se resuelve el

2 El grupo GIA es una organización de carácter fundamentalista que basa su actividad terrorista en los postulados ideológicos de recurrir a la práctica de la Jihal "Guerra Santa" para lograr el acceso al poder político y el establecimiento de la Shaia "Ley islámica" y así derogar el sistema político vigente.

recurso de casación contra una condena por delitos de pertenencia a banda armada (Grupo Islámico Armado "GIA")[2] y otros.

1.4.3. Tutela administrativa

Dentro de la tutela administrativa, conviene mencionar el Real Decreto 562/2004, de 19 de abril, por el que se aprueba la estructura orgánica básica de los departamentos ministeriales, que dispone, en su artículo 1, relativo al Ministerio de Asuntos Exteriores y de Cooperación, que éste se estructura en diversos órganos superiores y directivos, como son la Secretaría de Estado de Asuntos Exteriores y para Iberoamérica, de la que depende, por ejemplo, la Dirección General de Naciones Unidas, Derechos Humanos y Organismos Multilaterales; la Secretaría de Estado para la Unión Europea; la Secretaría de Estado de Cooperación Internacional y la Subsecretaría de Asuntos Exteriores y de Cooperación. Posteriormente, el Real Decreto 1416/2004, de 11 de junio, modifica y desarrolla la estructura orgánica básica del Ministerio de Asuntos Exteriores y de Cooperación. Precisamente este Ministerio, según afirma en su artículo 1, *"es el departamento de la Administración General del Estado al que corresponde, de conformidad con las directrices del Gobierno ... planificar, dirigir y ejecutar la política exterior del Estado; concertar y potencias sus relaciones con otros Estados y organizaciones internacionales; ... lleva a cabo una adecuada y eficaz política de protección de los ciudadanos españoles en el exterior; ... fomentar las relaciones económicas, culturales y científicas de España, así como participar, en la esfera de actuación que le es propia, en la propuesta y aplicación de la política de extranjería".*

Por su parte, el artículo 3 del Real Decreto 562/2004, recoge la estructura del Ministerio de Defensa, incluyendo, además de la estructura básica, los órganos superiores y directivos de la Secretaría de Estado de Defensa, la Secretaría General de Política de Defensa y la Subsecretaría de Defensa. Precisamente de esta última depende el órgano directivo denominado "La Dirección

General de Personal", que posteriormente se regula en el Real Decreto 1551/2004, de 25 de junio, por el que se desarrolla la estructura orgánica básica del Ministerio de Defensa, en su artículo 9 donde se establece que corresponde a esta Dirección General, entre otras funciones, *"gestionar, con respecto al personal militar de carrera y de complemento y al personal del servicio de asistencia religiosa, las competencias atribuidas al Ministro y al Subsecretario de Defensa, así como gestionar y ejercer aquellas otras que le estén atribuidas por la normativa vigente"*. Asimismo, depende de esta Dirección General de Personal el Arzobispado Castrense.

Más adelante, en su artículo 8 referido al Ministerio de Trabajo y Asuntos Sociales, especifica en su estructuración los siguientes órganos: la Secretaría de Estado de la Seguridad Social, la Secretaría de Estado de Inmigración y Emigración, de la que dependen la Dirección General de Inmigración, la Dirección General de Integración de los Inmigrantes y la Dirección General de Emigración, la Secretaría de Estado de Servicios Sociales, Familia y Discapacidad, de la que dependen la Dirección General de Servicios Sociales y Dependencia, la Dirección General de las Familias y la Infancia y la Dirección General de Coordinación de Políticas Sectoriales sobre la Discapacidad; la Subsecretaría de Trabajo y Asuntos Sociales, al Secretaría General de Empleo y la Secretaría General de Políticas de Igualdad.

En su artículo 13 estructura el Ministerio de Cultura en la Subsecretaría de Cultura, la Dirección General de Bellas Artes y Bienes Culturales, la Dirección General del Libro, Archivos y Bibliotecas y la Dirección General de Cooperación y Comunicación Cultural.

Por otra parte, en su artículo 2 dispone que el Ministerio de Justicia se estructura en diversos órganos superiores y directivos. Así, de la Secretaría de Estado de Justicia dependen, entre otros, los siguientes órganos directivos: la Dirección General de los

Registros y del Notariado y la Dirección General de Asuntos Religiosos.

En desarrollo de esta disposición, el Real Decreto 1475/2004, de 18 de junio, por el que se desarrolla la estructura orgánica básica del Ministerio de Justicia, señala las competencias específicas que cada organismo tiene referidas a nuestra materia. Así, en su artículo 1.1 dispone que el Ministerio de Justicia, *"cuyo titular es el Notario Mayor del Reino, es el departamento de la Administración General del Estado al que corresponde, dentro del ámbito de las competencias que le confieren las disposiciones legales vigentes, la preparación y ejecución de la política del Gobierno en materia de derecho penal, civil, mercantil y procesal, derechos y libertades religiosas y de culto ... "*; en su punto 3 señala que el Ministerio de Justicia ejerce dichas atribuciones a través del órgano superior y del órgano directivo siguientes: la Secretaría de Estado de Justicia y la Subsecretaría de Justicia.

Precisamente en su artículo 2 dispone en el punto 1 que la Secretaría de Estado de Justicia *"es el órgano superior del departamento al que corresponde, bajo la superior autoridad del Ministro, la dirección, impulso y gestión de las atribuciones ministeriales relativas a estado civil y nacionalidad, la fe pública notarial, los derechos registrales, el Registro Civil, los asuntos religiosos y libertad de conciencia, ... "*. Y en el punto 2 señala que de esta Secretaría de Estado depende, entre otros órganos directivos, la Dirección General de los Registros y del Notariado y la Dirección General de Asuntos Religiosos. Así, en el artículo 4 se dispone que a la Dirección General de los Registros y del Notariado corresponde, entre otras cuestiones, *"la elaboración de los proyectos legislativos sobre las materias de nacionalidad, estado civil y ordenación y funcionamiento del Registro Civil en coordinación con la Secretaría General Técnica, y el conocimiento e información de cuantos proyectos normativos pueden afectar a dichas materias"*.

Por su parte, el artículo 6 se dedica íntegramente a la Dirección General de Asuntos Religiosos, ofreciéndonos con sumo detalle las funciones o competencias de la misma. Así, dice lo siguiente:

"1. Corresponde a la Dirección General de Asuntos Religiosos:

a) La dirección, la gestión y la informatización del Registro de Entidades Religiosas, la ordenación del ejercicio de su función y la propuesta de resolución de los recursos en vía administrativa que se ejerzan contra los actos derivados del ejercicio de dicha función registral.

b) Las relaciones ordinarias con las entidades religiosas.

c) La elaboración de las propuestas de acuerdos y convenios de cooperación con las iglesias, confesiones y comunidades religiosas y, en su caso, su seguimiento.

d) El análisis, seguimiento, vigilancia, impulso y desarrollo de la libertad religiosa y de culto, en coordinación con los órganos competentes de los demás departamentos, así como su promoción en colaboración con las instituciones y organizaciones interesadas en ella.

e) Las relaciones con los organismos nacionales e internacionales y departamentos competentes en la materia, dedicados al estudio, promoción y defensa de los derechos de libertad religiosa y de culto en general y, más particularmente, en el marco de los convenios o tratados internacionales referentes a las mencionadas libertades.

f) La elaboración de los proyectos legislativos sobre las materias propias del ejercicio de los derechos de libertad religiosa y de culto, en coordinación con la Secretaría General Técnica, y el conocimiento y, en su caso, informe de cuantos proyectos normativos puedan afectar a tales derechos.

2. *Corresponde al Director General de Asuntos Religiosos la presidencia de la Comisión Asesora de Libertad Religiosa.*

3. *De la Dirección General de Asuntos Religiosos dependen los siguientes órganos:*

   a) La Subdirección General del Registro y Relaciones Institucionales, a la que corresponde el ejercicio de las funciones a las que se refieren los párrafos a), b) y c) del apartado 1.

   b) La Subdirección General de Coordinación y Promoción de la Libertad Religiosa, a la que corresponde el ejercicio de las funciones a las que se refieren los párrafos d), e) y f) del apartado 1.".

Respecto a la Comisión Asesora de libertad religiosa, cabe indicar que la Resolución de 16 de noviembre de 2004, de la Secretaría de Estado de Justicia, dispone la publicación del Acuerdo de Consejo de Ministros de 8 de octubre de 2004, por el que se renuevan parcialmente sus miembros.

También dentro de la tutela administrativa conviene hacer mención a la Orden INT/3764/2004, de 11 de noviembre, por la que se adecuan los ficheros informáticos del Ministerio del Interior que contienen datos de carácter personal a la Ley Orgánica 15/1999, de 13 de diciembre, de protección de datos de carácter personal y se crean nuevos ficheros cuya gestión corresponde a dicho Ministerio.

Por último cabe referirse a diversas sentencias del Tribunal Supremo (Sala de lo Contencioso Administrativo), de 16 de febrero, 6 de abril, 24 de mayo, 15 de junio, 29 de julio y 14 de octubre de 2004, sobre solicitudes de asilo atendidas determinadas circunstancias religiosas.

Asimismo encontramos diversas sentencias del Tribunal Supremo (Sala de lo Contencioso Administrativo), de 28 de mayo, 26 de julio y 29 de octubre de 2004, sobre concesión de la nacionalidad española a musulmanes residentes en España cuando hay dudas sobre su necesario grado de integración en la sociedad española.

1.4.4. Tutela Laboral

No hay constancia de novedades en este epígrafe.

2. Parte Especial

2.1. Entidades Religiosas

2.1.1. Entidades mayores

Sobre este particular encontramos la sentencia del Tribunal Supremo (Sala de lo Contencioso – Administrativo) de 21 de mayo de 2004, sobre inscripción en el Registro de Entidades Religiosas de la denominada Iglesia de los Verdaderos Soldados de Jesús, que desestima el recurso de casación interpuesto por el Abogado del Estado contra la sentencia de la Sala de lo Contencioso Administrativo de la Audiencia Nacional que estimó en parte el recurso contencioso administrativo interpuesto contra la resolución del Ministerio de Justicia, que denegó la inscripción en el Registro de Entidades Religiosas de dicha Iglesia y dispuso la retroacción del expediente para que la Administración se pronuncie sobre la inscripción en alguno de los apartados del artículo 2 del Real Decreto 142 de 1981, y que, en caso de denegar la inscripción se indique la causa, reglamentariamente prevista, de dicha denegación. En esta sentencia se recuerda y asume en los fundamentos de derecho la sentencia del Pleno del Tribunal Constitucional de 15 de febrero de 2001 que, con sus luces y sombras, ha declarado que *"la articulación de un Registro ordenado a dicha finalidad, no habilita al Estado para realizar una actividad de control de la legitimidad de las creencias religiosas de las entidades o comunidades religiosas, o sobre las distintas modalidades de expresión de las mismas, sino tan solo la de comprobar, emanando a tal efecto un acto de mera constatación que no de calificación, que la entidad solicitante no es alguna de las excluidas por el art. 3.2 de la LOLR, y que las actividades o conductas que se desarrollan para su práctica no atentan al derecho de los demás al ejercicio de sus libertades y derechos fundamentales, ni son contrarias a la seguridad, salud o moralidad públicas, como elementos en que se concreta el orden público protegido por la Ley en una sociedad democrática, al que se refiere el art. 16.1 CE".*

Además añade que *"la Administración responsable de dicho instrumento no se mueve en un ámbito de discrecionalidad que le apodere con un cierto margen de apreciación para acordar o no la inscripción solicitada, sino que su actuación en este extremo no puede sino calificarse como reglada ..."*, por lo que concluye diciendo que *"la inscripción en dicho Registro público es la formal expresión de un reconocimiento jurídico dispensado a los grupos o comunidades religiosas, orientado a facilitar el ejercicio colectivo de su derecho a la libertad religiosa ... Pues bien, siendo ello así, la indebida denegación por la Administración responsable de la inscripción solicitada, viene a constituirse en un injustificado obstáculo que menoscaba el ejercicio, en plenitud, del derecho fundamental de libertad religiosa del que son titulares los sujetos colectivos, y correlativamente, establece una indeseada situación de agravio comparativo entre aquellos grupos o comunidades religiosas que, por acceder al Registro, cuentan con el reconocimiento jurídico y los efectos protectores que confiere la inscripción, y aquellos otros que, al negárseles ésta indebidamente, se ven privados de los mismos, ya sea en orden a que se les reconozca formalmente una organización y régimen normativo propios, ya en lo concerniente a las manifestaciones externas en que se proyectan sus convicciones o creencias religiosas".*

2.1.2. Entidades menores

En lo referente a entidades religiosas menores se han dictado diversas sentencias del Tribunal Supremo. La primera de la Sala de lo Civil, de 10 de mayo de 2004, por la que se determina la incompetencia de la jurisdicción civil en los litigios sobre el nombramiento de representantes legales de fundaciones eclesiásticas; y la segunda de la Sala de lo Contencioso Administrativo, de 8 de junio de 2004, sobre inscripción de modificaciones estatutarias de la entidad "Sociedad de San Vicente de Paúl" en el Registro Nacional de Asociaciones.

2.2. Culto religioso

2.2.1. Ministros de culto

En este apartado encontramos la Instrucción 31/2004, de 5 de marzo, que dicta normas para la concesión, renovación y anulación de la tarjeta de identidad militar para el personal de los Cuerpos Comunes de las Fuerzas Armadas y para los Sacerdotes Católicos integrados en el Servicio de Asistencia Religiosa de las Fuerzas Armadas, donde se especifica detalladamente que los sacerdotes católicos integrados en el Servicio de Asistencia Religiosa de las Fuerzas Armadas cursarán las solicitudes al Director General de Personal, por conducto del Arzobispado Castrense, uniendo una fotografía en color, de medio busto, de frente y descubierto, sin gafas oscuras, con traje oscuro, camisa gris o negra y alzacuellos, o sotana y alzacuellos. Una vez confeccionada se remitirá al Arzobispado Castrense que, previa identificación del titular, entregarán la nueva tarjeta.

Respecto a la seguridad social se han dictado diversas disposiciones y sentencias. Así, la Orden TAS/819/2004, de 12 de marzo, por la que se modifican los artículos 6, 14, 15, 22 y 23 y la disposición transitoria de la Orden TAS 2865/2003, de 13 de octubre, por la que se regula el convenio especial en el Sistema de la Seguridad Social, incluye los seglares, misioneros y cooperantes de instituciones religiosas y de organizaciones no gubernamentales en el sistema de Seguridad Social, por la vía del convenio especial. Así, *"los seglares, misioneros y cooperantes, dependientes de la Conferencia Episcopal, Diócesis, Ordenes, Congregaciones y otras Instituciones religiosas así como de organizaciones no gubernamentales, que tengan nacionalidad española y que sean enviados por sus respectivas organizaciones o instituciones a los países extranjeros, sin mediar relación laboral con éstas, los cuales, en los supuestos a que se refieren los apartados precedentes, tendrán la consideración de emigrantes a los solos efectos de la suscripción de esta modalidad de convenio especial".*

Igualmente, la Orden TAS/820/2004, de 12 de marzo, en su artículo único, incorpora al Régimen Especial de la Seguridad Social de los Trabajadores por Cuenta Propia o Autónomos a *"los religiosos y religiosas de Derecho diocesano de la Iglesia Católica que sean mayores de dieciocho años y miembros de Congregaciones de la Iglesia Católica, inscritas en el Registro de Entidades Religiosas del Ministerio de Justicia, y que residan y desarrollen normalmente su actividad en territorio nacional. 2. Lo dispuesto en el apartado anterior no será de aplicación a aquellos religiosos o religiosas que realicen una actividad profesional que dé lugar a su inclusión en cualquiera de los Regímenes que integran el sistema de la Seguridad Social".*

También se han dictado diversas sentencias respecto de la pensión de sacerdotes secularizados. Así, la Sentencia del Tribunal Supremo (Sala de lo Social), de 5 de febrero de 2004, se refiere a gastos de gestión descontados y el cómputo del capital coste de pensión a sacerdotes y religiosos secularizados; la sentencia de 26 de marzo de 2004 del Tribunal Supremo (Sala de lo Social) sobre pensión de jubilación de sacerdotes o religiosos secularizados correspondiente a periodo computado y no cotizado. Igualmente, la sentencia del TS (Sala de lo Social) de 20 de abril de 2004 sobre pensión de jubilación de religioso secularzado; y sentencia de la Audiencia Nacional (Sala de lo Contencioso Administrativo) de 5 de julio de 2004 sobre pensión de jubilación de sacerdotes secularizados. Incluso, la sentencia del Tribunal Supremo (Sala de lo Social) de 27 de octubre de 2004, de unificación de doctrina sobre cómputo como cotizados de los períodos ejercidos como sacerdotes o religiosos de la Iglesia Católica antes de su secularización. A este respecto, encontramos también la Sentencia del Tribunal Supremo (Sala de lo Social) de 21 de junio de 2004 que establece que no se computan como cotizados los años de profesión religiosa fuera de España a efectos del cálculo de la pensión de jubilación.

Por último, me parece interesante mencionar el Real Decreto 2393/2004, de 30 de diciembre, por el que se aprueba el Reglamento de la Ley Orgánica 4/2000, de 11 de enero, sobre derechos y libertades de los extranjeros en España y su integración social, pues en su artículo 68, letra h), exceptúa de la obligación de obtener autorización de trabajo para el ejercicio de una actividad lucrativa, laboral o profesional *"a los extranjeros que sean ministros religiosos y miembros de la jerarquía de las diferentes iglesias, confesiones y comunidades religiosas, así como religiosos profesos de órdenes religiosas"*. Añade además que tendrán esta consideración las personas en quienes concurran los siguientes requisitos:

1º. Que pertenezcan a una iglesia, confesión, comunidad religiosa u orden religiosa que figure inscrita en el Registro de Entidades Religiosas del Ministerio de Justicia. Este extremo se acreditará mediante certificación del Ministerio de Justicia.

2º. Que tengan, efectiva y actualmente, la condición de ministro de culto, miembro de la jerarquía o de religioso profeso, por cumplir los requisitos establecidos en sus normas estatutarias.

3º. Que las actividades que vayan a desarrollar en España sean estrictamente religiosas o, en el caso de religiosos profesos, sean meramente contemplativas o respondan a los fines estatutarios propios de la orden; quedan expresamente excluidas las actividades retributivas que no se realicen en este ámbito.

4º. Que la entidad de la que dependan se comprometa a hacerse cargo de los gastos ocasionados por su manutención.

A tal efecto los requisitos expresados en los párrafos 2º y 4º se acreditarán mediante certificación expedida por la entidad, con la conformidad del Ministerio de Justicia.

Establece además que *"quedan expresamente excluidos de este artículo los seminaristas y personas en preparación para el ministerio religioso, aunque temporalmente realicen actividades de carácter pastoral, así como las personas vinculadas con una orden religiosa en la que aún no hayan profesado, aunque realicen una actividad temporal en cumplimiento de sus estatutos religiosos"*.

Del contenido de esta disposición sólo quisiera comentar las siguientes cuestiones que creo merecen interés: la primera, que el ministro de culto tiene que pertenecer a una confesión religiosa inscrita en el Registro de Entidades Religiosas; considero que debería haber dicho que la confesión religiosa tuviera reconocida la personalidad jurídica civil, pues, por ejemplo, salvo error, creo que la Iglesia católica como Confesión religiosa no está inscrita en el Registro. La segunda, que no menciona a todos los institutos de vida consagrada que incluirían tanto las órdenes religiosas como las congregaciones, sólo hace referencia a las órdenes religiosas, por lo que en estricta aplicación de la norma los religiosos profesos pertenecientes a congregaciones religiosas no están exceptuados de la obligación de obtener autorización de trabajo, aunque cumplan los demás requisitos. Y la tercera que se da una remisión a las normativas confesionales en cuanto al concepto y condición de ministro de culto, miembro de la jerarquía o religioso profeso.

2.2.2. Asistencia religiosa y actos de culto

Merece mencionarse en este punto el Real Decreto 1774/2004, de 30 de julio, por el que se aprueba el Reglamento de la Ley Orgánica 5/2000, de 12 de enero, reguladora de la responsabilidad penal de los menores, pues, su artículo 6 recoge los principios inspiradores de la ejecución de las medidas, y entre otros se señala: *"a) El superior interés del menor de edad sobre cualquier otro interés concurrente. b) El respeto al libre desarrollo de la personalidad del menor. c) La información de los derechos que les corresponden en cada momento y la asistencia necesaria para poder ejercerlos. d) La aplicación de programas fundamentalmente educativos que fomenten el sentido de la responsabilidad y el respeto por los derechos y libertades de los otros. ...".*

Además, según lo dispuesto en el artículo 7 *"Los menores y los jóvenes gozarán durante la ejecución de las medidas de los derechos y libertades que a todos reconocen la Constitución y los tratados internacionales ratificados por España y el resto del ordenamiento jurídico vigente, a excepción de los que se encuentren expresamente limitados por la ley, el contenido del fallo condenatoria o el sentido de la medida impuesta".*

También recoge este Real Decreto las reglas específicas para la ejecución de determinadas medidas no privativas de libertad, entre ellas quisiera destacar las contempladas en los artículos 19, 20 y 21. El 19 se refiere a la convivencia con otra persona, familia o grupo educativo; para la ejecución de esta medida *"2. la persona o personas que integren la familia o grupo educativo, que acepten convivir con el menor, deberán estar en pleno ejercicio de sus derechos civiles, no estar incursas en alguna de las causas de inhabilidad establecidas para los tutores en el Código Civil y tener unas condiciones personales, familiares y económicas adecuadas, a criterio de la entidad pública, para orientar al menor en su proceso de socialización. ... 5. La persona, familia o grupo educativo que asuma la convivencia adquirirá las obligaciones civiles propias de la guarda y deberá colaborar con el profesional designado en el seguimiento de la medida. 6. Durante la ejecución de la medida el menor conservará el derecho de relacionarse con su familia, salvo que haya una prohibición judicial expresa".* Por su parte, el 20 relativo a las prestaciones en beneficio de la comunidad dispone que: *"1. La entidad pública es la responsable de proporcionar las actividades de interés social o en beneficio de personas en situación de precariedad, para la ejecución de la media, sin perjuicio de los convenios o acuerdos de colaboración que al efecto haya suscrito con otras entidades públicas, o privadas sin ánimo de lucro. 2. Las actividades a las que hace referencia el apartado anterior reunirán las condiciones siguientes: a) Han de tener un interés social o realizarse en beneficio de personas en situación de precariedad. b) Estarán relacionadas, preferentemente, con la naturaleza del bien jurídico lesionado por los hechos cometidos por el menor. c) No podrán atentar a la dignidad del menor. d) No estarán supeditadas a la consecución de intereses económicos ... 7. El profesional designado se entrevistará con el menor para conocer sus características personales, sus capacidades, sus obligaciones escolares o laborales y su entorno social, personal y familiar, con la finalidad de determinar la actividad más adecuada ..."*.

Y, el artículo 21, referente a la realización de tareas socioeducativas, señala *"1. El profesional designado, después de entrevistarse con el menor para conocer sus características personales, su situación y sus necesidades, elaborará el programa individualizado de ejecución de la medida en el que expondrá las tareas específicas de carácter formativo, cultural y educativo que debe realizar el menor, encaminadas a facilitarle el desarrollo de su competencia social ..."*.

Más adelante, en su artículo 39 se refiere a la asistencia religiosa y establece lo siguiente:

> *"1. Todos los menores internados tendrán derecho a dirigirse a una confesión religiosa registrada, de conformidad con lo previsto por la legislación vigente.*
>
> *2. Ningún menor internado podrá ser obligado a asistir o participar en los actos de una confesión religiosa.*

3. *La entidad pública facilitará que los menores puedan respetar la alimentación, los ritos y las fiestas de su propia confesión, siempre que sea compatible con los derechos fundamentales de los otros internos y no afecte a la seguridad del centro y al desarrollo de la vida en el centro".*

Con este tenor, sólo quisiera llamar la atención en el punto 1 ya que al hablar de confesión religiosa registrada parece que los centros de internamiento, salvo que se trate de una confesión suficientemente conocida, deberán comprobar si la entidad religiosa tiene o no personalidad jurídica civil, o deberán poseer un elenco de todas las entidades religiosas inscritas en el Registro de Entidades Religiosas, facilitado por el Ministerio de Justicia. Por otra parte, el punto 3 puede convertirse en una mera declaración de intenciones, difícil de llevar a la práctica.

2.3. Régimen fiscal y patrimonial

2.3.1. Régimen económico, fiscal y financiero

En este punto resulta sumamente interesante la novedad que introduce la disposición adicional decimotercera de la Ley 2/2004, de 27 de diciembre, de Presupuestos Generales del Estado para el año 2005, que, bajo el título "Previsión de fondos para proyectos de carácter cultural, educativo y de integración social de las Confesiones minoritarias", establece que *"para el año 2005 y con carácter temporal en tanto no se alcance la autofinanciación completa de todas las confesiones religiosas en España, se dispone la dotación de hasta 3.000.000 de euros para la financiación de proyectos que contribuyan a una mejor integración social y cultural de las minorías religiosas en España, presentados por las confesiones no católicas con Acuerdo de cooperación con el Estado o con "notorio arraigo". La gestión de la dotación a que se refiere el párrafo anterior se llevará a cabo por una Fundación del sector público estatal creada para tal finali-*

dad, en la forma establecida en el artículo 45 de la Ley 50/2003, de 26 de diciembre, de Fundaciones".

Con este tenor el Estado español instaura el sistema de dotación presupuestaria para la FEREDE, FCI y CIE, Entidades religiosas que, como todos sabemos, tienen suscrito Acuerdo de cooperación con el Estado; y además también aplica el sistema a la Iglesia de Jesucristo de los Santos de los últimos días de España pues en abril de 2003 la Comisión Asesora de libertad religiosa le reconoció el notorio arraigo.

Por otra parte, parece que en el futuro se decanta claramente por el sistema de autofinanciación de las Confesiones, aplicable a todas las Confesiones, incluida la Iglesia Católica, cuyo sistema actual, consistente en la prórroga del sistema de asignación tributaria regulado en la disposición adicional vigésima de la Ley 54/1999, de 29 de diciembre, de Presupuestos Generales del Estado para el año 2000, finaliza este año 2005, pudiendo revisarse este sistema, transcurrido el cual se podrá acordar nuevamente la prórroga del mismo o fijar un nuevo porcentaje y suprimir el carácter de mínimo de los pagos a cuenta o incluso cabría la supresión total del sistema de asignación por el que la Iglesia Católica necesariamente tendría que autofinanciarse.

Por lo que respecta a este año y para el caso de la Iglesia Católica, la disposición adicional undécima, titulada Pagos a cuenta a la Iglesia Católica en el año 2005, en su número uno prevé que *"para el año 2005 se fija la cuantía de los pagos a cuenta mensuales a que se refiere el apartado tres de la disposición adicional vigésima de la Ley 54/1999, de 29 de diciembre, de Presupuestos Generales del Estado para el año 2000, en 11.789.140 euros"*[3]. Y, en su número 2 de la Disposición adicio-

3 En este sentido conviene recordar que la Ley 54/1999, en su disposición adicional vigésima, titulada revisión del sistema de asignación tributaria a la Iglesia Católica, estableció que la aplicación de este sistema *"no podrá dar lugar, en cada uno de los ejercicios que se aplique, a una cantidad superior a 24.000.000.000 de pesetas ni a una cantidad inferior a la resultante de la*

nal undécima, eleva a definitivas las cantidades entregadas a cuenta en el año 2004.

Asimismo, la disposición adicional duodécima, referida a la asignación de cantidades a fines sociales, establece que para el año 2005, el resultado de la aplicación en la disposición adicional duodécima de la Ley 52/2002, de 30 de diciembre, de Presupuestos Generales del Estado para el año 2003, no podrá ser inferior a 121.181.782 euros. Cuando no se alcance esta cifra, el Estado aportará la diferencia.

Por otra parte, durante este año se han aprobado diversos Textos Refundidos. Así, en primer lugar, el Real Decreto Legislativo 2/2004, de 5 de marzo, por el que se aprueba el Texto Refundido de la Ley Reguladora de las Haciendas Locales establece en su artículo 62 las exenciones al Impuesto sobre Bienes Inmuebles, que, por lo que a nosotros nos interesa dice que estarán exentos los siguientes inmuebles: *"1 ... c) Los de la Iglesia Católica, en los términos previstos en el Acuerdo entre el Estado español y la Santa Sede sobre Asuntos Económicos, de 3 de enero de 1979, y los de las asociaciones confesionales no católicas legalmente reconocidas, en los términos establecidos en los respectivos acuerdos de cooperación suscritos en virtud de lo dispuesto en el artículo 16 de la Constitución...*

e) Los inmuebles a los que sea de aplicación la exención en virtud de convenios internacionales en vigor y, a condición de reciprocidad, los de los Gobiernos extranjeros destinados a su representación diplomática, consular, o a sus organismos oficiales...

2. Asimismo, previa solicitud, estarán exentos:

a) Los bienes inmuebles que se destinen a la enseñanza por centros docentes acogidos, total o parcialmente, al régimen de

actualización de las entregas mensuales que, en concepto de pagos a cuenta de la asignación tributaria, se hayan determinado en la Ley de Presupuestos del ejercicio precedente".

concierto educativo, en cuanto a la superficie afectada a la enseñanza concertada.

Esta exención deberá ser compensada por la Administración competente.

b) Los declarados expresa e individualizadamente monumento o jardín histórico de interés cultural, mediante real decreto en la forma establecida por el artículo 9 de la Ley 16/1985, de 25 de junio, del Patrimonio Histórico Español, e inscritos en el registro general a que se refiere su artículo 12 como integrantes del Patrimonio Histórico Español, así como los comprendidos en las disposiciones adicionales primera, segunda y quinta de dicha Ley.

Esta exención no alcanzará a cualesquiera clases de bienes urbanos ubicados dentro del perímetro delimitativo de las zonas arqueológicas y sitios y conjuntos históricos, globalmente integrados en ellos", sino, exclusivamente, a los que reúnan determinadas condiciones[4].

Este mismo Real Decreto Legislativo también establece en su artículo 82 que están exentos del Impuesto sobre Actividades Económicas: *"1... e) Los organismos públicos de investigación, los establecimientos de enseñanza en todos sus grados costeados íntegramente con fondos del Estado, de las Comunidades Autónomas o de las entidades locales, o por fundaciones declaradas benéficas o de utilidad pública, y los establecimientos de enseñanza en todos sus grados que, careciendo de ánimo de lucro, estuvieren en régimen de concierto educativo, incluso si facilitasen a sus alum-*

4 *"En zonas arqueológicas, los incluidos como objeto de especial protección en el instrumento de planeamiento urbanístico a que se refiere el artículo 20 de la Ley 16/1985, de 25 de junio, del Patrimonio Histórico Español. En sitios o conjuntos históricos, los que cuenten con una antigüedad igual o superior a cincuenta años y estén incluidos en el catálogo previsto en el Real Decreto 2159/1978, de 23 de junio, por el que se aprueba el Reglamento de planeamiento para el desarrollo y aplicación de la Ley sobre Régimen del Suelo y Ordenación Urbana, como objeto de protección integral en los términos previstos en el artículo 21 de la Ley 16/1985, de 25 de junio".*

nos libros o artículos de escritorio o les prestasen los servicios de media pensión o internado y aunque por excepción vendan en el mismo establecimiento los productos de los talleres dedicados a dicha enseñanza, siempre que el importe de dicha venta, sin utilidad para ningún particular o tercera persona, se destine, exclusivamente, a la adquisición de materias primas o al sostenimiento del establecimiento.

f) Las asociaciones y fundaciones de disminuidos físicos, psíquicos y sensoriales, sin ánimo de lucro, por las actividades de carácter pedagógico, científico, asistenciales y de empleo que para la enseñanza, educación, rehabilitación y tutela de minusválidos realicen, aunque vendan los productos de los talleres dedicados a dichos fines, siempre que el importe de dicha venta, sin utilidad para ningún particular o tercera persona, se destine exclusivamente a la adquisición de materias primas o al sostenimiento del establecimiento...

h) Los sujetos pasivos a los que les sea de aplicación la exención en virtud de tratados o convenios internacionales.

2. Los sujetos pasivos a los que se refieren los párrafos a), d), g) y h) del apartado anterior no estarán obligados a presentar declaración de alta en la matrícula del impuesto....

4. Las exenciones previstas en los párrafos e) y f) del apartado 1 de este artículo tendrán carácter rogado y se concederán, cuando proceda, a instancia de parte".

También este Real Decreto Legislativo en su artículo 104. 3 señala que no se producirá la sujeción al Impuesto sobre el Incremento del Valor de los Terrenos de Naturaleza Urbana *"en los supuestos de aportaciones de bienes y derechos realizados por los cónyuges a la sociedad conyugal, adjudicaciones que a su favor y en pago de ellas se verifiquen y transmisiones que se hagan a los cónyuges en pago de sus haberes comunes.*

Tampoco se producirá la sujeción al impuesto en los supuestos de transmisiones de bienes inmuebles entre cónyuges o a favor de los hijos, como consecuencia del cumplimiento de sentencias en los casos de nulidad, separación o divorcio matrimonial, sea cual sea el régimen económico matrimonial". Y, en su artículo 105 establece que *"1. Estarán exentos de este impuesto los incrementos de valor que se manifiesten como consecuencia de los siguientes actos: ...*

b) Las transmisiones de bienes que se encuentren dentro del perímetro delimitado como Conjunto Histórico – Artístico, o hayan sido declarados individualmente de interés cultural, según lo establecido en la Ley 16/1985, de 25 de junio, del Patrimonio Histórico Español, cuando sus propietarios o titulares de derechos reales acrediten que han realizado a su cargo obras de conservación, mejora o rehabilitación en dichos inmuebles. A estos efectos, la ordenanza fiscal establecerá los aspectos sustantivos y formales de la exención.

2. Asimismo, estarán exentos de este impuesto los correspondientes incrementos de valor cuando la obligación de satisfacer aquél recaiga sobre las siguientes personas o entidades: ...

c) Las instituciones que tengan la calificación de benéficas o de benéfico – docentes. ...

g) Las personas o entidades a cuyo favor se haya reconocido la exención en tratados o convenios internacionales...".

En segundo lugar, el Real Decreto Legislativo 3/2004, de 5 de marzo, por el que se aprueba el Texto Refundido de la Ley del Impuesto sobre la Renta de las Personas Físicas, en su artículo 69 establece las deducciones por donativos que los contribuyentes podrán aplicar, tales como, *"a) Las deducciones previstas en la Ley 49/2003, de 23 de diciembre, de régimen fiscal de las entidades sin fines lucrativos y de los incentivos fiscales al mecenazgo.*

b) El 10 por ciento de las cantidades donadas a las fundaciones legalmente reconocidas que rindan cuentas al órgano del protectorado correspondiente, así como a las asociaciones declaradas de utilidad pública, no comprendidas en el párrafo anterior....

5. Deducción por actuaciones para la protección y difusión del Patrimonio Histórico Español y de las ciudades, conjuntos y bienes declarados Patrimonio Mundial.

Los contribuyentes tendrán derecho a una deducción en la cuota del 15 por ciento del importe de las inversiones o gastos que realicen"[5].

Y, por último, el Real Decreto Legislativo 4/2004, de 5 de marzo, por el que se aprueba el Texto Refundido de la Ley del Impuesto sobre Sociedades, especifica en su artículo 28 que el tipo general de gravamen para los sujetos pasivos de este impuesto será el 35 por 100. En cambio, tributarán al tipo del 25 por 100 "*e) Las entidades sin fines lucrativos a los que no sea de aplicación el régimen fiscal establecido en la Ley 49/2002, de 23 de diciembre, del Régimen Fiscal de las Entidades sin Fines Lucrativos y de los Incentivos Fiscales al Mecenazgo*"; y tributarán al 10 por 100 *"las entidades a las que sea de aplicación el régimen fiscal establecido en la Ley 49/2003, de 23 de diciembre, de régimen*

5 Para: *"a) La adquisición de bienes del patrimonio histórico español, realizada fuera del territorio español para su introducción dentro de dicho territorio, siempre que los bienes sean declarados bienes de interés cultural o incluidos en el Inventario general de bienes muebles en el plazo de un año desde su introducción y permanezcan en territorio español y dentro del patrimonio del titular durante al menos cuatro años. La base de esta deducción será la valoración efectuada por la Junta de calificación, valoración y exportación de bienes del patrimonio histórico español. b) La conservación, reparación, restauración, difusión y exposición de los bienes de su propiedad que estén declarados de interés cultural conforme a la normativa del patrimonio histórico del Estado y de las comunidades autónomas, siempre y cuando se cumplan las exigencias establecidas en dicha normativa, en particular respecto de los deberes de visita y exposición pública de dichos bienes. c) La rehabilitación de edificios, el mantenimiento y reparación de sus tejados y fachadas, así como la mejora de infraestructuras de su propiedad situados en el entorno que sea objeto de protección de las ciudades españolas o de los conjuntos arquitectónicos, arqueológicos, naturales o paisajísticos y de los bienes declarados Patrimonio Mundial por la UNESCO situados en España".*

fiscal de las entidades sin fines lucrativos y de los incentivos fiscales al mecenazgo".

Asimismo este Real Decreto Legislativo establece en su artículo 38 la deducción por inversiones en bienes de interés cultural, producciones cinematográficas, edición de libros, sistemas de navegación y localización de vehículos, adaptación de vehículos para discapacitados y guarderías para hijos de trabajadores, teniendo derecho los sujetos pasivos de este Impuesto a una deducción en la cuota íntegra del 15 por 100 del importe de las inversiones o gastos que realicen[6].

También en este apartado cabe hacer referencia a la sentencia del Tribunal Supremo, Sala de lo Penal, de 16 de marzo de 2004, que resuelve desestimando el recurso de casación interpuesto contra la sentencia dictada por la sección séptima de la Audiencia Provincia del Alicante, con sede en Elche, en causa seguida por delitos de malversación de caudales públicos y de falsedad documental. En este caso hay un convenio entre el Ayuntamiento y la Congregación religiosa por el que esa asume un determinado servicio de asistencia social a ancianos. Existe una subvención municipal en metálico, y la asunción de gastos por el Ayuntamiento. A la vez, las religiosas cobran determinadas cantidades a quienes pueden pagarlas, y como resultado de ello se da un superávit que en un momento determinado se entrega al Ayuntamiento, con la finalidad de ser destinado a obras sociales. En cambio, el acusado una vez recibido el dinero en metálico lo hizo suyo con intención de propio beneficio.

2.3.2. Patrimonio religioso

A este respecto quisiera mencionar dos sentencias del Tribunal Supremo. La primera de la Sala de lo Contencioso Administrativo de 12 de mayo de 2004 que desestima el recurso de casación

6 Ibidem.

interpuesto por la Congregación de las Hermanas de los Pobres contra la sentencia dictada por el Tribunal Superior de Justicia de Andalucía sobre nulidad del convenio de adquisición de terrenos en Expo 92; siendo parte recurrida la Junta de Andalucía, pues de los hechos probados no se deduce la existencia de vicios en el consentimiento ya que *"no se desprende otra cosa que el libre y deliberado asentimiento prestado a un pacto privado de adquisición directa de un terreno"*. Por ello se insiste en los fundamentos de derecho que *"no se trata ya de que incluso desde el punto de vista del derecho canónico (cánones 635 y siguientes) se hallen previstas determinadas reglas para la enajenación de los bienes temporales de los institutos religiosos ... y en las que se recaban previas autorizaciones y consejos para su realización: es que la libertad y validez del consentimiento prestado en la conclusión de un contrato de compraventa no puede quedar en entredicho por la simple circunstancia de que uno de los concertantes (la Administración, en este caso) omita poner en conocimiento del otro las mejores expectativas de ganancia a obtener si se demora la operación"*.

Por otra parte, la segunda sentencia es de la Sala de lo Civil de 16 de julio de 2004 en la que se desestima la tercería de dominio interpuesta por el Arzobispado de Granada acerca de una finca embargada por la Tesorería de la Seguridad Social. En este litigio en los fundamentos de derecho se dice que *"el tercerista Arzobispado de Granada ha alegado como título la donación que le hizo la Asociación Manjoniana. Pero tratándose de un bien inmueble, inscrito a favor de la Asociación en el Registro de la Propiedad, no ha aportado la escritura pública que imperativamente exige el art. 633 del Código Civil ... como forma constitutiva de la donación. En su lugar ha traído a los actos el acta de la Junta de la antedicha Asociación en la que se acuerda donar el Centro Parroquial al Arzobispado, y la certificación del inventario del patrimonio diocesano en la que se hace constar que aquel Centro es propiedad del Arzobispado de Granada. Con estos documentos se pretende suplir la forma constitutiva de la donación de inmuebles, preceptuada en el art. 633 Código Civil, lo mismo que su contenido.*

Así las cosas, es claro que el Arzobispado de Granada no ha demostrado la existencia de donación, a través del otorgamiento de la escritura pública por su propietario la Asociación Manjoniana. En contra, argumenta que la donación consta en documento público, ya que la documentación de la Iglesia Católica conforme a las reglas del Derecho Canónico y a los Acuerdos del Estado Español con la Santa Sede tienen la consideración de documento público. Pero estas afirmaciones no son admisibles: no existe norma jurídica alguna que dispense a la Iglesia Católica de cumplir las prescripciones de las Leyes civiles en cuanto a la adquisición de dominio (arts. 609 y 633 del Código Civil); ha de adquirirlo como cualquier otra persona sin distinción alguna. Otra cosa es que el destino religioso del bien imponga determinadas especialidades que no son del caso en su uso o destino, pero ello es cosa muy distinta de la mera adquisición de la propiedad sobre el mismo"[7].

También merece que le dediquemos atención a la sentencia del Tribunal Supremo, Sala de lo Contencioso, de 29 de marzo de 2004, que declara haber lugar al recurso de casación formulado por la Comunidad Autónoma de Castilla y León y por el Ayuntamiento de Segovia contra la sentencia dictada por la Sala de lo Contencioso Administrativo del Tribunal Superior de Justicia de Castilla y León (Burgos), sobre impugnación de modificación del Plan General de Ordenación Urbana de Segovia, en concreto su

7 Por todo lo expuesto, declara haber lugar al recurso de casación interpuesto por la Tesorería General de la Seguridad Social, contra la sentencia dictada en grado de apelación por la Sección Cuarta de la Audiencia Provincial de Granada, la cual casamos y anulamos, confirmando la sentencia estimatoria de la demanda del Juzgado de 1ª Instancia de Granada, condenado al Arzobispado de Granada, parte actora en este litigio, al pago de las costas causadas en la apelación, y no las de este recurso, en el que cada parte pagará las suyas.

Plan Especial de Protección Histórico - Artístico, Paisaje y Reforma Interior del Recinto Amurallado.

Por otra parte, la sentencia del Tribunal Supremo, Sala de lo Penal, de 7 de abril de 2004, estima, por falta de motivación fáctica de la sentencia condenatoria, el recurso de casación interpuesto por el acusado contra sentencia dictada por la Audiencia Provincial de Málaga, Sección Tercera, que le condenó por delito de estafa relacionado con la venta de un cuadro, tipo talla policromada en bajo relieve, de la escuela castellana de principios del siglo XVI, con la representación de la escena religiosa del "Desprendimiento de Jesus".

2.4. Enseñanza

Para evitar reiteraciones he considerado conveniente agrupar las disposiciones relativas a la ordenación general de la enseñanza y el apartado correspondiente a la enseñanza religiosa.

2.4.1. Ordenación general y 2.4.2. Enseñanza religiosa

A este respecto, el Real Decreto 113/2004, de 23 de enero, por el que se desarrollan los aspectos educativos básicos y la organización de las enseñanzas de la Educación Preescolar, y se determinan las condiciones que habrán de reunir los centros de esta etapa considera, en su artículo 3, que *"la finalidad de la Educación Preescolar es la atención educativa y asistencial a la primera infancia. Se atenderá al desarrollo del movimiento, al control corporal, a las primeras manifestaciones de la comunicación y del lenguaje, a las pautas elementales de convivencia y relación social y al descubrimiento del entorno inmediato".*

También resulta digno de mención que el Real Decreto 114/2004, de 23 de enero, por el que se establece el currículo de la Educación Infantil, en su artículo 3 establece que *"la finalidad de la Educación Infantil es el desarrollo físico, sensorial, intelectual, afectivo, social y moral de los niños. Los centros promoverán la colaboración con los padres para el intercambio de información y para ayudarlos a ejercer una paternidad responsable"*; en su artículo 4 incorpora los objetivos de la Educación Infantil que deberá contribuir a desarrollar en los niños, entre otras, las siguientes capacidades: *"c) observar y explorar su entorno familiar, social y natural"* y *"e) el relacionarse con los demás y aprender las pautas elementales de convivencia"*; para conseguirlo incluyen un área curricular denominada "La convivencia con los demás y el descubrimiento del entorno". Y en su disposición adicional primera, titulada "Enseñanzas de religión", dice lo siguiente:

"De acuerdo con el Real Decreto 829/2003, de 27 de junio, por el que se establecen las enseñanzas comunes de la Educación Infantil, los centros ofrecerán las enseñanzas de Religión correspondientes a los acuerdos suscritos o que suscriba el Estado español con la Santa Sede y con las autoridades de otras confesiones religiosas, para los alumnos cuyos padres las soliciten.

Estas enseñanzas se atendrán a los currículos propuestos por dichas autoridades y a las normas que establezca el Ministerio de Educación, Cultura y Deporte.

Corresponden también a las autoridades religiosas las decisiones sobre utilización de libros de texto y materiales curriculares y, en su caso, su aprobación y supervisión, sin perjuicio de lo previsto en el artículo 7.5 de este real decreto"[8].

8 Este artículo 7.5 señala que los equipos de maestros del nivel de Educación Infantil de los centros docentes públicos tendrán autonomía para elegir coordinadamente los libros de texto y los materiales curriculares que hayan de usarse en el ciclo, siempre que se adapten al currículo que se establece en este real decreto. Además, todos los libros de texto y materiales curriculares que se adopten deberán cumplir lo establecido en la disposición adicional tercera de la Ley Orgánica 10/2002, de 23 de diciembre, de Calidad de la Educación.

Por otra parte, el Real Decreto 118/2004, de 23 de enero, por el que se regula el título de Especialización Didáctica menciona en el Anexo I.A, bajo la rúbrica "Áreas de Especialización Didáctica", en el área 5, el Área de Sociedad, Cultura y Religión. Como es sabido, el Área o asignatura de Sociedad, Cultura y Religión fue introducida por la Ley Orgánica 10/2002, de 23 de diciembre, de calidad de la educación, concretamente en su disposición adicional segunda. Posteriormente los Reales Decretos 115, 116 y 117/2004, de 23 de enero, por los que se establece el currículo de la Educación Primaria, Educación Secundaria Obligatoria y Bachillerato, incluyen como asignatura en dichos niveles la enseñanza de Sociedad, Cultura y Religión, desarrollando su regulación en las disposiciones adicionales primeras correspondientes. Por lo que respecta a Educación Primaria se señala lo siguiente:

"1. El área de Sociedad, Cultura y Religión comprenderá dos opciones: una, de carácter confesional, acorde con la confesión por la que opten los padres o tutores, entre aquellas respecto de cuya enseñanza el Estado tenga suscritos acuerdos; otra, no confesional. Ambas opciones serán de oferta obligatoria en los centros.

2. La enseñanza confesional de la religión se ajustará a lo establecido en el Acuerdo sobre enseñanza y asuntos culturales suscrito entre la Santa Sede y el Estado español y, en su caso, a lo dispuesto en aquellos otros suscritos o que pudieran suscribirse con otras confesiones religiosas.

3. El currículo de la opción no confesional figura en el anexo I[9].

9 Considero que merece la pena recoger algunas partes de lo expuesto en este Anexo I respecto a Sociedad, Cultura y Religión, al menos la Introducción que dice así. "*A lo largo de las últimas décadas se han ido produciendo cambios notables en la sociedad española que afectan al fenómeno religioso. En primer lugar, la sociedad española se configura cada vez más, no sólo como una sociedad multicultural, sino también multirreligiosa: este hecho se debe tanto al intercambio de personas y bienes culturales con otros países de la Unión Europea*

4. Tanto la determinación del currículo de la opción confesional como las decisiones sobre utilización de libros de texto y materiales didácticos y, en su caso, su supervisión y aprobación

de tradición no católica, como al creciente fenómeno de la inmigración. Por otra parte, el acercamiento razonado a las religiones en cuanto a hechos de la civilización se perfila cada vez más como una necesidad para evitar el desarraigo cultural de las nuevas generaciones, e incluso como una pieza clave para entender buena parte de los acontecimientos y de las manifestaciones culturales de nuestro tiempo.

Asimismo, la sociedad de la comunicación y la cooperación mundial hacen que se multipliquen cada vez más los contactos entre personas de diferentes culturas y religiones, cuyo conocimiento y confianza mutuos requieren entender las bases religiosas que cimientan su personalidad o su idiosincracia.

Por otra parte, la escuela es hoy considerada como parte del espacio público, en el que la sociedad pone en común, comparte y debate los elementos de las diferentes cosmovisiones y valores presentes en ellas. Y ello por dos razones: en primer lugar, porque la escuela se convierte de este modo en espacio idóneo para la convivencia y la comunicación; y, en segundo lugar, por las actitudes de acercamiento mutuo, comprensión y análisis selectivo que cada alumno debe ejercitar en la escuela.

En consecuencia, el área de Sociedad, Cultura y Religión deberá contribuir de forma activa y específica, tanto a la adquisición de las nociones básicas de la cultura, entre las que se encuentran concepciones religiosas, como a la creación de hábitos de convivencia e intercambio productivo entre personas que poseen diferentes creencias e ideologías.

Asimismo, si se tiene en cuenta que la mayoría de las expresiones religiosas corresponden a transmisiones orales o escritas de alto contenido literario, la importancia que la lectura de los documentos que contienen las leyendas, narraciones, discursos doctrinales o poesía religiosa augura una notable contribución al desarrollo de la habilidad y el interés del alumno por la lectura. Y, finalmente, dado el interés que los medios de comunicación han tenido en la reconstrucción y conservación del patrimonio religioso de la Humanidad, al menos en sus mejores manifestaciones, el acceso a las mismas no podrá realizarse sin el auxilio de las Tecnologías de la Información y la Comunicación, manejadas por el alumno como instrumento permanente de búsqueda.

Los contenidos del área de Sociedad, Cultura y Religión en el primer ciclo de la Educación Primera se centrarán en aquellos elementos que, por una parte, constituyan la base sobre la que construir el conocimiento de lo religioso, y por otra, responden a las posibilidades de percepción y capacidades operatorias de los alumnos de esta edad. De ahí que los contenidos se centren en el descubri-

corresponden a las autoridades religiosas respectivas, de acuerdo con lo que establece el Real Decreto 830/2003, de 27 de junio, y en el apartado 3 de su disposición adicional primera, y sin perjuicio

miento del factor fundamental del universo religioso: el espacio y el tiempo sagrados y sus signos de identificación. Y, por otro lado, el aprendizaje debe circunscribirse a la localización y descripción más elemental de cada uno de los elementos que se proponen en el programa: la observación de los mismos, su descripción externa, su nombre, las acciones que allí o entonces tienen lugar, su utilidad ...

Las capacidades operatorias del niño de segundo ciclo hacen de esta una etapa de madurez narrativa. Ello es fruto de la madurez en su capacidad de síntesis. Ello permite, por un lado, acercar al niño tanto a las expresiones más elementales de la experiencia religiosa (mitos y acciones rituales), como a los sistemas morales y de creencias elementales específicos de la religión. Todo ello, teniendo como base la experiencia y el testimonio de las vivencias básicas de los grandes hombres religiosos de la Humanidad.

La capacidad para las operaciones formales permiten al alumno del tercer ciclo de Educación Primaria adquirir una síntesis elemental de los principales sistemas religiosos que han determinado, de alguna manera, la evolución de la historia humana. En consecuencia, se trata de que, junto a esa síntesis elemental, el alumno adquiera unos datos básicos acerca de la influencia de los sistemas religiosos y morales en el desarrollo social y cultural de los pueblos en los que han estado vigentes.

Desde el punto de vista metodológico se deberán tener en cuenta las siguientes orientaciones:

El objeto del aprendizaje no es sólo el mensaje religioso o el contenido de las creencias y las normas morales, sino la totalidad de la realidad religiosa, es decir, debe incluirse también el conjunto de manifestaciones, acontecimientos, hechos de todo tipo, personas ...

Ello supone programaciones que partan del conocimiento globalizado de lo religioso y se encaminen hacia un conocimiento diferenciado de los distintos elementos de la realidad religiosa. Asimismo, se presentarán programas que, partiendo de la percepción sensorial de los significantes religiosos, avancen hacia la conceptualización y sistematización de la totalidad de los contenidos religiosos.

La elaboración de proyectos de búsqueda y contraste adquiere en esta área una particular relevancia, dado que el aprendizaje del diálogo e intercambio de propuestas entre los componentes del grupo constituye uno de los objetivos primordiales del área. El profesor promoverá el diálogo, siendo su tarea fundamental organizar la búsqueda de información para su intercambio entre los alumnos, lejos de cualquier tipo de proselitismo.

de lo previsto en el segundo párrafo del artículo 7.4 de este real decreto.

5. Según lo dispuesto en el artículo 3.1 y en el primer inciso del artículo 3.2 del Real Decreto 2438/1994, de 16 de diciembre, por el que se regula la enseñanza de la Religión, los padres o tutores de los alumnos manifestarán voluntariamente su deseo de cursar la opción confesional de su elección al formalizar la matrí-

Objetivos:

1. *Reconocer e identificar las referencias religiosas presentes en estructuras y comportamientos sociales, y en las experiencias culturales y artísticas más significativas.*

2. *Descubrir el hecho religioso a través del estudio de la historia de las principales religiones.*

3. *Valorar los sistemas éticos propuestos por las diferentes religiones y las consecuencias que han tenido en la vida de las sociedades en que estuvieron o están vigentes.*

4. *Conocer y evaluar las respuestas más elementales (mitos, leyendas, modelos) con las que las religiones han respondido a las preguntas que, en todos los tiempos, la Humanidad se ha planteado, sobre el origen del mundo, el origen de la vida, la existencia del mal, la muerte ... Conocer algunas manifestaciones sociales y culturales de los distintos pueblos, inspiradas en estas respuestas de la religión.*

5. *Mantener una actitud de tolerancia y respeto ante las diferencias religiosas.*

6. *Saber dialogar con personas que posean religiones diferentes a la propia.*

7. *Analizar los valores culturales, estéticos, sociales y éticos presentes en las manifestaciones de la religión, tanto a lo largo de la historia como en la actualidad.*

8. *Conocer las creencias, signos y valores de las religiones y su incidencia en la historia y en la sociedad.*

9. *Valorar la importancia pasada y presente de la tolerancia y la libertad religiosas para la convivencia política pacífica y libre, así como para el desarrollo intelectual, científico y cultural de los pueblos.*

10. *Desarrollar estrategias de comprensión lectora aplicables a los textos y vocabularios propios del área.*

11. *Utilizar las Tecnologías de la Información y la Comunicación como instrumento de trabajo y aprendizaje.".*

cula de primer curso de la Educación Primaria o en la primera inscripción del alumno en el centro. Esta decisión podrá modificarse al comienzo de cada curso escolar. La opción no confesional será obligatoria para los alumnos que no cursen la opción confesional".

Asimismo, por lo que se refiere a la Educación Secundaria Obligatoria se dispone lo siguiente:

"1. Con el fin de dar cumplimiento a lo establecido en la disposición adicional primera del Real Decreto 831/2003, de 27 de junio, la asignatura de Sociedad, Cultura y Religión será de oferta obligatoria para los centros. Comprenderá dos opciones: una, de carácter confesional, acorde con la confesión por la que opten los padres o, en su caso, los alumnos, de entre aquéllas respecto de cuya enseñanza el Estado tenga suscritos acuerdos; y otra de carácter no confesional.

2. La enseñanza confesional se ajustará a lo establecido en el Acuerdo sobre enseñanza y asuntos culturales suscrito entre la Santa Sede y el Estado español y, en su caso, a lo dispuesto en aquellos otros suscritos o que pudieran suscribirse, con otras confesiones religiosas.

3. Las autoridades religiosas correspondientes determinarán el currículo de su opción confesional. Las decisiones sobre utilización de libros de texto y materiales didácticos y, en su caso, su supervisión y aprobación corresponden a las autoridades religiosas respectivas, de conformidad con lo establecido en los acuerdos suscritos con el Estado español y sin perjuicio de lo previsto en el último inciso del artículo 16.4.

4. El currículo de la opción no confesional figura en el anexo I. En el anexo II figura el correspondiente a los programas de iniciación profesional.

5. Según lo dispuesto en el artículo 3.1 y en el primer inciso del artículo 3.2 del Real Decreto 2438/1994, de 16 de diciembre, por el que se regula la enseñanza de Religión, los padres o tutores de los alumnos o estos mismos, si son mayores de edad, manifestarán voluntariamente su deseo de cursar la opción confesional de su elección al formalizar la matrícula de primer curso de la Educación Primaria o en la primera inscripción del alumno en el centro. Esta decisión podrá modificarse al comienzo de cada curso escolar. La opción no confesional será obligatoria para los alumnos que no cursen la opción confesional".

Es más, este mismo Real Decreto, en su disposición adicional séptima, atribuye la asignatura de Sociedad, Cultura y Religión, en su opción no confesional, a los especialistas en Geografía e Historia y en Filosofía de los Cuerpos de Catedráticos y de Profesores de Enseñanza Secundaria; e incluso señala que el Ministerio de Educación, Cultura y Deporte podrá atribuirla a otros profesores especialistas cuya preparación considere idónea para su impartición.

Y, por último, respecto a Bachillerato se establece lo siguiente:

"1. Con el fin de dar cumplimiento a lo establecido en la disposición adicional primera del Real Decreto 831/2003, de 27 de junio, la asignatura de Sociedad, Cultura y Religión será de oferta obligatoria para los centros y comprenderá dos opciones, una de carácter confesional, acorde con la confesión por la que opten los padres o tutores o, en su caso, los alumnos, de entre aquéllas respecto de cuya enseñanza el Estado tenga suscritos acuerdos; y otra de carácter no confesional.

2. La enseñanza confesional se ajustará a lo establecido en el Acuerdo sobre enseñanza y asuntos culturales suscrito entre la Santa Sede y el Estado español y, en su caso, a lo dispuesto en aquellos acuerdos suscritos, o que pudieran suscribirse, con otras confesiones religiosas.

3. La determinación del currículo de la opción confesional será hecha por las correspondientes autoridades religiosas. Las decisiones sobre utilización de libros de texto y materiales didácticos y, en su caso, su supervisión y aprobación corresponden tam-

bién a las autoridades religiosas respectivas, de conformidad con lo establecido en los acuerdos suscritos con el Estado español, sin perjuicio de lo previsto en el último inciso del artículo 15.4.

4. El currículo de la opción no confesional figura en el anexo de este real decreto.

5. Según lo dispuesto en el artículo 3.1 y en el primer inciso del artículo 3.2 del Real Decreto 2438/1994, de 16 de diciembre, por el que se regula la enseñanza de Religión, los padres o tutores de los alumnos o estos mismos, si son mayores de edad, al formalizar la matrícula de primer curso, manifestarán voluntariamente su deseo de cursar la opción confesional. Esta decisión podrá modificarse al comienzo de cada curso escolar. La opción no confesional será obligatoria para los alumnos que no cursen la opción confesional.

6. La evaluación de las enseñanzas de Sociedad, Cultura y Religión, en cualquiera de sus dos opciones, se realizará de la misma forma que la de las otras asignaturas. Las calificaciones obtenidas en esta asignatura no serán tenidas en cuenta para la obtención de becas y ayudas al estudio que realicen las Administraciones públicas, cuando hubiera que obtener la nota media del expediente para realizar una selección entre los solicitantes".

También este Real Decreto dispone, en su disposición adicional octava, que la asignatura de Sociedad, Cultura y Religión en su opción no confesional podrá ser atribuida a los profesores cuya preparación académica se considere idónea para su impartición. En todo caso, tendrán dicha consideración los especialistas de Geografía e Historia y de Filosofía de los Cuerpos de Catedráticos y de Profesores de Enseñanza Secundaria.

Ahora bien, después de haber señalado las diversas disposiciones referentes a la asignatura de Sociedad, Cultura y Religión, cuya introducción y fórmula de opción confesional y no confesional me parecen adecuadas para resolver la problemática que suscita la enseñanza de la religión en los centros, conviene recordar que, el Real Decreto 1318/2004, de 28 de mayo, modifica el Real

Decreto 827/2003, de 27 de junio, que establecía el calendario de aplicación de la nueva ordenación del sistema educativo, contemplada por la Ley Orgánica 10/2002, de 23 de diciembre, de Calidad de la Educación, y, en consecuencia, modifica el calendario de aplicación de la Ley de calidad, pues en su artículo único. cuatro dispone que *"la reforma que se hace en la disposición transitoria primera, Enseñanzas de religión, del Real Decreto 827/2003, de 27 de junio, a los años académicos 2004 - 2005 y 2005 - 2006 se amplía a los años académicos 2006 - 2007 y 2007 - 2008"*. Ello ha supuesto que la asignatura de Sociedad, Cultura y Religión no ha llegado a aplicarse y me temo que la realidad futura sea idéntica.

Los mencionados Reales Decretos también hacen referencia a la finalidad y objetivos de cada una de las etapas. Así, el 115 señala, en su artículo 3, que la Educación Primaria tiene la finalidad de *"facilitar a los alumnos los aprendizajes de la expresión y comprensión oral, la lectura, la escritura, el cálculo, la adquisición de las nociones básicas de la cultura y los hábitos de la convivencia, del estudio y del trabajo, con el fin de garantizar una formación integral que contribuya al pleno desarrollo de la personalidad de los alumnos y de prepararlos para cursar con aprovechamiento la Educación Secundaria Obligatoria"*. Para ello tendrá como objetivo, según explica en el artículo 4, el desarrollo de los alumnos de las siguientes capacidades: *"a) Conocer los valores y las normas de convivencia, aprender a obrar de acuerdo con ellas y respetar el pluralismo de una sociedad democrática. b) Desarrollar una actitud responsable y de respeto por los demás, que favorezca un clima propicio para la libertad personal, el aprendizaje y la convivencia"*. De ahí que, en su artículo 5 que señala las Áreas de Educación Primaria se encuentre la de "Sociedad, Cultura y Religión"...

Por su parte, el 116 establece en su artículo 5 que *"1. La finalidad de la Educación Secundaria Obligatoria es transmitir a los alumnos los elementos básicos de la cultura, especialmente en sus aspectos científico, tecnológico y humanístico; afianzar en ellos hábitos de estudio y trabajo que favorezcan el aprendizaje autónomo y el desarrollo de sus capacidades; formarlos para que asuman sus deberes y ejerzan sus derechos como ciudadanos responsables, y prepararlos para su incorporación a estudios posteriores y para su inserción laboral con las debidas garantías.*

2. Para ello los alumnos deberán desarrollar a lo largo de la Educación Secundaria Obligatoria las siguientes capacidades:

a) Asumir responsablemente sus deberes y ejercer sus derechos en el respeto a los demás, practicar la tolerancia y la solidaridad entre las personas y ejercitarse en el diálogo afianzando los valores comunes de una sociedad participativa democrática ... j) Conocer los aspectos básicos de la cultura y de la historia y respetar el patrimonio artístico y cultural; conocer la diversidad de culturas y sociedades, a fin de poder valorarlas críticamente, y desarrollar actitudes de respeto por la cultura propia y por la de los demás ... m) Conocer el entorno social y cultural desde una perspectiva amplia y valorar y disfrutar del medio natural, contribuyendo a su conservación y mejora".

Para conseguir estos objetivos se impartirá, de acuerdo con el artículo 6, entre otras asignaturas, Ética y Sociedad, Cultura y Religión.

Por último, el 117 dispone en su artículo 5 que los alumnos *"desarrollarán a lo largo del Bachillerato las siguientes capacidades: a) Consolidar una sensibilidad ciudadana y una conciencia cívica responsable, inspirada por los valores de las sociedades democráticas y los derechos humanos, y comprometida con ellos... c) Conocer, desde una perspectiva universal y plural, las realidades del mundo contemporáneo, sus antecedentes históricos y los principales factores de su evolución ... n) Desarrollar la sensibilidad hacia las diversas formas de voluntariado que mejoren el entorno social, especialmente el desarrollo de los jóvenes".*

A los efectos de la consecución de estos objetivos, en su artículo 8, incluye como asignatura común en el primer curso de Bachillerato "Sociedad, Cultura y Religión".

En definitiva, puede decirse que los alumnos, a lo largo de su vida escolar y en función de los niveles que están cursando, aprenden los valores de una sociedad democrática para obrar de acuerdo con ellos, máxime en nuestra sociedad actual caracterizada por el pluralismo en todos los órdenes, incluido el religioso. En este sentido es muy importante el aprendizaje de estos valores para una convivencia pacífica, presidida por el diálogo entre todas las personas y el respeto de los derechos humanos; y precisamente para conseguir esto se consideraba conveniente impartir la asignatura de Sociedad, Cultura y Religión.

También en este apartado dedicado a la enseñanza conviene hacer referencia al Convenio suscrito entre el Reino de España y el Principado de Andorra de 22 de diciembre de 2003, publicado en el Boletín Oficial del Estado el 1 de junio de 2004, pues en su artículo 2 relativo a la ordenación académica dice que *"2. Corresponde al Obispado de Urgel la determinación del currículo de la opción confesional de Religión Católica del área o asignatura de "Sociedad, Cultura y Religión", así como la propuesta de nombramiento del profesorado responsable de impartir estas enseñanzas en los centros ... Se respetará en todo caso el derecho de libertad religiosa".*

2.4.3. Profesorado

Como dato curioso, quisiera mencionar la Orden APU/2074/2004, de 10 de junio, reguladora de los ficheros de datos de carácter personal del Ministerio de Administraciones Públicas y de sus Organismos Públicos, que en su anexo I relativo a los ficheros de servicios centrales, en su núm. II – 50 recoge el fichero automatizado de Profesores de Religión. El responsable de dicho fichero son las Delegaciones o Subdelegaciones del Gobierno. La finalidad del mismo es la gestión de los contratos de trabajo de profesores de religión y moral católica de centros públicos; y los usos de dicho fichero son el tratamiento administrativo de los contratos.

Además, en este apartado dedicado al Profesorado se han dictado diversas sentencias sobre cuestiones de interés. Así, la sentencia del Tribunal Supremo (Sala de lo Contencioso Administrativo) de 26 de abril de 2004, que desestima la cuestión de ilegalidad planteada por la Sala de lo Contencioso Administrativo del Tribunal Superior de Justicia de Murcia, en relación con las cláusulas primera y cuarta del Convenio de 20 de mayo de 1993, sobre régimen económico de las personas encargadas de la enseñanza religiosa católica en los centros públicos de educación primaria. Merece destacarse pues en sus fundamentos de derecho recuerda la naturaleza jurídica internacional de los Acuerdos con la Santa Sede, incluidos los firmados por sus representantes debidamente autorizados, pues dice que *"las cláusulas 1ª y 4ª del Convenio suscrito entre el Gobierno Español y la Santa Sede el 20 de mayo de 1993 no pueden considerarse preceptos reglamentarios que puedan declararse nulos de pleno derecho por ser contrarios a una norma con rango de Ley. El Convenio en cuestión no se limita a expresar el criterio del Gobierno Español. Expone también la voluntad de la Santa Sede, que ha autorizado al Presidente de la Conferencia Episcopal Española para su firma, como manifestación de dicha voluntad.*

El artículo 96 de la Constitución ... establece que las disposiciones de los tratados internacionales (no habiendo duda de que en este concepto se incluyen los convenios o acuerdos como el que es objeto de litigio) sólo podrán ser derogadas, modificadas, o suspendidas en la forma prevista en los propios tratados o de acuerdo con las normas generales del Derecho Internacional. En la misma forma se pronuncia el artículo 32.1 de la Convención de Viena de 23 de mayo de 1969 sobre Derechos de los Tratados ... que previene que la validez de un tratado o el consentimiento de un

Estado en obligarse por un tratado no podrá ser impugnada sino mediante la aplicación de la presente Convención.

Estas normas no solamente son aplicables a los tratados o convenios celebrados entre el Estado Español y otros Estados que necesiten para la prestación del consentimiento del Estado Español la autorización de las Cortes Generales. El artículo 96 de la Constitución ... menciona a los tratados internacionales válidamente celebrados una vez publicados oficialmente en España, sin distinguir si dichos tratados han exigido la autorización de las Cortes Generales o no. Por tanto, el Convenio de 20 de mayo de 1993 y, en particular, sus cláusulas 1º y 4º, no pueden ser declaradas nulas de pleno derecho por resultar contradictorias respecto a un precepto de Ley que forma parte del ordenamiento jurídico español, por un procedimiento –la cuestión de ilegalidad- exclusivamente de derecho interno.

La Santa Sede, como ente central y supremo de la Iglesia Católica, es un sujeto de Derecho Internacional. Aún en la época que estuvo privada de base territorial continuó operando como tal sujeto de Derecho Internacional. Hoy tiene su base territorial indiscutible en el Estado de la Ciudad del Vaticano, con quien la Santa Sede constituye una Unión personal, según la doctrina más generalizada.

Si decretásemos la nulidad de las cláusulas 1ª y 4ª del Convenio de 20 de mayo de 1993, no solo estaríamos dejando sin efecto la voluntad del Gobierno Español, manifestado en el Convenio, sino también la de la Santa Sede, sujeto de Derecho Internacional, que expresa su voluntad a través de un representante debidamente autorizado. Con ello estaríamos anulando un tratado o convenio (que es una concordancia de voluntades entre dos o más sujetos de Derecho Internacional) por voluntad unilateral de uno de ellos –el Estado Español– y al margen de las normas generales de Derecho Internacional, cuya observancia resulta preceptiva (artículos 96.1 de la Constitución y 42.1 de la Convención de Viena sobre Derecho de los Tratados).

En suma, las cláusulas 1ª y 4ª del Convenio de 20 de mayo de 1993 no pueden ser declaradas nulas de pleno derecho como consecuencia del planteamiento de una cuestión de ilegalidad regulada en los artículos 27 y 123 y siguientes de la Ley de la Jurisdicción 29/1998 ...".

También se han dictado tres sentencias del Tribunal Supremo (Sala de lo Social) de 27 de septiembre, 26 de octubre y 5 de noviembre de 2004. Las sentencias de septiembre y noviembre estiman los recursos de casación para la unificación de doctrina interpuestos por la Conselleria de Cultura y Educación de la Comunidad Valenciana contra las sentencias dictadas por la Sala de lo Social del Tribunal Superior de Justicia de la Comunidad Valenciana. La cuestión que se debate en ambas sentencias está referida a la asimilación retributiva de los profesores de religión católica en los centros estatales de enseñanza primaria y se sigue para su resolución la doctrina de la Sala en las sentencias dictadas a partir de la de 9 de abril de 2003, en la que se razonaba en los siguientes términos: "*Es evidente que el nuevo sistema de equiparación retributiva que estableció el art. 93 de la Ley 50/1998 entró en vigor el día 1 de enero de 1999 (art. 2.1.C. Civil) y que, por tanto, desde ese momento debe ser aplicado, por imperio legal, a todos los profesores de religión contratados a partir de esa fecha, sin que constituya un obstáculo para ello, el hecho de que en anteriores cursos escolares, aquellos hubieran mantenido similares vínculos de carácter temporal para impartir su docencia y percibido una retribución superior a la prevista por el art. 93 ya citado. Cuando se conciertan en el tiempo sucesivos contratos temporales, legalmente válidos, no cabe exigir de modo unilateral en el último de ellos, el respeto de los derechos que se disfrutaban durante la vigencia de los anteriores, puesto que los derechos y obligaciones que delimitan el marco de una concreta relación laboral, se extinguen definitivamente con ella, salvo excepciones que no vienen al caso.*

Por consiguiente, solo es posible hablar, en puridad, de derechos adquiridos durante la vigencia del vínculo contractual en que aquellos se consolidan. Sin perjuicio, por supuesto, de que la parte obligada los pueda reconocer unilateralmente al formalizar un nuevo contrato y de que las partes interesadas puedan también, en ese momento, pactar voluntariamente (arts. 3.1.b) y c) ET y 1091 C. Civil) el reconocimiento o mantenimiento de los derechos que se disfrutaban en relaciones laborales anteriores.

Esto último es lo que, cabalmente, ha ocurrido en el Convenio de 26 - 2 - 99, donde la Conferencia Episcopal y el Gobierno, al diseñar la aplicación del nuevo sistema de equiparación introducido en la D.A. 2ª de la LO 1/1999 por el art. 93 de la Ley 50/1998, pactaron, en uso de las atribuciones que les otorgaban el art. VII del Acuerdo de 3 de enero de 1979 entre la Santa Sede y el Estado Español y la propia disposición adicional segunda, mantener excepcionalmente la vigencia de la equiparación retributiva prevista en el Convenio del 93, a aquellos profesores de religión a los que ya se les había reconocido durante sus anteriores contratos temporales ...".

Por lo anteriormente expuesto, la de 26 de octubre declara la inadmisión del recurso de casación para la unificación de doctrina interpuesto por los recurrentes contra la sentencia de la Sala de lo Social del Tribunal Superior de Justicia de la Comunidad Valenciana en el recurso de suplicación interpuesto por la Conselleria de Educación de la Comunidad Autónoma Valenciana.

Por último, el Tribunal Supremo, la Sala de lo Social, dictó dos sentencias el 29 de septiembre de 2004 de especial interés. Una se refiere a la desestimación del recurso de casación para la unificación de doctrina interpuesto por la Diócesis de Canarias contra la sentencia dictada por la Sala de lo Social del Tribunal Superior de Justicia de Canarias[10]. Se desestima el recurso por

10 Que declaró despido improcedente el cese del actor, por considerar que si "*el Obispado de Gran Canaria no ha formulado propuesta de renovación*

incumplimiento del requisito procesal exigido por el artículo 222 de la Ley de Procedimiento Laboral[11], ya que la parte recurrente no ha hecho la relación precisa y circunstanciada de la contradicción. Si bien ello no impide que, pese a que el recurrido alegaba la falta de legitimación del recurrente pues no alcanzaba a entender el interés del Obispado de Canarias en recurrir una sentencia que, además de no imponerle obligación alguna, está siendo ejecutada por el Gobierno de Canarias, el Tribunal estima que la diócesis de Canarias está legitimada para interponer el recurso de casación para la unificación de doctrina.

La otra sentencia de la misma fecha resuelve el recurso de casación interpuesto por la Comunidad Autónoma de Madrid, así como por el Arzobispado de Madrid y por los Obispados de Getafe y de Alcalá de Henares contra la sentencia dictada por la Sala de lo Social del Tribunal Superior de Justicia de Madrid[12] en

del contrato del actor para el curso 2001 - 2003, la consecuencia no puede ser otra que la renovación automática vinculante, mientras no se acredite propuesta en contra expresa o tácita. No efectuándolo así, y negándose la Consejería a contratar al actor sin motivo que justifique su proceder, su decisión ha de calificarse despido improcedente, conforme al artículo 55 párrafo 4º del Estatuto de los Trabajadores, cuyos efectos quedan determinados en el artículo 56 del mismo texto legal".

11 Este artículo prescribe que "*el escrito de interposición del recurso deberá contener una relación precisa y circunstanciada de la contradicción alegada ... con fundamentación de la infracción legal competida en la sentencia impugnada, así como del quebranto producido en la unificación de la interpretación del derecho y la formación de la jurisprudencia*".

12 En la que consta el siguiente fallo: "*Que desestimando las excepciones alegadas por los demandados COMUNIDAD DE MADRID, ARZOBISPADO DE MADRID, OBISPADO DE GETAFE Y OBISPADO DE ALCALA DE HENARES de inadecuación de procedimiento y defecto formal en el modo de proponer la demanda y estimando la demanda de conflicto colectivo interpuesta por el COMITE DE EMPRESA DE LAS DIRECCIONES DE AREA TERRITORIAL DE LA CONSEJERIA DE EDUCACION DE LA COMUNIDAD MADRID, debemos declarar y declaramos que es la Autoridad administrativa competente en materia educativa en el territorio de la Comunidad Autónoma de Madrid, la única instancia laboralmente competente para efectuar la designación o concreta adjudicación a*

el proceso seguido sobre conflicto colectivo a instancia del Comité de Empresa de las Direcciones de Area Territorial de la Comunidad Autónoma de Madrid contra los expresados recurren-

Centro educativo y puesto de trabajo como profesor de religión de las personas que resulten contratadas de entre aquellas que el Ordinario diocesano haya propuesto para ejercer esa enseñanza y que es igualmente dicha Autoridad administrativa la única instancia laboralmente competente para organizar, dirigir y resolver cualquier cuestión suscitada por los profesores de religión en materia de cambios de jornada parcial a completa, o a la inversa, en los términos previstos en el art. 12 del ET; del mismo modo que lo es para decidir en materia de la posible movilidad de los profesores de religión, dentro de la Comunidad Autónoma de Madrid, salvado que sea el requisito previo de la "propuesta" por el Ordinario correspondiente en función de la ubicación territorial del Centro al que se desea cambiar, y, en consecuencia, se condene a las Demandadas a estar y pasar por tal declaración". Contra expresada resolución se interpusieron recursos de casación, basándose en: "*Que se formula al amparo del artículo 205, e) del Texto Refundido de la Ley de Procedimiento Laboral por infracción del art. VIII del Acuerdo con la Santa Sede sobre Enseñanza y Asuntos Culturales de tres de enero de 1979, así como el artículo 3.3 de la Orden complementaria de mismo Acuerdo, de 16 de julio de 1980*". En su fundamento de derecho segundo se señala que "*en la demanda no se pretende en modo alguno atacar el Acuerdo internacional de referencia, ni tampoco enjuiciar el modo en que venga cumpliéndolo el Estado español, sino que se trata únicamente de que el órgano jurisdiccional se pronuncie acerca de si las instituciones implicadas en la relación laboral existente con los profesores de religión católica cumplen o no correctamente los preceptos del repetido Acuerdo, en tanto en cuanto éste forma ya parte de nuestro ordenamiento interno (art. 96 de la Constitución española), y respecto de ello resulta incuestionable la competencia de los órganos del orden jurisdiccional social, a los que el art. 9º. 5 de la Ley Orgánica del Poder Judicial se la atribuye "sobre las pretensiones que se promuevan dentro de la rama social derecho, tanto en conflictos individuales como colectivos", en consonancia con lo establecido también el art. 1º de la LPL.*". Finalmente, en el fundamento jurídico cuarto se dice que "*no existe ningún conflicto de carácter colectivo que haga necesario declarar lo que por otra parte es obvio: que la Administración educativa tiene atribuida la condición de empleador respecto de los profesores de Religión Católica que imparten enseñanza en los centros públicos, y que esta condición de empleador le inviste de las facultades correspondientes de organización y dirección sobre estos profesores", toda vez que no ha existido hasta ahora duda ni controversia alguna con carácter general entre las partes demandadas en orden a las facultades que a cada una confiere el ordenamiento: "ni la* tes. Se casa la sentencia recurrida y se anulan sus procedimientos y todas las actuaciones a partir de la presentación de la demanda, que no deberá ser admitida a trámite.

2.4.4. Títulos académicos

El Real Decreto 49/2004, de 19 de enero, sobre homologación de planes de estudios y títulos de carácter oficial y validez en todo el territorio nacional, en su disposición adicional primera titulada "Universidades de la Iglesia Católica", mantiene, en virtud de lo establecido en el Convenio entre la Santa Sede y el Estado español, de 10 de mayo de 1962, así como en el Acuerdo de 3 de enero de 1979 entre el Estado español y la Santa Sede, sobre enseñanza y asuntos culturales, sus procedimientos especiales en materia de reconocimiento de efectos civiles de planes de estudios y títulos, en tanto en cuanto no opten por transformarse en

Administración educativa –según también consta en el voto particular– designa a personas no propuestas por los Ordinarios respectivos, ni ha quedado probado que los Obispos se atribuyan competencia ni decisión alguna que corresponda a la Administración ... Y aunque sea cierto que la Administración educativa viene aceptando las propuestas de designación de profesores para centros concretos, desde el momento en que acepta las propuestas así formuladas, es tomada y acordada exclusivamente por la Administración". No aparece acreditado que en ningún momento la jerarquía eclesiástica se haya atribuido facultades que sola a la verdadera empleadora (la Administración educativa) competen, tales como la concesión de permisos o licencias, imposición de sanciones disciplinarias, fijación de horarios, etc., ni que se haya planteado hasta ahora ninguna duda o discrepancia al respecto.

Existe la posibilidad –y así se reconoce también en el repetido voto particular– de que puedan plantearse, en algún supuesto concreto, conflictos de carácter individual ente la Administración y un determinado profesor, como sería - por vía de ejemplo - la de que el empleado pidera un cambio de centro, o de horario, y la empleadora no accediera, incluso si la decisión tuviera por motivo complacer a la jerarquía eclesiástica. Pero ello constituiría simplemente un conflicto individual entre empleadora y empleado, conflicto que debería sustanciarse por el procedimiento legalmente previsto al efecto, que no es el que disciplinan los arts. 151 y siguientes de la LPL"..

universidades privadas. Aunque, a continuación, advierte en el número 2 de dicha disposición que *"Estos procedimientos especiales no afectan, en todo caso, a las disposiciones que en este real decreto se dictan en los artículos 7 y siguientes y que hacen referencia a la evaluación y acreditación de la calidad de las enseñanzas, y a la suspensión y revocación de la homologación de títulos. Las universidades de la Iglesia Católica en ambos aspectos estarán sujetas a las normas contenidas en este real decreto".*

Cabe mencionar también la sentencia del Tribunal Supremo, Sala de lo Contencioso Administrativo, de 1 de junio de 2004, que considera no haber lugar al recurso de casación interpuesto contra la sentencia de la Audiencia Nacional que desestimó el recurso contencioso administrativo interpuesto contra la resolución del Ministerio de Educación y Ciencia por la que se deniega al recurrente la homologación al título español de Licenciado de Filología Bíblica Trilingüe del Título de Licenciado en Ciencias Bíblicas obtenido en el Pontificio Instituto Bíblico de Roma, por considerar que los estudios a homologar constan de tres años, por lo que no cumplen con el mínimo tiempo exigido en la Universidad española. Además dice en sus fundamentos de derecho que no se advierte vulneración de los Acuerdos del Estado español y la Santa Sede en materia de educación, ni del Real Decreto 3/95, de 13 de enero. En el Anexo de este Real Decreto se señalan los títulos que son equivalentes a Licenciado universitario, no encontrándose en la relación el Título de Filología Bíblica Trilingüe.

2.5. Matrimonio

En el tema de la reagrupación familiar, resulta digno de mención el Real Decreto 2393/2004, de 30 de diciembre, por el que se aprueba el Reglamento de la Ley Orgánica 4/2000, de 11 de enero, sobre derechos y libertades de los extranjeros en España y su integración social, que en su título IV bajo la rúbrica "Residencia", dentro del capítulo I denominado Residencia temporal, en concreto la Sección Segunda que lleva por título "Residencia temporal en virtud de reagrupación familiar" y que comprende los artículos 38 a 44, ambos inclusive. Del contenido de dichos artículos, sólo quisiera destacar el artículo 39 que establece que *"el extranjero podrá reagrupar con él en España a los siguientes familiares:*

Su cónyuge, siempre que no se encuentre separado de hecho o de derecho y que el matrimonio no se haya celebrado en fraude de ley. En ningún caso podrá reagruparse a más de un cónyuge, aunque la ley personal del extranjero admita esta modalidad matrimonial. El extranjero residente que se encuentre separado de su cónyuge y casado en segundas o posteriores nupcias sólo podrá reagrupar con él al nuevo cónyuge y sus familiares si acredita que la separación de sus anteriores matrimonios ha tenido lugar tras un procedimiento jurídico que fije la situación del cónyuge anterior y sus familiares en cuanto a la vivienda común, la pensión al cónyuge y los alimentos para los menores dependientes.

Sus hijos o los de su cónyuge, incluidos los adoptados, siempre que sean menores de dieciocho años o estén incapacitados, de conformidad con la ley española o su ley personal, y no se encuentren casados. Cuando se trate de hijos de uno solo de los cónyuges, se requerirá, además, que éste ejerza en solitario la patria potestad o se le haya otorgado la custodia y estén efectivamente a su cargo. En el supuesto de hijos adoptivos deberá acreditarse que la resolución por la que se acordó la adopción reúne los elementos necesarios para producir efecto en España

Los menores de dieciocho años o incapaces cuando el residente extranjero sea su representante legal.

Sus ascendientes o los de su cónyuge, cuando estén a su cargo y existan razones que justifiquen la necesidad de autorizar su residencia en España.

Se entenderá que los familiares están a cargo del reagrupante cuando acredite que, al menos durante el último año de su residencia en España, ha transferido fondos o soportado gastos de su familiar en una proporción que permita inferir una dependencia económica efectiva. Mediante orden del Ministro de la Presidencia, a propuesta de los Ministros de Asuntos Exteriores y de Cooperación, de Interior y de Trabajo y de Asuntos Sociales, se determinará la cuantía o el porcentaje de ingresos considerados suficientes a estos efectos, así como el modo de acreditarlos".

De la lectura de este artículo se concluye claramente que sólo podrá reagruparse a un solo cónyuge; ahora bien no especifica que necesariamente tenga que ser el primero. Además la redacción del párrafo a), a mi juicio, puede resultar ambigüa, pues da pie a confundir la separación del matrimonio con la disolución del vínculo. No se habla de matrimonio disuelto sino de "extranjero separado de su cónyuge y casado en segundas o posteriores nupcias".

En otro orden de cosas, pero también sobre materia matrimonial merece mención la sentencia del Tribunal Constitucional 199/2004, de 15 de noviembre de 2004, que se refiere a un recurso de amparo promovido por don Pedro Manrique Miranda contra la resolución judicial denegatoria de la pensión ordinaria de viudedad solicitada, pues las resoluciones administrativas anteriores así como la sentencia de la sección séptima de la Sala de lo Contencioso - Administrativo de la Audiencia Nacional denegaban la pensión de viudedad por falta de acreditación de la condición de cónyuge legítimo, al no haber inscrito el matrimonio canónico celebrado en el Registro Civil. La exigencia de este requisito vulnera, a juicio del demandante, el principio de igualdad reconocido en el artículo 14 de la Constitución española, pues provoca que se no se equipare su situación a la del resto de matrimonios canónicos, sino, por el contrario, con las parejas de hecho lo que resulta un trato desigual injustificado. De ahí que en el fundamento jurídico número 6 se afirma que *"Considerar inexistente el matrimonio no inscrito y negar la condición de cónyuge a quien ha demostrado su válido vínculo matrimonial, pone de manifiesto que se otorga a la inscripción un valor constitutivo, lo que no resulta acorde a lo que expresamente establece el apartado 1 del art. 61 del Código civil, a la par que aboca a un resultado claramente desproporcionado como es la denegación de la pensión. Por consiguiente, si hemos declarado que "dos supuestos de hecho habrán de reputarse iguales si el elemento diferenciador carece de la suficiente relevancia y fundamento racional (por todas, SSTC 103/1983, 68/1990, 142/1990 y 114/1992)" (ATC 68/1996, de 25 de marzo), no nos queda sino afirmar, como hace el Ministerio Fiscal, que a estos efectos el matrimonio canónico contraído por el recurrente con su fallecida esposa es exactamente igual a cualquier otro matrimonio que haya tenido acceso al Registro Civil. Por lo que, cuando la Administración introduce un elemento generador de una desigualdad artificiosa y tal elemento sea confirma por el órgano judicial, impidiendo, con ello, que la norma jurídica sea aplicada, introduciendo, así, una desigualdad no justificada contraria al art. 14 CE procede, en consecuencia, otorgar el amparo solicitado".* En atención a lo expuesto, el Tribunal Constitucional decide estimar el amparo interpuesto y, en consecuencia: *"1º. Declarar vulnerado el derecho del demandante de amparo a un trato igual consagrado en el art. 14 CE. 2º. Restablecerlo en su derecho y, a tal fin, anular el Acuerdo de la Dirección General de Costes de Personal y Pensiones Públicas ..., la Resolución del Tribunal Económico - Administrativo Central ..., así como la Sentencia de la Sala de lo Contencioso - Administrativo de la Audiencia Nacional ... que desestimó el recurso contencioso - administrativo interpuesto contra aquéllos, retrotrayendo las actuaciones al momento inmediatamente anterior a dictar la primera resolución administrativa impugnada a fin de que se dicte una nueva respuesta con el derecho fundamental vulnerado".*

Sobre esta sentencia existen dos votos particulares. El primero formulado por el Magistrado don Vicente Conde Martín de Hijas es un voto particular discrepante que, aún expresando su total respeto al criterio mayoritario reflejado en la sentencia, cree que el fallo debiera haber sido de desestimación, pues *"la equiparación de matrimonios no inscritos y los inscritos desde la clave del principio de igualdad y no discriminación, a los efectos de generar una prestación de viudedad, y la minimización de los efectos de la inscripción del matrimonio en el Registro Civil en cuanto elemento diferencial de situaciones distintas, me resulta especialmente preocupante, por desconocedora de la función que en el ámbito del estado civil de las personas está atribuida a tal institución registral"*. Para el magistrado *"no se trata de decidir si el demandando de amparo reúne los requisitos precisos para el reconocimiento de la pensión que reclamó, y si entre dichos requisitos está, o no, el de la inscripción del matrimonio, planteamiento de mera legalidad ordinaria, sino si, al negarle la condición de cónyuge legítimo por la falta de inscripción del matrimonio, se introduce una discriminación entre matrimonios inscritos y no inscritos vedada por el art. 14 CE ...*

Creo que en nuestra Sentencia existe una desorbitada fijación en el hecho de que la recurrida afirma la existencia del matrimonio, para derivar prácticamente de ese hecho el tratamiento del caso, cuando, a mi juicio, la afirmación en la Sentencia recurrida de la existencia del matrimonio es una mera concesión argumental de partida, para situar el punto central del litigio en el hecho de si puede o no considerarse cónyuge legítimo, a efectos del reconocimiento de la pensión, a quien no tiene inscrito el matrimonio.

Es, así, la diversa situación de los matrimonios inscritos y de los no inscritos en cuanto generadores o no de un derecho a una prestación del Estado, como es la pensión de viudedad, lo que debe ser objeto de consideración.

A tal efecto debe partirse de lo que en el sistema legal globalmente considerado representa el requisito de la inscripción, e incluso de lo que en general representa la institución del Registro Civil en cuanto prueba del estado civil de las personas.

En el Registro Civil, por mandato de su Ley reguladora (art. 1 Ley de 8 de junio de 1957), "se inscribirán los hechos concernientes al estado civil de las personas", entre ellos "el matrimonio" (núm. 9), y "el Registro Civil constituye la prueba de los hechos inscritos" no siendo admisibles en los casos de falta de inscripción otras pruebas sin que "previa o simultáneamente se haya instado la inscripción omitida o la reconstitución del asiento" (art. 2 LRC).

Al propio tiempo debe retenerse el dato de que en nuestro sistema legal (art. 61 CC), si bien "el matrimonio produce efectos civiles desde su celebración", "para el pleno reconocimiento de los mismos será necesaria su inscripción en el Registro Civil".

La inscripción en el Registro no es, así, problema de existencia o inexistencia de matrimonio, sino problema de plena eficacia del matrimonio. El matrimonio produce efectos civiles desde su celebración (momento de inicio de los efectos); pero sometido a la conditio iuris de la inscripción.

Es precisamente esa conditio iuris la que, a mi juicio, unifica en el ordenamiento jurídico estatal la eficacia de las diversas formas de matrimonio propias o ajenas a la regulación de ese ordenamiento. Por eso desde la perspectiva del ordenamiento estatal me parece absolutamente desacertado prescindir de esa conditio iuris y reconocer efectos vinculantes para el Estado en sus regímenes prestacionales a matrimonios no inscritos...

Estimo, en radical oposición a la Sentencia, que la concurrencia, o no, de la referida conditio iuris de eficacia, es elemento perfectamente objetivo y razonable de diferenciación de las respectivas situaciones.

Que el Estado, tercero en relación con el contrato matrimonial, a los efectos del reconocimiento a su cargo de deberes prestacionales derivados del matrimonio diferencie en razón de la inscripción o no del matrimonio, me parece que es absolutamente ajustado al sistema legal, y no creo que con ello se incurra en discriminación constitucionalmente vedada...

Por todo lo expuesto ... creo que debió desestimarse el recurso de amparo y negarse, en este caso, la existencia de discriminación constitucionalmente vedada".

El segundo voto particular lo formula la Magistrada doña Elisa Pérez Vera, expresando a través del mismo su disidencia con los argumentos que estiman el fallo estimatorio a que llega la sentencia y que, en su opinión, resultan incompatibles con la doctrina mantenida por ese Tribunal en relación con el derecho a la pensión de viudedad resultante de una convivencia more uxorio, por cuanto que lo que realmente cuestionan, tanto las resoluciones de la Administración, como la Sentencia impugnada, es la existencia misma de dicho matrimonio, pues cree *"que las circunstancias del caso lo que ponen de relieve es una actuación del demandante, perfectamente coherente, encaminada a negar su compromiso matrimonial ante cualquier instancia civil. Tal comportamiento, fruto de la libre determinación, debe ser respetado pero con conciencia de que supone el incumplimiento objetivo de requisitos legítimamente impuestos por el legislador; un incumplimiento deliberado e intencional de resistencia al régimen legal al que resulta razonable asignar las consecuencias que la Administración y el órgano judicial han alcanzado en estos autos, cuando concluyen que están ante una pareja de hecho, a la que, según reiterada jurisprudencia, no resulta inconstitucional, ex art. 14 CE, denegar la pensión solicitada. En efecto, así resultaría de la inscripción como hijo de padres solteros del hijo habido por la pareja o de la reclamación inicial planteada por el recurrente a la Administración de la pensión que pudiera corresponderle, como pareja de hecho conviviente con la funcionaria fallecida. Y es que sólo cuando esta pretensión fue desestimada alegó el recurrente que había celebrado un matrimonio canónico que nunca llegó a inscribir.*

En tales condiciones considero que las conclusiones alcanzadas en sede jurisdiccional que han llevado a otorgar a la pretensión del demandante el mismo tratamiento que reciben las solici-

tudes planteadas por convivientes more uxorio, se encuentran suficientemente motivadas y no merecen ninguna tacha de inconstitucionalidad. Por todo ello entiendo que, manteniéndose la doctrina constitucional en la materia, hubiera procedido la desestimación del amparo".

También conviene hacer referencia a la Sentencia del Tribunal Constitucional 186/2004, de 2 de noviembre, que desestima el recurso de amparo del cónyuge supérstite cuyo causante había contraído anterior matrimonio que, posteriormente, fue declarado nulo. La recurrente alega *"que las resoluciones judiciales impugnadas, que desestimaron su pretensión de que se le reconociese el derecho a percibir la totalidad de la pensión de viudedad causada por el fallecimiento de su marido sin tener que compartir su importe con la primera esposa de éste, cuyo vínculo matrimonial fue declarado nulo, vulneran el art. 14 CE. En este sentido, sostiene que la ley depara un trato desigual injustificado a los beneficiarios de la pensión de viudedad (cónyuges supérstites) al hacer depender su cuantía de que el causante (cónyuge fallecido) hubiese estado o no unido por anterior vínculo matrimonial disuelto por divorcio o anulación. Con ello la ley crea una situación de desequilibrio económico puesto que siendo la viuda la que sufre una pérdida importante de la fuente de ingresos como consecuencia de la muerte de su cónyuge, se aminora la cuantía de su pensión de viudedad para mejorar, a sus expensas, la situación del cónyuge del matrimonio disuelto que no sufre perjuicio económico alguno. Entiende que tal postura constituye, además, una reminiscencia del pasado más reciente, al seguir estimándose el matrimonio como una unión indisoluble entre hombre y mujer, y al no admitir que el divorcio o la nulidad del matrimonio rompen el vínculo que unía al cónyuge anulado o divorciado con èl causante de la pensión, incluso en este efecto de causar derecho a la pensión de viudedad....*

Por otra parte, la recurrente alega que el actual reparto de pensiones regulado en la legislación española viola lo dispuesto en el Convenio de la Organización Internacional del Trabajo núm. 102 en tanto que para esta norma el término viuda designa únicamente al cónyuge que estaba a cargo de su marido en el momento del fallecimiento y únicamente habilita a los Estados a reducir la pensión de viudedad en la medida en que los demás recursos de la familia del beneficiario excedan de sumas apreciables prescritas o fijadas por las autoridades competentes y no en los casos de separación, divorcio o nulidad matrimonial tal y como se permite en nuestra legislación … ".

En los fundamentos jurídicos de la sentencia se recuerda que, *"según reiterada doctrina de este Tribunal, el principio de igualdad no implica en todos los casos un tratamiento legal igual con abstracción de cualquier elemento diferenciador de relevancia jurídica, pues no toda desigualdad de trato normativo respecto a la regulación de una determinada materia supone una infracción del mandato contenido en el art. 14 CE, sino tan sólo las que introduzcan una diferencia entre situaciones que pueden considerarse iguales, sin que se ofrezca y posea una justificación objetiva y razonable para ello. El principio de igualdad exige, así, que a iguales supuestos de hecho se apliquen iguales consecuencias jurídicas y, por tanto, veda la utilización de elementos de diferenciación que quepa calificar de arbitrarios o carentes de una justificación razonable… En resumen, el principio de igualdad no sólo exige que la diferencia de trato resulte objetivamente justificada, sino también que supere un juicio de proporcionalidad sobre la relación existente entre la medida adoptada, el resultado producido y la finalidad pretendida …*

Lo propio del juicio de igualdad, ha dicho este Tribunal, es "su carácter relacional conforme al cual se requiere como presupuestos obligados, de un lado, que, como consecuencia de la medida normativa cuestionada, se haya introducido directa o indirectamente una diferencia de trato entre grupos o categorías de personas" … y, de otro, que las situaciones subjetivas que quieran traerse a la comparación sean, efectivamente, homogéneas o equiparables, es decir, que el término de comparación no resulte arbitrario o caprichoso ... En definitiva, como ha sintetizado la STC 125/2003, de 19 de junio, el principio de igualdad prohíbe al legislador "configurar los supuestos de hecho de la norma de modo tal que se dé trato distinto a personas que, desde todos los puntos de vista legítimamente adoptables, se encuentran en la misma situación o, dicho de otro modo, impidiendo que se otorgue relevancia jurídica a circunstancias que, o bien no pueden ser jamás tomadas en consideración por prohibirlo así expresamente la propia Constitución, o bien no guardan relación alguna con el sentido de la regulación que, al incluirlas, incurre en arbitrariedad y es por eso discriminatorio ...

Finalmente, en lo que ahora interesa, no es ocioso sintetizar que, en relación con la concreta pensión de viudedad discutida, este Tribunal ha afirmado que se trata de un pensión única repartida entre los distintos cónyuges supérstites (STC 125/2003, de 19 de junio) y que entre los requisitos que la generan se ha exigido el vínculo matrimonial, considerando no discriminatoria la regulación que permite denegar la pensión de viudedad al supérstite de una pareja de hecho ... Hemos mantenido, igualmente, que el matrimonio es una institución garantizada por la Constitución, que el derecho del hombre y la mujer a contraerlo es un derecho constitucional (art. 32.1) y que su régimen jurídico corresponde a la ley por mandato constitucional (art. 32.2); así como que el vínculo matrimonial genera ope legis en la mujer y el marido una pluralidad de derechos y deberes ...

Así las cosas, como advierte el Ministerio Fiscal, ha de señalarse que los supuestos contemplados presentan un claro elemento diferenciador, pues la pensión de viudedad se configura en relación con un causante, que no es el beneficiario directo y cuyas vicisitudes matrimoniales, fruto de su personal autonomía y libertad, son las que finalmente repercuten en el régimen jurídico de la pensión del beneficiario, ya que el legislador ha considerado como interés susceptible de protección el derivado de la conviven-

cia marital durante un cierto tiempo. No pueden considerarse términos homogéneos para llevar a cabo la comparación necesaria en el juicio de igualdad biografías diferentes en el terreno matrimonial precisamente de la persona que con su muerte causa la pensión de viudedad. Y, en coherencia con tales biografías, el legislador ha tomado en consideración el tiempo de convivencia conyugal con el causante, en cuyo período de tiempo se ha realizado la pertinente cotización a la Seguridad Social a efectos de la pensión.

Sobre esta base, hemos de concluir que efectivamente cuenta con una justificación objetiva y razonable la opción de no excluir de la titularidad de la pensión de viudedad a quienes anteriormente tuvieron la condición de cónyuges y que como tales convivieron con el causante durante un cierto lapso de tiempo ...".

En atención a todo lo expuesto el Tribunal Constitucional desestima el recurso de amparo por no apreciar vulneración del derecho a la igualdad.

También resulta de especial interés el Auto del TS (Sala de lo Civil), de 27 de julio de 2004, en el que se concede, por el procedimiento de exequátur conforme al régimen general del artículo 954 de la Ley de Enjuiciamiento Civil, al no haber tratado con la República Islámica de Mauritania ni norma internacional en materia de reconocimiento y ejecución de sentencias que resulte aplicable, la eficacia civil solicitada por la mujer, que había sido demandada en el pleito de origen, a la sentencia de divorcio dictada por el Tribunal islámico de Mauritania. El divorcio pronunciado es el repudio regulado en el Código de Estatuto Personal, según el cual *"el repudio pronunciado por tercera vez consecutiva pone fin al matrimonio y prohíbe un nuevo contrato con la mujer repudiada al menos que ésta haya cumplido un plazo de viudedad legal como consecuencia de un matrimonio con otro esposo efectiva y legalmente consumado".*

Por último, para finalizar sólo queda hacer referencia a la sentencia del Tribunal Supremo (Sala de lo Social) de 15 de diciembre de 2004 que estima el recurso de casación para la unificación de doctrina interpuesto contra la sentencia dictada por la Sala de lo Social del Tribunal Superior de Justicia de Asturias, la que casamos y anulamos, confirmando la sentencia de instancia del Juzgado de lo Social de Mieres en cuanto reconocía a la demandante la pensión de viudedad por ella reclamada. Esta sentencia merece nuestra atención por considerar válido el matrimonio celebrado en 1989 ante la Iglesia Evangélica de Filadelfia, sin que conste inscrito en el Registro Civil, es decir, antes de la entrada en vigor de la Ley 24/1992, de 10 de noviembre. En este sentido, se plantea el problema de determinar "*si la previsión contenida en dicha Ley 24/1992 sólo es válida para los matrimonios celebrados a partir de su entrada en vigor o si la promulgación de la misma convalida uniones matrimoniales celebradas con anterioridad,o, lo que es igual, si dicha Ley tenía efectos constitutivos de la validez del matrimonio religioso o por el contrario su redacción tenía meros efectos declarativos de una previsión legal anterior. Para resolver esta cuestión es conveniente tener en cuenta que la validez de los matrimonios celebrados "en la forma religiosa legalmente prevista" fue reconocida por la Ley 30/1981, de 7 de julio ... Quiere ello decir que el matrimonio celebrado en cualquiera de las formas religiosas aceptadas por la legislación civil era válido desde el año 1981 siempre que se atuvieran los contrayentes a las formas religiosas aceptadas por la legislación civil ... estamos ante un matrimonio celebrado antes de la Ley de 1992 pero siguiendo las pautas de una Iglesia reconocida en España cuyas formas se acomodan en lo esencial a lo después establecido legalmente, y nos encontramos también ante una norma de 1992 que lo único que hace es dar cumplimiento a una previsión ya existente en el Código Civil desde 1981*". De todas formas lo que interesa averiguar es si la demandante reunía la condición de cónyuge del causante y por tanto se le puede atribuir la condición de viuda del mismo a los efectos previstos en el art. 174 de la LGSS. Dado que existen pruebas suficientes como para poder apoyar la existencia clara del vínculo, se le considera cónyuge supérstite, a pesar de no hallarse inscrito su matrimonio en el Registro civil, por cuanto la inscripción no se considera en nuestro derecho con efectos constitutivos, y a pesar de haber contraído un matrimonio en una forma religiosa regulada con posterioridad a su celebración.

María Elena Olmos Ortega
Universitat de València

IV.

RELACIONES IGLESIA-ESTADO Y DERECHO ECLESIÁSTICO DEL ESTADO

LAS OBJECIONES DE CONCIENCIA DE LOS CATÓLICOS

1. Introducción

Ante todo, quiero agradecer a la Asociación Española de Canonistas, y en particular a su Presidente, el Prof. Rafael Rodríguez Chacón, su amable invitación para intervenir en estas Jornadas, que me dan la oportunidad de hablar, y de intercambiar puntos de vista, ante un auditorio tan selecto.

El título que se ha asignado a mi ponencia tiene enorme interés. Dos de las características más visibles de las sociedades occidentales son, en lo político, un Estado intervencionista y omnipresente; y, en lo cultural, una postmodernidad que se muestra tremendamente permisiva respecto a algunos patrones éticos, y significativamente rígida respecto a otros (sin aportar siempre una clara justificación racional para esa diferente actitud). Esa combinación de elementos está abocada a producir áreas de conflicto en sociedades plurirreligiosas. Y son claras las posibilidades de tensión con una iglesia, como la católica, que se caracteriza por su estabilidad doctrinal, y que, por tanto, mantiene una línea relativamente constante de paradigmas morales. El interés objetivo del tema, además, se mantiene vivo a pesar de que la terminología "objeción de conciencia" sea ahora menos frecuente en los medios de comunicación en España desde que el tipo más popular de objeción –al servicio militar obligatorio– experimentara un giro radical en su regulación desde la profesionalización de las fuerzas armadas operada en 2002.

He de hacer notar, por otro lado, que el tema de mi intervención podría sugerir que las objeciones de conciencia formuladas por católicos merecería una consideración especial, en el sentido de específica. Lo cual parece ir en contra de algunos de los principios generales que son comúnmente admitidos en esta materia tan sensible. Ya volveremos sobre ese punto. De momento, vale la pena dedicar un tiempo a recordar algunas de las cuestiones generales que se encuentran presentes en los diversos casos de objeción de conciencia[1].

2. El tratamiento jurídico de la objeción de conciencia

2.1. Noción de objeción de conciencia

Comencemos por el propio concepto de objeción de conciencia, cuya precisión no está exenta de problemas, como lo muestra su sentido no unívoco en la doctrina jurídica[2]. La princi-

1 La exposición que sigue es necesariamente sintética, dados los límites de esta ponencia. Por una análoga razón de economía, se han reducido a un mínimo las citas bibliográficas. Para una exposición más minuciosa y documentada, me remito al libro, de próxima aparición: R. NAVARRO-VALLS Y J. MARTÍNEZ-TORRÓN, *Las objeciones de conciencia*, Madrid 2005.

2 Cfr., R. BERTOLINO, *L'obiezione di coscienza*, en AA.VV., *La objeción de conciencia en el ordenamiento español e italiano*, Murcia, 1990, p. 41; A. CASTRO JOVER, *La libertad de conciencia y la objeción de conciencia en la*

pal razón de esa incertidumbre doctrinal parece radicar en la dificultad de diferenciar noción tan flexible de otras colindantes y, a menudo, ambiguas. Por ejemplo, la desobediencia civil. Es evidente que no toda desobediencia ética al derecho es objeción de conciencia, pero, a veces, en el fondo de esos esfuerzos delimitadores es detectable un cierto preciosismo lingüístico.

Lo más adecuado es, probablemente, adoptar un punto de vista amplio para definir un concepto general de objeción de conciencia. Por tal habría que entender la negativa del individuo, por motivos de conciencia, a someterse a una conducta que en principio sería jurídicamente exigible –ya provenga la obligación directamente de la norma, ya de un contrato, ya de un mandato judicial o resolución administrativa. Incluso, todavía más ampliamente, se podría afirmar que el concepto de objeción de conciencia incluye toda pretensión contraria a la ley motivada por razones axiológicas –no meramente psicológicas–, de contenido primordialmente religioso o ideológico, ya tenga por objeto la elección menos lesiva para la propia conciencia entre las alternativas previstas en la norma, eludir el comportamiento contenido en el imperativo legal o la sanción prevista por su incumplimiento, o incluso, aceptando el mecanismo represivo, lograr la alteración de la ley que es contraria al personal imperativo ético[3].

jurisprudencia constitucional española, en "La libertad religiosa y de conciencia ante la justicia constitucional" (ed. por J. Martínez-Torrón), Granada 1998, 133-186; G. ESCOBAR ROCA, *La objeción de conciencia en la Constitución española*, Madrid 1993, pp. 39-44; J. MARTÍNEZ-TORRÓN, *Las objeciones de conciencia y los intereses generales del ordenamiento*, en "La objeción de conciencia" (ed. por V. Guitarte y J. Escrivá), Valencia 1993, pp. 257 ss.; L. PRIETO SANCHÍS, *La objeción de conciencia*, en I.C. IBÁN-L. PRIETO SANCHÍS-A. MOTILLA, *Curso de Derecho eclesiástico*, Madrid 1991, p. 344; M.J. ROCA, *Perfiles jurídicos de la objeción de conciencia*, en "La objeción de conciencia", cit. supra en esta misma nota, pp. 273-282.

3 Vid. R. NAVARRO-VALLS Y J. MARTÍNEZ-TORRÓN, *Las objeciones de conciencia en el derecho español y comparado*, Madrid 1997, pp. 14-15.

Lo importante, en todo caso, es advertir que en esa noción de objeción de conciencia se encuentran implícitas dos características que no pueden dejar de influir en su tratamiento jurídico –al menos cuando se intenta una regulación de este fenómeno social desde la perspectiva de la máxima protección posible de los derechos fundamentales.

La primera de ellas es que el objetor se encuentra ante un grave conflicto interior: si debe someterse a la norma jurídica, o bien a la norma ética que invoca su propia conciencia individual y que se le presenta con carácter de ley suprema. La consecuencia inmediata es que existe una importante carga moral sobre esas personas, que se ven abocadas a elegir entre desobedecer a la ley o desobedecer a su conciencia. Lo primero recibe un castigo material; lo segundo implica una sanción espiritual.

La segunda característica es la enorme variedad posible de objeciones de conciencia. Es decir, su permanente imprevisibilidad, que aumenta a medida que es mayor el pluralismo religioso e ideológico de una sociedad[4]; y también a medida que se produce una intervención del legislador en nuevos ámbitos[5]. Y es que la objeción de conciencia, aunque pueda tener raíces en cre-

4 El amplio panorama de objeciones posibles que se encuentra en un país paradigma del pluralismo religioso, como Estados Unidos, se encuentra muy bien descrito, y analizado, en R. PALOMINO, *Las objeciones de conciencia. Conflictos entre conciencia y ley en el derecho norteamericano*, Madrid 1994.

5 Por citar algunos ejemplos que se han hecho populares recientemente en España: no surgen problemas jurídicos de objeción de conciencia a participar en un jurado mientras no existe para los ciudadanos el deber legal de tomar parte en esa clase de tribunal a la celebración de matrimonios homosexuales mientras el legislador no contempla esa posibilidad y designa a determinados funcionarios que deben celebrar una ceremonia de matrimonio civil; o de objeción a ciertos tipos de experimentación biogenética mientras esa clase de prácticas no se regulan legislativamente y se trasladan al ámbito de la salud pública, con posibles consecuencias discriminatorias para los objetores; o de objeción a la celebración de matrimonios homosexuales mientras el legislador no contempla esa posibilidad y designa a determinados funcionarios que se encuentran obligados, en principio, a celebrar una ceremonia de matrimonio civil.

encias religiosas institucionalizadas, es un fenómeno esencialmente individual. Es la conciencia de cada persona la que, desde su autonomía como individuo, genera el conflicto con una concreta obligación jurídica. De ahí la dificultad de su regulación estrictamente en el plano legislativo, que sólo sería eficaz, en el mejor de los caso, respecto a los casos de objeción que hayan adquirido una cierta extensión social.

2.2. Dos planteamientos fundamentales

Aun a riesgo de simplificar el análisis de un tema tan complejo, puede afirmarse que hay dos planteamientos fundamentales respecto a cómo debe abordarse el tratamiento jurídico de las objeciones de conciencia: el legalismo y el equilibrio de intereses.

La perspectiva legalista parte de un doble presupuesto: el legislador siempre tiene razón, y el núcleo del ordenamiento jurídico se reduce a la ley. Por decirlo en palabras de un jurista italiano, su postulado central es que *la ley es todo el derecho y la ley es toda derecho*[6]. Desde ese prisma, cualquier conflicto entre ley y conciencia ha de resolverse siempre en favor de la primera. Lo contrario implicaría el riesgo de inseguridad jurídica, de una 'pulverización' del orden jurídico, en la medida en que las normas generales estarían a expensas de las opciones –imprevisibles, y no siempre razonables– de cada conciencia individual. La libertad religiosa y de conciencia sólo protege contra aquellas leyes que van dirigidas a restringir alguna religión o creencias en particular (o, lo que es menos probable hoy en nuestro contexto cultural, la religión en general). Pero, si se trata de una ley 'neutral', es decir, de una ley que persigue objetivos seculares legítimos, las excepciones al cumplimiento de las obligaciones legales que impone

6 La expresión es de L. LOMBARDI VALLAURI, y aparece citada en F. D'AGOSTINO, *Accoglienza alla vita in una epoca di secolarizzazione*, en la obra *Diritto e secolarizzatione*, Milano 1982, p. 44.

sólo pueden ser concedidas por la propia ley. En otras palabras, la objeción de conciencia a un imperativo legal sólo sería legítimamente esgrimible a través de la *interpositio legislatoris*: cuando sea expresamente admitida por el legislador.

El planteamiento del equilibrio de intereses, por el contrario, procede originariamente –y no parece mera casualidad– de una concepción del derecho libre de los prejuicios del positivismo legalista; en concreto, de un derecho jurisprudencial como el norteamericano[7]. Su centro de gravedad no es tanto la intangibilidad de la legislación formal cuanto la búsqueda del mayor grado de protección posible para la libertad de religión, de pensamiento y de conciencia. De ahí que la objeción de conciencia no se concibe como una excepción tolerada a la regla general que –según la mitología positivista– absorbería en sí misma todo el contenido de la justicia. Al contrario, en la medida en que la libertad de conciencia es un valor constitucional en sí misma –y por tanto una regla, no una excepción a la regla– reclama "un reconocimiento fisiológico, no traumático de la objeción de conciencia"[8]. La objeción, por ello, no es contemplada con desconfianza, como una actitud evasiva respecto al orden jurídico, sino que es analizada, al hilo de su conflicto con otros intereses jurídicos representados por la ley, como resultado de una actitud que "trata de ver afirmados grandes ideales en 'pequeñas' situaciones"[9].

De lo indicado hasta ahora puede inferirse, con razón, que mi posición es favorable al equilibrio de intereses. Entre otras

7 Cfr. entre la bibliografía española, J. MARTÍNEZ-TORRÓN, *Separatismo y cooperación en la experiencia jurídica norteamericana*, en "Los acuerdos del Estado español con las confesiones religiosas minoritarias", Madrid 1995, especialmente pp. 111 ss.; G. MORÁN, La protección jurídica de la libertad religiosa en U.S.A., Santiago de Compostela 1989, pp. 72 ss.; R. PALOMINO, *Las objeciones de conciencia*, cit. en nota 4, especialmente pp. 28 ss.

8 R. BERTOLINO, *L'obiezione di coscienza 'moderna'. Per una fondazione costituzionale del diritto di obiezione*, Torino 1994, p. 93.

9 Ibid., p. 35.

causas, porque se fundamenta en un análisis mucho más preciso –más realista– de los hechos. En efecto, el legalismo se basa, conscientemente o no, sobre cierta distorsión de la realidad.

En primer lugar, las leyes llamadas habitualmente 'neutrales' no son tan neutrales. Es cierto que lo son en la medida en que persiguen un fin secular legítimo, como antes dije. Pero no debemos olvidar que toda norma tiene un fundamento ético más o menos visible, y más o menos próximo según los casos; el derecho no es, en definitiva, sino un conjunto de instrumentos mediante los que una sociedad trata de organizarse a sí misma en torno a una serie de valores que son esencialmente éticos (y desde luego pre-jurídicos). Normalmente, ese fundamento ético de la norma corresponde a una serie de valores aceptados mayoritariamente en una sociedad determinada. Lo cual significa que, de ordinario, la norma no entrará en conflicto con la conciencia de la mayoría de la población, modelada según la corriente o corrientes religiosas o ideológicas más influyentes y extendidas. Pero no sería extraño que sí chocara con la conciencia de opciones religiosas o ideológicas minoritarias. En otras palabras, la ley neutral va dirigida a realizar, y a perpetuar, valores éticos socialmente admitidos como valores cívicos, pero que frecuentemente tienen un origen religioso. Descartar a priori, sin más, la posibilidad de argüir objeción de conciencia contra esa norma implica, de hecho, una potencial discriminación contra las minorías religiosas que no comparten esos valores.

En segundo lugar, la idea del automático predominio de la ley neutral sobre la libertad de conciencia se basa sobre un análisis equivocado –a veces intencionadamente equivocado– de los intereses jurídicos que se hallan en juego. En síntesis, el análisis legalista discurriría por este cauce: la libre conciencia es un interés desde luego legítimo, pero individual o privado; por tanto, debe ceder ante el interés público representado por la ley. Ese análisis, como digo, es inexacto. Primero, porque la libertad de conciencia no es meramente un interés individual o privado.

Desde luego que lo es para la persona que la ejerce. Pero, desde la perspectiva del Estado, en la medida en que la libertad de conciencia es un derecho fundamental, su protección es, en todos los casos, un interés público –sea cual fuere su repercusión social– y, además, del máximo rango. Por otra parte, en los casos de objeción de conciencia lo que está en juego realmente no es el interés público representado por la ley, pues el objetor normalmente no pretende que la ley sea derogada, sino solamente ser eximido de su cumplimiento. De manera que el verdadero interés público en conflicto sería aquel que consiste en mantener la aplicación sin fisuras de una norma legal, al cien por cien, sin exención alguna. Vistas así las cosas, el análisis del conflicto entre ley y conciencia cambia por completo. Ya no se trata de interés privado versus interés público, sino de dos intereses públicos en confrontación; y uno de ellos de la máxima categoría, al provenir del ejercicio de un derecho constitucional, incluido también universalmente en los documentos internacionales de protección de derechos humanos. Téngase en cuenta, además, que, en principio, la tutela del ordenamiento jurídico a la libertad de conciencia no está condicionada por cuáles sean los valores éticos presentes en cada conciencia individual, de igual manera que el Estado no condiciona la protección de la libertad de expresión a cuáles sean las ideas defendidas por cada ciudadano. Lo que se pretende con esos derechos fundamentales es la salvaguarda de ámbitos individuales de autonomía –y en su caso también colectivos–que constituyen elementos necesarios del pluralismo democrático, y en los cuales cualquier injerencia ha de ser cuidadosamente justificada.

En tercer lugar, atribuir al sistema del equilibrio de intereses el riesgo de 'pulverización' del orden jurídico no deja de ser, en el mejor de los casos, una notable exageración. No se trata de defender una primacía automática de la objeción de conciencia, de signo opuesto a la primacía automática de la ley neutral. Como todo derecho fundamental, el ejercicio de la libertad de conciencia tiene sus límites, que en el concreto caso del ordenamiento español, están especificados en el artículo 16 de la Constitución, en el artículo 3.1 de la Ley Orgánica de Libertad Religiosa, y en el artículo 9.2 del Convenio Europeo de Derechos Humanos. De lo que se trata es de analizar con precisión los intereses jurídicos en conflicto para determinar, *ad casum*, cuál de ellos debe prevalecer. Por muy neutral que una norma legal aparezca *prima facie*, su imposición contra los dictados de la libre conciencia es una restricción de un derecho fundamental. Y recuérdese que, según el propio art. 9.2 del Convenio Europeo, sólo son legítimas aquellas restricciones de la libertad de pensamiento, de conciencia y de religión que, estando "previstas por la ley", pueden considerarse "medidas necesarias en una sociedad democrática". Es decir, aquellas medidas que –según la jurisprudencia del Tribunal de Estrasburgo– responden a una "necesidad social imperiosa"[10]. Por tanto, en última instancia, lo que persigue el procedimiento del equilibrio de intereses es obligar al Estado a justificar cumplidamente que resulta *necesaria* la aplicación sin quiebra de una ley, sin exención alguna posible para quienes alegan el derecho fundamental a la libertad de conciencia[11].

10 Esta doctrina ha sido reiterada en numerosas ocasiones por el Tribunal Europeo de Derechos Humanos desde el caso *Handyside c. Reino Unido*, 7 diciembre 1976 (vid. sobre todo § 49). Con especial referencia a la libertad religiosa, vid. la sentencia *Kokkinakis c. Grecia*, 25 mayo 1993 (§ 47). Vid. sobre el tema, entre mis trabajos recientes, J. MARTÍNEZ-TORRÓN, *Los límites a la libertad de religión y de creencia en el Convenio Europeo de Derechos Humanos*, en "Revista General de Derecho Canónico y Derecho Eclesiástico del Estado" 2 (2003), p. 14.

11 Ése era precisamente el objeto de una legislación promulgada en Estados Unidos en 1993 y más tarde declarada inconstitucional como contraria al principio del separatismo (vid. I. BRIONES, *La conciencia religiosa en la Religious Freedom Restoration Act de 1993 y la jurisprudencia norteamericana*, en "La libertad religiosa y de conciencia ante la justicia constitucional", cit. en nota 2, pp. 385 ss.). Desafortunadamente, el propio Tribunal Europeo de Derechos Humanos, como el Tribunal Constitucional español, ha mantenido una línea argumental no siempre clara a este respecto, tal vez movido por el temor de abrir una imprevisible caja de Pandora. Los casos más significativos son *Kjeldsen, Busk Madsen and Pedersen c. Dinamarca*, 7 de diciembre de 1976, *Efstratiou c. Grecia*, 18 de diciembre de 1996, y *Valsamis v. Greece*, 18 de diciembre

Junto a las razones precedentes, todavía podría mencionar un cuarto argumento de política legislativa contra las posiciones estrictamente legalistas en esta materia. Es cierto que los objetores de conciencia se oponen al cumplimiento de algunos preceptos legales. Pero, normalmente, son personas de elevados estándares morales –lo cual es requisito inexcusable para ser un buen ciudadano. De ahí precisamente sus escrúpulos de conciencia, y su drama personal: se encuentran ante la imposibilidad de armonizar, en un caso concreto, su doble lealtad a la conciencia y a la sociedad; y luchan por obtener la exención de una obligación jurídica que haga posible el mantenimiento de esa armonía. Son habitualmente buenos ciudadanos, quieren continuar siéndolo, y quieren continuar siendo considerados como tales. Aparte de las razones jurídicas antes indicadas, endurecer la aplicación de la norma legal sin una razón poderosa no es, probablemente, la mejor política.

2.3. *La regulación legislativa de las objeciones de conciencia: conveniencia y límites*

De lo anterior puede deducirse que, desde la perspectiva del equilibrio de intereses, la tutela jurídica de las objeciones de conciencia no precisa, en rigor, de su específico reconocimiento legislativo. Al constituir una manifestación del derecho constitucional a la libertad de conciencia (art. 16[12]), y al ser la Constitu-

de 1996 (el texto de las dos últimas sentencias es casi idéntico, como lo eran los hechos enjuiciados). Vid. J. MARTÍNEZ-TORRÓN, *La protección de la libertad religiosa en el sistema del Consejo de Europa*, en "Proyección nacional e internacional de la Ley Orgánica de Libertad Religiosa", Madrid 2001, pp. 122-125. Más acertada me parece la posición de la Corte de Apelación inglesa –interpretando el art. 9 del Convenio Europeo– en el reciente caso de Shabina Begum: *SB, R (on the application of)* v *Denbigh High School* [2005] EWCA Civ 199 (2 marzo 2005).

12 Como se sabe, el art. 16 de la Constitución no utiliza explícitamente el término "libertad de conciencia" (que sí está presente en el art. 18 de la Declara-

ción una norma directamente aplicable, su protección bien puede llevarse a cabo en sede judicial aunque no se haya producido, para un tipo concreto de objeción, la *interpositio legislatoris*.

No obstante, en un sistema como el español, perteneciente a una tradición jurídica todavía fuertemente impregnada de positivismo legalista, la regulación de las objeciones de conciencia por vía legislativa tiene una indudable utilidad. Sobre todo teniendo en cuenta que una notable parte de la judicatura es reticente, en la práctica, a aplicar directamente las normas de la Constitución o del Convenio Europeo de Derechos Humanos[13]. Tener respaldo legislativo daría a muchos jueces un 'sentido de seguridad' que no encuentran en la Constitución. De manera que el reconocimiento explícito del legislador vendría a ser una garantía del estatuto jurídico de los objetores de conciencia, en la medida en que subsanaría los efectos negativos de una actitud legalista por parte de algunos tribunales.

En todo caso, la responsabilidad de los jueces en esta materia no puede ser sustituida por la legislación, que tiene unos claros límites. Primero, el legislador sólo puede regular aquellos supuestos de objeción de conciencia que han adquirido una cierta difusión social, pero la mayoría de los casos habrán de ser afrontados en los tribunales. Segundo, y por una razón análoga, el legislador tiende a 'llegar tarde', pues, hasta que un determinado tipo de objeción alcanza a encontrar su lugar en la legislación, se han producido muchos conflictos concretos que deben ser resueltos por los tribunales; no raras veces, es precisamente

ción Universal de Derechos Humanos de 1948, y en los pactos internacionales de derechos humanos suscritos por España, comenzando por el Convenio Europeo de Derechos Humanos, art. 9). Pero es doctrina ya antigua, y no discutida, del Tribunal Constitucional que el art. 16 comprende la libertad de conciencia (vid. R. RODRÍGUEZ CHACÓN, *El factor religioso ante el Tribunal Constitucional*, Madrid 1992, pp. 40-41).

13 Lo cual no ocurre en los tribunales de *common law*, como lo muestra el caso *Shabina Begum*, citado en la nota anterior.

esa experiencia judicial la que persuade de la necesidad de una legislación e inspira su orientación fundamental. Además, incluso cuando un tipo de objeción ha sido ya disciplinado por la ley, el análisis individualizado de cada conflicto singular en sede judicial continúa siendo necesario, como lo demuestra la abundante litigación en materia, por ejemplo, de objeción al servicio militar, al aborto, al jurado, etc.[14]; también aquí resulta cierta esa afirmación, tan conocida y tan frecuentemente olvidada, de que la ley no puede prever todas las circunstancias particulares del caso.

En relación con este tema se encuentra la cuestión de hasta qué punto resulta necesario que la ley, cuando reconoce la legitimidad de una objeción de conciencia, establezca una prestación sustitutoria. De suyo, la prestación sustitutoria no es esencial al reconocimiento de cualquier clase de objeción de conciencia. Esto es algo que pertenece a la lógica misma de los derechos fundamentales, cuyo ejercicio, naturalmente, no grava a la persona con un plus de obligaciones legales. La prestación sustitutoria tiene sentido cuando resulta precisa para garantizar dos objetivos, que a menudo van unidos: la tutela del principio de igualdad y evitar –en lo posible– el fraude de ley. Es decir, cuando se impone al objetor un gravamen que tiende a igualar su posición con la del resto de los ciudadanos que se somete a la norma. O cuando se pretende disuadir a potenciales pseudo-objetores de alegar inexistentes motivos de conciencia para liberarse de un deber legal. Así, parece claro que la prestación sustitutoria actúa eficazmente en supuestos como la objeción al servicio militar o al

14 Aparte de la bibliografía mencionada supra, especialmente en las notas 1 y 3, resulta muy significativa la lectura de los capítulos dedicados a objeción de conciencia (caps. 7.9.1 a 7.9.9) en el *Manual de Derecho Eclesiástico del Estado* (on line), en www.iustel.com. Los autores de esos trabajos son (siguiendo el orden del temario): R. NAVARRO-VALLS, J. MARTÍNEZ-TORRÓN, M. ALENDA, M. CEBRIÁ, A. VEGA, G. MORENO BOTELLA, A. LÓPEZ-SIDRO Y L. ROJO ÁLVAREZ-MANZANEDA.

pago de las tasas de seguridad social[15]. Pero parece del todo extemporánea cuando el objetor no adquiere mejor posición jurídica que los no objetores, como en la objeción al aborto[16], o cuando se trata de deberes legales que se imponen de manera aleatoria, como la participación en el tribunal del jurado o en las mesas electorales[17].

3. Objeción de conciencia y doctrina moral católica

Pongamos ahora en conexión algunas de las cuestiones aludidas hasta el momento con las características propias de la religión católica. Advierto que no soy especialista en teología. Pero, desde la perspectiva que aquí está presente –que es la del derecho del Estado–, basta probablemente un conocimiento teológico no demasiado profundo.

En primer término, es conocido que la doctrina moral católica resulta más flexible que la de otras religiones en numerosas cuestiones de conciencia. En general, y sin perjuicio de los matices que requeriría esta afirmación, la religión católica es extremadamente rígida en relación con aquellos deberes morales que conceptúa como de derecho natural, pero tiende a adaptarse con relativa facilidad a las dificultades para cumplir con los deberes morales de derecho positivo, especialmente los de tipo cultual (piénsese, por ejemplo, en los deberes de ayuno o abstinencia, o

15 En relación con la objeción a pagar las tasas de seguridad social, vid. infra, nota 43 y texto correspondiente.

16 Vid. R. NAVARRO-VALLS, *La objeción de conciencia al aborto: derecho comparado y derecho español*, en "Anuario de Derecho Eclesiástico del Estado" 2 (1986), especialmente pp. 266-269.

17 Me remito a mi trabajo J. MARTÍNEZ-TORRÓN, *Ley del jurado y objeción de conciencia*, en "Revista Española de Derecho Constitucional" 48 (1996), pp. 119-143.

en el precepto dominical). Desde luego, es una doctrina moral más adaptable que la de religiones como el judaísmo o el islam en sus interpretaciones ortodoxas, por citar algunos ejemplos bien conocidos. Entre las dificultades admitidas como legítimas para eximirse del cumplimiento de una norma están las provenientes de obligaciones legales. Además, conviene notar que esa adaptabilidad de la doctrina moral católica se instrumenta a través de la tradicional noción del *grave incomodo*, cuya apreciación se deja tantas veces a la conciencia individual; una conciencia –suele añadir la teología moral– que esté rectamente formada[18].

Junto a lo anterior, no debemos perder de vista que, en materia de deberes morales, existe una cierta tensión potencial entre dos elementos. De un lado, el hecho de que la Iglesia católica posee una organización jerárquica centralizada, con la consecuencia de que, en muchos temas, existen definiciones oficiales sobre cuál ha de ser la recta conducta moral. Y de otro lado, la convicción, con antiguas raíces en la teología moral, de que la conciencia constituye la norma próxima de moralidad para la persona. Lo cual significa, en definitiva, y por buscar un símil jurídico, que el tribunal de la propia conciencia se erige en intérprete último para la aplicación de la ley moral general al caso concreto. Lo cual no exime del deber que tienen los católicos de formar la propia conciencia, de manera que sus decisiones concretas no sigan la imprevisible guía de un sentimiento falto de referencias objetivas, sino que más bien busquen lo que habitualmente ha de buscar un juez: la solución correcta para una cuestión particular, fundada sobre la aplicación de la regla general, y admitiendo, si es el caso, excepciones por razones de equidad.

En todo caso, es innegable que, no pocas veces, la existencia de una doctrina moral oficial en la Iglesia católica ha propiciado que, al abordar la cuestión de las objeciones de conciencia de los

18 Vid. un resumen de la moral católica a este respecto en el Catecismo de la Iglesia Católica, nn. 1776-1794.

católicos, se ponga un especial énfasis en sus aspectos institucionales. Es decir, que se enfoquen los conflictos entre ley y conciencia desde la estricta perspectiva de lo que postula la doctrina moral oficial, olvidando que, como antes indiqué, la propia moral católica gira en torno a la idea de que la propia conciencia individual es la norma próxima de moralidad en el caso singular. Esa consideración preferentemente institucional de las objeciones de los fieles católicos ha tenido lugar tanto por parte eclesiástica como civil. En el primer caso, por una parte de la jerarquía católica que ha perdido de vista que poner el acento casi enteramente en la norma general oficial sin duda tiende a garantizar la uniformidad de paradigmas éticos, pero también contribuye a debilitar la responsabilidad moral de cada fiel católico, que fácilmente termina por confiar toda la carga decisoria a la norma abstracta, con la consiguiente atrofia de su conciencia individual como órgano esencial de reflexión moral.

También desde la perspectiva estatal se ha pretendido en ocasiones que las objeciones de conciencia de los católicos sólo estarían justificadas cuando tuvieran el respaldo de la doctrina oficial de la Iglesia, pero no en otros supuestos. Esto último es desde luego inexacto. La objeción de conciencia es un hecho que se produce como consecuencia del ejercicio de un derecho individual. Ante el ordenamiento jurídico del Estado, cada conciencia de un ciudadano vale por sí misma, y no por la pertenencia a la Iglesia católica o a cualquier otra confesión religiosa. Tener el aval de una clara doctrina institucional en ciertas cuestiones morales puede servir como prueba de la sinceridad o coherencia de la objeción de conciencia que se alega (así sucede, por ejemplo, en materia de cooperación al aborto o a la eutanasia, o en relación con la inviolabilidad del secreto de confesión). Pero no hace, de suyo, que la objeción sea más valiosa o más protegible.

Conviene hacerlo notar, entre otras cosas, porque la adaptación de la norma ética general por la conciencia individual en el caso concreto puede transitar en direcciones opuestas. Así, el fiel católico, para evitar el conflicto con una obligación jurídica civil, podría considerarse eximido de ciertos deberes morales impuestos de manera general. Pero también podría suceder lo contrario: que la conciencia individual vea un conflicto de deberes –obligación moral versus obligación jurídica civil– donde la norma oficial católica no los impone necesariamente. No se trata de una simple hipótesis. En Estados Unidos, uno de los casos clave en la jurisprudencia del Tribunal Supremo sobre objeción al servicio militar fue protagonizado por un católico practicante[19], y es bien sabido que la Iglesia católica no tiene una oposición institucional a la existencia del ejército o del servicio militar obligatorio.

Cuando existe una discrepancia entre conciencia individual y 'conciencia institucional', el ordenamiento del Estado ha de dar primacía a la primera, no a la norma moral institucionalizada, reconociendo como válida en su caso –y desde luego con fundamento real– la objeción de conciencia planteada por ese católico. Y esto incluso cuando tal discrepancia resulte claramente incom-

19 Se trataba de la sentencia *Gillette v. United States*, 401 U.S. 437 (1971), en la que se decidía también el caso –gemelo– *Negre v. Larsen* (Negre era el católico). Para un comentario a esa sentencia, vid. J. MARTÍNEZ-TORRÓN, *La objeción de conciencia en la jurisprudencia del Tribunal Supremo norteamericano*, en "Anuario de Derecho Eclesiástico del Estado" (1985), pp. 415-417; R. PALOMINO, *Las objeciones de conciencia*, cit. en nota 4, pp. 74 ss. Aclararé, incidentalmente, que utilizo la expresión "católico practicante" por ser de uso habitual, y porque, en este caso, me sirve para destacar la idea de que Negre era una persona con consciencia de ser católico y con sincera intención de vivir como tal. Personalmente, sin embargo, tiendo a rechazar ese término porque es frecuente origen de malentendidos, en relación con el catolicismo y con otras religiones. En efecto, la 'práctica' de una religión suele interpretarse como reducida al cumplimiento más o menos regular de ciertos ritos, que a ojos externos permiten identificar a una persona como fiel de esa religión, dejando de lado otras cuestiones al menos tan importantes, como la voluntaria sumisión a ciertos preceptos morales en la vida diaria. En general, creo que, desde la perspectiva secular, la única manera razonable de entender que una persona es fiel de una religión es aceptar su auto-identificación como católico, judío, musulmán, etc. (salvo, naturalmente, que haya sido expulsado formalmente de esa religión).

patible con las pautas dictadas por la doctrina oficial de la Iglesia. La heterodoxia tendrá su campo de juego propio en el interior de la organización eclesiástica, pero en el ámbito del derecho del Estado lo que cuenta es la posición adoptada por el individuo en el ejercicio de un derecho constitucional.

Lo anterior, pese a todo, no hace superfluo un eventual reconocimiento de la *objeción de conciencia institucional* por parte del derecho del Estado. Me refiero a que el ordenamiento jurídico civil puede tutelar explícitamente, en su legislación unilateral o en normas concordadas, algunas normas morales oficiales de la Iglesia católica –o de otras iglesias– para el supuesto de que se produzca una colisión con una obligación legal. Así se facilita la alegación y prueba de la objeción de conciencia por personas individuales que se encuentran en la situación prevista por la norma. Además de que, naturalmente, implica un alto grado de protección de la autonomía de las iglesias y de salvaguarda de sus principios morales frente a eventuales invasiones de una legislación de signo contrario. Un ejemplo frecuente es el reconocimiento del derecho a la inviolabilidad del secreto de confesión, que en España se ha llevado a cabo tanto por vía acordada como legislativa[20]. Otro ejemplo interesante y reciente es la cláusula general de salvaguardia de las objeciones de conciencia de los católicos que se contiene en el Acuerdo Base entre la Santa Sede y la República de Eslovaquia, cuyo desarrollo se encuentra en un acuerdo específico aún pendiente de firma[21].

20 Cfr. art. II.3º del Acuerdo de 28 de julio de 1976 entre la Santa Sede y el Estado Español, y art. 417 de la Ley de Enjuiciamiento Criminal. Cfr. también los arts. 3.2 de los Acuerdos de 10 de noviembre de 1992 entre el Estado español y las federaciones evangélica, israelita e islámica, que recogen el secreto ministerial a semejanza del secreto de confesión, aunque quizá en términos menos estrictos.

21 Acuerdo Base de 24 de noviembre de 2000, entre la Santa Sede y la República Eslovaca, art. 7: "La República Eslovaca reconoce a todos el derecho de objeción de conciencia según los principios doctrinales y morales de la Iglesia Católica. La medida y las condiciones de aplicación de ese derecho serán

4. ALGUNOS SUPUESTOS DE OBJECIÓN DE CONCIENCIA DE CATÓLICOS

Veamos a continuación algunos supuestos en los que, según enseña la experiencia jurídica, española y comparada, pueden producirse conflictos entre obligaciones legales y la conciencia de los católicos. Naturalmente, no se trata de analizar a fondo cada uno de esos supuestos; eso haría esta ponencia interminable, y además la desviaría de su objetivo inicial. Me limitaré a exponer sintéticamente una serie de situaciones más frecuentes, y a subrayar algunos aspectos que, a mi juicio, presentan particular interés desde la perspectiva del tema que aquí se me ha confiado[22].

4.1. El secreto de confesión

El primero de esos supuestos ya ha sido mencionado. Se trata de la protección jurídica de un estricto deber moral –y también jurídico-canónico– que posee extrema importancia para los sacerdotes católicos, como es guardar celoso y riguroso secreto de los hechos que escuchan de los penitentes en el ámbito de la confesión sacramental[23]. Es interesante hacer notar que la tutela de esa obligación de los sacerdotes católicos ha terminado por extenderse a los ministros de otras confesiones religiosas en las

definidas en un acuerdo específico entre las Altas Partes". Ese acuerdo específico está ya redactado pero aún no ha sido firmado (vid. su texto en "Revista General de Derecho Canónico y Derecho Eclesiástico del Estado" 9 (2005), en www.iustel.com).

22 Para evitar citas innecesarias, me remito ahora, en relación con todo el epígrafe n. 4 de este trabajo, a los lugares correspondientes del libro R. NAVARRO-VALLS Y J. MARTÍNEZ-TORRÓN, *Las objeciones de conciencia en el derecho español y comparado*, Madrid 1997. En breve se publicará una edición reelaborada y actualizada, a la que ya me referí en la nota 1. Vid. también la bibliografía citada en la nota 14.

23 Vid. Catecismo de la Iglesia Católica, n. 1467; Código de Derecho Canónico, cc. 983-984 y 1388.

que dicha obligación de los ministros de culto o de los dirigentes religiosos existe también, aunque de manera menos extrema.

En España, como acaba de indicarse[24], tanto por vía acordada como por la legislación unilateral del Estado se encuentra claramente reconocido el derecho de los sacerdotes católicos, y de los ministros religiosos de otras confesiones, a no declarar sobre los hechos que les han sido comunicados en el ejercicio de su ministerio. El ministerio religioso se caracteriza por una especial relación de confidencialidad al menos tan acreedora de protección jurídica como otras formas tradicionales de secreto profesional (p. ej., la relación médico-paciente, abogado-cliente, o periodista-fuente de información).

El reconocimiento de ese derecho de los sacerdotes se remonta a una antigua tradición, presente no sólo en países de mayoría católica, sino también en países de dominio protestante, incluido el ámbito del derecho angloamericano, donde es conocido con el nombre de *clergy-communicant privilege*[25]. El panorama del derecho comparado muestra que hay una posición casi unánime favorable a la necesidad de su tutela, al mismo o superior nivel que otras clases de secreto profesional. No deja de resultar paradójico, por ello, que surgieran no pocas dificultades para incluirlo, en términos absolutos, en el Reglamento del Tribunal Penal Internacional. Las mayores reticencias provenían de la representación francesa y canadiense, a cuya posición se adhirieron los países perteneciente al ámbito de la tradición jurídica angloamericana. Su aceptación final fue posible gracias a la insistencia del grupo de países iberoamericanos, en el que la delegación española desempeñó un intenso protagonismo[26].

24 Vid. supra, nota 20 y texto correspondiente.

25 Sobre este tema, es esencial la monografía de R. PALOMINO, *Derecho a la intimidad y religión. La protección jurídica del secreto religioso*, Granada1999.

26 La posición franco-canadiense consistía, concretamente, en conceder a la Corte Penal Internacional facultades para apreciar, en cada caso, si el sacer-

Por otro lado, si en su origen la tutela del secreto ministerial obedecía a motivos relacionados con la autonomía de la Iglesia católica (o de otras iglesias), más recientemente el derecho comparado muestra que su razón de ser se encuentra en la conexión entre dos derechos individuales: libertad religiosa y privacidad, ambos reconocidos explícita o implícitamente, por diversas vías, como derechos constitucionales[27]. Esto ha conducido al análisis de otra cuestión, más espinosa, que trasciende los linderos de la objeción de conciencia. Me refiero a la legitimidad de las escuchas telefónicas, o por micrófonos ocultos, de conversaciones entre recluso y sacerdote, o entre sacerdote y persona sujeta a investigación criminal. Aunque la conciencia del clérigo no está en juego en esos casos –pues no es consciente de la escucha–, la tendencia, en éste como en otros secretos de tipo profesional, es a no admitir la violación de ese espacio de privacidad vinculado al derecho fundamental de libertad religiosa[28].

dote estaba o no exonerado del deber de declarar como testigo en un proceso. Al final se impuso la posición defendida por España, que propugnaba la protección del secreto ministerial en términos rígidos y con automatismo. Vid. al respecto el trabajo escrito por uno de los integrantes de la representación española: F.J. FONTECILLA RODRÍGUEZ, *El proceso ante la Corte Penal Internacional. Algunas consideraciones sobre la aportación española*, en "Revista de la Facultad de Derecho de la Universidad de Granada", 3ª época, 7 (2005), pp. 57-84.

27 El reconocimiento y tutela del derecho a la privacidad es, sin duda, mucho más reciente que el de libertad religiosa. En el ámbito supranacional europeo, se encuentra incluido en el derecho a la vida privada y familiar que reconoce el art. 8 del Convenio Europeo de Derechos Humanos.

28 Vid. R. PALOMINO, *Derecho a la intimidad y religión*, cit. en nota 25, pp. 154 ss. y 182 ss.; L. BACHMAIER, *Intervenciones telefónicas y derechos de terceros en el proceso penal. La necesidad de una regulación del secreto profesional y de otras relaciones de confianza*, en "Revista de Derecho Procesal" (2004), pp. 72 ss.

4.2. Objeción de conciencia al servicio militar

Ya mencioné antes que en los Estados Unidos se dio, a principios de los años 1970, un caso emblemático, ante el Tribunal Supremo, relacionado con la objeción de un católico al servicio militar, que daría origen a una de las sentencias clave en esta materia por parte del Tribunal Supremo: *Negre v. Larsen*[29]. El conflicto de conciencia en aquel caso era, además, particularmente intenso, en la medida en que en Estados Unidos no hay servicio militar obligatorio salvo en supuestos de movilización por conflicto armado decretados por el Congreso. Se trataba, por tanto, de prestar un servicio militar directa e inmediatamente encaminado a la participación en un conflicto bélico en marcha: la guerra de Vietnam. De hecho, el recurrente, Louis Negre, se declaraba objetor, en concreto, a su participación en esa guerra en particular: consideraba que era su deber distinguir entre guerras justas e injustas, y evitar su colaboración con las segundas. Aunque la sentencia le sería contraria, muestra algo que ya mencioné antes: que pueden surgir conflictos de conciencia en algunos católicos aun en ausencia de un servicio militar obligatorio permanente, y a pesar de que la doctrina oficial de la Iglesia católica no es contraria ni a la existencia del ejército o del servicio militar forzoso, ni a la intervención militar armada en caso de necesidad[30].

De ahí que sea inexacta la impresión, frecuente, de que, suspendida la obligación del servicio militar para los varones en España[31], no existen ya problemas de objeción de conciencia en

29 Resuelta de manera simultánea con *Gillette v. United States*, citada supra, en nota 19.

30 La doctrina de la Iglesia católica sobre este tema puede encontrarse, expuesta con claridad y sintéticamente, el Catecismo de la Iglesia Católica, nn. 2302-2317.

31 Cfr. Ley 17/1999, de 18 de mayo, de régimen del personal de las Fuerzas Armadas, cuya disposición adicional 13ª suspende la prestación del servicio militar desde el 31 de diciembre de 2002.

esta materia. Mi opinión es justamente la contraria: es ahora cuando pueden comenzar los verdaderos problemas de objeción de conciencia. La situación anterior, propiciada por una legislación que comenzó a promulgarse en 1984[32], podía ser descrita como un caso de masivo fraude a la ley, alentado, o al menos permitido conscientemente, por el propio legislador y por el gobierno. Bajo la cobertura formal de una terminología anclada en la objeción de conciencia, la praxis administrativa –amparada por el tenor del texto legal– había conducido a la instauración de un servicio civil alternativo al militar, sin que los escrúpulos de conciencia nada tuvieran que ver con ello. La creación de un servicio civil alternativo, de libre elección, es una solución del todo legítima. Lo que no parece tan adecuado es que se haya introducido subrepticiamente, a la penumbra de la letra de una ley redactada de manera que se acomodara a las convenciones del derecho comparado y de los documentos internacionales que recomendaban el reconocimiento de la objeción al servicio militar[33].

En todo caso, cuando afirmo que ahora pueden darse situaciones de auténtica objeción de conciencia al servicio militar, me refiero a dos supuestos. El primero es el de la objeción sobrevenida, en personas que se incorporan voluntariamente al ejército profesional y en las que después se desarrolla una convicción

32 La primera regulación de la objeción de conciencia al servicio militar en España se contenía en la Ley 48/1984, de 26 de diciembre, reguladora de la objeción de conciencia y de la prestación social sustitutoria. La bibliografía sobre este tema es extensa. Una exposición sucinta y clara del itinerario y características de la legislación puede verse en el trabajo de M. ALENDA, *La objeción de conciencia al servicio militar*, dentro del manual citado supra, en nota 14. Un estudio más amplio, que cubre sólo hasta principios de los años 1990, puede verse en J. CAMARASA CARRILLO, *Servicio militar y objeción de conciencia*, Madrid 1993.

33 Cfr. J. MARTÍNEZ-TORRÓN, *La objeción de conciencia en el derecho internacional*, en "Quaderni di Diritto e Politica Ecclesiastica" (1989/2), pp. 152-167.

pacifista que les impulsa a dejar las armas antes de que transcurra el tiempo para el que contrataron su servicio. El segundo, la objeción a una guerra particular por motivos estrictamente éticos, y no sólo por motivos políticos derivados de la discrepancia con la política exterior seguida por el gobierno o, en su caso, con la actuación militar en el interior del propio país.

Se trata, en el segundo caso, de una apreciación personal sobre la radical injusticia de las razones que mueven a iniciar o a intervenir en un conflicto bélico, o sobre el modo en el que se desarrolla la acción de las fuerzas armadas. Este tipo de objeción siempre ha visto mayores dificultades para verse reconocida[34]. Las razones son obvias, e incluyen la necesidad de hacer frente a un posible 'contagio' de la objeción, es decir, un crecimiento exponencial del número de 'objetores' –en realidad pseudo-objetores– que intentan evitar su participación en un conflicto; y también de prevenir un posible un movimiento de resistencia civil contra una determinada política gubernamental en materia militar. La situación resulta aún más delicada cuando las autoridades de una confesión religiosa hacen declaraciones en las que se denuncia claramente la injusticia de una intervención bélica, pues en esas circunstancias las conciencias individuales encuentran el apoyo de una autoridad institucional. Es lo que sucedió con las reiteradas advertencias de Juan Pablo II respecto a la guerra declarada por George W. Bush contra Irak.

Pienso que ambos supuestos –objeción sobrevenida en militares profesionales y objeción a una guerra en particular– podrían plantearse en sede judicial en España, y que la aplicación del artículo 16 de la Constitución debería posibilitar su protección. No obstante, la doctrina del Tribunal Constitucional en relación con

34 De hecho, en Estados Unidos, cuya judicatura ha sido tradicionalmente receptiva hacia la libertad de conciencia, ha sido el único tipo de objeción de conciencia al servicio militar que, siendo sincera, no ha sido aceptada por la jurisprudencia del Tribunal Supremo. Vid., supra, la bibliografía citada en nota 19.

el artículo 30 podría actuar como freno, pues nuestro alto tribunal, tras una inicial interpretación favorable a la objeción, experimentó un giro hacia el legalismo, enfocando esta temática desde el exclusivo prisma del art. 30 –sin atender a su conexión lógica con el art. 16– y limitando los derechos de los objetores a aquello que el legislador quisiera concederles[35].

4.3. Objeción de conciencia contra actuaciones lesivas para la vida humana

En este apartado se incluyen diversas modalidades de objeción que tienen su origen en una rápida y reciente evolución de las tecnologías biomédicas, y de la sensibilidad social al respecto, unida a una notable presión mediática y económica desde instancias políticas, intelectuales y empresariales. Todo lo cual se ha materializado a menudo en una legislación que permite –y a veces incentiva– actuaciones que son consideradas inmorales por la doctrina católica.

Genéricamente podríamos caracterizarlas como *objeciones bioéticas.* Los tipos más conocidos consisten en el rechazo de cualquier clase de participación personal en actividades relacionadas con la realización de abortos provocados, la eutanasia, la aplicación de la pena de muerte, o actividades científico-médicas que van desde la fecundación artificial a la experimentación con embriones[36]. Puede incluirse también aquí lo que se ha llamado

35 En relación con la jurisprudencia del Tribunal Constitucional en la materia, vid. R. RODRÍGUEZ CHACÓN, *El factor religioso ante el Tribunal Constitucional*, cit. en nota 12, pp. 116-126.

36 Vale la pena mencionar aquí, además del trabajo citado supra, en nota 16, la monografía, con especial referencia al aborto, de S. SIEIRA MUCIENTES, *La objeción de conciencia sanitaria*, Madrid 2000. Vid. también J.A. SOUTO PAZ, *Objeción de conciencia y* Bioderecho, en "Estudios en homenaje al Profesor Martínez Valls", Murcia 2000, pp. 687-698; A.M. VEGA GUTIÉRREZ, *Bioética*

la objeción de conciencia farmacéutica, es decir, la negativa de los profesionales de la farmacia no sólo a la venta de contraceptivos, sino sobre todo, recientemente, de preparados de levonorgestrel (la llamada 'píldora postcoital' o 'píldora del día siguiente'). La necesidad de buscar una solución jurídica adecuada para los objetores deriva de las obligaciones que pueden pesar sobre la persona como consecuencia de un contrato laboral o administrativo, o de un peculiar estatuto jurídico que obliga a atender una solicitud de un ciudadano que es amparada por la ley, Por ejemplo, el médico o enfermera que ha de responder ante una petición de aborto incluido en los supuestos despenalizados por la ley; el asistente de laboratorio que recibe instrucciones de prestar su cooperación profesional en un ámbito de investigación que considera inmoral; o el farmacéutico al que se requiere la venta de un medio contraceptivo o de la 'píldora del día siguiente', en un contexto como el español, donde se trata de una profesión fuertemente reglada y entendida casi como un servicio público.

En la mayoría de estos supuestos, y no obstante la actitud que individualmente puedan adoptar los católicos, existe una clara doctrina oficial de la Iglesia sobre cuáles son los límites infranqueables de una conducta moralmente legítima. A este respecto, es importante distinguir dos intereses éticos diferentes. Uno es la posición sobre la cuestión de fondo –es decir, cuál deba ser la solución del legislador en materia de aborto, eutanasia, experimentación biomédica, etc.–, que frecuentemente conduce a impulsar iniciativas sociales encaminadas a cambiar la legislación vigente en sí misma. El otro es la concreta cuestión de la objeción de conciencia a la participación personal en esas actividades, es decir, cómo hacer valer el propio derecho a no ser sancionado o discriminado por una actitud de abstención fun-

y Derecho: razón ética versus razón técnica, en "Secularización y laicidad en la experiencia democrática moderna", San Sebastián 1996, pp. 203-223.

dada en las propias convicciones morales. Desde la perspectiva de la moral católica, esos dos intereses implican dos diversos niveles de exigencia ética: sin duda es más estricto el deber de abstenerse de actividades contrarias a la vida humana que el deber de participar activamente en iniciativas orientadas a provocar una reforma legislativa.

En todo caso, la estrecha conexión entre ambos intereses éticos muestra qué delgada es a veces la línea de separación entre la objeción de conciencia y la desobediencia civil. Aquí, en efecto, nos encontramos ante una doctrina moral que no se concibe como aplicable únicamente a los católicos. Es decir, no se pretende sólo garantizar la tranquilidad de la conciencia de los católicos, sino también intervenir en la función legislativa para corregir el rumbo de una legislación que se considera antinatural, y por tanto ilegítima en sí misma. Aunque, desde luego, ese cambio de rumbo se intenta lograr mediante una protesta social compatible con las reglas del juego de la democracia, que incluyen el respeto de la autoridad legítimamente constituida. Su finalidad última es cambiar ley, y en eso se parece a la desobediencia civil; pero hace moralmente imposible la participación directa de católicos en esas actividades, entrando así de lleno en la noción tradicional de objeción de conciencia. En otras palabras, si el objetivo inmediato es lograr un reconocimiento del derecho a la abstención, desde ahí se tiene siempre en el horizonte el posible cambio o abolición de la ley.

La experiencia de las últimas décadas revela que en el ámbito de la bioética tienden a producirse problemas cada vez más abundantes, sobre todo debido al avance tecnológico y a la creciente legislación en la materia. Problemas que, en el caso español, tienden a agravarse por la ausencia de previsiones legislativas sobre la razonable protección de las objeciones de conciencia. Muchos de los conflictos producidos en materia de objeción al aborto podrían haberse evitado con una prudente regulación de la objeción de conciencia en la ley de 1985 mediante la que se despenalizaban algunos supuestos de interrupción voluntaria del embarazo[37]. En ausencia de previsión legal, y en una atmósfera jurídica tantas veces enrarecida por un rancio legalismo, tales conflictos no han podido ser del todo evitados ni siquiera por el claro respaldo del Tribunal Constitucional a la objeción de conciencia[38].

Por eso, aunque sin duda la argumentación del Tribunal Constitucional a propósito del aborto es válida para las objeciones de conciencia en general, y en particular para las objeciones bioéticas, contar con una razonable regulación legislativa de los principales supuestos de objeción contribuiría notablemente a garantizar la libertad de conciencia. Ya hemos visto que, en la República de Eslovaquia, y en relación con los católicos, esa garantía se intenta lograr por la vía concordada[39]. Pero conviene no olvidar que la protección de las objeciones bioéticas no interesa sólo a los católicos, sino a todos los ciudadanos. Pese a cierto énfasis mediático en transmitir subliminalmente la idea de que sólo la jerarquía católica se opone a ciertas actividades de dudosa compatibilidad con el respeto a la vida humana, lo cierto es que muchas personas no católicas, y tantas veces sin religión alguna, consideran que en este terreno la legislación frecuentemente traspasa los límites de lo moralmente permisible, y que en todo caso debería respetarse el derecho de todo ciudadano a abstenerse de prestar su colaboración a ciertas actividades por escrúpulos de conciencia. Muy significativa es, a este propósito, la pro-

37 Se trata de la Ley orgánica 5/1985, de 5 de julio, por la que se modificaba el art. 417 bis del Código Penal.

38 Me refiero a la STS 53/1985, de 11 de abril, en cuyo FJ 14º se afirma que la objeción de conciencia al aborto "existe y puede ser ejercida con independencia de que se haya dictado o no tal regulación. La objeción de conciencia forma parte del contenido del derecho fundamental a la libertad ideológica y religiosa reconocida por el artículo 16.1 de la Constitución y, como ha indicado este Tribunal en diversas ocasiones, la Constitución es directamente aplicable, especialmente en materia de derechos fundamentales".

39 Vid. supra, nota 21.

posición de ley "de objeción de conciencia en materia científica" que fue presentada en 1997 por la Confederación Sindical de CC.OO. La tutela propuesta por ese sindicato se extendía a "médicos, investigadores, enfermeras, técnicos, estudiantes", y se refería a la objeción de conciencia a "participar directamente en actividades, actos e intervenciones que incluyan una investigación o acción farmacológica sobre seres vivos", así como a la realización de "experimentos en el ámbito de la biotecnología o la ingeniería genética"[40].

4.4. Objeción de conciencia fiscal

En la experiencia jurídica comparada, la objeción de conciencia fiscal tiene una estrecha relación con los tipos de objeción mencionados en los dos epígrafes anteriores: objeción al servicio militar y objeciones bioéticas. Efectivamente, gran parte de las actuaciones que se derivan de la legislación en esas materias lleva consigo un gasto público, bien sea a cargo del presupuesto de defensa, bien sea en forma de servicios que se ofrecen a los ciudadanos (a nivel estatal, autonómico o municipal) de manera gratuita o abaratados mediante una fuerte subvención. Lo cual ha dado origen a que muchos ciudadanos expresen su oposición, por razones de conciencia, a que el dinero con que contribuyen al erario público sea invertido en actuaciones que se consideran no sólo inmorales, sino contrarias a la ley natural.

De nuevo aflora aquí la dificultad de dibujar con precisión la frontera entre la objeción de conciencia y la desobediencia civil. Inicialmente, la objeción fiscal se plantea como resultado de los

40 La proposición lleva fecha de 10 de julio de 1997, e insiste, además, en que los empleadores, públicos o privados, deben difundir la información relativa a la posibilidad de objeción de conciencia entre sus empleados. Y en que éstos no podrán ser objeto de discriminación o trato desfavorable alguno como consecuencia de su objeción.

personales escrúpulos de conciencia a prestar colaboración económica con acciones gubernamentales que se consideran contra natura. Pero esa colaboración es sólo indirecta y hasta cierto punto remota, en la medida en que el sistema tributario está presidido por el principio de no afectación del impuesto: el contribuyente no decide directamente, sino sólo a través de sus representantes políticos, el destino del dinero recaudado. De manera que, en realidad, la objeción fiscal suele tener como objetivo sensibilizar y movilizar a la opinión pública para que manifieste, a través del rechazo a determinados gastos públicos, su voluntad contraria a la existencia de ciertas leyes, y desde luego su oposición a que de manera general ciertas actividades sean sufragadas con dinero procedente de los ciudadanos. Esta argumentación, además, no sólo responde a estrictas razones de conciencia, sino también al hecho de que determinadas subvenciones no siempre tienen un fundamento claro más allá del mero electoralismo[41].

Hasta ahora, por lo que me consta, la objeción de conciencia fiscal no ha sido reconocida en ningún lugar, aunque en Estados Unidos, en los años 1970, se ejerció una fuerte presión política para que se aprobara la *World Peace Tax Fund Act*, una ley que hubiera hecho posible que los ciudadanos opuestos a los gastos de defensa por razones morales ingresaran la parte proporcional de su impuesto sobre la renta en un fondo destinado a actividades no relacionadas con la actividad militar[42]. Sí ha sido reconocida, en cambio, una objeción análoga, en Holanda: la oposición

41 Éste parece ser el caso, por citar un ejemplo reciente, de la distribución gratuita, con cargo a fondos públicos, de la 'píldora del día siguiente', que comienza a extenderse por distintas comunidades autónomas y municipios en España.

42 Vid. J.C. DALMAU LLISO, *La objeción fiscal a los gastos militares*, Madrid 1996, pp. 58 ss.; R.P. PALOMINO, *El tratamiento jurídico de la objeción fiscal en Estados Unidos*, en "Revista de Derecho Financiero y de Hacienda Pública" 42 (1992), pp. 1284-1293; M.E. OLMOS Y M. PUCHADES, *La objeción de conciencia fiscal: los términos de la controversia en las economías modernas*,

a contribuir al sistema público de seguridad social, típica de iglesias reformadas de origen menonita, quienes entienden que la comunidad tiene el deber moral de cuidar directamente a los enfermos y a los ancianos, y consideran que es contrario a los designios divinos contribuir al sostenimiento económico de un sistema público que exime a los cristianos de cumplir personalmente con esa obligación. Suelen establecerse prestaciones sustitutorias para evitar el fraude a la ley: en los Países Bajos, quienes resultan exonerados de pagar los gastos de seguridad social deben ingresar la misma cantidad en concepto de impuesto sobre la renta[43].

4.5. Objeción en el ámbito de los partidos políticos, rompiendo la disciplina de voto

En el ámbito de las tareas de producción legislativa en materia de bioética, y también en el marco de algunas reformas del derecho de familia –como la legalización del matrimonio homosexual, a la que me referiré más adelante– han comenzado a darse supuestos de objeción de conciencia por parte de parlamentarios que veían una contraposición entre su lealtad a las propias ideas morales y su lealtad al partido en que militaban. No se trata aquí, stricto sensu, de oposición al cumplimiento de una

en "La libertad religiosa y de conciencia ante la justicia constitucional", cit. en nota 2, pp. 716-731.

43 Una explicación del sistema holandés, en el contexto de algunos casos decididos por la Comisión Europea de Derechos Humanos, puede verse en J. MARTÍNEZ- TORRÓN, *El derecho de libertad religiosa en la jurisprudencia en torno al Convenio Europeo de Derechos Humanos*, en "Anuario de Derecho Eclesiástico del Estado" (1986), pp. 448-450. En cambio, el Tribunal Supremo de Estados Unidos, en la sentencia *United States v. Lee*, 455 U.S. 252 (1982), rechazó el derecho de los Amish a estar eximidos de las tasas de seguridad social. Vid. un comentario a ese caso en J. MARTÍNEZ-TORRÓN, *La objeción de conciencia en la jurisprudencia. . .* , cit. en nota 19.

obligación legal, sino de oposición a someterse, en un caso particular, a una norma interna de una organización política –la disciplina de voto–, cuyo incumplimiento puede llevar consigo sanciones económicas o disciplinares, o incluso la propia expulsión del partido.

La experiencia española, desafortunadamente, suele reflejar una escasa sensibilidad de los dirigentes de los partidos hacia estas situaciones. Cuando se está tramitando la aprobación de un proyecto de ley que ofrece elementos claramente sensibles para la conciencia de algunas personas, no es de la dirección del partido de donde suele surgir la iniciativa de respetar las convicciones de conciencia de los diputados o senadores correspondientes. Al contrario, si alguien manifiesta su resistencia a seguir en ese caso la disciplina de voto, la respuesta a menudo es de tipo sancionador, con mayor o menor severidad. Es algo que no sólo tiene que ver con la noción de libertad de conciencia, sino también con la comprensión –no necesariamente la más apropiada– que actualmente se tiene en nuestro contexto político de las relaciones entre la dirección de un partido y las personas concretas que han sido elegidas como representantes del pueblo. La objeción de conciencia sólo es aceptada, de hecho, cuando el parlamentario objetor goza de suficiente predicamento en el partido, o cuando su rédito electoral es tan significativo que la dirección del partido prefiere ceder antes que perder la aportación electoral que esa persona realiza.

No está claro que esta clase de objeción de conciencia sea defendible ante un tribunal si no tiene un claro soporte en las normas internas del partido en cuestión. Por una parte, la militancia en un partido es voluntaria, al igual que la dedicación a la política activa, y el parlamentario siempre puede dar primacía a su conciencia a costa su carrera política. Pero, por otra parte, resulta chocante que ése deba ser el precio del ejercicio de la libertad de conciencia en el interior de unas organizaciones que –según indica el art. 6 de la Constitución– "son instrumento fundamental para la participación política" y cuya "estructura interna y funcionamiento deberán ser democráticos". En todo caso, por razones fácilmente comprensibles, las discrepancias en estos temas suelen llevarse con discreción y no consta que ninguna haya pasado al ámbito judicial por haber recurrido el objetor contra la sanción que en su caso le haya sido impuesta.

4.6. Objeción a participar en el tribunal del jurado

La objeción de conciencia a participar en un jurado tiene una tradición relativamente antigua en el derecho angloamericano, siendo normalmente planteada por personas pertenecientes a iglesias cristianas minoritarias que interpretan estrictamente el mandato evangélico: "no juzguéis y no seréis juzgados"[44]. En España, en relación con los católicos, la cuestión comienza a plantearse recientemente con motivo de la ley del jurado de 1995[45], la cual, al contrario que otras leyes anteriores[46], no contempla ni la exención por motivos de conciencia, ni la incompati-

44 Cfr. Lc 6:37 y Mt 7:1.

45 Ley Orgánica 5/1995, de 22 de mayo, del Tribunal del Jurado.

46 La condición de ministro de culto estaba prevista como excusa en la regulación del jurado contenida en el real decreto de 22 de diciembre de 1872 (art. 670.3: "los ministros de cualquier culto"), y como prohibición implícita en la ley del jurado de 20 de abril de 1888, cuyo art. 8 establecía que "las funciones de jurado son obligatorias y no pueden ser ejercidas más que por españoles de estado seglar". La proposición de ley orgánica del jurado presentada por el Centro Democrático y Social en el Senado, en 1990, incluía entre las causas de abstención la condición de ministro "de cualquier religión" o "miembro de órdenes religiosas reconocidas" (art. 9 del texto propuesto; vid. texto en Boletín Oficial de las Cortes Generales, Senado, Serie III A, 27 febrero 1990). En la discusión de la vigente ley del jurado en el Congreso, el Grupo Parlamentario Popular propuso introducir entre los excusables a "los eclesiásticos y ministros de culto de cualquier religión"; la enmienda fue rechazada por el Grupo Socialista, y no fue reiterada por el Grupo Popular en el Senado. Vid. la reproducción de los debates parlamentarios en A.M. LORCA NAVARRETE, *El jurado español. La nueva ley*

bilidad entre la función de jurado y el ministerio religioso, que es frecuente en otros ordenamientos jurídicos[47].

Como es sabido, no hay en la doctrina oficial de la Iglesia precepto alguno que impulse a la objeción de conciencia al jurado por parte de los fieles católicos en general (aunque no hay que descartar que algunos puedan interpretar de manera estricta el "no juzguéis"). Pero distinto es el caso de los clérigos y religiosos, a quienes está vetado el ejercicio de la potestad jurisdiccional civil, como consecuencia de la genérica prohibición del canon 285.3 del Código de Derecho Canónico[48]. De ahí la que Conferencia Episcopal española haya aconsejado a sacerdotes y religiosos que intenten recurrir a los mecanismos legales a su alcance para evitar su designación como jurados[49]. Entre ellos, formular objeción de conciencia con fundamento en la cláusula abierta del artículo 12.7 de la ley de 1995, pues la condición de ministro de

del jurado, Madrid 1995, p. 117. Vid., más recientemente, J. FERRER ORTIZ, *La objeción de conciencia al jurado*, en "Revista General de Derecho Canónico y Derecho Eclesiástico del Estado" 2 (2003), quien también examina la praxis judicial de estos años en relación con los objetores (pp. 19 ss.).

47 Me remito, en este punto, a J. MARTÍNEZ-TORRÓN, *La ley española del jurado y la objeción de conciencia de clérigos y religiosos*, en "Ius Canonicum" 73 (1997), pp. 295-310.

48 El canon 285.3 del vigente Código de Derecho Canónico establece: "Les está prohibido a los clérigos aceptar aquellos cargos públicos que llevan consigo una participación en el ejercicio de la potestad civil". En virtud del c. 672, la misma prohibición se aplica a los religiosos.

49 Se trata, en concreto, de una carta del Secretario de la Conferencia Episcopal española, de fecha 8 de noviembre de 1995; su texto puede verse en *Ecclesia*, núm. 2.7782, 30 de marzo de 1996, pp. 37 (489) ss. Esa actuación está, además, inspirada por el canon 289.2 del Código de Derecho Canónico: "Los clérigos han de valerse igualmente de las exenciones que, para no ejercer cargos y oficios civiles públicos extraños al estado clerical, les conceden las leyes y convenciones o costumbres, a no ser que el Ordinario propio determine otra cosa en casos particulares".

culto o de religioso no es legalmente relevante como circunstancia constitutiva de incompatibilidad, prohibición o excusa.

Y es que, aunque la ley del jurado no reconoce explícitamente la objeción de conciencia como excusa legítima para cumplir con el deber legal, la cláusula general del artículo 12.7 deja una puerta abierta a la admisión de la objeción en sede judicial. Según ese artículo, "podrán excusarse para actuar como jurado... Los que aleguen y acrediten suficientemente cualquier otra causa que les dificulte de forma grave el desempeño de la función de jurado". Esa alegación y acreditación no parecen difíciles en el caso de sacerdotes y religiosos, dada la claridad del Código de Derecho Canónico a este propósito. Pero toca a los jueces decidir sobre su aceptación efectiva o no.

Por eso, y teniendo en cuenta que algunos jueces podrían tender a decidir en estos casos sobre la base de una argumentación más legalista o emocional que estrictamente jurídica –lo cual ya se puso de manifiesto en la tramitación parlamentaria de la ley–, se han sugerido reformas legales que recojan explícitamente la objeción de conciencia como excusa legítima[50]. Y, además, se ha indicado la conveniencia de introducir la condición de ministro de culto o de religioso como constitutiva de excusa o de incompatibilidad con la función de jurado, siguiendo las pautas de muchos ordenamientos europeos con más experiencia en el tribunal del jurado[51]. Vale la pena notar que esas disposiciones de gran parte de las leyes procesales europeas no son arbitrarias ni proceden de un mero privilegio histórico. La razón, desde el punto de vista estatal, parece ser doble: la posible deformación en la interpretación de la ley provocada por un prejuicio moral derivado de un particular dogma religioso; y el excesivo protago-

50 Vid. J. MARTÍNEZ-TORRÓN, *Ley del jurado y objeción de conciencia*, en "Revista Española de Derecho Constitucional" 48 (1996), especialmente pp. 140-143.

51 Vid. L. BACHMAIER, comentario al art. 10, en *Comentarios a la Ley del Jurado* (coordinados por A. de la Oliva), Madrid 1999.

nismo que podrían adquirir en la decisión del tribunal, como consecuencia de su hipotética posición de preeminencia sobre los demás miembros del jurado. También hay motivos que hacen conveniente esa exclusión desde la perspectiva de las confesiones religiosas: especialmente, la aparente contradicción entre la función de un clérigo o ministro de culto y el posible juicio de condena que va unido a la actuación del jurado. A lo cual se unen los potenciales problemas derivados del secreto ministerial, particularmente riguroso en el caso de los sacerdotes católicos, y avalado por el citado canon 285.3 del C.I.C.[52]

En tanto no tiene lugar la aludida reforma legislativa, confiemos en que la cláusula abierta del art. 12.7 de la ley del jurado sea interpretada de manera razonable, siguiendo la posición mayoritaria del derecho comparado, y que pronto pueda contarse con un pronunciamiento claro, y también razonable, del Tribunal Constitucional en esta materia[53]. Naturalmente, por razonable

52 Esas razones, y otras más, son aludidas en los dictámenes redactados por los Profesores Carmelo de Diego Lora y José Giménez y Martínez de Carvajal, encargados por la Junta de Asuntos Jurídicos de la Conferencia Episcopal española, sobre la ley del jurado y la participación de clérigos y religiosos (vid. el texto de ambos dictámenes en *Ecclesia* 2.782, 30 de marzo de 1996, pp. 34 (486) ss.

53 La única vez que el Tribunal Constitucional se ha pronunciado sobre este tema ha sido en la STC 216/1999, de 29 de noviembre de 1999, y no llegó a entrar en la cuestión de fondo. El recurso de amparo había sido interpuesto contra la simple inclusión del recurrente en la lista de sorteables para jurados, y el TC entendió que se trataba de una petición extemporánea, pues, en tanto no hubiera sido efectivamente designado para formar parte de un tribunal, no se había producido la eventual lesión de derechos fundamentales alegada por el recurrente. Para un comentario a esa sentencia, vid. J. LANDETE CASAS, *Objeción de conciencia y tribunal del jurado,* en "Anuario de Derecho Eclesiástico del Estado" 18 (2002), pp. 199-205. Aunque el TC no entró a decidir sobre la aplicabilidad del art. 12.7 de la ley a la objeción de conciencia, la sentencia tiene un aspecto positivo, a mi entender, y es que no acepta la argumentación del abogado del Estado, que contiene notables inexactitudes y adopta una posición netamente legalista. Las referencias que la sentencia del TC contiene a las decisiones de los tribunales inferiores muestran, por otro lado, que el legalismo de

entiendo una decisión favorable al reconocimiento de la objeción de conciencia en el caso de aquellas personas sobre quienes pesa una prohibición canónica. Siendo el deber del jurado un deber fungible, es decir, un deber en el que el clérigo o religioso puede ser sustituido fácilmente por cualquier otro ciudadano, no parece razonable exigir el cumplimiento de la ley por encima de la libertad de conciencia. Existe, además, un argumento de orden práctico que hizo valer en su día la jurisprudencia inglesa[54]: si se obliga a un ciudadano a servir como jurado contra sus convicciones morales, no podrá cumplir con su función adecuadamente. A un Estado no le interesa un mal jurado por las mismas razones que no le interesa un mal soldado.

4.7. Objeción a matrimonios homosexuales

Estas dos últimas razones resultan también aplicables al último caso de objeción de conciencia protagonizado por católicos en España, con amplia repercusión mediática: la negativa de jueces, alcaldes o funcionarios a celebrar una ceremonia de matrimonio civil entre personas del mismo sexo, que es ya posible en nuestro país desde la reforma del Código Civil operada en julio de 2005[55].

Análogamente a lo que sucedía con las objeciones bioéticas, debemos distinguir aquí dos cuestiones diversas. Una es la oposición a la ley en sí misma, por considerar que deforma el concepto natural de matrimonio y/o por estimar que es una ley inconstitucional, en la medida en que distorsiona la noción de

algunos jueces españoles, a que me refería en el párrafo anterior, no es mera hipótesis.

54 Vid. J. MARTÍNEZ-TORRÓN, *Ley del jurado y objeción de conciencia*, citado supra, en nota 50, p. 128.

55 Ley 13/2005, de 1 de julio, por la que se modifica el Código Civil en materia de derecho a contraer matrimonio.

matrimonio presente en el artículo 32 de la Constitución. La otra cuestión es la que aquí directamente nos concierne, y es la admisibilidad de una objeción de conciencia de los funcionarios a quienes el derecho encarga celebrar el matrimonio civil.

Naturalmente, ambas cuestiones están relacionadas[56]. Una 'objeción de legalidad' posee mayor fuerza jurídica en la práctica que una objeción fundada en razones solamente morales o religiosas. En la medida en que el objetor consiga hacer valer su opinión sobre la inconstitucionalidad de la ley, su conciencia queda salvada, y consigue un objetivo más ambicioso, como es un cambio legislativo general, y no sólo una exención particular. Importantes instituciones jurídicas españolas se pronunciaron contra la constitucionalidad del proyecto de ley, o manifestaron serias dudas sobre la misma, durante su tramitación parlamentaria: el Consejo de Estado (diciembre de 2004), el Consejo General del Poder Judicial (enero de 2005) y la Real Academia de Jurisprudencia y Legislación (marzo de 2005). Pero es el Tribunal Constitucional quien tiene la última palabra. Habrá que esperar, por ello, a que decida sobre las cuestiones de constitucionalidad que varios jueces le han planteado, y sobre el recurso de inconstitucionalidad que el Grupo Popular tiene la intención declarada de presentar.

Por lo que se refiere stricto sensu a la objeción de conciencia, cuanto se ha dicho ya en este trabajo explica que, en mi opinión, y siempre que se trate de una objeción verdadera, tendría un serio fundamento para ser admitida como eximente de la obligación legal de oficiar una ceremonia de matrimonio civil homosexual. Sobre todo cuando esa obligación es, en la práctica, claramente fungible: es decir, que otras personas puedan sustituir al objetor en el ejercicio de sus funciones. Aunque conviene no

56 Vid. R. NAVARRO-VALLS, La *objeción de conciencia a los matrimonios entre personas del mismo sexo*, en "Revista General de Derecho Canónico y Derecho Eclesiástico del Estado" 9 (2005), www.iustel.com

olvidar, a este propósito, que cada ciudadano católico tendrá sus personales convicciones de conciencia sobre la legitimidad moral de su contribución, en tanto que testigo cualificado por el derecho estatal, a una ceremonia de matrimonio homosexual a la que, en principio, le obliga su condición de juez, alcalde o funcionario. No hay, de momento, una doctrina oficial de la Iglesia católica al respecto, pese a las declaraciones realizadas por el Cardenal López Trujillo y a los estímulos del episcopado español a los potenciales objetores[57].

También se han indicado ya las dificultades con las que se topa la objeción de conciencia, en un clima legalista, para prosperar sin un claro precepto legal que la respalde. Como se sabe, el actual gobierno rehusó introducir cualquier modificación de la ley, incluida la posibilidad de añadir una cláusula conciencia, desoyendo los abundantes llamamientos que a ese propósito hicieron prestigiosas instituciones jurídicas y juristas individuales, también de prestigio, que habían trabajado sobre este tema. No hizo, en otras palabras, como el legislador de Canadá, el cual, en un clima de discusión política y parlamentaria mucho más mesurado –y más racional que emocional–, introdujo una específica cláusula de objeción de conciencia, muy clara respecto a las autoridades religiosas y algo más ambigua respecto a los funcionarios civiles[58].

57 Cfr., por ejemplo, diario ABC de 23 de abril y 1 de mayo de 2005.

58 El art. 3 de la ley canadiense sobre el matrimonio civil establece: "Se entiende que las autoridades religiosas son libres de rechazar la celebración de matrimonios que no sean conformes a sus convicciones religiosas". Y el art. 3.1., inmediatamente a continuación: "Se entiende que nadie puede ser privado de los derechos que ofrecen las leyes federales, ni se pueden imponer obligaciones o sanciones en base a estas leyes por la simple razón de que se ejerza, en relación al matrimonio entre personas del mismo sexo, la libertad de conciencia y de religión garantizada por la Carta Canadiense de Derechos y Libertades, o que se exprese, en base a esta libertad, sus convicciones en relación al matrimonio como unión entre un hombre y una mujer con exclusión de cualquier otra persona". Vid. al respecto C. PONS-ESTEL Y A. SEGLERS, *El 'homosexual marriage'*

Vale la pena mencionar aquí que, en la tramitación de la ley en el Senado español, se perdió oportunidad de incluir una cláusula de conciencia específicamente destinada a proporcionar cobertura legal a los funcionarios objetores. O, al menos, la oportunidad de poner al gobierno, y al Congreso de los Diputados, entre la espada y la pared, comprometiéndoles a pronunciarse sobre si una ley que –se proclama– pretende reforzar la protección de la igualdad y del derecho constitucional al matrimonio puede transformarse, innecesariamente, en una ley restrictiva de otro derecho fundamental aún más importante, como es la libertad de conciencia. En efecto, el Partido Popular consiguió hacer prosperar en la Comisión de Justicia del Senado la enmienda que contenía una explícita y clara cláusula de conciencia, la cual habría protegido la abstención de "las autoridades y funcionarios de todo tipo que, debiendo intervenir en cualquier fase del expediente matrimonial entre personas del mismo sexo, adujesen razones de conciencia para no hacerlo". Pero, en el Pleno, presentó, y logró que se votara favorablemente, un veto a la totalidad del proyecto de ley, con lo que, al continuar el normal trámite parlamentario, el Congreso no tuvo necesidad de votar sobre la enmienda introducida en Comisión en el Senado, y se limitó –como resultaba previsible– a reiterar su voto positivo al proyecto, que se promulgaría como ley unos días más tarde[59].

Desde mi punto de vista, se trató de una estrategia equivocada. Hubiera sido más útil seguir la ruta de la solución políticamente posible –introducir la cláusula de conciencia– en lugar de

en la experiencia jurídica canadiense: un precipitado extemporáneo a la common law, en "Revista General de Derecho Canónico y Derecho Eclesiástico del Estado" 9 (2005), www.iustel.com

59 La aprobación de la enmienda relativa a la cláusula de conciencia por la Comisión de Justicia del Senado tuvo lugar el 14 de junio de 2005. La votación del veto por el Pleno, el 22 de junio. Y la nueva aprobación del proyecto de ley por el Congreso de los Diputados, el 30 de junio. La ley fue promulgada el 1 de julio, entrando en vigor el día 3 del mismo mes.

empecinarse en dejar testimonio de que se perseguía algo más ambicioso –la retirada del proyecto de ley– que se sabía con certeza no iba a ocurrir. Digo que fue una estrategia equivocada porque una protección legal específica para los objetores no sólo habría hecho más segura la tutela del derecho de cada persona a la libertad de conciencia. Habría hecho también posible la institucionalización de un cauce que permitiera a los funcionarios –sin temor a ser sancionados o discriminados– expresar su protesta por la promulgación de una ley que muchos consideran contraria a la naturaleza del matrimonio, y por tanto abocada a ejercer en el futuro una influencia social negativa. En otras palabras, la cláusula de conciencia habría podido abrir las puertas a un movimiento ciudadano de resistencia civil ante la nueva ley que ahora, sin cobertura legislativa neta, resulta más difícil.

En fin, más allá de hipótesis sobre lo que podía haber sucedido en la vida política y jurídica española, conviene indicar que la objeción de conciencia de los funcionarios que han de celebrar ceremonias de matrimonio civil plantea cuestiones análogas a las que en su día planteó la ley del divorcio de 1981: si es moralmente admisible para el católico la cooperación indirecta con una norma inmoral, para evitar males mayores[60]. Éste es tema, naturalmente, que no estoy en condiciones de abordar aquí. Pero sí quisiera mencionar que, sin perjuicio de la libertad que en el ámbito civil posee cada católico para tomar su propia decisión en conciencia, sería deseable una pronta orientación oficial de la Iglesia católica en la que se distinguiera con claridad entre la actitud general que debe tener un católico ante la posibilidad de matrimonios entre personas del mismo sexo y la actitud correcta que debe adoptar un funcionario católico cuando se encuentre ante la concreta situación de responder a la obligación legal de celebrar uno de esos matrimonios. Y quizá también deba darse

60 Vid. al respecto C. DE DIEGO LORA, *Jueces, abogados, procuradores, ante la ley civil de divorcio*, en "Ius Canonicum" XXIII, 46 (1983) pp. 753-778.

respuesta a las inquietudes de algunos católicos que, en vista de la deformación del concepto de matrimonio operada a su juicio por la ley de 2005, entienden que su conciencia les impulsa a rechazar el matrimonio civil y estar unidos exclusivamente por el matrimonio canónico (lo cual, en principio, no parece compatible con lo establecido en al Acuerdo sobre Asuntos Jurídicos de 1979 entre la Santa Sede y el Estado español).

4.8. Objeción a interrumpir descanso dominical

Una de las objeciones de conciencia que obedece a motivaciones estrictamente religiosas, y que ha dado origen a numerosos conflictos en el derecho comparado e internacional, es la negativa a interrumpir el descanso sabático en día de precepto. Los casos más frecuentes se han referido a judíos o adventistas del séptimo día, que practican un riguroso descanso religioso el sábado, o bien a musulmanes, en relación con su asistencia obligatoria a la oración colectiva de los viernes por la tarde. Hay, sin embargo, algunos supuestos referentes a cristianos que se oponían al trabajo en domingo, en Inglaterra y Canadá, decididos de manera diversa por la jurisprudencia[61]. Habitualmente se trataba

61 El caso canadiense es *Smart c. T. Eaton Ltée*, J.E. 93-446 (1993), en el cual el Tribunal de Derechos de la Persona de Montreal reconoció el derecho de una trabajadora, católica, a que la empresa se acomodara a sus creencias religiosas, que le exigían el descanso religioso en domingo, sin que bastara la simple oferta de concederle tiempo libre para la asistencia a misa (un comentario al caso, en el contexto del derecho canadiense sobre la noción de acomodación del empresario a las prácticas religiosas de los trabajadores, puede verse en E. CAPARRÓS, *La posición de la sociedad civil ante la objeción de conciencia: una perspectiva canadiense*, en el volumen colectivo "Objeción de conciencia", México 1998, pp. 93 ss.; vid. también E. RELAÑO, *El reconocimiento de la libertad de religión en una sociedad multicultural*, en "Revista de la Facultad de Derecho de la Universidad de Granada", 3ª época, 2 (1999), pp. 521 ss.). Más reciente es el caso *Copsey*, de la Corte de Apelación para Inglaterra y Gales en la *Supreme Court of Judicature* (un órgano judicial que desempeña una función

de incompatibilidades con el horario derivado de un contrato de trabajo, pero hay también casos sobre la imposibilidad moral de presentarse a unas oposiciones convocadas en el día de descanso religioso[62].

En el caso de la Iglesia católica, el deber del descanso dominical conecta, como en judaísmo, con un mandato divino, pero tiene un carácter más flexible que en otras religiones. Se busca un equilibrio entre el cumplimiento de la norma y su adaptación a las circunstancias singulares de cada persona. Los fieles tienen la obligación moral grave de asistir a misa los domingos y otros días festivos, salvo que estén excusados por una razón seria o sean

parecida a la de nuestro Tribunal Supremo): *Copsey v WWB Devon Clays Ltd* [2005] EWCA Civ 932 (25 julio 2005). Copsey se oponía, por razones estrictamente religiosas, a aceptar el nuevo turno de domingo que le había sido impuesto; no tenía inconveniente en trabajar ocasionalmente en domingo, pero no estaba dispuesto a ceder de manera habitual en ese aspecto de sus deberes religiosos. La Corte de Apelación daría la razón al empresario.

62 Las soluciones proporcionadas por la jurisprudencia a esos conflictos han sido muy diversas, en un arco que va desde la sensibilidad del Tribunal Supremo norteamericano en 1963, en el caso *Sherbert*, hasta la trivialidad mostrada por nuestro Tribunal Constitucional en su sentencia 19/1985. Otras veces, las previsiones se encuentran a nivel normativo. Por ejemplo, la Comisión de Derechos Humanos de Ontario (Canadá) prevé especialmente que el empresario está obligado a efectuar reajustes en el horario del trabajador, para acomodarse a sus necesidades religiosas, siempre que eso no le suponga *undue hardship* (carga o molestia indebida) en su organización laboral; la carga de la prueba recae sobre el empresario. Me remito, para referencias más precisas, a R. NAVARRO-VALLS Y J. MARTÍNEZ-TORRÓN, *Las objeciones de conciencia en el derecho español y comparado*, cit. en nota 3, pp. 147 ss.; R. PALOMINO, *Objeción de conciencia y relaciones laborales en el Derecho de los Estados Unidos*, en "Revista Española de Derecho del Trabajo" 50 (1991), pp. 901-930. En relación con la posición del Tribunal Constitucional español, vid. también A. CASTRO JOVER, *La libertad de conciencia...*, cit. en nota 2, pp. 167-172; J.M. CONTRERAS MAZARIO, *El derecho a la objeción de conciencia en las relaciones de trabajo*, en "La objeción de conciencia", cit. en nota 2, pp. 227-254; A. FERNÁNDEZ-CORONADO, *Objeción de conciencia y descanso semanal*, en "La objeción de conciencia", cit. en nota 2, pp. 215-226

oportunamente dispensados[63]. El precepto dominical no se reduce a la participación en el rito de la Eucaristía; "los fieles se abstendrán de entregarse a trabajos o actividades que impidan el culto debido a Dios, la alegría propia del día del Señor, la práctica de las obras de misericordia, el descanso necesario del espíritu y del cuerpo"[64]. Normalmente, será cada persona individual quien aprecie la seriedad de las causas que impiden cumplir rigurosamente con el precepto dominical, pero eso no significa que cualquier motivo sea suficiente para abandonarlo de manera legítima[65]. Por otra parte, ese juicio de conciencia individual no sólo puede conducir a considerar que se tiene una legítima causa de exención en un caso concreto. También puede llevar a la conclusión contraria, es decir, a entender que se está obligado por el precepto dominical incluso en circunstancias que habitualmente son constitutivas de dispensa según la común opinión de la autoridad eclesiástica.

Ese conjunto de factores tiene gran importancia cuando se aborda la cuestión desde la perspectiva del derecho del Estado. La existencia del precepto dominical como obligación general para los católicos actúa como prueba de la sinceridad del objetor. Y, por otro lado, la flexibilidad que permite la doctrina de la Iglesia no puede justificar un eventual desinterés o escepticismo del derecho estatal ante una actitud moral más rígida adoptada por la

63 Cfr. Catecismo de la Iglesia Católica, nn. 2180-2183; y Código de Derecho Canónico, cc. 1245-1247.

64 Catecismo de la Iglesia Católica, n. 2185; cfr. también Código de Derecho Canónico, c. 1247. Junto a ello, el propio Catecismo menciona que es propio del domingo dedicarse a obras de beneficencia o caridad, a la atención a la familia, y a actividades de meditación que favorezcan el crecimiento de la vida interior cristiana; indicando, además, que los católicos han de "evitar los excesos y las violencias engendrados a veces por espectáculos multitudinarios" (cfr. ibid., nn. 2185-2188). Ese concepto del descanso religioso en domingo era, precisamente, lo que inspiró la conducta de los demandantes en los casos *Copsey* y *Smart*, citados en la nota.

65 Cfr. Catecismo de la Iglesia Católica, n. 2187-2188.

conciencia individual de algunos católicos. Para el Estado –ya se hizo notar– lo que cuenta es el ejercicio individual de la libertad de conciencia, y no sólo su soporte institucional[66]. Además, está lo que podríamos llamar un razonamiento en términos de agravio comparativo: la aplicación del principio de igualdad descartaría que el Estado tratase con mayor cuidado las objeciones de fieles de otras confesiones por el mero hecho de que sus doctrinas son más intransigentes, pues el precepto dominical tiene la Iglesia católica al menos la misma importancia que en esas otras confesiones. La elasticidad de la doctrina moral católica para adaptarse a las situaciones particulares no procede de una menor categoría del descanso dominical, sino del interés por no gravar innecesariamente la conciencia de los fieles.

En España no me consta que se hayan producido supuestos de objeción de conciencia de católicos al trabajo en domingo –menos probables que los fieles de otras religiones, porque el domingo es el día normal de descanso laboral en nuestro país, como en todo Occidente. De tener lugar, la precedente doctrina de nuestro Tribunal Constitucional no hace presagiar una solución correcta, desde mi punto de vista. Sí ha habido algún conflicto relativo a los escrúpulos de conciencia de un católico para desempeñar en domingo el cargo de presidente de una mesa electoral, que le había correspondido por el sorteo legalmente previsto. La Junta Electoral de Zona mostró una notable insensibilidad hacia las alegaciones del objetor[67].

66 Vid. supra, epígrafe n. 3.

67 El caso –que no llegaría a la vía judicial– es descrito con detalle por J. BOGARÍN DÍAZ, *La libertad religiosa y de conciencia ante la administración electoral: un caso de sensibilidad*, en "La libertad religiosa y de conciencia...", cit. en nota 2, pp. 363-372. Hasta ahora, los conflictos relacionados con la objeción de conciencia a las mesas electorales han sido protagonizados sobre todo por testigos de Jehová; un análisis de la jurisprudencia del Tribunal Supremo español al respecto puede verse en L. ÁLVAREZ PRIETO, *La objeción de conciencia a formar parte de una mesa electoral*, en "Revista Española de Derecho Canónico" 148 (2000), pp. 129-151.

5. Consideraciones finales

En las páginas anteriores no he pretendido realizar –ya lo advertí– un estudio exhaustivo de todas las objeciones de conciencia por parte de católicos. Me he limitado a subrayar algunas cuestiones relativas a los casos reales más frecuentes, y que resultan de mayor interés en este momento de la vida jurídica española. Han quedado así al margen posibles objeciones en el entorno de la enseñanza (especialmente en relación con ciertos contenidos educativos); la objeción a prestar juramento –o promesa– sin que esté presente un símbolo religioso; o las consecuencias que pueden derivarse de objeciones en materia alimentaria (p. ej., como resultado del deber de abstinencia) para personas internadas en centros militares, hospitalarios o penitenciarios. Tampoco he mencionado la objeción de conciencia en el derecho canónico, cuestión interesantísima que requeriría un estudio independiente y para la que se ha sugerido el recurso a la *æquitas canonica*[68]. En fin, me ha parecido que debían quedar fuera de este trabajo las que podríamos llamar las objeciones de conciencia de católicos 'a la inversa', es decir, los supuestos de oposición a la presencia de símbolos religiosos católicos en lugares o ceremonias públicas[69].

Quisiera ahora concluir con unas breves observaciones sobre cuestiones de carácter, permítaseme la expresión, 'estratégico'. Y es que, aunque la objeción de conciencia es un derecho de los ciudadanos individuales –y así lo recoge el art. II-70 de la Constitución Europea–, la Iglesia tiene un obvio interés en que la objeción de sus fieles sea tutelada. Sobre todo en un contexto como el de las actuales sociedades occidentales, en las que, a

68 Vid. al respecto las sugerentes observaciones de R. BERTOLINO, *L'obiezione di coscienza 'moderna'...* cit. en nota 8, especialmente pp. 69-76.

69 Sobre este tema, vid. el reciente estudio de S. CAÑAMARES ARRIBAS, *Libertad religiosa, simbología y laicidad del Estado*, Pamplona 2005.

veces, la protección del multiculturalismo y de las minorías parece ser compatible, paradójicamente, con lo que se ha llamado "el último prejuicio aceptable": el anticatolicismo[70].

Esto, en un entorno social crecientemente judicializado, sugiere la necesidad de plantear adecuadamente las contiendas jurídicas. Tres son, en mi opinión, los principales factores a tener in mente.

El primero es la conveniencia de que la Iglesia católica cuente con asesoramiento jurídico apropiado y específico en estos temas. Lo cual ha de mover, entre otras cosas, a que los conflictos entre ley y conciencia se presenten, tanto jurídica como mediáticamente, como algo que afecta directamente a los derechos de los ciudadanos, y sólo indirectamente a los derechos de la Iglesia entendida como organización institucional y jerárquica.

El segundo factor, en estrecha conexión con el primero, se refiere a la importancia de educar a los católicos en los derechos que el ordenamiento jurídico les reconoce, y en la mejor manera de ejercerlos. En relación con esto último, me parece esencial transmitir la idea de que ejercen ante el Estado su derecho de libertad religiosa y de conciencia *no como católicos, sino como ciudadanos.*

En fin, el tercer factor es más de índole política que estrictamente jurídica. Me refiero a la utilidad de, en lo posible, unir fuerzas con otras confesiones religiosas, o bien con grupos ideológicos o incluso políticos, buscando la confluencia de ideas en cuestiones concretas o haciendo lo posible para emprender proyectos de interés común. De esa manera se evitaría algo que no pocas veces sucede en el plano mediático: que se atribuyan determinadas convicciones morales exclusivamente a la jerarquía católica, haciendo notar –de manera interesada, y tantas veces

70 La expresión es del sociólogo italiano M. INTROVIGNE, *El 'Código da Vinci': pero la verdadera historia es diferente*, en "Revista General de Derecho Canónico y Derecho Eclesiástico del Estado" 6 (2004).

subliminal– que su posición en esos temas es aislada. Por citar algunos ejemplos, mencionaría la posibilidad de adoptar puntos de vista comunes con las comunidades musulmanas en materia de protección a la vida o de la heterosexualidad del matrimonio; o la posibilidad de definir, en relación con algunas objeciones bioéticas, estrategias compartidas con grupos de izquierda ecologista[71]. Esto es algo que no necesariamente ha de hacerse desde la jerarquía eclesiástica. Al contrario, es enorme, y está todavía infradesarrollada, la función que los ciudadanos católicos pueden desempeñar en esta materia, individual o agrupadamente.

JAVIER MARTÍNEZ-TORRÓN
Universidad Complutense de Madrid

71 La proposición de ley de CC.OO. mencionada supra, en la nota 40 y texto correspondiente, muestra que también esta colaboración es factible.

EL MATRIMONIO RELIGIOSO EN LOS NUEVOS PAÍSES MIEMBROS DE LA UNIÓN EUROPEA

Corresponde dirigir la atención en estas líneas hacia los *diez nuevos paises miembros de la Unión Europea,* desde 1 de mayo de 2004, después del período de su candidatura y cumplidas las condiciones de homologación de la instancia democrática europea de los quince miembros anteriores*: tres paises bálticos* (Estonia, Letonia y Lituania); *cinco paises centroeuropeos* (Polonia, Hungría, República Checa, Eslovaquia y Eslovenia); y *dos paises insulares mediterráneos,* (Chipre y Malta). Constituyen junto con los anteriores miembros una valiosa unidad del mismo continente, *Europa de los veinticinco,* pero con las múltiples y lógicas diferencias de carácter étnico, social, cultural, industrial, político, religioso, etc, además, desde luego, de las consecuencias diversas de su ubicación geográfica nórdica, central o insular.

Al abordar ahora un tema concreto, como es el tema matrimonial, *cuál es el sistema matrimonial* de estos diez paises[1], sería ilusorio querer dar una respuesta uniforme deducible de la variada legislación de los mismos, que, por lo demás, como sucede en todo país suele estar modelada por las múltiples circunstancias histórico-sociológicas y políticas que impregnan la vida de los pueblos. Por eso el proceso de estudio será el de caminar por la via legislativa de cada uno de ellos, que ofrece, sin embargo, un panorama sugestivo al estar enriquecido con destellos singulares de cada país.

Aunque señalamos a continuación alguna breve reflexión introductoria, vaya ya desde ahora la indicación del camino a seguir, que se reparte en cuatro secciones y se deriva de la propia clasificación establecida en el enunciado de paises

I ***Paises bálticos****: Estonia, Letonia y Lituania.*

II ***Paises centroeuropeos****: Polonia, Hungría, República Checa, Eslovaquia y Eslovenia.*

III ***Paises insulares mediterráneos****: Malta y Chipre.*

IV ***Resoluciones matrimoniales canónicas en la Unión Europea***

Políticamente estos paises, menos los insulares, estuvieron durante largo período, como es sabido, bajo la influencia ideológica soviética, con las correspondientes derivaciones sociales, culturales, industriales, económicas, religiosas...; y por tanto alcanza-

1 Sobre sistema matrimonial de los anteriores quince paises miembros de la UE: JL Santos *El matrimonio religioso en los paises de la Unión Europea,* ADEE (1999) 195-229.- *Marriam and Religion in Europe.* F. Messner y S. Wyamusch, (editores) Varios Autores. Giuffré. Milán 1993 pp. 252.- M. Murillo Muñoz, capítulo. XVI (matrimonio), obra colectiva *El Derecho de libertad de conciencia en el marco de la UE: pluralismo y minorías,* A. Fernández Coronado (Directora), Edit. Colex, Madrid 2002 pp. 299-325. - Sobre sistema matrimonial en otros paises europeos no pertenencientes a UE (Albania, Bosnia Herzegovina, Bulgaria, Croacia, Macedonia, Moldavia, Rumanía, Turquía, Yugoslavia) cfr "South Eastern European Legal Initiative" (SEELINE), Family Law: www. Seeline-project.net.

ron a múltiples instituciones y también, como veremos, a los sistemas matrimoniales y de familia.[2]

El flanco religioso de los mismos paises, en que incide de forma bien conocida el tema del matrimonio, es muy diverso y hasta verdaderamente complejo. Existen paises, en efecto, de *conocida mayoría católica* (Polonia, Hungría, Malta de confesionalidad católica, Lituania, Eslovenia); otros *de mayoría luterana* (Estonia y Letonia); y *otros de mayor complejidad*, como la *República Checa* (católicos 39 %; ateos 39 %; otras minorías); y finalmente *Chipre* con doble comunidad étnica y religiosa muy diversa: comunidad greco-chipriota (80 % de religión greco-ortodoxa) y comunidad greco-turca (10 % de religión islámica).

Los Códigos de Familia, que fueron penetrando en la instancia legislativa de estos paises (menos Chipre y Malta), durante el período de influencia soviética han mantenido el *sistema de matrimonio civil único,* ya que los ritos religiosos del matrimonio eran desconocidos a efectos civiles o incluso prohibidos, a veces con posibles sanciones si se celebraban antes del matrimonio civil.

Esta legislación , alteraba en la mayor parte de esos paises la *opcionalidad civil o religiosa existente con anterioridad*; *y, a su vez, después del período socialista, como veremos, se recupera en la mayor parte de los mismos la opcionalidad matrimonial anterior*; cuando los paises logran su independencia y establecen nueva legislación matrimonial y familiar.

Señalemos, finalmente (antes de entrar en el análisis legislativo de cada país), que todos estos paises, excepto dos,[3] han firmado recientemente Acuerdos con la Santa Sede, garantizando, a

2 *Law and Religion in Post-Communist Europe*. S. Ferrari, W. Cole Durham (editors). Peeters, Leuven-Paris-Dudley. 2003 pp. 427.

3 Excepto Eslovenia y Chipre, los otros ocho paises nuevos miembros de la UE han firmado en el último decenio Acuerdos con la Santa Sede: Estonia, Letonia, Lituania, Polonia, Hungría, República Checa, Eslovaquia y Malta.

veces, de forma expresa la eficacia civil del matrimonio canónico e, incluso, haciéndola extensiva algunos de ellos a las decisiones eclesiásticas de nulidad o disolución del matrimonio..

I. Matrimonio religioso en los Países Bálticos: Estonia, Letonia, Litunia

Al abordar la legislación matrimonial de los paises no es posible una pretensión unificadora, como queda anotado en líneas anteriores, dada la legislación diferenciada de los mismos, aunque pertenezcan a una misma zona, como en este caso, los unidos por el Báltico: Estonia, Letonia y Lituania.

Los tres paises ciertamente estuvieron bajo control soviético hasta alcanzar su independencia; los tres han alterado sus constituciones y su legislación en múltiples materias, entre ellas en el tema matrimonial y familiar, y los tres han recuperado en cuanto a sistema matrimonial la forma optativa (matrimonio en forma civil o religiosa), que tuvieron con anterioridad. Los tres paises, además han firmado recientes Acuerdos con la Santa Sede, en los que confirman eficacia civil al matrimonio celebrado ante la Iglesia católica. Pero es de interés una observación particular de cada uno ya que son diversas las circunstancias y planteamiento.

Estonia

La regulación del matrimonio en Estonia[4], que procedía de ley de 1922 y que concedía eficacia civil al matrimonio religioso (luterano), se vió alterada en el período comunista según el

4 Estonia. Población 1,3 mill.- Luteranos, mayoría. Minoría católica (6.000 aprox.)

Código de Familia, donde sólo era reconocida la validez del matrimonio civil, careciendo de eficacia civil los ritos religiosos. Recuperada su independencia (1990) Estonia establece nueva *Constitución* (1992), en la que se amparan más ampliamente los derechos y libertades fundamentales, como el derecho de libertad de conciencia, religión y pensamiento, y en la que declara no existir en Estonia Iglesia de Estado (arts. 40 y 41)[5]. Garantiza los derechos relativos a la familia "base de la sociedad", la igualdad de derechos y deberes de los esposos, el derecho y deber de los padres en la educación y cuidado de los hijos (arts. 27 y 37).

La *Ley de Familia de 1994* (última reforma en abril de 2004), establece el derecho de los ministros de culto de las confesiones religiosas legalmente reconocidas a instruir el expediente matrimonial e inscribir en el Registro Civil los matrimonios celebrados ante ellos, previa autorización del Ministerio de Asuntos Internos (arts. 130 y 138).[6]

Por otra parte en el Acuerdo entre la Santa Sede y Estonia sobre estatuto general de la Iglesia (1998) se reconocen efectos civiles a los matrimonios canónicos, supuesta la inscripción de los mismos en el Registro civil y previamente el certificado de nupcialidad emitido por el mismo organismo del Registro (art. 8)[7].

5 Const. art. 40: "Everyone has freedom of conscience, religion and throught. Everyone may freely belong to churches and religious societes. There is no State Church". Cfr. www.riik.ee

6 El art.130 reitera, en sus cuatro apartados, la misma nomenclatura: "ministro religioso de una Iglesia, congregación o asociación de congregaciones" - A este resultado de autorización se llegó después de negociaciones entre el Ministerio de Asuntos Internos, el de Justicia y el Consejo de Iglesias de Letonia,enmienda incorporada en junio de 2001 a la Ley de Familia. Cfr M. Kiviorg, *State and Church in Estonia,*en vol. *Le statut des confessions religieuses des Ëtats candidats a l´Union Europeenne,* F. Messner (direction). Università degli Studi di Milano. Actes du Colloque Université Robert Schuman. CNRS, Strasbourg 17-18 nov.2000. Consortium Europeen pour l´etude des Relations Eglises-Etat. Giuffrè. Milan 2002 pp. 115-138, p.138.

7 Acuerdo Santa Sede-Estonia, (AAS (1999) 414-418) art. 8: "Los matrimonios celebrados en la Iglesia católica supuesto el registro de los mismos y el que

Estonia, por tanto, admite la opción de forma civil o religiosa (luterana, católica, otros cultos reconocidos), si bien el resto de la legislación matrimonial (capacidad, efectos, disolución...) es de competencia civil.

Letonia

La República de Letonia[8] que en su *Constitución* se pronuncia por la separación de Iglesia y Estado y que ampara los derechos humanos fundamentales[9], establece el matrimonio, la familia, los derechos de los padres y de los hijos, como objeto de atención y protección especial. de la República (Constitución de 1922; última reformas en 1998, 2002 y 2004; art. 110).

El sistema matrimonial, que se adaptada en décadas anteriores al sistema de paises de la órbita de la Unión Soviética a través del Código de Familia, y que no admitía más matrimonio y forma de matrimonio que el civil, ha recuperado en su reforma del *Código Civil y Ley de Familia* la posibilidad de celebración del matrimonio con eficacia civil en *forma optativa, civil o religiosa.* En concreto la Ley de Familia especifica (art. 51) los grupos religiosos reconocidos: *Luteranos, Católicos, Ortodoxos, Viejos Creyentes, Metodistas, Baptistas, Adventistas, Creyentes de Moisés (Judaismo)* son autorizados a estos efectos siempre que los contrayentes cumplan los requisitos legales y que el matrimonio sea inscrito en la Oficina General del Registro Civil (Art. 42 y 51)[10].

se haya emitido el certificado de matrimonio por la oficina del Registro civil , tendrán efectos civiles"

8 Letonia. Población: 2,5 mill. Mayoría luteranos; minorías ortodoxos y católicos (católicos 415.000 aprox.)

9 Const. art. 99: "Todos tienen derecho de libertad de pensamiento, conciencia y religión. La Iglesia estará separada del Estado". Cfr. www.mju.es

10 Family Law, art. 51: "If the persons to be married belon to the Evangelical Lutheran, Roman Catholic, Orthodox, Old Believers, Methodist, Baptist,

El Código de Familia alude de forma continuada y reiterativa a la celebración opcional del matrimonio ante el oficial del Registro General o ante el ministro de una Iglesia en la normativa matrimonial en diversos artículos, y no sólo en la norma citada del art. 51, (arts. 50, 51, 52, 53, 54, 55). Con anterioridad al período soviético, existía también la misma opcionalidad: "El matrimonio se celebrará ante el funcionario del Registro Civil o ante el ministro de cualquier confesión religiosa, según el deseo de los contrayentes" (Código Civil, 1921, art.24).- El mismo Código de Familia, por lo demás, establece toda una detallada legislación matrimonial (arts. 26-381), sobre esponsales, celebración, inscripción registral, efectos, nulidad, disolución, derechos de los esposos, bienes, relación padres-hijos... como corresponde a una normativa actualizada.

A su vez, de manera similar a lo indicado sobre Estonia, el Acuerdo de Letonia con la Santa Sede (noviembre de 2000) establece la *eficacia civil del matrimonio en forma canónica* art.8: "1. Desde el momento de la celebración canónica, el matrimonio produce elfectos civiles determinados por la legislación de la República de Letonia, supuesto que no existan impedimentos civiles entre las partes contrayentes y que hayan cumplido los requisitos previstos por las leyes de la República de Letonia.-2. La forma y el tiempo en los que el matrimonio tenga que ser registrado ante la competente autoridad civil se determinarán por las leyes de la República de Letonia"[11].

La conclusión resulta similar a la aplicada a Estonia. La República de Letonia admite dentro del sistema matrimonial la opción de forma civil o religiosa con efectos civiles, siempre que sean observadas las demás leyes estatales.

Seventh Day Adventist or believers in Moses (Judaism) denominations and wish to be married by a minister of their denomination who has the relevant permission from the leaders of the denomination, the publishment shall take place in accordance with the procedures of the denomination concerned". Cfr. www.ttc.lv y www.am.gov.lv

11 AAS (2003) 102-110.

Lituania

Cabe señalar como premisa antes de hablar del sistema matrimonial en Lituania[12], que su Constitución (1992), que *declara no existir Iglesia de Estado, se muestra respetuosa con las Iglesias y confesiones religiosas,*[13] valorando su tarea en la sociedad, dotándolas de personalidad jurídica civil y de capacidad para acuerdos con el Estado, autonomía en su programación y funciones de culto, caritativas y educativas, siempre que no sean contrarias a la Constitución y al ordenamiento estatal. Se garantizan, desde luego también, los derechos humanos fundamentales y entre ellos el de libertad religiosa (arts. 26, 27, 28, 29...).

Desde la propia Constitución el legislador ha puesto especial atención respecto del matrimonio y la familia, realizando una cuidadosa síntesis normativa sobre el tema (art. 38, 39 y 40):

"*La familia* será considerada base de la sociedad y del Estado". Sobre esta base se especifica la protección estatal a la familia,maternidad, fraternidad, infancia.[14]

"*El matrimonio*, añade el texto constitucional, nacido del libre consentimiento del varón y la mujer, quienes gozarán de iguales derechos, se hará constar en los Registros del Estado *El Estado reconoce también los matrimonios registrados en la Iglesia*"[15].

12 Lituania. Población 3,8 mill. Católicos 80 %. Protestantes.

13 Const. art. 43: "The State shall recognise traditional Lithuanian churches and religious organisations, as wel as other churches and religious organisations provided that they have a basis in society and their teaching and rituals do not contradict morality or the law... There shall not bea State religion in Lithuania". Cfr. www.lrkt.ly

14 En noviembre de 2004 la protección a la familia es confirmada con una Ley de beneficios a las familias numerosas.

15 El mismo art. constitucional (art. 38) se refiere, a su vez, al derecho y deber de los padres de hacer de sus hijos ciudadanos honestos y leales hasta que puedan decidir por sí mismos al llegar con la edad a la madurez suficiente. También responsabiliza a los hijos con el deber y respeto a sus padres y el cuidado que han de tener con ellos cuando estos alcancen la vejez.

El Código de Matrimonio y Familia, congruentemente con la Constitución (art. 38) reconoce como válidos civilmente los matrimonios en forma religiosa, siempre que reunan los requisitos establecidos en la legislación estatal (arts. 6, 11, 12, 13, 14)[16].

Como en los casos anteriores Lituania, durante el período de influencia comunista, hubo de aceptar, a parte de otras disposiciones, la normativa referida al sistema matrimonial; entre cuyas disposiciones aparecía como único y obligatorio el matrimonio civil, careciendo de eficacia civil los ritos matrimoniales religiosos, en contra de la normativa existente con anterioridad. Al acceder de nuevo a la independencia del pais, como se observa en la Constitución y en el Código de Matrimonio y Familia, Lituania recupera la opcionalidad de matrimonio en forma civil o religiosa, observando las demás prescripciones de la legislación estatal.

A esta normativa obedecen también los *matrimonios celebrados ante la Iglesia católica, cuya validez civil es confirmada por el Acuerdo de la Santa Sede con Lituania (2.000)*. La validez civil, según el mismo Acuerdo (art. 13), se refiere no sólo al matrimonio canónico, una vez inscrito en el Registro civil, *sino también a las decisiones de los tribunales eclesiásticos sobre nulidad del matrimonio y a los decretos pontificios sobre disolución del vínculo matrimonial,* ya que son susceptibles de respaldo y eficacia en cuanto a efectos legales civiles, según las normas de la República de Lituania una vez que estas disposiciones eclesiásticas hayan sido cursadas a la autoridad competente del Estado.

Esta última norma, sin embargo, según parece, no queda suficientemente aclarada; pues no se determina a qué clases de

16 A esta interpretación se refiere el Tribunal constitucional de Lituania en disposición de 1944, 21 de abril. Cfr S. Pérez Alvarez, *Los sistemas matrimoniales de los Estados que han solicitado su adhesión a la Unión Europea y su tipificación en el marco de las tendencias vigentes y de los modelos posibles en el futuro derecho de la Unión*. En "Laicidad y Libertades", nº 3 (2003) 309-346, p 33

decisiones de tribunales y decretos pontificios alcanza la posible homologación; a parte de desconocer si tales nulidades matrimoniales o disoluciones de matrimonio están o no de acuerdo "con las normas legales de la República de Lituania". Queda también por determinar el trámite de notificación a la autoridad estatal desde la instancia eclesiástica.[17]

En todo caso, el sistema matrimonial de Lituania aparece, como los dos anteriores de Estonia y Letonia, de carácter opcional en cuanto a la forma civil o religiosa de contraerlo; con la añadidura en el caso de Lituania de la posible homologación civil de las disposiciones de los tribunales eclesiásticos y decretos pontificios sobre nulidad o disolución del matrimonio.

Conclusión. Países Bálticos

Habría que concluir que estos tres paises Bálticos, que excluyen la religión como Iglesia de Estado, Estonia, Letonia y Lituania, no se han decido por el sistema matrimonial civil único y obligatorio con "desconocimiento" de la validez civil de la forma religiosa de contraerlo, como hubiera sido fácil continuidad después del período socialista. Por el contrario su nueva legislación matrimonial ha continuado, por una parte, desde luego, con un solo sistema de matrimonio civil, en que son necesarios los requisitos de la legislación estatal, pero abriendo también, por otra parte, la posibilidad a las confesiones religiosas existentes y reconocidas en el pais de celebrar el matrimonio con sus propios ritos religiosos y otorgándoles reconocimiento civil.

17 Acuerdo Sante Sede-Lituania, (AAS (2000) 783-795) art. 13, 4: "Las decisiones de los tribunales eclesiásticos sobre nulidad del matrimonio y los decretos de la suprema autoridad de la Iglesia sobre la disolución del vínculo matrimonial deberán ser trasmitidas a las autoridades competentes de la República de Lituania con objeto de regular los efectos legales de tales decisiones de acuerdo con las normas legales de la República de Lituania"

Se ha recuperado la opcionalidad histórica anterior (forma civil o religiosa), probablemente considerando como aceptable la valoración de los grupos religiosos en cuanto favorecen al bien de los ciudadanos y no suponen merma de la competencia estatal sino más bien, según parece, colaboración con las tareas del Estado.

II. Matrimonio religioso en los paises Centro-Europeos: Polonia, Hungría, República Checa, Eslovaquia y Eslovenia

La situación actual de estos países centroeuropeos que han accedido recientemente a la Unión Europea, *Polonia, Hungría, República Checa, Eslovenia y Eslovaquia,* procedente de un planteamiento político y legislativo bastante homogéneo durante el período de influencia soviética hasta la recuperación de la independencia de los mismos, después de la caida del Muro de Berlín, ofrece nueva legislación diferenciada en el tema matrimonial, como en otros muchos temas.

Es de tener en cuenta la separación de Iglesia y Estado en todos ellos, al mismo tiempo que aceptan constitucionalmente, junto con los demás derechos humanos, el de libertad religiosa, garantizando el respeto a la pluralidad religiosa, que en algunos paises, Polonia y Hungría, viene tradicionalmente conviviendo con cualificadas mayorías católicas.

Su legislación matrimonial ha obtenido un proceso similar al de los paises bálticos, llegando en la actualidad, como veremos, a *sistemas de matrimonio único civil pero admitiendo en general la forma optativa de celebración civil o religiosa con eficacia civil,* con alguna excepción como es el caso de Eslovaquia y Hungría. La identidad socio-política de cada país ha dado lugar, sin embargo, a legislaciones matrimoniales muy diferenciadas, y por eso es de interés un apunte singular de los mismos.- Con anterioridad durante el período soviético el sistema matrimonial era únicamente civil obligatorio, careciendo de eficacia civil la celebración religiosa, que, en cambio, sí había sido civilmente reconocida con anterioridad a este período.

Polonia

Polonia[18] en su *Constitución* (1997) , digamos ante todo, aborda la relación de Iglesia y Estado, haciendo constar, por una parte, la imparcialidad de la República de Polonia en materia de creencias religiosas, así como la autonomía e independencia de las mismas e igualdad de derechos (art. 25); pero señala, por otra parte, la regulación de las relaciones con la Iglesia Católica por medio de tratado celebrado con la Santa Sede, así como también la celebración de acuerdos adoptados por el Consejo de Ministros con otras Iglesias y asociaciones religiosas.

El tema matrimonial y de familia ha sido diligentemente atendido en la legislación polaca, y normas del mismo se encuentran tanto en la Constitución, como en el Código Civil y leyes de Familia, así como también en los Acuerdos del Estado con la Santa Sede y con otros grupos religiosos reconocidos en el país.

Polonia estableció en 1964 el *matrimonio civil obligatorio* (Código Civil de 1964 y Código de Familia 1964), careciendo de eficacia civil la celebración del matrimonio religioso. Con anterioridad, por ley de 1958, la celebración de los ritos religiosos estaba limitada, ya que sólo se autorizaba la celebración prioritaria del matrimonio religioso en caso de enfermedad grave y peligrosa, con posibles sanciones en caso de infracción de la norma; limitación que se deroga en 1989. El Código de Familia establecía normas matrimoniales similares a las de los demás paises socialistas. La nulidad del matrimonio y el divorcio eran de exclusiva competencia estatal[19]. Cabe señalar, en general, que durante los perío-

18 Polonia. Población 38,5 mill. Católicos 93,5 %. Protestantes 1,5 %.

19 Prader, *Il matrimonio nell mondo*. Cedam. Padova 1970 p. 434-438.

dos de ocupación rusa, alemana y austriaca, la legislación poloca hubo de aceptar en no pocas instituciones, entre ellas la del matrimonio, la normativa de los respectivos Códigos Civiles[20]

En varios momentos la *Constitución* establece normas de carácter general respecto del matrimonio. Así se hace constar en el texto constitucional que "el matrimonio, como unión del varón y de la mujer, así como la familia, la maternidad, y la paternidad estarán bajo la protección y cuidado de la República de Polonia" (art. 18).- Establece la igualdad de derechos para varones y mujeres en la familia, en cuanto a vida política, social y económica (art. 33). Subraya el derecho de los padres a educar a sus hijos en conformidad con sus propias convicciones, y también el deber de los padres de respetar la libertad de conciencia y de creencias y convicciones de los hijos cuando estos alcancen la madurez suficiente (art. 48). (Cfr. www.seim.gov.pl).

El Acuerdo de la Santa Sede con Polonia (1993; ratificado cinco años después en 1998)[21] garantiza, entre otras varias cuestiones, la eficacia civil del matrimonio canónico desde el momento de su celebración (arts. 10). Esta eficacia civil del matrimonio canónico se hace extensiva después de la ratificación de este Acuerdo con la Santa Sede a las demás comunidades religiosas (en número de once) que habían obtenido una regulación individual antes de 1997, y sólo a ellas. *Ley de 1998 de modificación del Código de Familia y la Tutela*[22]. Se establecían, al mismo tiempo, especiales condiciones para su validez ante la jurisdicción polaca:

- que no existan impedimentos previstos en la legislación polaca

20 M.Pietrzak, (Universidad de Varsovia). *Le statut juridique des communautés religieuses en Pologne.* En vol. "Le statut des confessions religieuses..." cit. p 103

21 AAS (1998) 310-329. Cfr P. Mayor, *El sistema matrimonial concordatario en Polonia*, REDC (2001) 291-319, p. 299.- B. Trzeciat, *Sentido, contenido y valoración del Concordato de Polonia.* ADEE (1999) 481-490, 486.

22 Cfr. M. Pietrzak *Le statut juridique...* cit. ib.

- manifestación concorde de los contrayentes sobre los efectos civiles
- inscripción en los registros civiles
- instrucción previa de los contrayentes sobre los efectos del mismo en derecho polaco y sobre la indisolubilidad del matrimonio canónico.

El Acuerdo establece también la exclusiva competencia de los tribunales eclesiásticos para dictar sentencia sobre la validez o nulidad del matrimonio canónico; al mismo tiempo que precisa la exclusiva competencia de los tribunales estatales en el ámbito de los efectos definidos por la legislación polaca (art. 11).

Esta doble matización sobre tribunales eclesiásticos y tribunales estatales deja en estado de cierta imprecisión varios aspectos importantes con relación a la homologación civil de las decisiones eclesiásticas sobre matrimonios canónicos: a) si producen o no eficacia civil las sentencias canónicas sobre nulidad de matrimonio; b) qué tipo de causas matrimoniales son las aludidas al referirse a "las otras causas matrimoniales previstas por el derecho canónico": (si se incluyen las que se refieren a matrimonio rato y no consumado; disolución por el llamado privilegio de la fe...); c) el hecho de aludir en el momento de la notificación de esas decisiones canónicas y las referidas a sus efectos civiles al procedimiento sugerido en el art. 27 del Acuerdo (por convenio entre la Iglesia y el Estado), parece indicar voluntad de homologación civil, pero al mismo tiempo se pospone hasta un futuro acuerdo sobre el particular; acuerdo del que no hay constancia por el momento. Así como también el texto se remite a la decisión de realizar la modificación necesaria de la legislación polaca con el fin de llevar a la práctica el presente artículo (art. 11)[23].

23 El art. 11 del Acuerdo precisa, finalmente, la declaración de la voluntad las partes contratantes para defender y respetar la institución del matrimonio y de la familia, fundamento de la sociedad, y de destacar el valor de la familia. Así como también la Santa Sede reafirma la doctrina católica sobre la dignidad e indisolubilidad del matrimonio.

Hungría

Hungría[24], pais de separación de Iglesia y Estado[25], garantiza, desde luego, en su Constitución (1949, reformas sucesivas), los derechos humanos fundamentales y entre ellos el de libertad religiosa. En el texto constitucional no establece especiales normas sobre el matrimonio, pero sí garantiza con diversas disposiciones algunas consecuencias importantes derivadas del mismo (arts. 66, 67, 70 A, 70 J), referidas a igualdad de derechos y obligaciones entre varón y mujer y no discriminación, derecho de los padres sobre educación y desarrollo físico, mental y moral de los hijos, atención a la mujer antes y después de la gestación...

El *sistema de matrimonio civil* como el único válido ante la legislación estatal aparece en Hungría en la Ley de Matrimonio y Familia de 1952 (reformas posteriores hasta: "Family Act", 17 julio 2003, art. 2) y en el Código Civil (1960) y *autoriza la celebración del matrimonio en forma civil o religiosa*, "ambas de práctica habitual en Hungría" , pero sólo se reconocen efectos civiles al matrimonio en cuanto cumple los requisitos civiles[26]. Por eso en la celebración religiosa a efectos civiles es necesaria la presencia del funcionario del Registro civil y la previa certificación de capacidad de los contrayentes otorgada por el mismo organismo. Por tanto si los contrayentes celebrasen matrimonio religioso sin los condicionamientos legales, la celebración carecería de valor legal.[27] En 1961 quedaron abrogadas, por tratarse de un asunto interno de los cultos, las sanciones previstas para el ministro religioso que asistiese al matrimonio religioso antes de celebrarse el

24 Población 10 mill..- Católicos 64 % (= 6,2 mill.).

25 Const. art. 60.3: "The church and the State shall operate in separation in the Republic of Hungary". Cfr. www.net.jogtar.hu

26 Family act, arts. 2 y 3: Necesaria presentación previa de los contrayentes ante oficial del Registro, ausencia de impedimentos, anotación en Registro... Cfr. www.seeline-projet.net

27 Prader, *Il matrimonio nell mondo... cit* 538-542.

civil. Toda la normativa matrimonial, incluidas las causas matrimoniales de nulidad y divorcio, es de la exclusiva competencia de la autoridad estatal.

Está prevista, sin embargo,como *asunto de Derecho Internacional Privado* la posibilidad de admitir con validez civil el matrimonio religioso de ciudadanos de Hungría si lo contraen con contrayente extranjero en paises en que tal matrimonio es reconocido a efectos civiles por la jurisdicción estatal; en tal caso será recibido y homologado por la legislación estatal de Hungría. (Decreto Ley 13 de 1979, art. 37)[28]

Durante el período comunista la legislación matrimonial tradicional del país fue alterada en el sentido de los demás paises socialistas, y se produjo la conocida corriente hostil hacia las Iglesias. Pero la fuerza social de estas logró que el Gobierno realizase Acuerdos con algunas confesiones religiosas (1948): Iglesia Reformada, Iglesia Unitariana e Iglesia Evangélica[29]. También se firmaron con posterioridad tres Acuerdos con la Iglesia Católica (1964, 1969 y 1975) sobre nombramientos episcopales. Pero ni estos, lógicamente, ni aquellos se referían en absoluto al tema matrimonial.- Tampoco abordan este tema los Acuerdos más recientes entre la Santa Sede y Hungría, ya que se refieren en concreto a otros temas singulares: relación diplomática (1990); asistencia religiosa a las Fuerzas Armadas (1994); y a asuntos de financiación de la Iglesia (1997)[30]; ni tampoco se ocupa sobre el tema la Ley de libertad de conciencia y libertad de religión (1990).

28 Barlarz Schanda.(Universidad de Budapest) *Church and State in Hungary.* Vol. "Le statut des confessions religieuses..." cit. p. 84

29 C. Corral- J.G.M. Carvajal. *Concordatos vigentes.* Tomo II. FUE. Madrid 1981 p.213 ss.

30 AAS (1994) 574-579; (1998) 330-341.- M.Agar *Raccolta di Concordati 1950-1999.*Roma p 851-852. Cfr P. Erdo, *Accordo tra la Santa Sede e la Republica d'Hungheria.* ADEE (1998) 721-728.

República Checa

La República Checa[31], estado independiente de la anterior federación de Checoslovaquia, establece en su Constitución (1992) [32] el matrimonio civil como únicamente válido a efectos legales, aunque se admite desde ese año la doble forma civil o religiosa para contraerlo.- En el período de unión checo-eslovaca el matrimonio, según ley de 1919, podía celebrarse también en forma civil o religiosa. En 1950, bajo la influencia de gobiernos de inspiración comunista (1948-1968) sólo se admitió la forma civil en todo el territorio, y estaban previstas, pero fueron abolidas más tarde, diversas sanciones para el ministro de culto que asistiese al matrimonio religioso antes de celebrarse el civil (Código Penal, art. 207)[33]

El Código de Familia (1963,con reformas en 1992 y 2001, art. 4) restaura en 1992 los *efectos civiles a matrimonios celebrados ante ministros de cultos reconocidos*, y autorizados previamente por el Gobierno para ulterior inscripción en el Registro. Por ley 91/1998 se obliga a obtener también previamente certificado del

31 Rep. Checa. Población 10,3 mill. Católicismo 39,2 %. Protestantismo 4,1 %. Agnósticos/ateos 39,7 %.

32 Modificaciones diversas en 1997, 2000, 2001 y 2002. Una "Carta de los derechos y libertades fundamentales" figura como parte integrante del orden constitucional. (Const. art. 3). Textos legales (versión española) 3n "Anexo documental" de la obra de Riobó Serván citada en la nota siguiente n. 33.

33 Prader. *Il matrimonio nell mondo,* cit. p 123-125.- A. Riobó Serván, *El derecho de libertad religiosa en la República Checa y en la República Eslovaca*. Edit. Dykinson. Madrid 2005 pp. 105-109; 267-268; 372-375. El mismo autor (*Libertad religiosa y Derecho bajo el comunismo. La experiencia checoslovaca,* "Ius Canonicum" (2004) 589-647) distingue tres períodos de calificación diversa: 1948-1968 con leyes y actuaciones represivas en cuanto a las confesiones religiosas, católica, ortodoxa y otras; 1968-1989 de sentido un tanto liberalizador pero sin variaciones sustanciales hasta el derrumbe del régimen comunista en 1989; en esta fecha empezaría el tercer período de carácter más liberal.

oficial del Registro de que los contrayentes carecen de impedimentos según la normativa checa[34].

En un nuevo texto se perfila una nueva normativa matrimonial para los matrimonios celebrados ante el ministro católico, por *Acuerdo entre la Santa Sede y la República Checa,* firmado en 2002, 25 de julio, ya que está prevista la eficacia civil del matrimonio canónico. El Acuerdo, *hasta el presente sin la ratificación de la Cámara de Diputados,* careciendo por tanto de vigencia en la actualidad, regula el estatuto jurídico de la Iglesia en sus relaciones con el Estado.

Entre otras disposiciones, la norma referida al matrimonio se expresaba en el art. 9: "La Iglesia celebra las funciones durante las cuales se contraen matrimonios. El matrimonio así contraido, que cumpla las condiciones establecidas por el ordenamiento jurídico de la República Checa para contraer matrimonio, gozará de idéntica validez y de idénticas consecuencias jurídicas como el contraido según la forma civil". Vendría a ser este texto como una confirmación de la norma citada del art. 4 del Código de Familia.

Así pues, la República Checa mantiene el sistema único de matrimonio civil pero con posible forma optativa de celebración civil o religiosa, recuperando en la nueva legislación matrimonial la opción civil o religiosa tradicional, después del período de influencia comunista en que a efectos civiles era "desconocida" la forma religiosa.

Eslovaquia

La República Eslovaca[35], que invoca inicialmente en su Constitución (1992), entre otros principios, la herencia espiritual de los

34 J. Rajmund Tretera (Universidad de Praga) *The principles of state ecclesiastical Law in the Czech Republic.*: vol. "Le statut des confessions religieuses..." cit. p. 154

35 Eslovaquia. Población 5,3 mill. Católicos 68,9 %. Protestantismo 7,9 %. Ateismo 13,7 %.

santos Cirilo y Metodio, se define como "La República eslovaca es una república soberana, democrática y un estado de derecho. No está vinculada a ninguna ideología o creencia religiosa" (art. 1). Ratifica y garantiza los textos de solvencia internacional sobre derechos humanos fundamentales, entre ellos el de libertad de pensamiento, conciencia, religión y credo (art. 24). [Textos legales (versión española) en "Anexo documental" de la obra de Riobó Serván citada en nota 33].

En el *sistema matrimonial* se distinguen como tres momentos. La normativa matrimonial, antes de la separación de las Repúblicas federadas de Checoslovaquia se admitía el *matrimonio en forma civil o eclesiástica* (Ley de 1919). En 1950, con la entrada en vigor de la Ley de Registros de estado civil, se introduce en todo el territorio el *matrimonio civil único* y desaparece toda interferencia de la autoridad eclesiástica en esta materia, permanenciendo así durante todo el período de influencia socialista, como se hace constar antes a propósito de la República Checa[36]. El tercer momento llega con las reformas legislativas que se producen al recuperar Eslovaquia su total independencia, en que permanece el *sistema matrimonial civil único* pero se restablece la posible celebración del matrimonio en *forma civil o religiosa,*siempre que se cumpla con la legislación estatal.

En abril de 2002 en Acuerdo regulador con confesiones religiosas no católicas (once iglesias y sociedades) la República Eslovaca garantizaba eficacia civil al matrimonio religioso celebrado ante las mismas (art.10)[37].

36 Prader. *Il matrimonio nell mondo. Cit.* pp. 123-125. Ley de Familia (1963) y Código Civil (1964).

37 Confesiones firmantes del Acuerdo: Iglesia Evangélica Augustana. Cristiana Reformada, Iglesia Ortodoxa, Evangélica Metodista, Unidad Fraterna Baptista, Iglesia Fraterna, Adventistas, Iglesia Apostólica, Liga Central de Comunidades Judías, Iglesia Viejocatólica y la Iglesia Checoslovaca Husita. (A. Riobó Serván, *El derecho de libertad religiosa...* cit p 358-362; texto del Acuerdo ibidem pp. 455-464).

Anteriormente en noviembre de 2000 se produce la confirmación de la *eficacia civil del matrimonio ante la Iglesia católica* con la firma del Acuerdo entre la Santa Sede y la República Eslovaca sobre estatuto jurídico de la Iglesia: "El matrimonio, contraido según el Derecho Canónico, que cumpla también las condiciones establecidas por el derecho de la República de Eslovava para contraer matrimonio, tiene en el territorio de la República Eslovaca idéntica validez e idénticas consecuencias jurídicas que el matrimonio contraido según la forma civil" (art. 10). Su registro estatal y modo de inscripción se determinará por las normas de la República Eslovaca.

Un segundo párrafo del mismo artículo (art. 10, 2), referido a las *decisiones eclesiásticas sobre nulidad del matrimonio y la disolución del vínculo matrimonial*, parece otorgar cierta eficacia civil a las mismas al establecer que "serán comunicadas a petición de una de las partes interesadas a la República Eslovaca" y que "La República Eslovaca procederá en el caso según su ordenamiento jurídico". Una cierta imprecisión de estas expresiones parece dejar indefinida la eficacia concreta de tales decisiones, pero se estima sin embargo, que en la práctica los tribunales estatales proceden como si se tratara de decisiones de tribunales extranjeros admitidas por la jurisdicción estatal eslovaca[38].

En el proemio de dicho Acuerdo se recuerdan algunas motivaciones que han facilitado la firma del mismo y en virtud de estos motivos se garantizan por ambas Partes las tareas e instituciones del Acuerdo y, entre ellas, las referidas al matrimonio y su eficacia civil, y educación católica de los hijos[39].

38 Ley 97/1963 de Derecho Internacional Privado y Procesal. Cfr. S. Pérez Alvarez. *Los sistemas matrimoniales... cit.* p. 338.

39 "Las Altas Partes colaborarán en la defensa y en la promoción del matrimonio así como de la familia que provenga del matrimonio"(art. 11). El Acuerdo puntualiza también deberes y derechos en la formación de los hijos y sobre su educación católica (art. 12).

Eslovenia

La República de Eslovenia[40], independiente desde 1991, anteriormente parte de Yugoslavia (República Federal Social-Comunista), establece en su Constitución (1991) separación de Iglesia y Estado[41], y garantiza los derechos humanos y libertades fundamentales habituales del mundo occidental.

Particular atención y garantía constitucional se establece sobre matrimonio y familia (arts. 53-57) garantizando la celebración de matrimonio ante la autoridad, la igualdad de los esposos, la paternidad, la maternidad, la infancia, la educación de los hijos, incluyendo la educación religiosa y moral de los mismos.

El *sistema matrimonial es el de matrimonio civil únicamente válido*, ya que el matrimonio religioso carece de eficacia civil; pero es libre la celebración religiosa, antes o después del matrimonio civil.[42] La inscripción válida a efectos civiles es la del Registro civil. Sin embargo el Ministerio de Cultura por Acuerdo con la Conferencia Episcopal de Eslovenia concede un *cierto valor a los archivos de la Iglesia Católica* (bautismos, matrimonios, fallecidos). (Ley de archivos, art. 37). A su vez, una Ley de Comunidades Religiosas en la República de Eslovenia (1976) todavía en vigor, concede cierta beligerancia religiosa pero no concuerda con la Constitución democrática de 1991 en cuanto al tema matrimonial, a pesar de nuevo giro y negociaciones parlamentarias desde 1996.[43] Por otra parte, en diciembre de 2001 Eslovenia firma un Acuerdo de cooperación con la Santa Sede, pero en el mismo no es abordado el tema matrimonial.

40 Eslovenia. Población 1,9 mill. Católicos 71,3 %. Ortodoxos 2,3 %. Musulmanes 1,5 %.

41 Const. art. 37: "El Estado y los grupos religiosos están separados". Cfr. www.usrs.si y www.slgovl.slgov.sl

42 Ley de Matrimonio y Relaciones de Familia (1989, modificación 1994).

43 Lovro Sturm (Universidad de Lubliana) *The State and Church relationship in Slovenia*. Vol. "Le statut des confessions religieuses..." cit. p 191-194.

En realidad el sistema matrimonial civil, como único y obligatorio, era introducido en 1963 con la Constitución de la República de Yugoslavia. El matrimonio y la familia estaban bajo la protección del Estado y también su regulación jurídica bajo la exclusiva competencia estatal.- En cambio *antes de 1946 el matrimonio religioso* era obligatorio en Eslovenia (también en Dalmacia), excepto en el caso de que los contrayentes careciesen de religión. En las demás regiones de Yugoslavia (Servia, Macedonia, Croacia, Bosnia y Montenegro) el matrimonio religioso era facultativo[44].

Conclusión. Países Centroeuropeos

Resulta bastante compleja en el tema matrimonial la situación de estos cinco paises centroeuropeos, Polonia, Hungría, República Checa, Eslovaquia y Eslovenia. Prescindimos ahora del anterior apunte detallado, enunciamos sólo el sistema matrimonial resultante de cada uno.

Eslovenia y Hungría apoyan el sistema de matrimonio civil único; admiten los ritos religiosos (Hungría), pero estos carecen de eficacia civil, ya que sólo es válido el matrimonio que se ajuste a los requisitos legales.

Polonia, República Checa y Eslovaquia establecen en su legislación el sistema matrimonial civil unico, pero admiten otorgándole eficacia civil la forma religiosa de celebración del matrimonio.

Finalmente es de interés anotar en cuanto a Polonia y Eslovaquia, que apoyan la posible homologación civil de las decisiones eclesiásticas de nulidad o disolución de matrimonio (aunque el texto concordado de concesión permanece en cuanto a sus límites en forma no totalmente clara).

44 Prader.*Il matrimonio nell mondo.* cit pp. 329-333.

III. Matrimonio religioso en los Países Insulares Mediterráneos: Malta y Chipre

Las singulares características de estos dos paises, incorporados a la Unión Europea, Malta y Chipre, suponen una matización original en el ámbito de Europa respecto de los demás paises, no sólo por su carácter insular, que comparten con algún otro país de la UE, sino porque su legislación tanto en materia matrimonial, como en otros campos, que no son de este momento, regulan con peculiar personalidad jurídica la institución del matrimonio: en el caso de Malta por tratarse del único pais europeo que mantiene la confesionalidad católica; y en el caso de Chipre por tratarse de un país compuesto de dos comunidades totalmente distintas, como señalábamos al principio, al menos por razones étnicas, religiosas y numéricas, que lo hacen muy cercano al sistema confesional: comunidad grecochipriota, mayoritaria, de religión preferentemente griega ortodoxa y comunidad turcochipriota, minoritaria, de religión preferentemente islámica.

En ambos casos, como se verá, la legislación respectiva ha optado tambien por la vía optativa de poder celebrar el matrimonio con eficacia civil, en forma civil o en forma religiosa.- Analizamos separadamente el sistema matrimonial correspondiente.

Malta

Permanece Malta[45] como país confesionalmente católico, declarando a la Iglesia Católica como Iglesia de Estado y amparando sus instituciones[46]

45 Malta. Población 365.000.- Católicos, gran mayoría (98 %).

46 Const. art. 2:"1. La religión de Malta es la Religión Romana Católica y Apostólica. 2.Las autoridades de la Iglesia Romana Católica y Apostólica tienen el deber y el derecho de enseñar qué principios son verdaderos y cuáles son erró-

Malta reconoce en su sistema matrimonial *dos clases de matrimonio: el civil y el canónico*; *quizás habría que enumerarlos en orden inverso, el canónico y el civil*, ya que este último se presenta prácticamente como si se tratase de un matrimonio subsidiario. De todos modos la Constitución garantiza el matrimonio de los ciudadanos, y remite la normativa especial a las leyes específicas[47].

El *matrimonio civil* puede realizarse no sólo ante el funcionario civil, sino también ante los ministros de culto de confesiones religiosas autorizadas por el Ministerio de Asuntos Internos, y que reuna los requisitos establecidos por ley[48]. La ley regula las causas de nulidad matrimonial (arts18-20), no, en cambio, la separación conyugal ni el divorcio.

El *matrimonio canónico*, en su protección y eficacia civil, resulta especialmente cuidado, normativa no fácil de observar en ningún otro país.A parte de las disposiciones de la *Constitución* , *Código Civil y Ley de Matrimonio*, el matrimonio canónico es contemplado y regulado en el *Acuerdo firmado entre Malta y la Santa Sede (1993) sobre efectos civiles del matrimonio canónico.* Al mismo fueron añadidos dos Protocolos complementarios, uno el mismo año 1993 y otro de 1995, que puntualizan algunas normas matrimoniales.

El *Acuerdo de 1993*[49], en efecto, ratifica desde luego *efectos civiles al matrimonio canónico* desde el momento de su celebración y establece la forma de trasladar el acta matrimonial al Registro Público (arts. 1 y 2). *También reconoce efectos civiles a las sentencias y decretos de ratificación de nulidad matrimonial*, res-

neos. 3. La enseñanza religiosa de la Fe Romana Católica y Apostólica se impartirá en todas las escuelas delEstado como parte de la enseñanza obligatoria". Cfr. www.mju.es y www.gov.mt

47 Constitución (1964; diversas modificaciones hasta la actualidad) art. 26.

48 Ley de Matrimonio, 1975, actualizada por Ley 31/2002, arts. 17 y 18.

49 AAS (1997) 679-694. Acuerdo entre la Santa Sede y la República de Malta. Y Protocolos adicionales.

petando, en su caso, la competencia de los tribunales civiles que hayan podido intervenir previamente en el caso de que se trate (arts. 3, 4, 5, 6 y 7). El Tribunal estatal "no volverá a examinar los méritos del caso" (art. 8). Finalmente, también se dispone que serán *regulados por la ley civil los efectos civiles tanto en las causas de nulidad matrimonial como en las de dispensa de matrimonio rato y no consumado* (art. 9). Se reconocen, asi mismo, efectos civiles a las sentencias canónicas no apeladas o confirmadas en segunda instancia favorables a la validez matrimonial, y se considerarán como "*res iudicata*"; el Tribunal civil "no procederá a reexaminar del mérito de la causa" (Protocolo Segundo Adicional de enero de 1995).[50]

Interesa resaltar algunos puntos de interés:

La matización de "sentencias" de nulidad matrimonial y "decretos" de ratificación de nulidad matrimonial acoge en vía concordataria de manera explícita la normativa habitual del Código Canónico de 1983 (la misma validez jurídica al decreto confirmatorio de la nulidad que a la segunda sentencia confirmatoria), extendiendo a esos decretos la misma eficacia civil que a la segunda sentencia confirmatoria de la nulidad.

Para la eficacia civil del matrimonio canónico, sin embargo, no es suficiente la transmisión del acta de matrimonio al Registro Público, cumplimentada debidamente por el párroco (Ley de Matrimonio arts. 21-22) sino que se precisa también acreditar por certificación del Registro de Matrimonios que las amonestaciones previas requeridas por la ley civil han sido efectivamente realiza-

50 El *Protocolo Adicional Primero de 1993* precisa la realización del formulario del acta matrimonial que deben cumplimentar el funcionario del Registro y los contrayentes; así como otros extremos sobre posibles impedimentos civiles, plazos de presentación ante el Tribunal de Apelación de la República de Malta.- El *Protocolo Adicional Segundo de 1995* se refiere a la eficacia de las decisiones canónicas en causas de nulidad matrimonial y de matrimonio no consumado, cuando se hayan pronunciado por la validez del matrimonio, como queda expresado arriba en el texto.

das o dispensadas, y que no existe entre los contrayentes impedimento civil (edad, incapacidad, parentesco,vínculo) que pueda ocasionar la nulidad del matrimonio.- El matrimonio canónico queda exento de algunas otras condiciones que deben cumplimentar los matrimonios civiles que se celebran ante los ministros de culto de otras confesiones religiosas (Ley de Matrimonio arts. 3-6).

También resulta un tanto novedoso el hacer constar de manera explícita la eficacia civil de las decisiones eclesiásticas sobre nulidad o dispensa matrimonial, cuando sentencian la *validez del matrimonio*, ya que lo habitual en los acuerdos concordatarios que abordan estas decisiones contemplan generalmente las decisiones que se pronuncian por la nulidad del matrimonio.

Como se indicará en el último apartado de estas páginas, Malta ha logrado la modificación de la normativa de la UE[51] para que las decisiones eclesiásticas sobre nulidad o disolución de matrimonio, a las que concede homologación civil, puedan obtener eficacia estatal en los paises miembros de la UE del mismo modo que sucede con los paises concordatarios Portugal, Italia y España.

Chipre

Chipre[52] representa un caso especial y complejo en el conjunto de paises de la Unión Europea por razones históricas, políticas, sociales y, desde luego, por su composición de dos comunidades profundamente diferentes, griega y turca. Consigue su independencia respecto de la Comunidad Británica (febrero de

51 *Reglamento (CE) n. 2116/2004 del Consejo, 2 dic. 2004.*

52 Población, 730.000 . Grecochipriotas 84,1 %; turcochipriotas 11,7 %.- Griegos ortodoxos 80,7 %, incluidas minorías de Armenios, Maronitas y Latinos. (Católicos 17.000 aprox.). Islámicos 11%.

1959), establece nueva Constitución (1960) y altera sucesivamente sus leyes.

La composición social de sus dos comunidades de diverso origen étnico, griego y turco respectivamente, de diversa proporción cuantitativa de población (80 % de procedencia griega, y 10 % de procedencia turca), y de diferente cualificación religiosa (Iglesia ortodoxa griega, mayoritaria, e islamismo, minoritario, en proporción respectiva a la procedencia de población), son datos que originan también otros muchos aspectos diversos en lo político, social, cultural, legislativo... y que configuran una entidad política compleja.[53]

Esta singular fisonomía se trasluce en múltiples instituciones y aparece también en el tema matrimonial a través de su legislación y de la propia Constitución. Garantiza esta, desde luego, los derechos humanos fundamentales y la igualdad de religiones ante la ley[54]

La *Constitución* se extiende en el tema matrimonial y de su normativa y de otras disposiciones posteriores se deriva el reconocimiento oficial de tres formas de matrimonio:

- Matrimonio civil
- Matrimonio greco-ortodoxo y
- Matrimonio musulmán

La Constitución precisa cuidadosamente el tema del matrimonio (arts. 22 y 111), reconoce el derecho al matrimonio de toda persona que alcance la capacidad núbil, y establece no pocas disposiciones:

53 La propia Constitución empieza por el reconocimiento de la composición del Estado por las dos comunidades, griega y turca (arts. 1 y 2), constituidas respectivamente por ciudadanos de la República griegos y turcos, diferenciados según su origen, idiomas, tradiciones culturales y creencias religiosas. (Texto Constitución: cfr. nota 57).

54 Const. art. 18: "1. Toda persona tendrá derecho a la libertad de pensamiento, conciencia y religión. 2. Serán libre todas las religiones cuyas doctrinas o ritos no sean secretos. 3. Todas las religiones serán iguales ante la ley..."

Ampara, ante todo el *matrimonio de los miembros de la Iglesia Ortodoxa Griega*, cuyo "compromiso matrimonial, matrimonio, divorcio, nulidad de matrimonio, la separación judicial o la restitución de los derechos conyugales... *se regirá por el derecho de la Iglesia Ortodoxa griega y estará sujeto a la jurisdicción de un tribunal de dicha Iglesia. Lo mismo está previsto para otros grupos religiosos minoritarios*, a los que se aplique lo dispuesto en el apartado tercero del artículo (*Armenios, Maronitas y Latinos*)[55], si han optado por la pertenencia a la comunidad greco-chipriota (art. 111).[56] Está en coherencia esta norma con la del art. 110, que expresa la continuidad del derecho exclusivo de la Iglesia autocéfala ortodoxa griega de Chipre de regular sus propios asuntos y sus bienes, y que considera que cualquier derecho relativo a asuntos religiosos de la Iglesia o de otros grupos religiosos, continuará perteneciéndole durante y después de la entrada en vigor de la Constitución[57]

55 En "Anexo constitucional E" se garantizan los derechos de los Grupos Religiosos Minoritarios (Armenios, Maronitas y Latinos), que pueden optar por pertenecer a la comunidad greco-chipriota o a la turco-chipriota, y disfrutarán de los mismos derechos que la respectiva comunidad.

56 Ninguna Cámara municipal actuará de modo incompatible con las disposiciones de dicho derecho (Const. arts 86-111: Competencia de las Cámaras Comunales de las comunidades Griega y Turca)

57 La reproducción de los artículos 22 y 111 de la Constitución puede aclarar la compleja normativa matrimonial. [Versión española: *Las constituciones europeas.Constitución de Chipre. 6 abril 1960 Tomo I*. M. Daranas. Ariel Madrid 2000]

Art. 22:" 1. Toda persona en edad núbil será libre de contraer matrimonio y constituir una familia con arreglo a la ley relativa al matrimonio que sea aplicable a dicha persona según lo dispuesto en la presente Constitución.- 2. Se aplicará del modo siguiente el párrafo 1 del presente artículo en los casos que a continuación se enuncian: a) si no fuere la misma ley matrimonial aplicable a las partes con arreglo al artículo 111, las partes podrán optar porque el matrimonio se rija según la ley aplicable a una de ellas en virtud de dicho artículo; b) si lo dispuesto en el artículo 111 no fuere aplicable a ninguna de las dos partes y ninguna de ellas fuere miembro de la Comunidad turca el matrimonio se regirá por una ley de la República que aprobará la Cámara de Representantes y que no

El *matrimonio civil*, regulado por varias disposiciones[58], puede ser contraido por todo ciudadano chipriota, salvo que ambos contrayentes sean greco-ortodoxos, o que uno o ambos contrayentes sean musulmanes. En todo caso el matrimonio civil puede ser celebrado, desde luego, ante el funcionario civil, pero también ante ministro de culto greco-ortodoxo o de otra Iglesia o culto reconocido (armenios, maronitas, latinos), que sólo podrán actuar si previamente les es mostrado el certificado del oficial estatal o la licencia gubernativa, y que levantarán acta de la celebración en doble ejemplar, una para los contrayentes y el otro para su envío al Secretario gubernativo. Este tipo de matrimonio se regula por ley civil tanto en las condiciones previas, como en

podrá contener más limitaciones que las relativas a la edad, salud, parentesco y prohibición de poligamia; c) si el artículo 111 fuere aplicable a una sola de las partes del matrimonio y la otra no fuere miembro de la Comunidad turca, el matrimonio se regirá por la ley de la República a que se refiere el apartado b) del presente párrafo. Sin embargo, las partes podrán acordar que su matrimonio se rija por la ley aplicable, según el artículo 111, a una de ellas, siempre que dicha ley permita el matrimonio en cuestión.- 3 Lo dispuesto en el presente artículo no afectará en modo alguno a los derechos que, en materias distintas del matrimonio, correspondan a la Iglesia Ortodoxa Griega o a otra confesión religiosa a la que sea plicable el párrafo 3 del artículo 2 o en relación a sus miembros respectivos, según lo dispuesto en la presente Constitución".

Art. 111: "1.- Con sujeción a lo dispuesto en la presente Constitución, toda materia relativa a esponsales, matrimonio, divorcio, nulidad de matrimonio, separación judicial o restitución de derechos conyugales o a relaciones familiares, que no sean la legitimación por auto judicial o la adopción de miembros de la Iglesia Ortodoxa Griega o de algun grupo religioso, al que sea aplicable el párrafo 3 del artículo 2, se regirá en y tras la fecha de entrada en vigor de la presente Constitución, por la ley de la Iglesia Ortodoxa Griega o la de la Iglesia de dicho grupo religioso, según los casos, y será enjuiciable por un tribunal de dicha Iglesia, sin que ninguna de las Cámaras comunitarias pueda actuar de modo incompatible con lo dispuesto en dicha ley.- 2.- Lo dispuesto en el párrafo 1 del presente artículo no impedirá la aplicación del párrafo 5 del artículo 90 a la ejecución de sentenciaso autos del tribunal en cuestión"

58 Ley 21/1990 de matrimonio civil; Ley 23/1990 de Tribunal de Familia; Ley 87/1994 de familia de grupos religiosos. Ley de matrimonio de 1959. Cfr. S. Pérez Alvarez,*Sistemas matrimoniales*... cit p. 342.

la propia celebración, así como en los efectos e incidencias posteriores (nulidad, divorcio) y goza logicamente de eficacia civil. El Parlamento en 1989 establece para el divorcio un tribunal (un clérigo presidente y dos laicos) y posible apelación al Tribunal Supremo.

El *matrimonio greco-ortodoxo*, a su vez, goza plenamente de eficacia civil, se celebra ante el ministro religioso y está regulado enteramente por el derecho religioso en todas sus fases[59]. El art. 22 de la Constitución precisa los casos en que no siendo aplicable el derecho matrimonial ortodoxo del art. 111, el matrimonio se regirá por el Derecho de la República (matrimonio civil), respetando además el derecho matrimonial de la Comunidad turca cuando uno o ambos contrayentes, como indicábamos, pertenecen a esta Comunidad y han optado por el matrimonio islámico.- La propia nulidad y disolución del matrimonio ortodoxo permanencen bajo la competencia del tribunal eclesiástico ortodoxo, ya que las sentencias de los tribunales eclesiásticos son reconocidas a efectos civiles. La Constitución (art. 90), en efecto, otorga homologación prácticamente automática a las resoluciones de los tribunales eclesiásticos, si bien los Tribunales de Familia estatales pueden conocer de las mismas cuestiones en cualquier clase de matrimonio.

El *matrimonio musulmán,* finalmente, autorizado con alguna importante restricción, ya que se excluye absolutamente en Chipre la poligamia; y, por otra parte, no se admite el repudio sino sólo el divorcio por vía judicial[60], debe celebrarse para su validez a efectos civiles ante el oficial civil y dos testigos. Los asuntos de nulidad matrimonial se resuelven por los propios tri-

59 El Sínodo de la Iglesia de Chipre toma en 1983 importante decisión matrimonial, entre otras, sobre enfermedades que pueden afectar a la responsabilidad de los contrayentes y futura familia. Cfr. Charalambos K. Papastathis (Universidad de Tesalónica). *The legalstatus of religions in the Republic of Cyprus* Vol." Le statuts des confessions religieuses... cit. p.217-219,

60 Prader, *Il matrimonio nell mondo*, cit. p 141-146

bunales islámicos de la comunidad turca; en cambio los de divorcio siguen la normativa general de la jurisdicción civil.

Conclusión. Países Insulares Mediterráneos Malta y Chipre

La legislación matrimonial resultante de estos dos paises, Malta y Chipre, conduce a una situación, en cierto sentido original: por una parte similar a la de los paises bálticos, que veíamos en la primera parte, matrimonio de posible celebración opcional en forma civil o religiosa, pero, por otra parte, singular pues procede de dos paises que admiten prácticamente Iglesias de Estado: Malta por su confesionalidad católica, y Chipre porque enfatiza y garantiza la religión de la Iglesia Ortodoxa Griega para la Comunidad mayoritaria greco-chipriota, y la religión islámica para la Comunidad turco-chipriota.

En la legislación de uno y otro país aparece, como no podía ser de otra manera el matrimonio civil; pero dado el respeto con que se protegen los matrimonios religiosos, se diría que el matrimonio civil está contemplado como sistema subsidiario; sobre todo en la legislación de Chipre, donde la opción de matrimonio civil está limitada desde la instancia religiosa más que desde la instancia estatal (si ambos contrayentes son ortodoxos o han optado por la Comunidad greco-ortodoxa, su matrimonio deberá celebrarse como ortodoxo; si uno o ambos contrayentes son musulmanes o han optado por la Comunidad turco-chipriota su matrimonio deberá celebrarse como musulmán).

Por otra parte, también resulta de interés constatar que la eficacia civil del matrimonio civil puede obtenerse mediante la celebración del matrimonio ante el ministro religioso, si éste observa las prescripciones legales del Estado (Chipre).- La eficacia civil del matrimonio religioso, a su vez, puede ir más allá de la mera "forma" de contraer el matrimonio, pues tanto en Malta como en Chipre (comunidad grecochipriota), según queda consignado, la propia legislación otorga eficacia civil a las decisiones de los tribunales eclesiásticos sobre nulidad o disolución del matrimonio.

IV. Resoluciones Metrimoniales Canónocas en la Unión Europea

Al concluir estas páginas sobre el sistema matrimonial de los paises recién incorporados a la Unión Europea es preciso aludir, por su conexión e interés, al tema de las resoluciones matrimoniales canónicas (principalmente causas de nulidad y de matrimonio rato y no consumado) entre los paises miembros de la Unión Europea. Ha sido objeto de especial normativa de la misma UE[61] y ha dado lugar a estudios sobre la naturaleza y problemas que plantea la homologacíón civil de tales resoluciones canónicas y la posible extensión de las mismas a los paises miembros de la UE[62]. Valga la remisión a estos estudios, ya que no es propósito de este momento añadir nuevo examen.

61 Se hace extensiva a Malta la norma que regía para los paises concordatarios Portugal, Italia y España: *Reglamento (CE) n. 2116/2004 del Consejo, 2.dic.2004*, por el que se modifica el Reglamento (CE) n. 2201/2003 relativo a la competencia, el reconocimiento y la ejecución de resoluciones judiciales en materia matrimonial y de responsabilidad parental, por el que se deroga el Reglamento (CE) n. 1347/2000, en lo que respecta a Tratados con la Santa Sede.- El Reglamento de 2004 entra en vigor el 1 de marzo de 2005.(art. 2): "Revista General de Derecho Canónico y Derecho Eclesiástico del Estado" n.6 (2005) [www.iustel.com].

62 R. Rodríguez Chacón.*Sentencias matrimoniales canónicas y Unión Europea*. Revista General... (citada en nota anterior). (2005). Idem (datos bibliograficos en notas del anterior trabajo)*Efectos civiles en la Unión Europea de las decisiones canónicas de nulidad matrimonial,* (1999); Idem *El reconocimiento en la Unión Europea de la opción religiosa en el tratamiento procesal de las crisis matrimoniales,* (2001); Idem *Unión Europea y eficacia civil de resoluciones matrimoniales canónicas,* (2001).- R. Corral García, *Algunas consideraciones sobre la relevancia de la jurisdicción canónica en la Unión Europea,* (2001).-M. A. Cañivano, *La relevancia civil del Derecho matrimonial canónico en el Derecho concordatario comparado,*(2004).

La normativa de la UE, respetuosa con la legislación de los paises miembros ha incluido bajo el epígrafe "Tratados con la Santa Sede", en los textos anotados, explícita alusión a los Acuerdos concordatarios de paises miembros que admiten a efectos civiles las decisiones matrimoniales de tribunales y otras instancias de la Iglesia (inicialmente Portugal, Italia y España), y su posible validez en los demás paises miembros, una vez otorgada su homologación civil en el país de origen.

En relación con *los diez nuevos miembros de la UE*, de cuyo sistema matrimonial venimos hablando, la posible homologación civil de dichas decisiones eclesiásticas y su posible extensión a los demás paises miembros alcanza a cuatro paises concordatarios, que dan validez civil al matrimonio canónico y a tales decisiones canónicas: *Polonia, Lituania, República Eslovaca y Malta.* Validez civil de la que se ha hecho alusión en su momento oportuno en las consideraciones anteriores; si bien hay que tener en cuenta una cierta incertidumbre con la que parece redactada la norma concordada, así como los problemas a que puede dar lugar la fuerza expansiva de esas sentencias y decisiones eclesiásticas en los paises miembros de la UE.

En uno de sus estudios sobre el tema anota críticamente Rodríguez Chacón algunos de esos problemas y la perplejidad casi desconcertante a que puede llevar tal extensión de sentencias en derecho internacional, al aumentar el número de paises concordatarios a que se extiende la norma (a Portugal, Italia y España, se añaden ahora, como indicamos, Polonia, Lituania, República Eslovaca y Malta)[63]. Con todo, cabe señalar, como dan

63 R. Rodríguez Chacón, *Sentencias matrimoniales canónicas y Unión Europea,* cit en nota anterior, afirma (en líneas finales): "Queda claro (dice Rodríguez Chacón en líneas finales) que la posición de Malta y las resoluciones matrimoniales con cobertura en su acuerdo concordatario se equiparan en todo directamente a las de Italia y España e indirectamente a la de Portugal "; y también estima que "para los casos de Lituania y Eslovaquia debe aplicarse el mismo criterio que con los acuerdos concordatarios portugués, italiano, español

por sentado las normas de los "Reglamentos" de la UE, y como el propio comentarista no puede menos de admitir, que esa fuerza expansiva de las sentencias y decisiones eclesiásticas no procede directamente de las sentencias canónicas en cuanto canónicas, sino de las mismas en cuanto que adquieren fuerza civil al ser homologadas por los paises de origen.

Por tanto la situación compleja a que pueda llegarse con esa posible extensión de sentencias canónicas, homologadas civilmente, a los paises miembros de la UE, quizás no puede considerarse (a nuestro entender) más problemática que la que pueda producirse en relación con sentencias de tribunales de paises extranjeros (a las que suelen asimilarse las sentencias canónicas "exportadas"), y que, sin embargo, son admitidas comúnmente en la práctica judicial del Derecho internacional. La distancia jurídica de unas y otras sentencias (eclesiásticas y extranjeras) pasa por el mismo filtro de la fuerza jurídica estatal que le otorga el pais de origen y en virtud de esa fuerza las acepta el pais receptor.

Conclusión

Después de la reflexión individualizada de cada país cabe señalar, en una primera aproximación conclusiva, que el itinerario de la legislación matrimonial en estos paises del Este Europeo, recientes miembros de la UE, resulta en general, según parece, bastante similar en cuanto a los tres períodos legislativos señalados, aunque también, como se ha observado, con matices particulares en cada país.

Un primer período de *sistema matrimonial optativo civil o religioso con eficacia civil,* período que puede denominarse de

y maltés, cuando menos en virtud del adagio *ubi eadem ratio, ibi eadem iuris dispositio,* al no adivinarse razón alguna que obligue a distinguir tales supuestos".

carácter tradicional anterior a la vigencia de los Códigos de Matrimonio y Familia de influencia soviética. *Un segundo período* de *sistema matrimonial civil único y obligatorio*, con "desconocimiento" de los ritos religiosos de matrimonio y carencia de eficacia civil de estos ritos, durante la vigencia de esos Códigos de Matrimonio y Familia. *Y un tercer período actual* de *sistema matrimonial civil único, pero con recuperación de la forma opcional civil o religiosa*, con eficacia civil en ambos casos, con las excepciones enumeradas de Eslovenia y Hungría.

El *sistema de matrimonio civil único, pero optativo en cuanto a su celebración en forma civil o religiosa*, es sin duda el sistema escogido, como hemos visto, por la mayor parte de estos paises de reciente incorporación a la UE, menos Eslovenia y Hungría. Este sistema considera la opción religiosa del matrimonio no como privilegio o disminución de la competencia estatal, sino como aplicación más flexible de la ley y como colaboración estimable en la tarea del Estado; al mismo tiempo que concede atención especial a la densidad y cualidad social étnica y religiosa de lo ciudadanos. Habría que decir que la apertura que los paises modernos occidentales han considerado como progreso legislativo hacia grupos sociales, políticos, sindicales, ideológicos muy diversos, a veces contrapuestos, trata de hacerse también extensiva hacia otros valores, como los morales y religiosos, que sin duda forman parte sustantiva de la cultura de los pueblos. Se ha producido este cambio legislativo en un período de tiempo relativamente corto, de unos diez o quince años desde la disgregación de la Unión Soviética y la caida del Muro de Berlín, como si los paises estuviesen deseosos de afirmar su personalidad e independencia y de subrayar situaciones legislativas que favorecieran su historia y tradiciones y también deseosos de alcanzar tipos democráticos que hicieran más viable su incorporación a la Unión Europea.

Estos paises, por una parte, han optado todos por la separación de Iglesia y Estado; todos menos uno, Malta de confesionalidad católica. Pero al mismo tiempo, por otra parte, todos, menos dos (Malta y Chipre), han salido de sistemas políticos que seguían en sus Códigos de Matrimonio y Familia una misma pauta de matrimonio civil único y exclusivo. Han pasado al sistema de matrimonio civil aceptando también a efectos civiles sin mayores dificultades la *opción de forma civil o religiosa*, siempre que cumplan los requisitos legales Y con ello han recuperado la opcionalidad matrimonial tradicional anterior.

Puede considerarse este sistema matrimonial, por tanto, del *tipo llamado anglosajón*, ya que sólo es optativa a efectos civiles la celebración en *forma civil o religiosa*; siendo imprescindibles los demás requisitos según la norma estatal (ausencia de impedimentos, notificación previa, celebración ante oficial estatal o ministro religioso autorizado, registro, etc.).

En algunos de estos paises, en cuatro de ellos en concreto, *Malta, Polonia, Lituania y Eslovaquia,* la homologación civil se hace extensiva no sólo a la forma religiosa de celebrar el matrimonio, sino también a las *resoluciones eclesiásticas de nulidad o disolución* de matrimonio, si bien los textos concordados, como vimos, dan lugar a algunas imprecisiones. Estos paises, en cuanto a sistema matrimonial, se separan, por tanto, del extricto sistema anglosajón, y *se aproximan al llamado sistema latino*, ya que la eficacia civil alcanza no sólo a la forma de contraer sino también a esas resoluciones eclesiásticas. También en cierto modo puede incluirse entre estos paises *Chipre*, ya que el reconocimiento a efectos civiles, como vimos en su momento, llega no sólo al matrimonio celebrado ante el ministro de la Iglesia Ortodoxa Griega, sino también a las decisiones de sus tribunales en materia de matrimonio.

Finalmente, una palabra respecto de Eslovenia y Hungría. *Eslovenia*, que tradicionalmente, antes de 1946, consideraba el matrimonio religioso como obligatorio (salvo que ambos contrayentes careciesen de religión), tiene establecido actualmente el sistema de matrimonio civil único y exclusivo, ya que el matrimonio religioso carece de eficacia civil. Algo parecido sucede en *Hungría:* autoriza los ritos religiosos en cuanto al matrimonio, pero sin efectos civiles, ya que sólo garantiza la validez civil del matrimonio al realizado ante el funcionario civil con ajuste a los requisitos legales.

En una visión de conjunto y de manera muy simplificada en cuanto a sistema matrimonial en **la "Europa de los 25"**, cabe reducir a un par de datos los sistemas matrimoniales existentes en los veinticinco paises miembros[64]:

- *ocho mantienen el sistema de matrimonio civil único sin opción religiosa:* los anteriores miembros de la UE Alemania, Austria, Bélgica, Francia, Luxemburgo y Paises Bajos y los nuevos miembros Eslovenia y Hungría.
- *los diez y siete restantes mantienen el matrimonio civil con opción religiosa dotándola de eficacia civil; pero de la manera siguiente:*
- *nueve paises* se inclinan por el sistema matrimonial con posible opción de celebración en forma civil o religiosa (sistema anglosajón): los anteriores miembros de la UE: Dinamarca, Finlandia, Suecia, Gran Bretaña, Irlanda y Grecia y los nuevos miembros Estonia, Letonia y República Checa;
- *ocho paises* se inclinan por el sistema de matrimonio civil con opción religiosa a efectos civiles en la forma de celebración, pero también con posible homologación civil de decisiones matrimoniales eclesiásticas (sistema anglosajón no estricto, sino de aproximación al sistema latino): los anteriores miembros de la UE: Italia, Portugal y España y los nuevos miembros Malta, Polonia, Lituania, Eslovaquia y Chipre (Iglesia Ortodoxa Griega).

JOSÉ LUIS SANTOS DIEZ

Universidad Complutense y Universidad San Pablo CEU

64 Cfr bibliografía citada en notas iniciales 1 y 2.

DERECHO Y RELIGIÓN

Permítanme comenzar señalando que no es extraño que unas Jornadas de actualidad canónica vayan ya por su vigésimo quinta edición. Y ello no sólo porque la huella del Derecho Canónico sea un elemento configurador de amplios campos del Derecho contemporáneo, tanto en el aspecto privado como en el campo del Derecho Público, donde tantas instituciones han recibido la imprenta de los canonistas; baste con referirse para una confirmación de ello al conocido libro del profesor Berman **Law and Revolution,** en que recoge la revolución que supuso el desarrollo de los derechos romano y canónico a partir del siglo XI.

Además de esta razón para un interés permanente, algo más debe apuntarse para justificar la atención por estas Jornadas, y ese algo tiene que ver con la atención que la opinión pública de nuestro país está dedicando a todo lo referente a la regulación por el Derecho del fenómeno religioso: tanto en lo que atañe a la regulación interna de la Iglesia (el Derecho Canónico) como a la regulación estatal de la posición jurídica y actividad de las confesiones. Este interés de la opinión pública (que va más allá del círculo de los juristas) responde sin duda a razones presentes en otras épocas y contextos, pero también a motivos más inmediatos, derivados de la discusión política y social del momento.

En cuanto a los motivos permanentes, presentes en forma continua en las más diversas épocas, debe sin duda citarse la constante relevancia del hecho religioso a lo largo de la historia; relevancia no sólo en el plano personal y particular (en cuanto reflejo de inquietudes, temores y búsquedas arraigadas en la existencia humana) sino también en el plano colectivo. El hecho religioso ha sido reconocido como causante, o al menos condicionante, de conductas y modos de pensar generalizados definidores de una formación social . El trabajo de Weber sobre la ética protestante no es más que uno entre los muchos que han atestiguado ese reconocimiento en uno de los planos de la vida social, el económico. Pero testimonios similares pueden encontrase en otros campos, que van del arte a la filosofía, pasando por la gastronomía o la ciencia.

No ha quedado el Derecho fuera de ese ámbito de acción e influencia de la religión. Por el contrario, es posiblemente una de las manifestaciones de la vida social donde más decisivamente han influido las creencias religiosas y sus manifestaciones externas. Desde luego, y como es lógico, en lo que se refiere al mismo Derecho interno de esas confesiones (lo que en sociedades de alta religiosidad supone una parte importante, si no mayoritaria, de la vida social); pero también en relación con el Derecho de la comunidad política, llámese ésta Reino, Imperio, o Estado. Este Derecho se ha visto influido por el hecho religioso al menos por tres vías. De una parte, porque las normas jurídicas, durante mucho tiempo, han reflejado valores específicamente derivados de creencias y dogmas religiosos; por otro lado, porque como ya se apuntó, las técnicas y conceptos jurídicos utilizados por el Derecho del Estado fueron y siguen siendo en muchos casos técnicas y conceptos importados del Derecho de las confesiones (esto es, en Europa, del Derecho canónico); y finalmente, porque una parte muy destacada de las normas del Derecho, y dentro del él, del Derecho Constitucional, se han dedicado a regular el hecho religioso, en sus dimensiones individual (protección de la libertad de conciencia) y colectiva (relaciones entre Estado y confesiones).

Con respecto a este último punto, ha de recordarse que en gran manera el mismo origen del Derecho Constitucional moderno se encuentra en la regulación de la libertad religiosa, históricamente considerada como la primera libertad. A partir de la Reforma protestante, las cuestiones relativas a la protección de la libertad de conciencia y la práctica de la religión se colocan en el centro de la discusión política; en último término, tanto la revolución puritana de Cromwell como la *Glorious Revolution* de 1688 derivan de enfrentamientos de tipo religioso, y basta un somero análisis de la Historia para verificar que el establecimiento de las colonias anglosajonas en el Norte de América y su peculiar forma de gobierno se debió en gran manera a la disidencia religiosa y la búsqueda por varias comunidades religiosas de libertad para la práctica de su culto. Fue la obra de John Locke, **Carta sobre la Tolerancia**, de 1689, la que establece el tránsito de la libertad religiosa a la libertad de conciencia, entendida ya como un derecho innato, propio de la misma cualidad de hombre. No deja de ser iluminador, para comprender los orígenes intelectuales de la revolución norteamericana, el análisis del pensamiento de Benjamín Franklin, que proyecta en el campo político la libertad de conciencia y que acabó traduciéndose en la famosa expresión de primera enmienda de la Constitución de loas Estados Unidos: "*El Congreso no hará ley alguna por la que adopte una religión como oficial del Estado, o que prohíba practicarla libremente*".

El tratamiento por el Derecho constitucional del fenómeno religioso ha variado considerablemente, entre otros motivos porque los problemas relacionados con la religión que ese Derecho había de resolver han sido muy distintos. No son los mismos los problemas que se plantean, en relación con la protección de la libertad individual, y con la regulación de las confesiones en cuanto colectivos sociales, en contextos de presencia y hegemonía de una única confesión, que en aquellos en que coexisten diversas confesiones con arraigo y relevancia social similar, o, en fin, en aquellos contextos en que el proceso de secularización ha situado a los miembros de las diversas confesiones en una posición minoritaria, o, al menos, desprovista de su tradicional influencia social.

No es por ello extraño que en el Derecho constitucional comparado sea posible encontrar fórmulas muy variadas de tratamiento del hecho religioso. La fórmula genérica definida en los textos constitucionales puede consistir en la confesionalidad estatal (como ha sido el caso de algunas monarquías europeas), en una proclamación de un régimen de tolerancia, partiendo de una definición confesional (como en la Constitución española de 1876) en una afirmación tajante de la separación de Iglesia y Estado (como en la citada Primera Enmienda de la Constitución norteamericana) o en la proclamación de la aconfesionalidad del Estado y la manifestación de la voluntad de cooperación entre Estado y confesiones religiosas (como en la Constitución española actual), para citar sólo algunas de las variaciones posibles. No puede pues hablarse de una única "fórmula constitucional" para el tratamiento del hecho religioso. Los diversos textos fundamentales pueden poner el acento, de una forma u otra, en aspectos como la garantía de la libertad de conciencia, la neutralidad del Estado, o la cooperación con las confesiones, pero la presencia y combinación de todos o alguno de estos elementos conduce a diseños constitucionales propios de cada país, fruto en la mayoría de los casos de la herencia de la Historia.

Aún así, debe recordarse que hay una serie de elementos comunes, de imprescindible presencia en todo régimen constitucional, que aseguran, en este campo, la vigencia de una serie de valores y objetivos sin los cuales difícilmente podría hablarse de la existencia de un régimen de ese tipo. Al menos cabría señalar que la garantía de la libertad de conciencia individual aparece como uno de esos elementos; y que, desde una perspectiva colectiva, la regulación del hecho religioso en los textos constitucionales obedece asimismo a la voluntad de establecer un régimen de convivencia civil entre grupos con convicciones diversas.

Es ya común en el pensamiento constitucional, al menos desde los escritos de Smend, que el Derecho constitucional se define como un Derecho de integración, que busca el establecimiento de unas bases efectivas para la identificación de los ciudadanos con la comunidad política y sus fines, y su incorporación a las tareas públicas. La forma en que esa integración se consiga dependerá de la circunstancia histórica y del "genio político" de las respectivas Constituciones.

En el caso español, la búsqueda de esa forma de integración constitucional no ha sido ciertamente fácil. La evolución de la regulación constitucional del hecho religioso ha reflejado, no sólo la presencia y predominio alternativo de diversas concepciones sobre cuáles debían ser las relaciones entre religión organizada y Estado, sino también la misma evolución de la sociedad española, y el cambio en los problemas o cuestiones que en cada época ha planteado la regulación del hecho religioso. Valga señalar que, en líneas muy generales, pueden percibirse tres fases en la evolución de la sociedad española al respecto; a una primera fase de abrumador predominio de la confesión católica en todos los aspectos de la vida social, que coloca en primer plano la defensa de la "peculiaridad" de los no creyentes, sucede una extensión del secularismo, que conduce (como en la Constitución de la Segunda República) a que se atienda especialmente a la neutralidad del Estado. En una tercera fase, a este proceso de secularización viene a unirse el crecimiento de la presencia de confesiones distintas de la católica, apareciendo por primera vez en la historia moderna de la sociedad española una situación de pluralismo religioso que resulta en gran manera (aunque no sólo) de los movimientos migratorios de las últimas décadas.

La actual regulación constitucional, contenida en la fórmula del artículo 16 CE, deriva sin duda, y a la vista del proceso constituyente, de la toma en consideración de tres objetivos fundamentales. El primero, desde luego, y a la luz de los principios y valores que inspiran toda la Constitución, el de la protección de la libertad de conciencia individual y sus manifestaciones externas; protección que lógicamente comporta un segundo objetivo, la aconfesionalidad del Estado, que equivale al mantenimiento de una posición de neutralidad, incompatible con el favorecimiento de una confesión sobre otras. Pero la experiencia histórica, la búsqueda de la integración, y la conciencia de la presencia de grupos confesionales minoritarios en nuestra sociedad que deben integrarse plenamente en la misma, llevó a nuestros constituyentes a incluir un tercer objetivo adicional: la cooperación entre poderes públicos y confesiones. Se viene a excluir así una radical separación entre confesiones y Estado, si bien esa cooperación, como es obvio, y desde el principio de interpretación coherente de la Constitución, deberá llevarse a cabo dentro de los mandatos constitucionales de neutralidad estatal, libertad de conciencia e igualdad, y no como excepción a los mismos.

Los veinticinco años de vigencia constitucional han sido testigo del desarrollo de estos objetivos, si bien, debe decirse, en forma cronológicamente no muy adecuada. Desde una perspectiva lógica, parece que lo más acertado hubiera sido elaborar un marco general de la libertad religiosa, precisando normativamente los preceptos constitucionales, para posteriormente proceder a una regulación, a la vista de esas precisiones, de los diversos aspectos parciales en la relación entre confesiones y Estado. Como es bien sabido, tal no fue la secuencia normativa seguida; se aprobaron primeramente en 1979, a los pocos meses de aprobada la Constitución, y sin referencia explícita a sus mandatos, los Acuerdos entre el Estado y la Santa Sede, Acuerdos con carácter de convenio internacional; a continuación, el año siguiente, se aprobó la Ley Orgánica de Libertad Religiosa, y posteriormente, la regulación de aspectos sectoriales, como la presencia de la Iglesia Católica en la educación. Sólo en 1992 se aprobaron los Acuerdos (esta vez con rango de Ley interna) con las Confesiones evangélica, israelita e islámica, Acuerdos que por otra parte hasta hace poco habían experimentado escaso o nulo desarrollo.

Posiblemente, una técnica más depurada en la regulación del hecho religioso hubiera evitado algunas de las dificultades y discusiones con que ahora nos encontramos. Pero si la Historia no puede cambiarse, al menos sí puede ayudar a evitar errores pasados, y desde luego ayuda a deshacer situaciones claramente inconvenientes. En esa línea, una serie de criterios de actuación parecen obligados:

En primer lugar, *pacta sunt servanda*. Las obligaciones (de orden internacional, o de orden interno) contraídas por los poderes públicos deben ciertamente ser respetadas, y ello incluye sin duda los Acuerdos con la Santa Sede y los Acuerdos con las diversas confesiones religiosas no católicas. Ello, claro está, desde una perspectiva estrictamente sometida a los mandatos constitucionales, mandatos que constituyen la fuente de la legitimidad de todo el ordenamiento, y que deben guiar forzosamente su interpretación. Por ello el desarrollo dado hasta el momento a los Acuerdos entre Estado y Santa Sede debe analizarse desde esta perspectiva, partiendo en todo caso de la supremacía del texto constitucional. Además, el principio *pacta sunt servanda* implica también que no cabe prorrogar por más tiempo la situación de inactividad e incumplimiento por parte de los poderes públicos de los Acuerdos de 1992 con las confesiones no católicas.

El segundo criterio que resulta del mismo texto de la Constitución es el de la aconfesionalidad de los poderes públicos. No es necesario entrar ahora en la polémica nominalista sobre si aconfesionalidad equivale a laicidad y si hay diferencias entre Estado laico, laicismo y laicidad, aparte de otras derivaciones lingüísticas sobre el mismo tema. Pero lo que sí es evidente es que aconfesionalidad quiere decir neutralidad respecto de las alternativas confesionales en presencia, incluyendo entre ellas la de no profesar ninguna religión. En otros términos, aconfesionalidad quiere decir, al menos, inexistencia de situaciones de privilegio o preferencia en favor de ninguna creencia.

Esto plantea la cuestión referida a que, de hecho, y en estos momentos, sí existe una diferencia de régimen jurídico entre las distintas confesiones, derivada por una lado de la diversa naturaleza de los Acuerdos de 1979 con la Iglesia Católica, respecto de los Acuerdos con las religiones no católicas, y, por otro, de las consecuencias que resultan de la misma Ley de Libertad Religiosa en cuanto a la existencia o no de notorio arraigo en la sociedad española. La diversidad de régimen jurídico, en cualquier caso, si bien puede venir justificada en virtud de las circunstancias históricas en que se definió la posición de las diversas confesiones, no puede evidentemente suponer desventajas o dificultades para ninguna confesión, ni mucho menos para la efectividad del derecho individual a la libertad religiosa.

Un tercer criterio es el referente al mandato constitucional de cooperación. Ello difiere de otras fórmulas constitucionales, que impiden cualquier aportación pública a alguna de las confesiones presentes en la sociedad. Ahora bien, valga recordar que cooperar no significa "establecer" o "promover", sino colaborar en tareas y fines determinados: tareas y fines que obviamente deberán ser merecedoras de un apoyo público por ser acordes con los mandatos constitucionales y los valores y objetivos establecidos en la Constitución. No contempla pues la Constitución unas confesiones sostenidas por el Estado, ni la promoción por éste de creencia alguna. Pero es incontestable que las organizaciones religiosas tienen una proyección social que abarca ámbitos muy distintos, y que frecuentemente incluye actividades de índole cultural , asistencial, o educativa, entre otras, que merecen la colaboración por parte de los poderes públicos.

No cabe deducir, en cualquier caso, que la aconfesionalidad del Estado signifique la total irrelevancia para éste del contenido de las creencias religiosas. Como punto de partida, no compete a los poderes públicos erigirse en jueces de la mayor o menor bondad de los diversos dogmas religiosos en presencia, ni recomendar ni criticar unos u otros desde cualquier perspectiva. Pero sí les competen las consecuencias que quieran darse en la práctica a esos dogmas, en su proyección sobre la vida social. Si tal proyección supone en la práctica un atentado contra valores constitucionales o incluso contra mandatos legales (por ejemplo, predicando o poniendo en práctica en centros de enseñanza actitudes discriminatorias frente a determinados colectivos) no cabe duda de que los poderes públicos habrán de defender los valores constitucionales afectados. Si bien el concepto de "orden público protegido por la ley" del artículo 16.1 de la Constitución no debe ser empleado de forma que dé lugar a una auténtica censura previa de las manifestaciones públicas de las creencias religiosas, sí es evidente que el derecho a la libertad religiosa no puede emplearse para impedir en la práctica el ejercicio por otros de ese mismo derecho , ni para obstaculizar la vigencia de los valores y principios establecidos en la Constitución.

En relación con este último punto quizás sea oportuna una precisión. Ciertamente cada confesión contiene un conjunto de dogmas, creencias y mandatos morales cuya aceptación y seguimiento constituye el ejercicio del derecho a la libertad religiosa. Pero tal derecho no incluye la facultad de imponer a los demás esos dogmas y mandatos. No hay por ello, en nuestro sistema constitucional, un derecho, por parte de ninguna confesión o de sus miembros, a que los poderes públicos sigan sus principios, y los impongan como regla general. Es cierto que el derecho a la libertad religiosa, y el derecho a la libertad de expresión incluyen la facultad de criticar las políticas seguidas por los diversos poderes públicos en relación con materias relativas a la religión, o a las creencias religiosas. Pero no es ajustado a la lógica de nuestro sistema constitucional que, como a veces se hace, se identifique toda política pública que difiera de los principios de una confesión con un ataque a ésta. Si los individuos pertenecientes a una confesión mantienen el derecho a practicar sus creencias, no es contrario a su libertad que esa práctica no se exija al resto de los miembros de la comunidad.

LUIS LÓPEZ GUERRA
Secretario de Estado de Justicia

BALANCE DE UN AÑO: HACIA EL LEVIATHAN LIBERTARIO

No queda lejano el dato de que las últimas elecciones generales celebradas en nuestro país, el día 14 de marzo de 2004, fueron ganadas por el Partido Socialista volviendo éste al poder tras ocho años de gobierno del Partido Popular, cuyo Presidente, José María Aznar, ocupó el cargo de Jefe del Gobierno. Según algunos analistas, José Luís Rodríguez Zapatero, se convirtió en Jefe de Gobierno de manera totalmente inesperada. Deberíamos tener en cuenta que solo tres días antes, el 11 de marzo, tuvieron lugar los horrendos atentados en Madrid, que sacudieron a la comunidad internacional. Pues bien para tratar el tema de las relaciones entre el Gobierno español actual y la Iglesia católica, confesión mayoritaria en España, durante el primer año de legislatura del Partido socialista interesa realizar algunas reflexiones generales que, en mi opinión, no son en absoluto triviales.

A pesar de lo que se pudiera pensar, dado el volumen de noticias que se reflejan continuamente en los periódicos, de que existe una verdad en sentido absoluto propugnada por el

Gobierno, cuando dicta modos de conducta que eleva a categorías supremas a las que debe tenderse, por intuir que son las óptimas, sin admitir discusión ni opiniones enfrentadas, debemos decir que la verdad en ese sentido no existe, porque sólo se puede llegar a ella a través de la confrontación dialéctica de las variadas y distintas opiniones que sobre un asunto se dan. Como consecuencia se deberán respetar las ideas o particularismos de todas las personas, quienes, lógicamente, deben de haber alcanzado a la edad adulta una conciencia totalmente formada, algo que no se cumple en la realidad. Imponer un determinado comportamiento, que es lo que se está reflejando en la vida cotidiana, alegando razones de bondad, significa objetivizar dicho comportamiento, ya sea en el ámbito de la familia, o en un ámbito más extenso, el social, lo que es propio de un régimen dictatorial.

Como contrapartida hay que tener sumo cuidado cuando se predica dejar actuar al sujeto siempre según los dictados de su conciencia, porque sería fácil llegar a un relativismo total donde todo vale, dando lugar a un desconocimiento de los valores mínimos que deben informar cualquier sociedad. Por ello es algo evidente que la libertad no consiste en que lo bueno y lo malo, lo ético y lo no ético, dependan del arbitrio individual. Todo lo más, con base en esa libertad, la persona puede exigir respeto a sus decisiones en cuanto que éstas sólo a él le incumben, ya que el derecho de libertad de conciencia es una consecuencia de su condición personal.

Por otra parte, la doctrina no duda en afirmar que la misión del Estado se concreta en reconocer la libertad de pensamiento, de conciencia y religiosa. Pues bien, el reconocimiento de estos derechos por el Estado implica un riesgo, cual es, el posible conflicto que puede generarse cuando el orden jurídico impone unos deberes que no son acordes con la conducta que al sujeto le dicta su propia conciencia. Se plantea aquí el problema entre moral y Derecho, o dicho de otra forma, entramos en un campo donde se sitúan por un lado la ley, por otro la moral/ética y por otro la política; sin que sea posible desligar unas de otras. Así la situación de dirigismo gubernamental, indicando lo que es bueno para todos los ciudadanos, que se ha presentado en este año de legislatura socialista sin tener en cuenta las citadas libertades fundamentales afecta, lógicamente, a esas relaciones entre la Iglesia católica y el Estado español, ya que los miembros de la primera difícilmente pueden expresar sus opiniones, porque el Gobierno está más preocupado por controlar a la Iglesia que por velar efectivamente por la libertad religiosa de sus ciudadanos.

Para delimitar aún más en que ámbito nos situamos, debemos pensar en una sociedad asentada dentro de un Estado social y democrático de Derecho. Como dice Elías Díaz, "no todo Estado es un Estado de Derecho, pues si bien es cierto que todo Estado crea y utiliza un Derecho, en un sistema normativo jurídico solo cabe hablar de Estado de Derecho como Estado sometido al Derecho, cuyo poder y actividad vienen regulados y controlados por la ley, entendida como expresión de la voluntad general, y es a través de este Estado de Derecho como se institucionalizaría una sociedad democrática".

No tiene sentido hablar de Estados de Derecho en los Estados con regímenes totalitarios o cualquier otra forma de organización política, que no cumplan las premisas básicas de un Estado sometido al Derecho como voluntad general. Estaríamos en un Estado que, situado por encima de la ley, no entiende de la existencia de conciencia individual más allá de su voluntad propia como ente supremo.

Una vez sentados estos principios se hace necesario preguntarnos por qué el Gobierno está actuando de forma intervencionista. Curiosamente, y quizás sea una paradoja lo que pienso al respecto, es que en algunos casos un sistema democrático puede llegar a ser más intervencionista que un sistema autocrático. Entiendo que el primero se esconde tras la bandera de la libertad de actuaciones pero, y aquí realiza una primera reducción, legalizando sólo aquellas que se acoplan al criterio de bondad estatal, criterio que se ha objetivizado en función de los comportamientos o actuaciones de la mayoría, y que conforman esa moral artificial del Estado –cuestión que implica una nueva reducción–, mientras que el segundo impone comportamientos sin tener en cuenta la bondad o no de los mismos, aún a riesgo y en la seguridad de que habrá una respuesta contraria por parte de los ciudadanos.

Hechas estas precisiones nos centraremos exclusivamente en las tensiones que se han producido entre la Iglesia católica y el nuevo gobierno socialista, en este año de legislatura. Pero lo primero que debemos poner de manifiesto es el hecho de que la Constitución Española de 1978 declara la ausencia de una religión estatal y que el modelo de Derecho eclesiástico ha sido considerado por la doctrina como laicista, aconfesional cooperacionista o híbrido. Calificación que, en mi opinión, debería ser unánime por la gran importancia que posee al objeto de poder configurar las relaciones entre la Iglesia católica y el Estado, de una forma clara y sin vacilaciones porque en los últimos meses, hemos presenciado una fisura entre ambas instituciones respecto a este tema. Aún cuando está claro que 'no hay confesión estatal' en España, la fe católica es mencionada por el artículo 16[1] de la Constitución, debiéndose esta mención tanto a razones sociológicas como históricas, que nos sería difícil describir debido a la brevedad que se nos pide en la comunicación. Ahora bien no deja de ser significativo y sumamente elocuente el hecho de que la Carta Magna no proponga una separación total y absoluta entre las autoridades públicas y las confesiones religiosas (como por ejemplo sería un sistema laico en puridad), pues el citado artículo 16.3 establece la cooperación con las Iglesias[2]. Establecimiento que nos hace deducir que la misma es por el contrario, independientemente de

1 Artículo 16.3 CE. "Ninguna confesión tendrá carácter estatal".

2 Ibidem"Los poderes públicos tendrán en cuenta las creencias religiosas de la sociedad española y mantendrán las consiguientes relaciones de cooperación con la Iglesia católica y las demás confesiones".

las distintas opiniones de la doctrina, un elemento fundamental en nuestro ordenamiento. No obstante queremos dejar sentado que no es nuestra intención tratar la situación en que se encuentran otras confesiones en relación con el Gobierno, tales como los judíos, protestantes y musulmanes, que, como es de todos conocido, están agrupadas en organizaciones que han firmado Acuerdos con el Estado español en 1992[3], a pesar de que el crecimiento de estas confesiones, especialmente los musulmanes, es a toda vista incuestionable[4].

Adentrándonos en la cuestión, los dos temas fundamentales fruto de las discrepancias por razones lógicas de ideología han sido la enseñanza de la religión católica en los centros estatales y la instauración de matrimonios homosexuales, los cuales muestran los puntos de vista antagonistas entre la Iglesia Católica y el Gobierno. Sin embargo, están en el tintero otros muchos que se presentaran en los próximos meses y que probablemente enfrentarán a ambas instituciones. El marco legal del aborto y la eutanasia son los ejemplos clásicos. Y aunque el Gobierno ha declarado que no va a tratar estas dos cuestiones en un futuro cercano ya la Iglesia ha señalado su preocupación al respecto.

Por supuesto, el régimen económico de la Iglesia católica tampoco es un asunto baladí. Según el Acuerdo del 3 de enero de 1979 sobre Asuntos Económicos, el Estado se compromete a colaborar con la Iglesia católica en la obtención de un adecuado régi-

3 Ley 24/ 1992 de 10 de noviembre por la que se aprueba el Acuerdo de cooperación del Estado español con la Federación de Entidades religiosas Evangélicas de España; Ley 25/ 1992 de 10 de noviembre por la que se aprueba el Acuerdo de cooperación del Estado español con la Federación de Comunidades Israelitas de España y Ley 26/ 1992 de 10 de noviembre por la que se aprueba el Acuerdo de cooperación del Estado español con la Comisión Islámica de España.

4 Entre otras iniciativas, el Gobierno se ha comprometido a desarrollar el marco legal que permitirá la enseñanza de la religión musulmana en los centros públicos. Por el momento, su presencia es puramente testimonial.

men económico[5]. En este Acuerdo se detallan las diferentes fases de su régimen económico[6], siendo el objetivo final la autofinanciación, pero no se establece una fecha concreta para alcanzar este objetivo[7] lo que podrá generar conflictos de grandes dimensiones, ya que a pesar de que se trata de un objetivo que comparten ambas instituciones, es normalmente el Gobierno quien lo recuerda con más frecuencia.

La enseñanza de la religión católica en las escuelas estatales

Independientemente de cual sea mi opinión acerca de la conveniencia o no de la enseñanza de la religión en las escuelas públicas, soy consciente de que la introducción de una enseñanza confesional en un sistema aconfesional o laico no está exenta de lógicos y abundantes problemas de muy difícil solución. Además tengo el convencimiento de que existe la posibilidad de modificación de los Acuerdos con la Santa Sede siempre que se sigan los cauces establecidos para los Tratados Internacionales, sin que en ningún caso pueda ser aceptado por un jurista que estos se vean modificados unilateralmente por una de las partes. Así, al menos por el momento, las Leyes ordinarias promovidas por cualquier Gobierno, sea del signo ideológico que sea, no pueden violarlos, al ser aquellos jerárquicamente superiores y, según el artículo 96.1º, de la Constitución obligan a ser respetados al formar parte del ordenamiento interno español.

Ahora bien, realizando esta puntualización de una forma brevísima, es evidente que de conformidad con el Acuerdo del 3 de enero de 1979, entre el Estado español y la Santa Sede, sobre Enseñanza y Asuntos culturales, "la religión católica se enseñará

5 Acuerdo sobre Asuntos Económicos. Art II.1.
6 Ibidem. Art II. 2, 3 y 4.
7 Ibidem. Art II, 5.

en todos los centros educativos, en condiciones de igualdad a las de otras asignaturas fundamentales"[8]. El mismo artículo declara: "Como muestra del respeto a la libertad de conciencia, esta educación religiosa no será obligatoria para los estudiantes. Sin embargo, el derecho a recibirla ha de estar garantizado"[9].

En congruencia con las obligaciones que dimanan del Derecho internacional, el Gobierno ha declarado en muchas ocasiones su respeto por el actual marco legal y su compromiso a no promover ninguna legislación que vulnere estas disposiciones internacionales. Sin embargo, el Ministro de Justicia no ha ocultado la intención del Ejecutivo de considerar como 'deseable' la revisión de algunos aspectos de los Acuerdos, particularmente la situación referente a los profesores de religión[10]. Pero la Ministra de Educación ha propuesto una reforma de la Ley Orgánica de Calidad de la Enseñanza[11], ya presentada en septiembre del año 2004 a los Consejeros de Educación de las diferentes Comunidades Autónomas.

8 Acuerdo sobre enseñanza y Asuntos culturales (3 de enero de 1979) artículo II, 1º párrafo

9 Ibidem .Artículo II, 2º párrafo. Respecto a los profesores de religión católica, tema sumamente polémico '[...] instrucción religiosa será impartida por aquellas personas que, cada año escolar, sean nombradas por la autoridad académica entre aquellos propuestos por el Obispo diocesano'. Ibidem Artículo III, 1º párrafo. Con relación a la financiación (asunto que es siempre controvertido), el Acuerdo declara: '[...] La situación económica de los profesores de religión católica en los diferentes niveles educativos, que no son parte de la plantilla pública, será acordada por el gobierno central y la Conferencia Episcopal Española, con el fin de que este Acuerdo tenga efecto'. Ibidem Artículo VII.

10 Entrevista con el Ministro de Justicia en 'La Mirada Crítica', Telecinco, el 23 de noviembre de 2004.

11 Esta ley había sido aprobada por el anterior Gobierno, pero a causa del cambio de ejecutivo en marzo de 2004, los artículos concernientes a la enseñanza de religión no han entrado en vigor. El marco legal fue paralizado por el Real Decreto 1318/2004, de Nuevo Calendario de Aplicación de la Ley de Calidad.

La principal innovación de esta propuesta socialista es que la religión católica –estudiada desde una perspectiva confesional– perdería en el futuro su carácter de obligatoriedad, no siendo en consecuencia objeto de examen y evaluación, vulnerando de forma directa el citado Acuerdo. No obstante en las escuelas se seguiría ofertando su enseñanza, dependiendo de éstas el proponer una alternativa a la misma, aunque como objetivo, en principio, el Gobierno entiende que aquellos estudiantes que elijan no estudiar religión católica no deberían encontrarse obligados a cursar una asignatura optativa en su lugar.

Es evidente que la propuesta socialista modifica claramente el anterior marco legal (LOCE), promovido por el anterior Gobierno, que aunque mantiene parcialmente sus objetivos pretende abolir el hecho de que la asignatura de religión tenga carácter fundamental en igualdad a las otras disciplinas, es decir que ésta sea evaluada y baremada no sólo para acceder a la Universidad, sino también para poder obtener una beca. Es sabido que además, la LOCE incluía la obligatoriedad de una nueva área de conocimiento denominada "Sociedad, Cultura y Religión"[12] que se dividía en dos opciones a elección del alumno pero no desde una perspectiva confesional y teológica, sino interdisciplinaria (incluyendo la sociología y la historia), igualmente examinada, siendo su calificación requerida en el iter académico[13]. La postura del actual Gobierno, como podemos comprobar, descalifica la LOCE cuando declara que esta asignatura no será obligatoria y por lo tanto no deberá superar examen alguno. Esto claramente va más allá del marco legal instaurado por el gobierno socialista anterior a la era Aznar, porque en el intervalo de tiempo

12 RRDD 830/2003; 831/2003; 832/2003 de 27 de junio de 2003, establecen las enseñanzas comunes de la Educación primaria, Secundaria Obligatoria y Bachillerato respectivamente. En lo referente a la enseñanza de la religión y su evaluabilidad, cabe señalar que el artículo 8 del RD 830 y el 13 del 831, equiparan el área de Sociedad, Cultura y Religión al resto de las materias fundamentales, de tal manera que incluso para pasar de curso es necesaria su aprobación.

que media hasta que las propuestas socialistas de septiembre de 2004 se conviertan en Ley, la asignatura de religión católica continua siendo regulada por el Real Decreto 2438/1995, BOE 26 enero 1995, promulgado durante el gobierno de Felipe González, en el que es obligatorio para los centros públicos ofrecer una asignatura alternativa a la religión católica, definida de una manera muy general como 'actividades complementarias' que junto a la religión en los niveles secundarios, deben ser examinadas, aunque su calificación no se tiene en cuenta para acceder a la Universidad o para obtener una beca.

Como era de esperar, la propuesta socialista ha originado disconformidad entre ciertas asociaciones de padres que reclaman para sus hijos el estudio de la religión católica en aquellos centros en donde se educan, sean públicos o privados, en consonancia con lo establecido en el artículo 27.3 de la Constitución y en el citado Acuerdo. Esta propuesta, además, ha sido rechazada no sólo por la Jerarquía eclesiástica[14], sino también en algunos círculos políticos como el Partido Popular que la ha definido como 'fundamentalismo secular'[15]. Algunos medios de comunicación han subrayado sus efectos dañinos, sobre todo para millones de familias católicas[16], porque el Estado olvida que es su misión, como he apuntado anteriormente, reconocer la libertad de pensamiento, de conciencia y religiosa establecidas en nuestra Constitución y que junto a ese reconocimiento debe existir una cierta

13 Elementos que no han llegado a entrar en vigor, puesto que una vez que se produjo el cambio de Gobierno en marzo de 2004 quedaron en suspenso.

14 La jerarquía eclesiástica, por otra parte, ha desaprobado la pérdida de categoría de la instrucción religiosa en el curriculum, que para muchas personas es incluso más importante que la problemática del matrimonio homosexual o la financiación de la Iglesia. De conformidad con 'La Crónica de Hoy', la Iglesia no había criticado de manera tan feroz al Estado desde aquellos tiempos en que los 'curas rojos' rechazaron al dictador Franco. Diario el Mundo, 24/09/2004.

15 Diario ABC, 28/09/2004.

16 Diario el Mundo, 28/09/2004.

tutela de los derechos mencionados, de lo contrario el individuo se encontraría desprovisto de garantías jurídicas para hacer valer su conciencia de una forma real y efectiva. Tutela que requeriría un derecho a la educación y a la enseñanza verdaderamente plural.

Matrimonio de parejas homosexuales

Actualmente, el debate sobre la legalidad o adecuación a la institución matrimonial de las parejas homosexuales es uno de los temas más disputados en el seno de la sociedad española. Los opositores de su legalización afirman que la unión entre hombre y mujer es la base del matrimonio, concepto que es milenario. Los que apoyan el matrimonio del mismo sexo, por el contrario indican que su extensión a los homosexuales es un tema de derechos humanos. Como es lógico este tema constituye el otro ámbito de disconformidad entre la Iglesia católica y el Gobierno en este primer año de legislatura socialista. Y ha sido la decisión de este último de reconocer el matrimonio entre personas del mismo sexo las que han producido las tensiones entre una y otro. El Consejo de Ministros del 30 de diciembre de 2004 aprobó un anteproyecto de Ley para modificar el Código Civil en lo concerniente al derecho al matrimonio de los homosexuales. Según este proyecto, por un lado el concepto de matrimonio se extiende a las parejas del mismo género con el objeto de reconocerles los mismos derechos que a las heterosexuales. El principal objetivo del gobierno es 'eliminar una larga historia de discriminación por motivo de orientación sexual, teniendo en cuenta por un lado que la sociedad Española actual es más variada, pluralista y dinámica que la sociedad de 1889– cuando el Código Civil fue promulgado– y por otro, que las relaciones entre parejas del mismo sexo han sido socialmente reconocidas y aceptadas en los últimos años, habiéndose superado prejuicios y estigmatizaciones'[17]. Por otra parte, el Ejecutivo ha querido subrayar la naturaleza constitucional del anteproyecto de Ley, argumentando que la Constitución no excluye relaciones diferentes a las tradicionales[18]. Argumento incorrecto porque el artículo 32[19] de la Constitución sólo garantiza el derecho fundamental a contraer matrimonio a personas de distinto sexo, si bien ello no es óbice para que el legislador pueda regular otros modelos de convivencia para las parejas de igual sexo, atribuyéndoles efectos semejantes al matrimonio.

Ante el debate político-jurídico producido en la sociedad, un Comité de Investigación del Consejo General del Poder Judicial, órgano que entre otras funciones desempeña una crucial labor consultiva, ha emitido un informe desafiante respecto a este anteproyecto de Ley[20]. Según la decisión mayoritaria del Comité, expresada por su portavoz, José Luis Reguero, la institución del matrimonio reconocida por la Constitución, perdería su significado si los matrimonios entre homosexuales fuesen reconocidos. Desde una perspectiva opuesta, el miembro del sector progresista del Comité, Luis Aguiar, declara que el género de los esposos no es un obstáculo en sentido legal. En nombre del Gobierno, el Secretario General del Partido Socialista ha señalado que esta interpretación es excesivamente restrictiva. Teniendo en cuenta que en un Estado democrático 'lo que no está prohibido, está permitido', afirma que los matrimonios entre personas del mismo sexo no están prohibidos por nuestro ordenamiento, no violando, por tanto, el artículo 32 de la Constitución. De hecho, la Norma

17 Anteproyecto de Ley de Modificación del Código Civil en materia de derecho a contraer matrimonio 30/12/2004.

18 Solamente unos días antes, el Secretario de Estado de Justicia, López Guerra había declarado que el Gobierno estaba comprometido a mantener la 'filosofía' que subyacía en el anteproyecto de ley. Europa Press, 18/12/2004.

19 Artículo 32.CE "El hombre y la mujer tiene derecho a contraer matrimonio con plena igualdad jurídica".

20 Periodista digital.com, 19/1/2005.

Suprema no declara la heterosexualidad como indispensable. Si esa hubiera sido su intención habría explícitamente declarado: 'los hombres con las mujeres están legitimados a contraer matrimonio'.

Como era de esperar la Iglesia católica ha expresado su profunda inquietud ante el reconocimiento de estos matrimonios, y el Secretario General y portavoz de la Conferencia Episcopal, lamentó la equiparación de efectos legales entre 'el acuerdo de amor de un hombre con una mujer' y 'la unión de dos personas del mismo sexo'. Subrayando que esta uniformidad no es compatible con la racionalidad o los principios más básicos de justicia y por lo tanto, debe ser evitada si lo que está en juego es el bien común. La jerarquía católica ha subestimado el apoyo mayoritario que al parecer la población española da a estas uniones como matrimoniales[21]. Afirmando que atrocidades históricas como el régimen nazi fueron mayoritariamente apoyadas por la población y ello no significa, en modo alguno, que sean aceptables; también se ha considerado que son 'contra natura'; que la tendencia homosexual es anomalía psicológica[22] y que se ataca la fe[23]. Juan Pablo II, en su conferencia anual sobre la situación mundial, ha resaltado los peligros del reconocimiento legal de los matrimonios homosexuales, considerando estas iniciativas como 'restrictivas y contra la naturaleza'. En un encuentro con los obispos españoles, ha atacado las políticas sociales del Presidente Rodríguez Zapatero, puesto que acrecientan una mentalidad inspirada por principios seculares, que pueden fácilmente conducir a una falta de respeto o a una ignorancia del fenómeno religioso[24].

21 De conformidad con varias encuestas realizadas.

22 La Crónica de Hoy, 20/1/2005.

23 El Presidente de la Conferencia Episcopal y Arzobispo de Madrid, Rouco Varela, crítico persistentemente respecto a la decisión del Ejecutivo, lo acusa de atacar la fe, al mismo tiempo que ofrece su colaboración y disposición a mantener un diálogo incondicional. Diario el Mundo, 23/11/2004.

24 El País, 24/1/2005. Tres días más tarde, el Gobierno consultó al Nuncio, Antonio Montero, como 'una muestra de cortesía' sobre el tema en cuestión, indicando su sorpresa ante algunas de las declaraciones del Romano Pontífice

La objeción categórica de la Iglesia católica a los matrimonios homosexuales ha atraído críticas de otros sectores sociales que han considerado las declaraciones de la Conferencia Episcopal Española sobre estas uniones como xenofóbicas y antidemocráticas[25].

En cualquier caso, el Gobierno conoce la falta de unanimidad sobre estas uniones. De hecho, el partido mayoritario en la oposición, el Partido Popular, se ha manifestado contrario a este anteproyecto de Ley y su Presidente, Mariano Rajoy, ha insistido en que el matrimonio es una institución heterosexual, criticando a Rodríguez Zapatero por su obsesión de ser considerado como 'ultra moderno'. En su opinión un matrimonio homosexual es ajeno a nuestra tradición, no ha sido ni siquiera solicitado por los colectivos homosexuales y es marginal en Europa, donde solo los Países Bajos, Bélgica y Dinamarca lo han reconocido.

Conclusiones

Es cierto que estamos en un Estado laico, pero esto no significa que la religión pueda ser perseguida o exterminada. Es decir, se pide el respeto a una conducta individual dictada por las propias convicciones. ¿Qué ocurre cuando la norma no se acopla a la conciencia individual? o lo que es lo mismo, ¿qué hacer cuando el Estado cree haber encontrado una norma general que puede ser impuesta a todos en nombre del bien común? Pues que se encuentra con individuos que se niegan a obedecerla porque ale-

respecto a 'posibles restricciones de la libertad religiosa en España'. El encuentro que fue definido como 'muy productivo y relajado' ponía de manifiesto por parte del Ministerio de Asuntos Exteriores el deseo de un diálogo permanente con la Iglesia. Diario El País, 27/1/2005. También el Presidente de la Conferencia Episcopal destacó que el Papa se había referido a la situación en el conjunto de Europa y no exclusivamente a España.

25 Europa Press, 15/1/2005.

gan que no está basada en la justicia, produciéndose entonces el conflicto jurídico entre la norma legal justa para el Estado y la norma que la conciencia dicta al individuo como justa. La formula de la coexistencia entre las dos normas cabe, instaurándose entre ambas una relación, si la norma jurídica contempla a la norma individual, reconociendo de esa forma la libertad de conciencia, garantizándola y evitando así que se produzcan tensiones entre el gobierno y los particulares.

A mi parecer España es ejemplo de Estado en el que cada vez, en mayor medida, los poderes públicos ejercen una actividad didáctica a través de la legislación. Aunque sin juzgar intenciones, está claro que la evidencia basta. Estamos ante un sistema en el que, sin extenderse en lo accesorio, encontramos un fuerte dirigismo en materia universitaria, enseñanza, juicios paralelos en materia judicial a través de los medios de comunicación, etc. En definitiva se han puesto las bases para que sea posible una manipulación masiva de la sociedad, pues al jugarse con las palabras y los discursos se dan las circunstancias para que los individuos sean fácilmente manipulables. O lo que es lo mismo, para formar conciencias de un modo que sea imposible hablar de libertad.

Considero que la función de las leyes no es determinar lo que es bueno o lo que es malo, sino servir para establecer un orden de relación en la estructuración y en las relaciones de la sociedad a la que sirven y, todo lo más, positivizar la bondad o maldad de los actos que, entiendo, ya está predeterminada por el Derecho natural, quedando pues el Derecho estatal subordinado jerárquicamente a la ley moral.

Finalmente conviene recordar que la libertad religiosa y la igualdad entre las confesiones son realidades cruciales del modelo de Derecho eclesiástico español, tanto desde una perspectiva individual como colectiva.

Por eso la Iglesia católica, como cualquier otra confesión, en el ejercicio de su libertad religiosa está legitimada para dar su opinión sobre cualquier asunto. Es innegable que la enseñanza de la religión católica en los centros públicos es un aspecto fundamental para ella. Y su voz debería ser escuchada por el Gobierno.

Con independencia de su incuestionable legitimación para criticar el anteproyecto de Ley que llevará al reconocimiento de los matrimonios homosexuales, esta decisión se produce exclusivamente en el ámbito civil y naturalmente no afecta al ámbito canónico. Sin duda, la eliminación de discriminación de los ciudadanos por razón de su orientación sexual es un objetivo loable en un sistema democrático, pero no significa que la actuación del Estado pueda ir en contra de la coherencia jurídica. Si este reconocimiento se produce a través de un sistema de uniones de hecho o de un matrimonio civil es una opción discutible –al fin y al cabo es el Estado quien es competente para hacerla– pero si el Gobierno opta por este último deberá asumir la destrucción de la institución matrimonial.

SARA ACUÑA GUIROLA
Universidad de Cádiz

LA OBJECIÓN DE CONCIENCIA A LA INSCRIPCIÓN MATRIMONIAL: UNA ALTERNATIVA A LA RECONSTRUCCIÓN JURÍDICA

Hay ocasiones a lo largo de la vida en que las circunstancias –incluidas las políticas, legislativas y jurisprudenciales– bien aisladamente, bien de manera conjunta, condicionan fuertemente el acaecimiento de ciertos hechos que de no ser por aquellas o no se hubieran producido o se habrían generado de manera más lenta o diversa. Puede decirse pues, que entre unas y otros existe una relación de causa-efecto de tal agudeza que la consecuencia aparece casi como por generación espontánea más que como producto de un lento proceso de concatenación de elementos coadyuvantes. Indiscutiblemente nuestra historia jurídica es ejemplo claro de una evolución en la que el sedimento y la amalgama de factores es constante, frente a la ruptura drástica que, aunque también existe, es excepcional.

Hoy nos encontramos en un momento de esos que acabo de calificar de excepcionales respecto del hecho de la legalización del matrimonio homosexual. Es, por así decirlo, el momento de modulación de una institución jurídica, de gran raigambre y tradición, ya creada, cual es el matrimonio, sobre la exclusiva base o mediando como circunstancia, únicamente, la pretensión de un gobierno que excusa su acción en una hipotética reivindicación de un "irrelevante" sector social. Naturalmente la actitud del poder político como circunstancia hará generar el hecho –siempre y cuando el poder legislativo no lo impida– de calificar como matrimonio a quienes del mismo sexo observen los requisitos de forma y consentimiento necesarios legalmente para que el vínculo conyugal surja.

No me interesa aquí entrar en valoraciones en torno a la bondad o no del modelo propuesto. Ahora bien, no se me oculta que la artificiosa estrategia provocará una nueva modalidad de sociedad en la que la función social del matrimonio, consistente en ser momento fundacional de la familia entendida como progenie, pasará a ser excepción de la regla general. Dicho de otra forma, se proyecta intencionadamente una sociedad en la que el tradicional concepto de matrimonio construido al amparo de la cultura cristiana pasará a constituir un fósil jurídico.

Esta concreta opción de política legislativa nace, a mi juicio, desprovista del necesario consenso social cuantitativo y cualitativo que le asegure la permanencia y generalidad que toda ley requiere. No se dan en ella los presupuestos exigidos a una ley consensuada. La misma es fruto, más bien, de la improvisación y de la altanería de un ejecutivo que ha acogido como propias las posiciones de un sector de una minoría, escasamente significativa en la sociedad desde un punto de vista cualitativo, al tiempo que ha desoído las voces de quienes, esgrimiendo argumentos en pro de la coherencia y armonía del nuestro ordenamiento, recomiendan un punto de prudencia y sensatez. Son éstos los que, aceptando el presupuesto ofrecido por la realidad –la existencia de convivencia paramatrimonial de signo homosexual– abogan por acoger jurídicamente la misma, pero en el convencimiento de que la fórmula idónea de aunar la satisfacción de las reivindicaciones del sector afectado y el mantenimiento de la lógica armonía jurídica es aquélla en la que queden suficientemente diferenciadas matrimonio y uniones homosexuales legitimadas.

Esas dos opciones –ampliar el concepto de matrimonio, de modo y manera que deje de corresponderse con lo originariamente conceptuado, y contemplar legislativamente modelos diversos de convivencia matrimonial y paramatrimonial con nomenclaturas diferentes– ya fueron preconizadas por el profesor De la Hera en 1992[1] al tratar de hacernos caer en la cuenta de que en el proceso de conformación del matrimonio civil la pérdida de sus notas esenciales sería de tal trascendencia que se produciría un cambio de su naturaleza. En esa fecha las modificaciones observadas en el civilizado concepto de matrimonio se reducían a introducir la solubilidad del vínculo a través del divorcio, a relativizar el deber jurídico de fidelidad de manera tal que en la práctica implicaba un no deber y a hacer desaparecer la ordenación natural de matrimonio a la prole –consecuencia natural de dos factores: la ausencia de sanción en caso de infidelidad y la equiparación de hijos matrimoniales y no matrimoniales–. Hoy, transcurridos más de diez años de aquel cuestionamiento, seguimos caminando en ese iter de conformación del contrato civil matrimonial y lo hacemos dirigiendo los pasos en una línea que vuelve a dar la razón –e incluso con más fuerza– a De la Hera. Ahora, la última propuesta de nuestro ejecutivo ha sido la elevación de un Proyecto de ley en el que se contiene la supresión del carácter heterosexual al matrimonio. Nos encontramos, pues, en ese proceso de deconstrucción del matrimonio, en el momento de la no necesidad de exigir la heterosexualidad para que dos personas puedan constituirlo.

1 "La definición de matrimonio en el ordenamiento jurídico español (Su determinación a través de la temática de la capacidad y de los impedimentos)" en ADEE, vol. VIII, 1992, pp. 13-42.

El actual Proyecto de Ley modificador del Código Civil constituye la última etapa –también la más radical– de ruptura conceptual del matrimonio civil con el matrimonio canónico en el que tiene su origen. Ese proceso comenzó a forjarse en la Constitución de 1978 cuando su artículo 32 hacía referencia expresa a "las causas de disolución" del matrimonio que se preveía fueran establecidas por el legislador ordinario.

Se hace con ello realidad la aseveración realizada en tiempo pretérito por el ilustre profesor citado de considerar "evaporado el sentido romano-cristiano del matrimonio y aceptar que esta palabra significa hoy algo nuevo".

Ciertamente el actual proyecto de ley modificador del Código civil en lo relativo a posibilitar el matrimonio entre sí a personas del mismo sexo constituye la última etapa de ruptura del matrimonio civil con su precedente indiscutible: el matrimonio canónico. Muchos han sido los hitos que a partir de la Constitución de 1978 se han sucedido conformando ese proceso de apartamiento y muchos también los autores que los han puesto de manifiesto[2]. Sólo quiero aquí dejar constancia de esos puntuales elementos de identidad/desidentidad, para que teniéndolos presentes pueda apreciarse con mayor facilidad las diferencias entre ambos modelos matrimoniales.

Así, la introducción del divorcio por vía de la Ley 30/1981 de 7 de julio acabó con una cultura de indisolubilidad matrimonial que, a excepción del paréntesis propiciado por la Constitución de 1931 y la correspondiente ley de 1932, había sido una constante en la tradición jurídica española. La desaparición por la modificación operada en 1981 en el Código civil del impedimento de impotencia, que figuraba en el mismo con anterioridad a esa fecha en el art. 83, 3º, reforzó de manera indirecta la negativa a compartir uno de los fines propios –diría que el más caracterís-

2 Además de De la Hera ya citado en el texto, Alonso Pérez, Clavería, Gete-Alonso, Porras, Doral, Ragel, Gavidia, etc.

tico– del matrimonio y que es el que da sentido a la institución desde su dimensión social: la procreación. Junto a esto, debemos tener presente el hecho de que, el fin individual de mutuo auxilio entre los cónyuges deja de tener un exclusivo carácter matrimonial desde el momento en que existe una obligación familiar de ayuda y socorro mutuo. Y, dado que es ya comúnmente admitido que la familia es una institución independiente del matrimonio al originarse de muy diversas formas, se favorece la pérdida del carácter matrimonial de la obligación.

Como última fase de este proceso de adquisición de identidad propia del matrimonio civil al tiempo que de desvanecimiento conceptual del mismo, estamos asistiendo a la ruptura radical no sólo respecto de su noción técnica, sino también –y esto es más significativo desde el punto de vista sociológico– respecto de su noción vulgar. No cabe duda que uno de los elementos que identifican socialmente en nuestro ámbito cultural el matrimonio es su carácter heterosexual. Carácter que forma parte de la esencia misma del matrimonio, en tanto en cuanto da sentido a la institución en su dimensión de célula base de la sociedad por su función generadora de la especie humana. La modificación del Código civil proyectada se dirige a eliminar ese elemento definidor y, con ello, a acabar de manera rotunda y definitiva, desde la óptica civil, con la función procreadora socialmente reconocida al matrimonio.

Tras este breve apunte, hecho a modo de repaso, conviene añadir unas puntualizaciones para completar el esquema. En primer lugar la inexistencia de fines propios del matrimonio civil. Como segunda cuestión, la perdida de fuerza que la forma jurídica sustancial, uno de los elementos que aún mantiene la identidad matrimonial, está soportando, dada la competición juridicocivil que sostiene respecto a la institución la unión de hecho. Y, por último, el hecho de que las obligaciones y derechos propios del matrimonio como contrato –guardarse fidelidad, ayudarse mutuamente, actuar en interés de la familia...– han dejado de ser tales, en tanto en cuanto no puede ser exigido su cumplimiento, al tiempo que en determinados casos han dejado de ser exclusivamente matrimoniales, al predicarse de la familia como institución. Puede concluirse, pues, que el concepto de matrimonio en el ámbito civil se va difuminando paulatinamente. Ese desdibuje del concepto, patrocinado estatalmente, lleva inexorablemente a un nuevo concepto carente de perfiles definidores. Un concepto de tal amplitud que difícilmente puede identificarse con otros modelos de matrimonio –matrimonio canónico, matrimonio islámico, matrimonio hebreo, matrimonio evangélico– que mantienen su esencia y en los que las obligaciones y derechos se asumen en virtud de una exigencia superior al propio contrayente, la cual "garantiza" un mayor grado de cumplimiento y una mayor responsabilidad en su ejercicio.

Podría pensarse que los avatares por los que ha discurrido y sigue discurriendo el concepto técnico jurídico-civil de matrimonio en nada repercute respecto de quienes han optado, o son más proclives, a un modelo de matrimonio religioso que no ha visto en nada modificada su esencia. Sin embargo, nada más lejos de la realidad. En primer lugar porque a todos nos afectan aquellas decisiones cuyo impacto redundan social y culturalmente en nuestro entorno. Pero, es que además, se ha de tener presente que esos otros modelos de matrimonio con posibilidad de tener eficacia en el ordenamiento jurídico estatal –canónico, hebreo, judío y evangélico– requieren de su inscripción en el Registro civil para obtener la plena eficacia en el referido ordenamiento. Es a ese conjunto de ciudadanos al que se le origina ahora un conflicto ante el elevado grado de alejamiento identitario entre el instituto matrimonial civil y el religioso en cualquiera de sus versiones y la obligatoriedad de inscripción de su matrimonio que en nada o poco se parece a aquél cuyos efectos se van a atribuir. Conflicto que puede ser asimilado al que se genera en materia de orden público desde el punto de vista del Derecho internacional privado al efecto de la "exportación" del matrimonio civil nacional.

Hasta ahora en sede de *lege data* la inscripción escapa a la autonomía de la voluntad de los contrayentes en tanto existe como obligación principal en algunos casos –matrimonio canónico– o subsidiaria en otros –matrimonios judio, evángelico e islámico– para que el matrimonio tenga eficacia *erga omnes* y pueda generar todos aquellos efectos –pensión, derechos sucesorios, etc.– que, sin ser esencialmente matrimoniales, se han adherido al mismo por entenderlo como único factor generador de la familia –institución objeto de la tutela–. Ciertamente en la actualidad la exclusiva vinculación causa-efecto entre matrimonio/pensión de viudedad, matrimonio/derecho sucesorio se está tratando de socavar por vía jurisprudencial sobre la base de la premisa de que hoy el instituto de la familia no sólo se sustenta sobre el matrimonio como base. Pero es que además, recientes líneas de actuación jurisdiccional están haciendo tambalearse el binomio inscripción de matrimonio-obligación de los contrayentes frente al Estado.

Cuando recientemente en un par de sentencias –una del Tribunal Constitucional[3] y otra del Tribunal Supremo[4]– se otorgan derechos de cobro de pensión de viudedad al contrayente supérstite en supuestos de matrimonio religioso sin haberse procedido a la inscripción, al tiempo que se anuncian propuestas tales como la de extender a las uniones de hecho los derechos sucesorios[5], se está avanzando en la línea del cambio de naturaleza jurídica de la inscripción que, a mi juicio, pasará de ser obligación a convertirse en derecho de los contrayentes. Derecho que el ordenamiento estatal pone a disposición de aquellos para que lo ejerciten a su antojo, dado que el hecho en sí de la inscripción no implicará más efecto que el de la constancia civil de tal matrimonio.

3 STC 199/2004, de 15 de noviembre de 2004.

4 STS de 15 de diciembre de 2004 (Rec. 6074/2003; S. 4ª).

5 Iustel: Todo el Derecho en internet; http://www.iustel.com/noticias. En el día 10/01/2005 se publicó lo siguiente: El gobierno quiere extender a las parejas de hecho las ayudas familiares a herencias.

Naturalmente, hasta tanto no se liberalice la adjudicación de esos efectos puramente económicos desvinculándolos del matrimonio, aquellos siguen siendo efectos propios de la institución matrimonial. Más aún, tales efectos son asociados por el Estado al matrimonio, mejor dicho, a "su matrimonio". Matrimonio civil al que –como ya he indicado– escasamente le va quedando algún rasgo en común con los modelos de matrimonio religioso que conocemos en nuestro entorno cultural. Ante tales presupuestos al conjunto de ciudadanos que, en uso de su derecho de libertad religiosa, son proclives –o lo fueron– a la figura matrimonial religiosa y se ven en la obligación de inscribir su matrimonio o ya inscribieron, se les plantea ahora un bonito dilema: ¿se está dispuesto a pasar por el obligatorio acto de inscribir el matrimonio en un contexto de noción matrimonial diametralmente opuesto a los principios esenciales en los que se sustenta la noción de matrimonio religioso, para obtener exclusivamente efectos de tipo económico? O ¿se está dispuesto a mantener la inscripción de un matrimonio cuando la misma se efectuó en condiciones diversas a las actuales –una noción de matrimonio análoga y un mayor grado de obligatoriedad de inscripción– por el único afán de consolidar las legítimas prebendas matrimoniales que ello acarrea?

Incumplir el mandato legal por razones religiosas y mantenerse al margen de "los beneficiosos" efectos que atribuye el ordenamiento estatal para conseguir que el propio matrimonio religioso no se mancille o, para quienes ya inscribieron, solicitar la desinscripción registral por las mismas razones, constituyen a mi juicio dos nuevas categorías que se abren al ciudadano para objetar en conciencia frente a la obligación de inscripción de su matrimonio religioso. Dos nuevos tipos de objeción de conciencia que en la actualidad aún implican un notable perjuicio para quienes acudan a ellas. Obviamente son posibilidades que para llegar a ser una realidad deberán ser objeto de valoración objetiva. En primer lugar habrá de analizarse el nivel de distanciamiento entre las nociones del concreto matrimonio religioso y el civil. Y, después, como segundo elemento a comprobar, habrá de constatarse el grado de repulsión que puede provocar en la conciencia del ciudadano-fiel de una confesión religiosa la equiparación por el Estado de su sagrado matrimonio con aquel otro que es de su competencia.

Quizás sea algo artificiosa mi propuesta. Quizás también, a primera vista, resulte un tanto original y sin fundamento. Sin embargo, si piensan que ello es así, me sentiré satisfecha porque significará que estoy en sintonía con quienes a base de extravagancia están empeñados en destruir en poco más de un cuarto de siglo lo que, a numerosos juristas de prestigio, fundamentalmente canonistas, ha llevado elaborar científicamente durante una decena de miles de años.

Hay una posibilidad más ajustada a planteamientos de política legislativa que también podría dar satisfacción a quienes no comparten el nuevo modelo matrimonial diseñado. Desde la óptica de *lege ferenda* ante el cambio de presupuesto (noción de matrimonio) podría entenderse de aplicación la *claúsula rebus sic stantibus* como cambio de circunstancias de significativa relevancia y liberalizar la forma religiosa de matrimonio en el sentido de recoger expresamente la circunstancia de la inscripción del matrimonio religioso a modo de derecho de los contrayentes. Al desaparecer la obligación, ya principal, ya secundaria, de los contrayentes de inscribir su matrimonio se cercenaría toda posibilidad de objeción de conciencia. Lógicamente si no hay obligación, no cabe objeción. Pero es que además, se caminaría en vía legislativa en la misma dirección en la que jurisdiccionalmente se están dando pasos: no requerir la inscripción de matrimonio para obtener ciertos efectos estatales por entender que el estatus de cónyuge se obtiene como consecuencia de la celebración misma y es éste estatus el que otorga el derecho y no la inscripción, cuyo efecto es meramente probatorio no constitutivo de la situación matrimonial. Con este tratamiento unitario de la cuestión desde los ámbitos legal y jurisprudencial se vislumbraría cierta intención de remendar la pieza jurídica –el matrimonio– para así lograr restablecer en la medida de lo posible la armonía del sistema.

Rocío Domínguez Bartolomé
Universidad de Cádiz

ÍNDICE

II. DERECHO PROCESAL PENAL CANÓNICO

III. NOVEDADES DE DERECHO CANÓNICO Y DERECHO ECLESIÁSTICO DEL ESTADO

IV. RELACIONES IGLESIA-ESTADO Y DERECHO ECLESIÁSTICO DEL ESTADO